ANÁLISE
DE RISCOS

O GEN | Grupo Editorial Nacional – maior plataforma editorial brasileira no segmento científico, técnico e profissional – publica conteúdos nas áreas de ciências sociais aplicadas, exatas, humanas, jurídicas e da saúde, além de prover serviços direcionados à educação continuada e à preparação para concursos.

As editoras que integram o GEN, das mais respeitadas no mercado editorial, construíram catálogos inigualáveis, com obras decisivas para a formação acadêmica e o aperfeiçoamento de várias gerações de profissionais e estudantes, tendo se tornado sinônimo de qualidade e seriedade.

A missão do GEN e dos núcleos de conteúdo que o compõem é prover a melhor informação científica e distribuí-la de maneira flexível e conveniente, a preços justos, gerando benefícios e servindo a autores, docentes, livreiros, funcionários, colaboradores e acionistas.

Nosso comportamento ético incondicional e nossa responsabilidade social e ambiental são reforçados pela natureza educacional de nossa atividade e dão sustentabilidade ao crescimento contínuo e à rentabilidade do grupo.

FABIANO GUASTI LIMA

ANÁLISE
DE RISCOS

3ª edição

- O autor deste livro e a editora empenharam seus melhores esforços para assegurar que as informações e os procedimentos apresentados no texto estejam em acordo com os padrões aceitos à época da publicação, *e todos os dados foram atualizados pelo autor até a data de fechamento do livro*. Entretanto, tendo em conta a evolução das ciências, as atualizações legislativas, as mudanças regulamentares governamentais e o constante fluxo de novas informações sobre os temas que constam no livro, recomendamos enfaticamente que os leitores consultem sempre outras fontes fidedignas, de modo a se certificarem de que as informações contidas no texto estão corretas e de que não houve alterações nas recomendações ou na legislação regulamentadora.

- Data do fechamento do livro: 09/05/2023

- O autor e a editora se empenharam para citar adequadamente e dar o devido crédito a todos os detentores de direitos autorais de qualquer material utilizado neste livro, dispondo-se a possíveis acertos posteriores caso, inadvertida e involuntariamente, a identificação de algum deles tenha sido omitida.

- Atendimento ao cliente: (11) 5080-0751 | faleconosco@grupogen.com.br

- Direitos exclusivos para a língua portuguesa
  Copyright © 2023 by
  Editora Atlas Ltda.
  Uma editora integrante do GEN | Grupo Editorial Nacional
  Travessa do Ouvidor, 11
  Rio de Janeiro – RJ – 20040-040
  www.grupogen.com.br

- Reservados todos os direitos. É proibida a duplicação ou reprodução deste volume, no todo ou em parte, em quaisquer formas ou por quaisquer meios (eletrônico, mecânico, gravação, fotocópia, distribuição pela Internet ou outros), sem permissão, por escrito, da Editora Atlas Ltda.

- Capa: Joyce Matos
- Editoração eletrônica: Set-up Time Artes Gráficas | Luciana Di Iorio

- **CIP – BRASIL. CATALOGAÇÃO NA PUBLICAÇÃO.
  SINDICATO NACIONAL DOS EDITORES DE LIVROS, RJ.**

L698a
3. ed.

Lima, Fabiano Guasti

Análise de riscos / Fabiano Guasti Lima. - 3. ed. - Barueri [SP] : Atlas, 2023.

Inclui bibliografia e índice
ISBN 978-65-5977-507-1

1. Avaliação de riscos. 2. Investimentos - Análise. 3. Mercado financeiro - Brasil. I. Título.

23-83619

CDD: 332.3
CDU: 336.773

Meri Gleice Rodrigues de Souza – Bibliotecária – CRB-7/6439

Dedico este livro ao meu filho,

Pedro Moscardini Nabelice Guasti Lima,

que me ensina a cada dia o valor das pequenas conquistas, que tão grandiosas podem ser, e a valorizar e saber esperar o tempo acontecer em nossas vidas.

PREFÁCIO

O Professor Fabiano Guasti Lima nos oferece uma excelente obra que aborda a moderna teoria e prática da análise de risco. O risco é um tema contemporâneo nas finanças e seu estudo tornou-se essencial diante do crescimento dos negócios e da globalização dos mercados. As rápidas mudanças do mundo financeiro e os instrumentos de gestão cada vez mais competitivos e globalizados colocam o estudo da análise de risco como indispensável para a moderna teoria de Finanças. Em verdade, nunca se destacou tanto a presença da incerteza nas diversas decisões financeiras como no momento atual.

Cada vez mais, os ativos das empresas não financeiras incorporam proporções maiores de ativos financeiros, o que torna esses negócios mais expostos às oscilações dos indicadores do mercado de capitais. Crises recentes em diversas grandes empresas conhecidas nos mercados do Brasil e de todo o mundo foram, em grande parte, determinadas pela avaliação equivocada do risco de suas decisões financeiras, pelas relevantes perdas de mercado verificadas em seus ativos financeiros.

Em suma, não há como estudar finanças sem um conhecimento mais completo do risco, do ambiente de incerteza que predomina em todas as decisões e de suas técnicas de análise.

Este livro do Professor Fabiano Guasti Lima é imprescindível nesse contexto atual das finanças. Escrito de forma bastante didática, extremamente claro em seus conceitos, descomplicado em suas formulações quantitativas e moderno em seu conteúdo, a obra torna acessível um assunto muitas vezes complexo e de difícil entendimento.

O livro é totalmente ilustrado com casos e exercícios práticos, retratando a realidade das empresas e dos mercados financeiros. O conteúdo do livro é bastante abrangente, cobrindo os mais importantes temas da análise de riscos, como o acordo de Basileia e riscos financeiros, medidas de retorno e riscos de ativos, precificação de ativos, análise de risco para o mercado de renda variável e mercado de renda fixa e projetos de investimentos. São estudados também, de forma diferenciadora, modelos mais avançados de estimação do *Value at Risk* (VaR) e modelos GARCH.

É importante destacar que o Professor Fabiano Guasti Lima revela-se um dos mais competentes e promissores professores de Finanças de sua geração no Brasil. Sua formação acadêmica em Física, Matemática, Administração e Finanças, além de inúmeras pesquisas e publicações científicas, o qualificam para um excelente trabalho. O Professor Fabiano, como é carinhosamente chamado por seus colegas e alunos, tem um perfil de vida dedicado à docência e à pesquisa, é um professor nato e sua maior preocupação está em traduzir o difícil, permitindo que assuntos mais complexos sejam transmitidos a todos de forma bastante fácil.

Análise de Riscos é um livro bem organizado, prático e com a profundidade necessária, que mistura teoria e realidade prática, fornecendo ao leitor os conceitos fundamentais de investimentos e riscos. Para mim, que acompanho a carreira do Professor Fabiano desde o início, é um enorme prazer escrever este prefácio, uma forma de reconhecer todo o seu potencial profissional como professor, pesquisador e consultor financeiro e suas imensas qualidades humanas.

Prof. Alexandre Assaf Neto
Consultor e pesquisador do Instituto Assaf
www.institutoassaf.com.br

NOTA À 3ª EDIÇÃO

A elaboração da 3ª edição do livro *Análise de Riscos* foi motivada principalmente pela crescente aceitação tanto por profissionais financeiros do mercado quanto pela adoção em cursos de graduação e pós-graduação.

Desde o lançamento, a demanda pelo livro vem crescendo de forma consistente com diversos comentários enviados ao autor e à editora incentivando a constante atualização dos conteúdos, sua extensão e profundidade apresentados de forma clara e precisa.

Nesta 3ª edição foi efetuada uma ampla revisão de todo o conteúdo do livro, envolvendo digitação, cálculos, redação, tabelas e figuras. Do mesmo modo, preocupou-se em facilitar o entendimento dos conteúdos por meio de exemplos e aplicações práticas.

Diversos capítulos, ainda, foram ampliados, principalmente abordando temas modernos e relevantes para análise de riscos de crédito, riscos de projetos de investimentos, incluindo aplicações na análise de sensibilidade conjunta dos investimentos, entre outros. O objetivo central foi aperfeiçoar ainda mais o livro, trazendo de maneira mais didática a forma de expor os conteúdos e aplicações práticas.

Sempre empreendemos todos os nossos esforços e dedicação na revisão e atualização do livro, todavia, eventuais erros de digitação e impressão podem ainda persistir, assim como diferentes interpretações nos diversos conceitos envolvidos. Agradecemos aos leitores toda comunicação de eventuais falhas encontradas e deixamos, desde já, nossas desculpas.

Fabiano Guasti Lima
Janeiro de 2023

SUMÁRIO

1 Análise de Riscos 1
1.1 Introdução 1
1.2 O que é risco? 1
1.3 O que é análise de riscos? 3
1.4 Técnicas de análise de riscos 3
    1.4.1 Evolução das técnicas de análise de riscos 3
1.5 Taxonomia do risco 5
    1.5.1 Riscos estratégicos 5
    1.5.2 Riscos não estratégicos 6
    1.5.3 Riscos financeiros 6
        1.5.3.1 Risco de mercado 6
        1.5.3.2 Risco de crédito 7
        1.5.3.3 Risco de liquidez 7
        1.5.3.4 Risco operacional 7
        1.5.3.5 Risco legal 8
1.6 Histórico de crises e desastres financeiros 8
1.7 Acordos de Basileia 10
1.8 Acordos de Basileia no Brasil 12
1.9 Risco no contexto do IFRS 14
1.10 Estatística para riscos 15
    1.10.1 Estatística básica 15
    1.10.2 Distribuições de probabilidades discretas 20
        1.10.2.1 Distribuição binomial 21
        1.10.2.2 Distribuição de Poisson 21
    1.10.3 Distribuições de probabilidades contínuas 22
        1.10.3.1 Distribuição normal 22
        1.10.3.2 Distribuição uniforme 23
        1.10.3.3 Distribuição triangular 25

xii | ANÁLISE DE RISCOS • *Fabiano Guasti Lima*

       1.10.3.4 Distribuição qui-quadrado 26
Exercícios resolvidos...31
Exercícios propostos 33
Gabarito 34

2   Retorno e Risco de Ativos **35**
  2.1 Retorno discreto 35
     2.1.1 Retorno em mais de um período 37
     2.1.2 Retorno ajustado aos dividendos................................38
     2.1.3 Retorno ajustado à inflação 40
  2.2 Retorno contínuo 41
     2.2.1 Retornos contínuos em mais de um período 45
  2.3 Retorno, risco e volatilidade de um ativo individual............47
     2.3.1 Volatilidades móveis 51
     2.3.2 Estimação da volatilidade pelo modelo EWMA.........52
     2.3.3 Agregação da volatilidade no tempo 63
  2.4 Retorno discreto versus retorno contínuo 66
  2.5 Risco por unidade de retorno – o coeficiente de variação....67
  2.6 Máximo *drawdown* 68
  2.7 *Downside risk* 72
  2.8 Semivariância e semidesvio 77
     2.8.1 Interpretação da semivariância e semidesvio..............78
  2.9 Retorno e risco no contexto de carteiras 79
     2.9.1 Carteira de mínimo risco 82
     2.9.2 Carteira ótima...86
     2.9.3 Carteira com mais de dois ativos 91
  2.10 Construção da fronteira eficiente para mais de dois ativos ...94
  2.11 Risco sistemático e não sistemático 108
Exercícios resolvidos...113
Exercícios propostos 126
Gabarito 132

3   Análise de Risco para Ativos de Renda Variável **135**
  3.1 *Value at Risk* (VaR)...135
     3.1.1 Origens do *Value at Risk* 136
  3.2 *Value at Risk* absoluto e relativo 137
  3.3 Entendendo o *Value at Risk* (VaR) 141
  3.4 Cálculo do *Value at Risk* paramétrico para um ativo individual 145
     3.4.1 Variáveis necessárias para cálculo do *Value at Risk* 148
  3.5 Cálculo do *Value at Risk* paramétrico no contexto de uma Carteira 151
  3.6 *Value at Risk* Incremental (IVaR).....................................154
  3.7 *Value at Risk* marginal 158
  3.8 *Value at Risk* de Componente...161

Sumário | **xiii**

3.9 Analisando as métricas do *Value at Risk*..164
3.10 Cálculo do *Value at Risk* paramétrico para opções 174
    3.10.1 Entendendo o mercado de opções...174
    3.10.2 Modelo de precificação de opções – modelo de Black & Scholes 177
    3.10.3 VaR pelo modelo delta para opções.......................................180
    3.10.4 VaR pelo modelo delta-gama para opções.............................182
3.11 Cálculo do *Value at Risk* não paramétrico...183
    3.11.1 VaR por simulação histórica – valores passados....................184
    3.11.2 VaR por simulação histórica – valores atualizados 187
    3.11.3 VaR por simulação de Monte Carlo 191
3.12 VaR Condicional (CVaR) 194
3.13 Retorno Ajustado ao Risco (RAROC) 195
3.14 *Stress Test* 197
3.15 *Backtesting* 198
    3.15.1 Teste de Kupiec 198
Exercícios resolvidos 204
Exercícios propostos 222
Gabarito 226

4   **Análise de Risco para Ativos de Renda Fixa** **229**
4.1 Ativos de renda fixa..229
4.2 Medidas de sensibilidade dos ativos de renda fixa................................231
    4.2.1 *Duration* de um único ativo 231
    4.2.2 Convexidade 237
    4.2.3 *Duration* de uma carteira...239
    4.2.4 VaR para ativos de renda fixa 241
Exercícios resolvidos 246
Exercícios propostos 248
Gabarito 250

5   **Análise de Risco em Projetos de Investimentos** **251**
5.1 Riscos de um projeto de investimentos 251
5.2 Análise de sensibilidade do NPV pela taxa de desconto: simulação de Monte Carlo..252
5.3 Riscos combinados em cenários de ocorrência 257
5.4 Análise do ponto de equilíbrio em projetos de investimentos 260
5.5 Árvores de decisões..263
    5.5.1 Probabilidades independentes 263
5.6 Análise de sensibilidade de projetos de investimentos em condições de incerteza...266
5.7 Análise de sensibilidade conjunta de projetos de investimentos 275
    5.7.1 Simulação de Monte Carlo..275
    5.7.2 Passo a passo para análise de risco conjunta com o @RISK.............276

5.8	Fluxo de caixa em risco	288
	Exercícios resolvidos	301
	Exercícios propostos	304
	Gabarito	307

6 Análise de Risco de Crédito ... 309
6.1	Risco de crédito	309
6.2	Direcionadores do risco de crédito	310
6.3	Cálculo das perdas de crédito	311
6.4	VaR de crédito	312
6.5	*Ratings* de crédito	315
6.6	*Ratings* de crédito da Moody's	322
6.7	Exemplo da metodologia de *rating* para risco de crédito da Moody's	325
6.8	Monitoramento do risco de crédito e a matriz de transição	335
	6.8.1 Risco de crédito pelo modelo CreditMetrics	340
	Exercícios resolvidos	344
	Exercícios propostos	346
	Gabarito	351

7 Análise de Risco Operacional ... 353
7.1	Natureza do risco operacional	353
7.2	Cálculo do VaR operacional	355
7.3	Distribuição de perdas	358
	Exercícios resolvidos	360
	Exercícios propostos	361
	Gabarito	362

8 Modelos Avançados de Estimação do *Value at Risk* ... 363
8.1	Introdução	363
8.2	Modelos ARCH	364
8.3	Modelos GARCH	365
8.4	Estimando o VaR pelos modelos GARCH	367
	Exercícios resolvidos	381
	Exercícios propostos	388
	Gabarito	391

9 Riscos de Bancos ... 395
9.1	Mapeamento de riscos de bancos	395
9.2	Mensuração dos riscos de bancos	399
	9.2.1 Imunização de um balanço	401
	9.2.2 Modelo de RAROC	411
	Exercícios propostos	413
	Gabarito	414

Anexos	415
Bibliografia	419
Índice alfabético	421

1
ANÁLISE DE RISCOS

OBJETIVOS DO CAPÍTULO

Este capítulo inicial tem por objetivo introduzir o estudo da análise de riscos. Inicialmente, são apresentados a definição de risco, os tipos de riscos e sua evolução histórica, assim como a sua taxonomia quanto à mensuração. Faz ainda uma revisão das crises globais mais recentes e dos desastres financeiros que provocaram perdas expressivas em bancos e diversas instituições.

1.1 Introdução

Já diziam minha avó, meu avô e minha mãe que "nunca devemos colocar todos os ovos em uma mesma cesta" e que "devemos aprender com nossos erros". Frases como estas representam, hoje, na área de Finanças uma verdade incontestável no que diz respeito à análise de riscos. E, certamente, a grande lição das crises e desastres financeiros ocorridos nos últimos tempos é de que o **risco** existe. Ele deve ser calculado, mas, principalmente, administrado.

É nesse sentido que análise de riscos surge para proporcionar ao investidor um estudo completo e minucioso que se estende desde a detecção dos tipos de riscos existentes, passando pela mensuração dos mesmos e chegando à interpretação das ferramentas de análise de riscos e tomada de decisão.

Quando se faz uma análise de riscos, pode-se ter um grau de confiabilidade maior nas decisões tomadas e maior controle das possíveis perdas envolvidas nos investimentos que serão analisados.

Mas, afinal, o que é risco? A seguir, tem-se esta explicação, que representa o início de todo processo de entendimento da análise de riscos.

1.2 O que é risco?

A palavra **risco** em suas origens advém do latim *resecare*, que significa cortar, separar com uma pedra. A tradução original vem da noção de perigo que os marinheiros tinham ao navegar perto das rochas perigosas e pontiagudas (JORION, 2010, p. 75).

Também, segundo Bernstein (1997, p. 8), a palavra *risco* está associada ao italiano *risicare*, que significa ousar.

Para Jorion (2010, p. 3), risco é definido como a variabilidade de resultados inesperados. Mas também a pergunta que se faz é: de onde vem o risco? O risco se origina de diversas fontes. Podem ser riscos provocados pelas atitudes dos seres humanos por meio dos movimentos cíclicos dos negócios, inflação, ganância de retornos mais altos, alterações das políticas dos governos e até mesmo a guerra.

O risco surge também nas incertezas diante de cenários imprevistos, como crises econômicas, alterações nas regulamentações das operações, não somente no nosso país, mas também nos movimentos econômicos globais. Risco não é apenas um fenômeno local. Ocorre em diversas partes do mundo e reflete-se nas mais variadas formas.

Há riscos inesperados e imprevisíveis advindos de fenômenos da natureza, do clima, como tempestades, vendavais, terremotos.

As incertezas descritas provocam variações nos investimentos no mercado financeiro. Essas variações são maiores ou menores, dependendo da sensibilidade do investimento com relação aos fatores de riscos. Para ilustrar essas variações, a Figura 1.1 mostra o valor do investimento de R$ 1,00 a partir de julho de 1994 até 2021 na bolsa de valores e no câmbio.

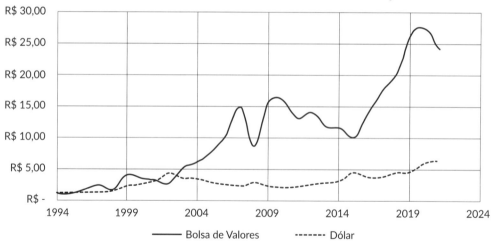

Figura 1.1 Oscilação dos investimentos em Bolsa e dólar nos últimos 19 anos.

Fonte: Bolsa de valores: B3. Dólar: Bacen.

A Figura 1.1 também ilustra a valorização da bolsa de valores perante o dólar nos últimos 27 anos no Brasil. Enquanto a Bolsa teve um rendimento acumulado no período de 2.307%, o dólar teve aumento de 534% no mesmo período.

E podem ser observadas grandes oscilações da Bolsa com relação ao câmbio. Levando-se em consideração o valor acumulado a partir das variações da Bolsa e do dólar, a aplicação em dólar chegou a superar a Bolsa em dois momentos: em 1995, quando o valor atualizado chegou a ser 15,09% superior à Bolsa (valor acumulado da Bolsa, R$ 0,99, e do dólar, R$ 1,14), e em 2002, quando o dólar superou novamente a Bolsa em 41,1%.

O risco nesse caso aparece justamente dessas oscilações provocadas no mercado e que influenciam o comportamento tanto da Bolsa quanto do câmbio. E tais variações acabam afetando a rentabilidade do investidor, dependendo do momento em que entra e sai da operação.

Ou seja, é necessário implementar uma análise de risco para poder estar a par da sensibilidade do investimento que está sendo feito.

E sabendo que risco existe, manifestado nas mais variadas formas, tem-se a necessidade de se fazer uma análise desse risco, como descrito a seguir.

1.3 O que é análise de riscos?

A análise de riscos é o processo pelo qual as várias exposições, nos mais diferentes tipos de riscos, são diagnosticadas, calculadas e analisadas, gerando controles para decisões financeiras nas condições de risco expostas.

A capacidade, hoje, de se identificar os fatores de riscos, mensurá-los e impor mecanismos de controles são essenciais para a gestão de investimentos e alavancaram os estudos de riscos na teoria de Finanças.

E, diante da necessidade de se mensurar o risco dessas oscilações, foram desenvolvidas diversas ferramentas para medir o risco. Tais ferramentas são as técnicas para se mensurar essas variabilidades e os tipos de riscos envolvidos, as quais são descritas a seguir.

1.4 Técnicas de análise de riscos

A análise de riscos é uma análise que vem evoluindo com o passar dos anos. Não somente pelo avanço tecnológico dos computadores e programas que auxiliam a análise de riscos, mas também pela evolução da própria teoria de Finanças com o surgimento de novos produtos e técnicas para a avaliação do risco.

As técnicas de análise de riscos se referem à criação e à implementação de metodologias de cálculo e controle do risco. Essas técnicas surgiram em razão da necessidade de uma resposta ao crescimento das instabilidades nos mercados financeiros de todo o mundo.

O esquema a seguir ilustra um cronograma da gestão de riscos a partir do surgimento das metodologias de apuração do risco.

1.4.1 Evolução das técnicas de análise de riscos

Segundo Bernstein (1997), a moderna concepção de risco tem seus primórdios no sistema de numeração indo-arábico nos anos 800. Todavia, os estudos mais sérios do risco começaram no Renascimento, por volta de 1654, quando as pessoas passaram a deixar de lado as crendices consagradas. Saindo das superstições e partindo para o entendimento de como se dividiriam as apostas de um jogo de azar entre dois jogadores que havia sido interrompido quando um deles estava vencendo, teve início a descoberta da Teoria das Probabilidades, atualmente reconhecida como o núcleo matemático do conceito de risco.

Foi a partir de então que os matemáticos transformaram a Teoria das Probabilidades em um instrumento poderoso de organização e interpretação de informações, dando origem a técnicas mais quantitativas de administração de risco que nortearam o ritmo dos tempos atuais. Já em 1703, veio o advento da Lei dos Grandes Números, em que Gottfried von Leibniz comentou com Jacob Bernoulli que "a natureza estabeleceu padrões que dão origem ao retorno de eventos, mas apenas na maior parte dos casos", quando deixa claro a questão da existência do risco em eventos. Em 1725, surgiram as tábuas de expectativas de vida e os seguros floresceram como negócio. Em 1730, Abraham de Moivre expôs a estrutura da distribuição normal descobrindo o conceito de desvio-padrão.

Quase exatos cem anos após Pascal e Fermat, Thomas Bayes introduziu um avanço estatístico ao demonstrar como tomar decisões melhores mesclando novas informações e informações passadas. Já em 1875, surgiu a regressão à média, que forneceu elementos cruciais aos métodos atuais.

Seguindo a ordem cronológica dos eventos quantitativos para análise de riscos individuais, tem-se a Figura 1.2.

Figura 1.2 Evolução das técnicas de análise de riscos.

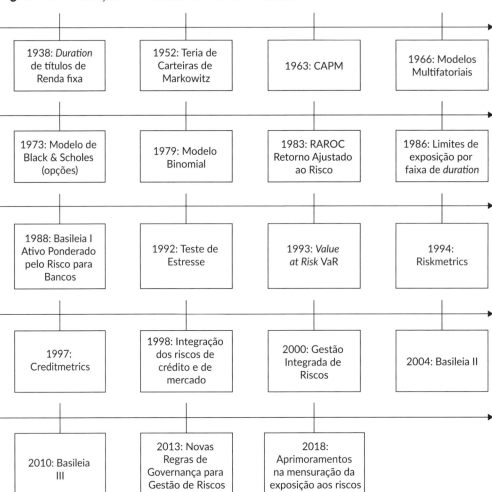

Fonte: adaptada de Jorion (2010, p. 10).

1.5 Taxonomia do risco

A Figura 1.3 ilustra as classificações de riscos e os subgrupos de riscos associados a cada tipo de risco assumido. Ou seja, pode-se classificar, de maneira geral, os riscos em três grandes categorias: riscos estratégicos, riscos não estratégicos e riscos financeiros. E, posteriormente, os tipos de riscos se ramificam a partir das exposições e do tipo de risco associado.

Figura 1.3 Taxonomia do risco.

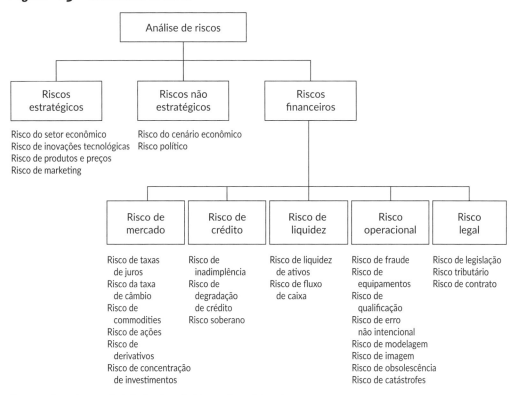

Fonte: adaptada a partir de Jorion (2010) e Duarte Jr. et al. (1999).

1.5.1 Riscos estratégicos

Os riscos estratégicos são os riscos assumidos por vontade própria, a fim de promover ganhos competitivos no mercado e gerar valor para os acionistas. Esse risco está associado às decisões que envolvem o setor econômico de atuação de uma empresa, ou seja, são os riscos assumidos pelo posicionamento de mercado.

Incluem os riscos relativos a preços praticados, promoções de venda, lançamento de novos produtos, campanhas de marketing, inovações tecnológicas, entre outros riscos de livre-arbítrio da empresa em suas decisões.

Cabe ressaltar que o sucesso de um negócio está intimamente ligado ao êxito das decisões tomadas conforme foi exemplificado. Tais decisões ficam ainda sujeitas aos riscos macroeconômicos advindos dos ciclos dos negócios, da flutuação da renda e do poder de compra dos clientes e das políticas econômicas implementadas pelos governos.

Em outras palavras, os riscos estratégicos estão, de certo modo, nas mãos dos gestores. São também chamados "risco do negócio".

1.5.2   Riscos não estratégicos

Os riscos denominados não estratégicos são aqueles em que a empresa não tem o devido controle. Tais riscos envolvem a conjuntura econômica, social e política do ambiente em que a organização está inserida.

Esses riscos são mais difíceis de serem controlados e esperados. E cabe à empresa atuar pela diversificação dos seus negócios para poder mitigá-los.

1.5.3   Riscos financeiros

Os riscos financeiros são os atrelados às possíveis perdas nos mercados financeiros. São os riscos decorrentes das flutuações de diversas variáveis financeiras que podem modificar o desempenho dos investimentos feitos, afetando, principalmente, o fluxo de caixa dos investimentos.

Esses riscos são os que aparecem com maior clareza na atividade empresarial, e apresentam uma subclassificação compreendendo as frentes de exposição ao risco, que são: risco de mercado, risco de crédito, risco de liquidez, risco operacional e risco legal.

Embora seja possível segregar os tipos de riscos individuais, muitas vezes, na prática, os riscos aparecem de maneira combinada, ou seja, mais de um tipo de risco pode estar presente em um único empreendimento.

A seguir, são apresentados os subgrupos ou subtipos de cada uma das classificações dos riscos financeiros.

1.5.3.1   Risco de mercado

O risco de mercado é o risco decorrente das variações dos preços dos ativos e passivos de uma organização. Esse risco está associado às flutuações de taxas de juros, câmbio, *commodities*, preços de ações, opções, derivativos e outras variáveis que podem afetar tanto os ativos quanto os passivos de qualquer investidor.

Existem, ainda, dois tipos de riscos de mercado: o absoluto e o relativo. O risco de mercado absoluto é o valor da perda monetária potencial expressa em moeda corrente; já o risco de mercado relativo é o valor do risco relacionado com um índice de referência medido em termos de desvios com relação a essa referência.

É o risco de mercado que detém um maior arsenal de métodos de aferição de risco. Como exemplos, podem ser citados o cálculo do beta de ações, *duration* para títulos de renda fixa, as gregas delta e gama para as opções, entre outras técnicas. E todas possuem uma enorme aceitação, tanto por investidores individuais como para instituições financeiras e não financeiras em seus relatórios de riscos.

A medida do *Value at Risk* (VaR) é ainda a de maior presença e aceitação na comparabilidade e aferição de riscos de diversos tipos, principalmente por colocar as medidas de riscos em uma mesma base, como será mostrado nos capítulos seguintes.

1.5.3.2 Risco de crédito

O risco de crédito é aquele risco do não recebimento de um valor monetário de uma contraparte. Seja na venda de mercadorias, seja na concessão de empréstimos por uma instituição financeira ou qualquer outra forma de negociação que envolva o pagamento parcelado com outra parte.

Essa perda engloba o total de crédito exposto a risco e da taxa de recuperação de crédito, uma vez que, hoje, existem tentativas de renegociação de dívidas que ajudam a contraparte a reaver parte ou total de créditos que estão inadimplentes.

Normalmente, define-se o risco de crédito como perda potencial de crédito na condição ou na hipótese de se ter uma *default*, ou seja, um evento de crédito que nada mais é do que uma mudança na capacidade de não honrar uma obrigação por uma contraparte.

Vale ressaltar que o risco de crédito inclui o risco soberano quando uma operação envolve negócios entre países que entram em *default*.

O risco de crédito pode ser controlado impondo-se limites de concessão de crédito a pessoas físicas e jurídicas por meio de modelos de risco de crédito. Tais modelos são adotados a partir de informações financeiras das pessoas físicas ou jurídicas das quais são identificados indicadores de capacidade de pagamentos e elaborados *ratings* de classificação atribuindo maiores ou menores custos de acordo com esse *rating*. Esses modelos serão tratados em capítulo específico.

1.5.3.3 Risco de liquidez

O risco de liquidez é o risco de não se conseguir transacionar determinado ativo no mercado. Esse risco pode ocorrer pela própria liquidez do ativo quando não se consegue efetuar negócios aos preços praticados por diversas razões, dependendo do ativo.

Existe ainda o risco de liquidez de fluxo de caixa ou risco de financiamento quando não se tem condições de honrar pagamentos estabelecidos em razão da falta de recursos.

O risco de liquidez pode ser controlado mediante um correto planejamento financeiro e controle de capital de giro por parte da empresa ou um controle das finanças pessoais de um investidor pessoa física.

1.5.3.4 Risco operacional

O risco operacional é o risco causado por erros humanos, intencionais ou não, tecnológicos, ou efeitos ambientais, como terremotos, causas naturais etc.

Esse risco inclui as fraudes, falhas em processos e controles e até mesmo procedimentos inadequados, ultrapassados e, também, erros técnicos de processamento de dados, queda no fluxo de informações, desatualizações de programas, defasagem tecnológica, entre outros.

O risco operacional também pode ser seguido por riscos de crédito e de mercado. Por exemplo, uma perda de dados de cobrança pode gerar perdas financeiras de créditos a receber que estariam dependendo da taxa de juros de mercado para poder ser cobrado.

Tal risco pode ser mitigado por meio da implantação de controles internos, processos revisados periodicamente, quando possível, é claro, e do estabelecimento de um comitê de gestão que possa contabilizar possíveis perdas operacionais para análises posteriores. Lembrando que toda empresa tem passado, mas precisa ter memória dos seus riscos incorridos.

1.5.3.5 Risco legal

O risco legal é o risco presente quando uma operação não pode ser amparada pela legislação vigente. Tais riscos aparecem quando, por exemplo, contratos são mal elaborados e deixam brechas jurídicas para serem contestados.

Pode-se mitigar o risco legal com o desenvolvimento de políticas de consulta a advogados e até mesmo implantação de um departamento jurídico na empresa.

1.6 Histórico de crises e desastres financeiros

A seguir, descrevem-se, brevemente, as principais crises globais:[1]

- 1873 – foi uma grave crise mundial desencadeada na Europa Ocidental, mais precisamente pela Bolsa de Viena, levando à quebra de grandes bancos e ao enxugamento drástico do crédito, e que acabou atingindo os Estados Unidos pelo banco que financiava a expansão da malha ferroviária norte-americana.
- 1929 – a crise que se iniciou em outubro de 1929 e que perdurou por um longo período na década de 1930 foi a maior crise financeira dos Estados Unidos. Até 1932 o mercado de ações havia perdido cerca de 90% de seu valor de mercado. O efeito direto no Brasil foi sobre a queda nos preços do café.
- 1971 – mudança no sistema de taxas cambiais do modelo fixo para o modelo flutuante, quando os Estados Unidos desvalorizaram sua moeda, perdendo a paridade com o ouro.
- 1973 – crise do petróleo, quando a Organização dos Países Árabes Exportadores de Petróleo decidiu cancelar a exportação de petróleo para países que apoiaram Israel no conflito com o Egito e a Síria, o que ocasionou uma forte oscilação nas taxas de juros, provocada por aumentos sucessivos no preço do barril de petróleo, afetando custos industriais em diversos países. No Brasil, ocorreram alta dos preços e racionamento de combustíveis.
- 1982 – moratória do México: quando o México afundou-se em uma crise que terminou com o pedido de moratória do governo mexicano. Muitos países tiveram que recorrer ao FMI, inclusive o Brasil, que viu a retração de seu PIB em 5% e a inflação ultrapassar os 200%.
- 1987 – segunda-feira negra: assim ficou conhecido o dia 19-10-1987, marcado pela queda de 22,61% no índice do mercado de ações da *New York Stock Exchange* (Bolsa de Valores de Nova Iorque), que demonstrou um rápido contágio dos mercados financeiros globais.
- 1989 – crise do Japão, que levou à queda no índice da bolsa de valores do país marcada pelo declínio do Índice Nikkei de 39 mil pontos para 17 mil pontos, em razão de um aumento das ações do setor imobiliário.
- 1992 – crise do sistema monetário europeu, que provocou a interrupção da unificação econômica e monetária dos países da Europa.

---

[1] Disponível em: https://www.estadao.com.br/infograficos/economia,as-grandes-crises-economicas,321249. Acesso em: 17 fev. 2023.

- 1992 – o Banco Central da Malásia incorreu em perdas de US$ 3 bilhões com apostas malsucedidas em taxas de câmbio.
- 1993 – o caso Metallgesellschaft incorreu em perdas de US$ 1,3 bilhão em contratos futuros de petróleo sem autorização da matriz.
- 1994 – desastre dos títulos norte-americanos, causado pela baixa dos juros pelo Federal Reserve Bank dos Estados Unidos.
- 1994 – erros na gestão de recursos do Condado de Orange ao reportar o valor da carteira de investimentos em termos de seu custo, e não em termos de valor de mercado.
- 1995 – quebra do banco Barings PLC. Em 26-2-1995, um banco de 233 anos faliu. Um operador do banco, Nicholas Leeson perdeu US$ 1,3 bilhão em derivativos, desaparecendo todo o capital acionário do banco. Eram operações no mercado de ações japonês. Mesmo com sinais de perdas, o operador insistia em suas operações nos mercados futuros. Quando não havia mais condições de recuperação, enviou um fax aos superiores "pedindo sinceras desculpas pela situação".[2]
- 1995 – perdas volumosas do Daiwa Bank em virtude de um operador da sucursal de Nova Iorque que, ao longo de 12 anos, falsificou títulos de sua carteira, além de vender títulos de clientes sem autorização dos mesmos.
- 1996 – perdas de mais de US$ 1,9 bilhão pela Sumitomo Corporation, gigante industrial japonês do cobre, em decorrência de operações não autorizadas pelo operador chefe da época.
- 1997 – crise da Ásia, que reduziu aproximadamente 75% da capitalização em dólar das ações da Indonésia, Coreia, Malásia e Tailândia.
- 1998 – crise de crédito na Rússia, gerada pela inadimplência no país que culminou com uma crise global na época que levou à quase falência um grande *hedge fund*, o Long Term Capital Management.
- 2001 – crise econômica na Argentina pelo endividamento do país e estabilização da moeda perante o dólar americano.
- 2005 – falência do Banco Santos no Brasil em função de um descasamento patrimonial.
- 2008 – crise de crédito nos Estados Unidos culminada pela falência de bancos de investimento como Lehman Brothers, Merril Lynch e a seguradora AIG.
- 2008 – perdas de 4,9 bilhões de euros no banco francês Société Générale em virtude de um esquema de fraude de um *trader* por transações fictícias.
- 2011 – megafraude na contabilidade do Banco Pan Americano no Brasil.
- 2015 – escândalo de corrupção na Petrobras, que pode ter chegado a R$ 10 bilhões.
- 2016 – crise econômica de 2015/2016 que, no Brasil, agravou-se com uma crise política e perda de emprego, acompanhada pela queda das exportações e fim do ciclo de alta dos preços das *commodities*.

---

[2] Fonte: Jorion (2010, p. 32) e demais capítulos. Informações também obtidas em jornais e revistas especializados como Veja, Estadão e Folha de S. Paulo.

- 2020 – pandemia da Covid-19: em meio aos resultados ruins dos anos anteriores, a pandemia global gerada pelo coronavírus arrastou o país para aumento de desemprego, falência de empresas e pedidos de recuperação judicial de empresas, diminuição de renda, de investimentos e rombo nas contas públicas. A crise gerada pela Covid-19 pode ser considerada a pior crise sistêmica global dos últimos 76 anos.[3] Por crise sistêmica entende-se um risco de colapso de todo o mercado financeiro, afetando moeda, juros, preços, emprego, renda em todos os níveis organizacionais. No caso do Brasil, a crise agravou os vários desequilíbrios preexistentes nos sistemas econômicos, educacionais e sociais.

As crises financeiras globais levaram à falência muitas empresas, conforme pôde ser visto anteriormente, no histórico resumido das grandes crises mundiais. Tais falências foram provocadas, em sua maioria, pela falta de um controle maior dos riscos incorridos nas operações. E talvez a grande lição das crises, principalmente da crise mais recente de 2008, foi que risco existe. A conscientização de que mecanismos de controle precisam ser implementados motivaram a instituição de medidas regulatórias por parte dos países de todo o globo.

Essa motivação levou à criação do chamado Comitê de Basileia já em 1974, que, inicialmente, foi chamado de Basel Committee on Banking Supervision, um órgão consultivo do Bank of International Settlements (BIS).

Esse comitê é considerado a maior fonte de informações sobre regulamentações de risco da atividade bancária do mundo. Não se constitui, em essência, uma fonte de imposição legal aos seus membros, porém, suas normas quando publicadas são assumidas em todo o mundo como parâmetros legais para uma coerente supervisão e norteiam as diretrizes de riscos de todo o sistema bancário.

Essas publicações são chamadas Acordos de Basileia. Possuem esse nome por terem sido assinadas na cidade de Basileia, na Suíça, onde fica a sede do BIS.

1.7 Acordos de Basileia

Em 1988, foi instituído o Acordo de Basileia I, o qual definiu sua atuação em três segmentos: capital regulatório, fatores para ponderação de riscos dos ativos e o Índice Mínimo de Cobertura de Risco, que ficou conhecido como Índice de Basileia.

No caso de instituições bancárias, o seu maior risco é o de descasamento, ou seja, o dinheiro depositado pelos investidores em um banco é usado pelo próprio banco para empréstimos aos tomadores de recursos. É essa a lógica do banco como um intermediário financeiro. Porém, o que ocorre é que os depositantes aplicam seus recursos a prazos menores que os tomadores dos empréstimos o fazem. Se os aplicadores resolverem todos ao mesmo tempo resgatar suas aplicações, poderiam não conseguir resgatá-las, uma vez que os empréstimos foram tomados a prazos fixos e podem ainda não estar todos quitados.

Esse primeiro acordo estabelecia a exigência de um capital de reserva para que as instituições financeiras pudessem fazer tais empréstimos. Foi então proposto que os bancos

---

[3] Disponível em: https://www.infomoney.com.br/minhas-financas/onu-afirma-que-covid-19-gerou-a-pior-crise-sistemica-global-desde-sua-fundacao/. Acesso em: 27 mar. 2023.

tivessem em caixa 8% do que emprestam. Porém, existem várias modalidades de crédito com condições de riscos distintas. Logo, atribuíram para cada modalidade um fator de ponderação relativo aos tipos de riscos. Foi então criado o Ativo Ponderado pelo Risco (APR). A Tabela 1.1 apresenta a ponderação das principais contas patrimoniais de um banco, conforme estabelecida atualmente pelas autoridades monetárias.

Tabela 1.1 Fatores de ponderação para o ativo

Tipo de risco	Fator de ponderação	Principais ativos
Nulo	0%	Caixa, reservas livres depositadas em espécie no Banco Central, aplicações em operações compromissadas, aplicações de recursos próprios em CDI, aplicações em renda fixa (títulos públicos).
Reduzido	20%	Aplicações em ouro físico (temporárias), cheques enviados ao Serviço de Compensação, créditos fiscais, disponibilidades em moedas estrangeiras etc.
Médio	50%	Aplicações em CDI com recursos próprios em instituições financeiras, créditos habitacionais, aplicações de renda fixa em outras instituições financeiras etc.
Normal	100%	Demais empréstimos, títulos descontados, arrendamentos a receber, negociações de mercadorias e futuros, aplicações em ações no exterior etc.

Fonte: Assaf Neto (2021).

Recomenda-se acompanhar as publicações oficiais dos órgãos reguladores para se ter as devidas atualizações dos fatores de riscos.

Essa regulamentação sobre a adequação do capital dos bancos é conhecida como Índice de Capitalização dos bancos, ou Índice de Basileia, e é dada pela seguinte expressão:

$$\text{Índice de Basileia} = \frac{\text{Capital Próprio}}{\text{Ativo Ponderado pelo Risco}}$$

Para os bancos, quanto maior esse índice, menor será a sua chance de insolvência. Esse índice, no caso do Brasil, foi considerado que deveria ser de, no mínimo, 11%. Bancos que atendam a esse índice são considerados adequados com relação ao risco de crédito.

E essas foram as três principais contribuições do primeiro Acordo de Basileia estabelecendo o Capital Regulatório, que representa o montante mínimo de capital necessário para a proteção dos ativos de risco, o Ativo Ponderado pelo Risco e o Índice de Basileia.

A principal preocupação dos bancos passou então a ser a alocação de capital, ou seja, a formação desse capital mínimo para financiar suas operações com a finalidade de mitigar o risco financeiro. Essa preocupação era dividida em atender a dois conceitos: capital regulatório e capital econômico.

O primeiro, conforme já mencionado, era o montante de capital mínimo para cobrir as perdas por riscos para manter sua capacidade de pagamento junto aos credores e acionistas. A outra preocupação era com o capital econômico que visava proteger o banco das chamadas perdas não esperadas. Para essa medida passou-se a adotar uma medida que ficou conhecida como *Value at Risk* (VaR), a ser discutida ao longo de todo este livro.

Posteriormente, com o passar dos anos, verificaram que o primeiro modelo apresentava dificuldades em diferenciar a qualidade de uma carteira de crédito e instituíram, em 1996, uma emenda ao Acordo de Basileia I na qual incorporaram uma ampla discussão dos controles e ampliação dos requisitos de alocação do capital regulatório, adentrando em questões relativas a risco de mercado.

Mas somente em 2001 foi apresentado o Acordo de Basileia II, trazendo grande evolução e avanços para a gestão de riscos, tanto na transparência das operações quanto no fortalecimento da supervisão. Está estruturado em três grandes conceitos chamados "pilares": o Pilar I, tratando da estrutura de capital mínimo; o Pilar II, com estímulos à adoção de melhores práticas de gestão de riscos; e o Pilar III, fortalecendo a disciplina de mercado e a redução da assimetria de informação.

Esse novo Acordo de Basileia trouxe ainda em seu bojo a adoção de modelos de mensuração e controle de riscos de crédito, operacional e de mercado.

Com a crise de 2008, ficou claro que, mesmo com todo avanço nos instrumentos de controle e supervisão impostos nos acordos de Basileia I e II, os bancos ainda estavam expostos a diversos problemas. Surge então, em 2010, o Acordo de Basileia III, que divulgou orientações sobre a estrutura de capital, alavancagem e liquidez das instituições financeiras, impondo aumento nas exigências com relação às reservas dos bancos.

Este último acordo é um processo cuja implementação total estava prevista para o fim de 2019 com a adoção de mecanismos que controlam o capital mínimo e de novos parâmetros, como o Colchão de Proteção, para adicionarem capitais adicionais de proteção tanto sobre os ativos ponderados quanto para choques no ambiente econômico.

1.8 Acordos de Basileia no Brasil

A partir da criação do Comitê de Basileia, os Bancos Centrais dos países passaram a estabelecer suas próprias emendas regulatórias. No Brasil, o Bacen iniciou o processo a partir de resoluções cujas normas aparecem em anexos com os devidos esclarecimentos.

A primeira Resolução é a nº 2.099/1994, do Conselho Monetário Nacional, atribuindo os parâmetros do Acordo de Basileia I ao mercado brasileiro.

Desde então, outras resoluções foram implementadas com o intuito de trazer as novas regras ao mercado brasileiro. Entre essas, podem-se destacar as relacionadas na Tabela 1.2.

Tabela 1.2 Resoluções sobre gerenciamento de riscos

1994 – Resolução nº 2.099	Alinhou as exigências do Acordo de Basileia I com as regras nacionais.
2006 – Resolução nº 3.380	Estrutura de Gerenciamento do Risco Operacional. Revogada pela Resolução nº 4.557/2017.
2007 – Resolução nº 3.464	Estrutura de Gerenciamento do Risco de Mercado. Revogada pela Resolução nº 4.557/2017.

(continua)

(continuação)

2009 – Resolução nº 3.478	Estabelece requisitos mínimos e os procedimentos de cálculo por meio de modelos internos de risco de mercado, do valor diário referente ao Patrimônio de Referência. Essa resolução estabelece o *Value at Risk* (VaR) como ferramenta de risco de mercado. Revogada pela Resolução nº 4.903/2021.
2009 – Resolução nº 3.721	Estrutura de Gerenciamento do Risco de Crédito. Revogada pela Resolução nº 4.557/2017.
2011 – Resolução nº 3.988	Dispõe sobre a implementação de estrutura de gerenciamento de capital em instituições financeiras e autorizadas. Revogada pela Resolução nº 4.557/2017.
2012 – Resolução nº 4.090	Estrutura de Gerenciamento do Risco de Liquidez. Revogada pela Resolução nº 4.557/2017.
2017 – Resolução nº 4.557	Alterada pelas Resoluções 4.745 de 29-08-2019 e 4.943 de 15/09/2021, dispõe sobre a Estrutura de Gerenciamento de Riscos e a Estrutura de Gerenciamento de Capital e a política de divulgação de informações.
2021 – Resolução nº 4.966	Dispõe sobre os critérios contábeis, aplicáveis a instrumentos financeiros, bem como para a designação e reconhecimento das relações de proteção (contabilidade de Hedge) por parte das Instituições Financeiras e demais Instituições autorizadas a funcionar pelo Bacen.

Recomenda-se o acesso ao *site* do Bacen para atualização dessas e de outras resoluções sobre gestão de riscos.

Controle e avaliação de risco ganham importância

Anselmo Bonservizzi

O título acima trata de uma matéria publicada no Jornal Valor Econômico dedicada a demonstrar, e o faz muito bem, a importância da Análise de Riscos no ambiente corporativo das empresas.

O texto procura ilustrar que, após a crise que estourou em 2008, abriu-se espaço para aumentar a relevância do gerenciamento de riscos nas empresas corporativas e de investimentos. Ressalta que, embora a gestão de riscos já vinha sendo empregada desde o início da década, o novo contexto econômico global "deu fôlego ao aprimoramento e à difusão da gestão de riscos".

Comenta que, com a nova instabilidade gerada nos mercados, a preocupação com o "novo" ou a "surpresa" passou a exigir das empresas um melhor preparo para lidar com as adversidades do mercado.

O autor cita ainda a pesquisa *"Global risk management survey"*, publicada pela Deloitte em julho do corrente ano e detalha dados da pesquisa onde mostra que, "das 111 instituições financeiras entrevistadas, quase 60% afirmam possuir um programa integrado de gestão de riscos". Esse fato, segundo a reportagem, demonstra que as empresas "estão se voltando para a estruturação de um gerenciamento de risco integrado e robusto, considerando exigências legais e aspectos de negócio".

O texto lembra ainda que há evidências de que o mercado está se organizando em busca de melhora nos "controles internos e na otimização da gestão, muitas vezes em busca de redução de custos ou mitigação dos riscos", comprovado pelos dados do Instituto Brasileiro de Auditores Internos (Audibra), que afirmam ter ocorrido um "crescimento de 40% no número de associados entre setembro de 2008 e abril de 2009, atingindo 2.800 profissionais".

O autor destaca ainda o questionamento a alguns pilares da gestão de riscos como as "recentes críticas ao uso exagerado de modelos matemáticos de mensuração de risco adotados até agora no mercado financeiro". Porém, como ressalta, existe um "certo consenso sobre a utilização de premissas incorretas ou sobre a inabilidade dos modelos em lidar com situações inéditas". Há ainda uma cobrança maior por questões regulatórias acerca dos riscos operacionais como fraudes, por exemplo.

Ainda em relação à confiabilidade dos instrumentos de análises de riscos, o autor destaca ainda outra pesquisa da Deloitte, em parceria com o Instituto Brasileiro de Relações com Investidores (IBRI), intitulada *Confiança em um cenário de riscos*, onde aponta que "86% das empresas veem o aumento da aversão ao risco como um desafio a ser endereçado no curto prazo". Destaca que nessa pesquisa foram ouvidos 61 investidores e 54 executivos, dos quais "83% acreditam que o fator mais importante para a decisão de investimento, neste momento, é a política de controle e avaliação de riscos de uma empresa".

Finaliza o trabalho manifestando que de nada adianta possuir "boas estruturas de auditoria interna e gestão de riscos, mas é preciso integrá-las ao negócio por meio de controles eficazes e mudança cultural". Ressalta que, na época da pesquisa, ano de 2009, o maior desafio das empresas era "que elas não possuíam uma visão integrada dos riscos e controles".

Comenta ainda que existem diversos fatores de riscos no mercado, dentre eles ilustra, como exemplo, as mudanças no padrão contábil. Explica que a "adoção do IFRS muda a contabilização de ativos e os intangíveis passam a ser contabilizados. Isso vai modificar a forma como é vista a gestão de riscos, que terá de ser estruturada para no mínimo buscar a preservação de valor". Conclui este parágrafo alertando que as empresas que ainda não passaram a atender às necessidades da gestão de riscos podem encontrar nela uma importante ferramenta de agregação e valor às suas atividades.

O que se espera em toda instituição é evitar surpresas desagradáveis. "Em outras palavras, correr riscos é parte integrante de qualquer negócio. Porém, deve-se evitar estar sujeito àqueles que destruam seu valor. Investir em novos mercados, produtos e serviços, por exemplo, são riscos relacionados diretamente ao negócio e que os investidores normalmente estão dispostos a correr, pois são potencialmente recompensáveis."

No fechamento do artigo, afirma que "a prática de gestão de riscos aumenta a transparência das informações apresentadas por uma empresa. Este é um benefício indireto que leva os executivos a se sentirem mais confiantes nos dados que fornecem ao mercado e, em contrapartida, o mercado passa a investir nessas empresas, formando um ciclo virtuoso".

Fonte: Valor Econômico, coluna Palavra do Gestor.

1.9 Risco no contexto do IFRS

A sigla IFRS (International Financial Reporting Standards) representa um conjunto de padrões internacionais de relatórios financeiros, em vigor no Brasil desde 2010, que são adotados pelas empresas com o objetivo de tornar as informações contábeis divulgadas mais acessíveis e confiáveis, principalmente aos investidores internacionais (WATSON, 2012).

Em 1973, foi formado o International Accounting Standards Committee (IASC), o Comitê de Normas Internacionais de Contabilidade, que passou, em 2001, a chamar-se International Accounting Standards Board (IASB), ou seja, o Conselho de Normas Internacionais de Contabilidade. Esse conselho emite normas classificadas como IFRS e IAS (International Accounting Standards), sendo este último relativo às formas de contabilização.

Dentre essas normas, encontram-se o IFRS 7, o IAS 32 e o IAS 39, que tratam especificamente de instrumentos financeiros e riscos. Apresenta-se, a seguir, segundo Watson (2012), um resumo dessas três normas e o que cada uma trata.

O IFRS 7 tem por finalidade fazer com que a entidade divulgue a natureza e a extensão dos riscos resultados dos instrumentos financeiros aos quais está exposta nas categorias de riscos de créditos liquidez e de mercado.

A finalidade do IAS 32 é estabelecer princípios de apresentação e classificação de instrumentos financeiros em ativos e passivos financeiros e instrumentos de capital próprio, bem como a classificação de itens como juros e dividendos.

Para o IAS 39, a instituição deve reconhecer e mensurar em seus demonstrativos todos os direitos e obrigações contratuais que geram ativos ou passivos financeiros, inclusive resultados com derivativos.

1.10 **Estatística para riscos**

Nesta seção serão apresentados conceitos importantes de Estatística com suas aplicações em Finanças, mais especificamente na Análise de Riscos. Não se tem a intenção de esgotar todo o conteúdo de Estatística nesta revisão, apenas o necessário ao acompanhamento dos tópicos aqui tratados. Os leitores já familiarizados com os conceitos abordados podem rever apenas os tópicos que julgarem necessários. Mais detalhes podem ser obtidos em literatura mais específica.

1.10.1 Estatística básica

A Estatística é uma ciência que cuida da coleta, organização, resumo, tabulação, apresentação e análise de dados de fenômenos que permitam a obtenção de conclusões que contribuem para o conhecimento de um conjunto de observações maiores. O termo "estatística" se refere a uma medida obtida a partir de dados de uma amostra, um subconjunto de uma população, que serve como **estimador** do valor correspondente da população (esse conjunto maior de observações), que é chamado "parâmetro".

Em Finanças, necessitamos conhecer parâmetros de diversos ativos, como retornos de ações, volatilidades futuras, correlações futuras etc., o que dificulta sua obtenção *a priori*, por serem eventos futuros, e faz com que eles sejam estimados por amostras passadas ou implícitas com a maior chance possível de acertos (MARINS, 2004).

Nos mercados financeiros, muitas vezes nos deparamos com situações nas quais os valores de ocorrência de uma medida não são totalmente certos ou conhecidos. Por exemplo, as receitas ou custos/despesas nas projeções de um fluxo de caixa ocorrem sob condições de incerteza em razão de mudanças ocorridas nos mercados, nos preços, nas unidades vendidas/produzidas, as quais afetam o resultado final esperado em análise.

Dentro desse campo de incertezas, os valores de cada estimativa de uma medida podem variar no tempo. Em métodos quantitativos, pode-se expressar o conjunto de possíveis valores que uma variável pode assumir em um espaço amostral. E para representar cada possível valor de cada medida, usa-se uma variável aleatória, assim chamada justamente por ter um comportamento aleatório no tempo.

Conhecer a forma como essa medida pode ser distribuída é essencial para estabelecer métricas estatísticas que descrevem o seu comportamento. Quando se tem conhecimento dos possíveis valores que essa variável pode assumir em um dado período, pode-se estabelecer uma distribuição de frequência, uma estimativa da distribuição total que essa variável pode assumir. Essa distribuição estatística é chamada "distribuição de probabilidade", na qual à medida que se consegue uma quantidade maior de dados, a distribuição de frequência dessa medida pode seguir a distribuição de probabilidade na população em estudo.

Essas variáveis aleatórias podem ser discretas ou contínuas. A variável aleatória discreta é aquela que pode assumir um conjunto de valores inteiros, por exemplo, número de funcionários em uma empresa, produtos fabricados em um negócio etc. Ou seja, não pode assumir valores decimais "quebrados". Já uma variável aleatória contínua é aquela que pode assumir quaisquer valores em um intervalo de números reais, por exemplo, preço de uma ação, faturamento de uma empresa etc.

No caso de uma **variável aleatória discreta**, os pares de valores de cada variável e sua respectiva probabilidade são função de probabilidade da variável aleatória:

$$
\begin{array}{ccccc}
X & X_1 & X_2 & \dots & X_n \\
Prob(X) & Prob(X_1) & Prob(X_2) & \dots & Prob(X_n)
\end{array}
$$

com $Prob(X_i) \geq 0$ para todo X_i com $\sum_{i=1}^{n} Prob(X_i) = 1$. Seu valor médio esperado (ou esperança) é obtido pela média ponderada entre os valores da variável e cada uma das respectivas probabilidades:

$$
E(X) = \sum_{i=1}^{n} \times Prob(X_i)
$$

O desvio-padrão como medida de variabilidade é obtido pela raiz quadrada da soma da média ponderada das distâncias entre cada variável e a sua média (esperança) ponderada pelas respectivas probabilidades:

$$
DP(X) = \sqrt{\sum_{i=1}^{n} (X_i - E(X))^2 \times Prob(X_i)}
$$

Dessa forma, considere uma população composta por três elementos {1, 2, 3}. A média desse conjunto é $\mu = 2$, ou seja, somando os três números e dividindo por três, chega-se ao valor de 2. Para esse conjunto de dados, pode-se gerar seis amostras a partir desses dados.

O objetivo de construir amostras é obter estimativas dos parâmetros da população que permitam o seu conhecimento sem a necessidade de fazer o censo da população. Tais amostras seriam:

Amostra 1 – { 1 }   Média: $\overline{X} = 1$
Amostra 2 – { 2 }   Média: $\overline{X} = 2$
Amostra 3 – { 3 }   Média: $\overline{X} = 3$
Amostra 4 – { 1, 2 } Média: $\overline{X} = 1,5$
Amostra 5 – { 1, 3 } Média: $\overline{X} = 2$
Amostra 6 – { 2, 3 } Média: $\overline{X} = 2,5$

A partir dessa distribuição de valores das médias amostrais, pode-se apurar as medidas descritivas como média, variância e desvio-padrão.

A média das médias amostrais $\mu = \dfrac{1+2+3+1,5+2+2,5}{6} = 2$ é a verdadeira média populacional.

Pode-se ainda ter uma distribuição amostral da estatística (média) dessa amostra, que nada mais é do que uma distribuição de probabilidade da média de cada amostra. Como são seis amostras cada uma, há probabilidade de 1/6 de ocorrência, como pode ser visto no gráfico da Figura 1.4.

Figura 1.4 Gráfico de barras da distribuição das probabilidades.

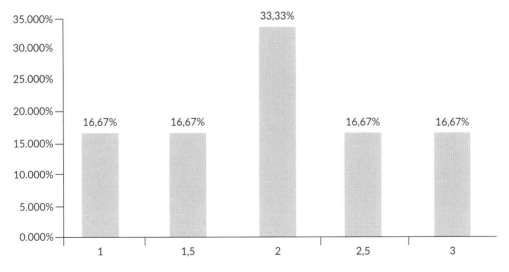

A partir da distribuição amostral, existem características importantes que são os seus parâmetros, dentre eles a Esperança Matemática ou valor esperado, ou, simplesmente, média, que pode ser definida para uma variável aleatória X qualquer da seguinte maneira:

$$E(X) = \sum_{i=1}^{n} X_i \cdot Prob(X_i)$$

Assim, no exemplo anterior, tem-se:

$$\mu = E(X) = 1 \times \frac{1}{6} + 1,5 \times \frac{1}{6} + 2 \times \frac{2}{6} + 2,5 \times \frac{1}{6} + 3 \times \frac{1}{6} = \frac{1 + 1,5 + 4 + 2,5 + 3}{6} = \frac{12}{6} = 2$$

Para se conhecer a dispersão dessa distribuição, deve-se avaliar a sua variância (VAR), que fornece o grau de dispersão (ou concentração) em torno da média. A variância é assim calculada:

$$VAR(X) = E\left[X - E(X)\right]^2$$

E no caso discreto: $VAR(X) = \sum_{i=1}^{n}(X_i - E(X))^2 \times Prob(X_i)$.

Operacionalizando a expressão da VAR anterior, tem-se a partir do desenvolvimento do termo quadrático:

$$VAR(X) = E[X - E(X)]^2$$
$$VAR(X) = E[X^2 - 2 \cdot X \cdot E(X) + E(X)^2]$$
$$VAR(X) = E(X^2) - 2 \cdot E(X) \cdot E(X) + E(X)^2$$
$$VAR(X) = E(X^2) - 2 \cdot E(X)^2 + E(X)^2$$
$$VAR(X) = E(X^2) - E(X)^2$$

em que $E(X^2) = \sum_{i=1}^{n} X_i^2 \times Prob(X_i)$.

Para o exemplo anterior, tem-se a Tabela 1.3.

Tabela 1.3 Cálculo do Valor Esperado

X_i	$Prob(X_i)$	X_i^2	$X_i^2 \times Prob(X_i)$
1	$\frac{1}{6}$	$(1)^2 = 1$	$\frac{1}{6}$
1,5	$\frac{1}{6}$	$(1,5)^2 = 2,25$	$\frac{2,25}{6}$
2	$\frac{2}{6}$	$(2)^2 = 4$	$\frac{8}{6}$
2,5	$\frac{1}{6}$	$(2,5)^2 = 6,25$	$\frac{6,25}{6}$
3	$\frac{1}{6}$	$(3)^2 = 9$	$\frac{9}{6}$

Assim:

$$E\left(X^2\right)=\frac{1+2,25+8+6,25+9}{6}=\frac{26,5}{6}=4,416667$$

$$VAR(X) = 4,41667 - (2)^2$$

$$VAR(X) = 0,41667$$

Ou poderia ter sido calculada conforme a Tabela 1.4.

Tabela 1.4 Cálculo da Variância

X_i	$Prob(X_i)$	$X_i - E(X)$	$\left(X_i - E(X)\right)^2$	$\left(X_i - E(X)\right)^2 \times Prob(X_i)$
1	$\frac{1}{6}$	$1-2=-1$	$(-1)^2 = 1$	$\frac{1}{6}$
1,5	$\frac{1}{6}$	$1,5-2=-0,5$	$(-0,5)^2 = 0,25$	$\frac{0,25}{6}$
2	$\frac{2}{6}$	$2-2=0$	$(0)^2 = 0$	$\frac{0}{6}$
2,5	$\frac{1}{6}$	$2,5-2=0,5$	$(0,5)^2 = 0,25$	$\frac{0,25}{6}$
3	$\frac{1}{6}$	$3-2=1$	$(1)^2 = 1$	$\frac{1}{6}$

E assim:

$$VAR = \frac{1+0,25+0+0,25+1}{6} = \frac{2,5}{6} = 0,416667$$

Quanto menor for o valor da variância, menor será o grau de dispersão de probabilidade em torno da média, e vice-versa. Porém, a variância é medida quadrática e seu resultado pode ser artificial. Para contornar esse problema, define-se o **desvio-padrão**, que nada mais é do que a raiz quadrada da variância.

$$DP\left(X\right)=\sigma_x = \sqrt{\sum_{i=2}^{n} X_i^2 \cdot Prob\left(X_i\right)}$$

Pode-se destacar algumas propriedades da variância importantes para as aplicações em Finanças:

1. VAR(constante) = 0
2. VAR(constante $\cdot X$) = constante$^2 \cdot VAR(X)$
3. $VAR(X \pm Y) = VAR(X) + VAR(Y) \pm 2 \cdot COVAR(X, Y)$

em que $COVAR(X,Y)$ é a covariância entre as variáveis X e Y e mede o grau de dependência entre essas duas variáveis.

A $COVAR$ é assim calculada:

$$COVAR(X,Y) = E[(X - E(X)) \cdot (Y - E(Y)]$$
$$COVAR(X,Y) = E[XY - X \cdot E(Y) - E(X) \cdot Y + E(X) \cdot E(Y)]$$
$$COVAR(X,Y) = E(XY) - E(X) \cdot E(Y) - E(X) \cdot E(Y) + E(X) \cdot E(Y)$$
$$COVAR(X,Y) = E(XY) - E(X) \cdot E(Y)$$

A dificuldade da covariância está no fato de trabalhar com unidades quadráticas, uma vez que apresenta o produto de duas variáveis no seu cálculo, conforme demonstrado anteriormente. Além da questão de se estar trabalhando com unidades quadráticas, o campo de variação da $COVAR$ é extremamente amplo, ou seja, de menos infinito a mais infinito, que, embora possa facilitar alguns cálculos, como no caso da fórmula do risco da carteira definida na Teoria do Portfólio de Markowitz, pode trazer dificuldades de interpretação em outros casos, por exemplo, ao analisar a $COVAR$ entre dois ativos, nos encontraríamos em analisar uma medida em R\$. Nesse sentido, a correlação resolverá este problema.

A **correlação** ($CORREL$) ou, simplesmente, denotado pela letra r (minúscula) quando se trata de uma correlação amostral ou ρ para uma correlação populacional:

$$CORREL(X,Y) = \frac{COVAR(X,Y)}{\sigma_X \times \sigma_Y}$$

ou, ainda, $CORREL(X,Y) \times \sigma_x \times \sigma_y = COVAR(X,Y)$.

E para o caso de uma **variável aleatória contínua**, a variável aleatória está associada a uma função $f(x)$ chamada "função de densidade de probabilidade de x", cuja interpretação representa os pontos da curva da função, ou seja, as imagens da função. O valor da probabilidade de a variável estar dentro de um intervalo de valores será a área abaixo da curva, que pode ser obtida para o intervalo a partir dos recursos de integração do cálculo diferencial e integral: $Prob(a \leq X \leq b) = \int_{a}^{b} f(x)dx$, em que a soma da área total abaixo da curva é igual a 1(100%).

Algumas distribuições de probabilidades são essenciais para o entendimento de vários tópicos relativos à análise de riscos. A seguir, apresenta-se as principais a serem utilizadas neste livro.

1.10.2 Distribuições de probabilidades discretas

Uma distribuição de probabilidade nada mais é do que uma distribuição de frequência relativa ou probabilística para os possíveis resultados de um conjunto de observações.

Vale ressaltar que a validade da utilização e aplicação prática de determinada distribuição de probabilidade a determinado problema de risco dependerá do grau de aproximação entre a situação verídica real e o conjunto de dados admitidos na distribuição, uma vez que este confronto das hipóteses de uma distribuição de probabilidade com as especificações de determinado problema constitui a essência da análise estatística. E, obviamente, quanto melhor for esta aproximação.

1.10.2.1 Distribuição binomial

Quando se tem um evento com n tentativas independentes e cada uma admite apenas dois resultados: um que se refere ao **sucesso** relativo à variável de interesse com probabilidade p e outro complementar que seria o **fracasso** com probabilidade q com $p + q = 100\%$, sendo sempre as mesmas em cada tentativa. Assim, a probabilidade de um evento x ocorrer dentro de n tentativas é dada por:

$$P(x) = \binom{n}{x} p^x q^{n-x} \text{ em que } \binom{n}{x} = \frac{n!}{x!(n-x)!}$$

Tem-se ainda as medidas da média, ou seja, da Esperança ($E(x)$) e a Variância ($VAR(x)$) da variável x dadas por:

$$E(x) = np \text{ e } \lambda = np$$

O gráfico da Figura 1.5 ilustra a função de probabilidade da distribuição binomial para $n = 10$ e diferentes valores de p: 0,30, 0,50 e 0,70.

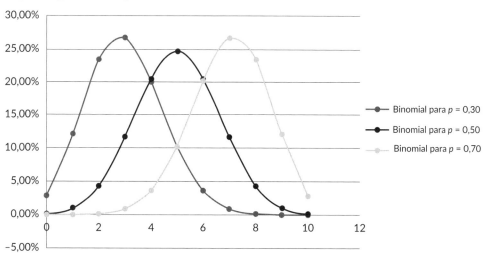

Figura 1.5 Distribuição binominal.

Observe que, para $p = 0,50$, a distribuição é simétrica em torno da média ($E(X) = 5$). Se $p < 0,50$, é simétrica positiva, observando maior frequência para valores menores que a média e cauda mais longa à direita. Se $p > 0,50$, é assimétrica à esquerda, observando maior frequência (probabilidade) para valores maiores que a média e cauda mais longa à esquerda.

1.10.2.2 Distribuição de Poisson

Nos cálculos das probabilidades da distribuição binomial, pode-se deparar com valor de n muito grande $(n \to \infty)$ e p muito pequeno $(p \to 0)$. Nesses casos, os valores calculados podem apresentar-se mais complicados em razão das precisões de calculadoras e seja necessário o uso de recursos computacionais. Nessas condições, pode-se empregar a aproximação da distribuição binomial pela distribuição de Poisson.

Para esta distribuição, adota-se o valor da média da binominal como um parâmetro lambda da distribuição de Poisson, conforme é dado a seguir:

$$P(x) = \frac{e^{-\lambda} \cdot \lambda^x}{x!} \text{ em que } \lambda = np$$

A média ou esperança dessa distribuição e sua variância são dadas por:

$$E(x) = \lambda \text{ e } VAR(x) = \lambda$$

O gráfico da Figura 1.6 ilustra a função de probabilidade da distribuição de Poisson para $n = 10$ e diferentes valores de p: 3, 5 e 7, referentes às probabilidades de 0,30, 0,50 e 0,70, respectivamente.

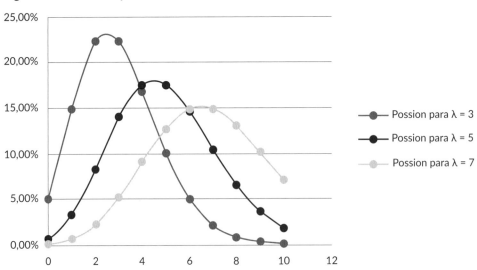

Figura 1.6 Distribuição de Poisson.

1.10.3 Distribuições de probabilidades contínuas

1.10.3.1 Distribuição normal

A distribuição normal de probabilidade ampara com boa aproximação diversos fenômenos de mercado e também serve de aproximação às demais distribuições de probabilidades para grandes amostras. A distribuição normal fica definida com dois parâmetros: sua média (μ) e desvio-padrão (σ), em que a área sob a curva entre um ponto qualquer e a média é função somente do número de desvios-padrão que aquele ponto dista da média, constituindo a chave que nos permite calcular probabilidades para a curva normal e medidas de risco.

A fórmula da distribuição normal é:

$$P(x) = \frac{1}{\sigma\sqrt{2\pi}} e^{-\frac{1}{2}\left(\frac{x-\mu}{\sigma}\right)^2}$$

Para o cálculo do número de desvios-padrão (Z), deve-se aplicar a diferença efetiva entre o valor solicitado (x) e a média, dividindo-se pelo desvio-padrão, o que exprime essa diferença em termos de desvios-padrão a contar da média. Algebricamente, tem-se:

$$Z = \frac{x-\mu}{\sigma}$$

Tais áreas sob a curva encontram-se tabeladas em função dos números de desvios-padrão apresentados nos anexos deste livro.

1.10.3.2 Distribuição uniforme

A distribuição uniforme é empregada para modelar a ocorrência de uma variável aleatória quando se conhece apenas os limites dos dados dessa variável.

Sua função densidade de probabilidade é:

$$f(x) = \begin{cases} \dfrac{1}{b-a}, & \text{se } a \leq x \leq b \\ 0, & \text{caso contrário} \end{cases}$$

Seu gráfico fica:

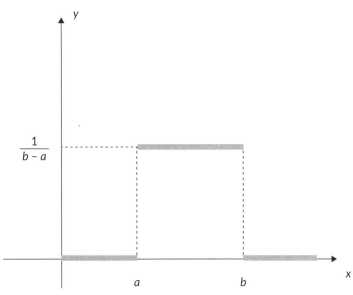

Para essa distribuição, o valor da média é:

$$E(x) = \int_a^b x \cdot \left(\frac{1}{b-a}\right) dx = \left(\frac{1}{b-a}\right) \int_a^b x\, dx = \left(\frac{1}{b-a}\right) \cdot \frac{x^2}{2}\bigg|_a^b$$

$$E(X) = \left(\frac{1}{b-a}\right) \cdot \frac{b^2 - a^2}{2} = \left(\frac{1}{b-a}\right) \cdot \frac{(b+a)(b-a)}{2}$$

Simplificando a expressão $(b - a)$:

$$E(X) = \frac{(a+b)}{2}$$

Seu desvio-padrão é:

$$DP(X) = \left[E(X^2) - (E(X))^2\right]^{\frac{1}{2}}$$

em que:

$$E(X^2) = X^2 \cdot Prob(X) = \int_a^b x^2 \cdot \left(\frac{1}{b-a}\right) dx = \left(\frac{1}{b-a}\right)\int_a^b x^2 \, dx$$

$$E(X^2) = \left(\frac{1}{b-a}\right)\frac{x^3}{3}\bigg|_a^b = \left(\frac{1}{b-a}\right) \cdot \frac{b^3 - a^3}{2} =$$

Fatorando a expressão da diferença dos cubos:

$$E(X^2) = \left(\frac{1}{b-a}\right) \cdot \frac{(b-a)(b^2 + ab + a^2)}{3}$$

Simplificando a expressão $(b - a)$:

$$E(X^2) = \left(\frac{1}{b-a}\right) \cdot \frac{(b-a)(b^2 + ab + a^2)}{3} =$$

$$E(X^2) = \frac{(b^2 + ab + a^2)}{3}$$

Assim:

$$DP(X) = \left[\frac{(b^2 + ab + a^2)}{3} - \left(\frac{a+b}{2}\right)^2\right]^{\frac{1}{2}}$$

$$DP(X) = \left[\frac{(b^2 + ab + a^2)}{3} - \left(\frac{a+b}{4}\right)^2\right]^{\frac{1}{2}}$$

$$DP(X) = \left[\frac{4(b^2 + ab + a^2) - 3(a+b)^2}{12}\right]^{\frac{1}{2}} = \left[\frac{4b^2 + 4ab + 4a^2 - 3(a^2 + 2ab + b^2)}{12}\right]^{\frac{1}{2}}$$

$$P(X) = \left[\frac{4b^2 + 4ab + 4a^2 - 3a^2 - 6ab - 3b^2}{12}\right]^{\frac{1}{2}} = \left[\frac{b^2 - 2ab + a^2}{12}\right]^{\frac{1}{2}}$$

$$DP(X) = \sqrt{\frac{b^2 - 2ab + a^2}{12}}$$

$$DP(X) = \sqrt{\frac{(b-a)^2}{12}}$$

1.10.3.3 Distribuição triangular

A distribuição triangular é uma distribuição simples para representar a incerteza de uma variável que tem valores oscilando entre um valor mínimo (*Mín*) e um valor máximo (*Máx*) e um valor mais provável (*Mprov*).

Sua função densidade de probabilidade é:

$$f(x) = \begin{cases} \dfrac{2(x - \text{Mín})}{(\text{Máx} - \text{Mín})(\text{Mprov} - \text{Mín})}, \text{ se Mín} \leq x < \text{Mprov} \\ \dfrac{2}{\text{Máx} - \text{Mín}}, \text{ se } x = \text{Mprov} \\ \dfrac{2(\text{Máx} - x)}{(\text{Máx} - \text{Mín})(\text{Mprov} - \text{Mín})}, \text{ se Mprov} < x \leq \text{Máx} \\ 0, \text{ caso contrário} \end{cases}$$

Seu gráfico fica:

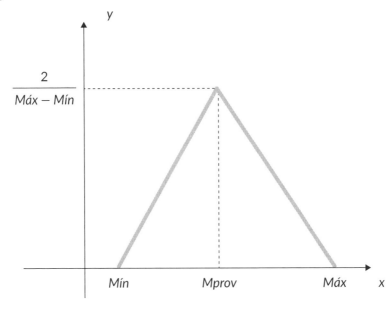

Para essa distribuição, o valor médio é:

$$E(X) = \frac{Mín + Mprov + Máx}{3}$$

E o desvio-padrão:

$$DP(X) = \sqrt{\frac{Mín^2 + Mprov^2 + Máx^2 - Mín \times Mprov - Mín \times Máx - Mprov \times Máx}{18}}$$

1.10.3.4 Distribuição qui-quadrado

Uma distribuição qui-quadrado, denotada por χ_φ^2, é uma função densidade de probabilidade dada por:

$$f(x) = \begin{cases} \dfrac{1}{2^{\frac{\varphi}{2}} \cdot \Gamma\left(\dfrac{\varphi}{2}\right)} \cdot x^{\frac{\varphi}{2}-1} \cdot e^{-\frac{x}{2}}, & \text{se } x > 0 \\ 0, & \text{se } x < 0 \end{cases}$$

em que $\Gamma(\alpha) = \int_0^\infty e^{-x} \cdot x^{\alpha-1} dx$

φ é o número de graus de liberdade. A expressão graus de liberdade refere-se ao número de categorias independentes em uma experiência estatística que são livres para variar.

Seu gráfico representa uma curva assimétrica positiva que muda de comportamento para diferentes valores dos graus de liberdade. A Figura 1.7 ilustra o comportamento da distribuição qui-quadrado para valores de φ = 1, 2, 3 e 4.

Figura 1.7 Distribuição Qui-Quadrado.

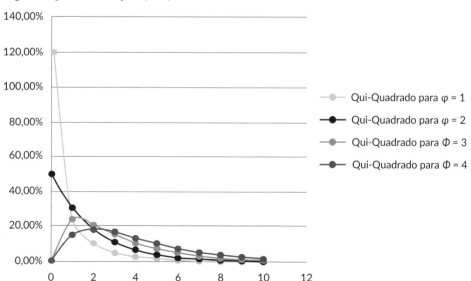

Para essa distribuição, tem-se:

$$E(X) = \varphi$$

$$DP(X) = \sqrt{2\varphi}$$

APLICAÇÃO PRÁTICA

Foram abordadas nas seções anteriores as atribuições das variáveis aleatórias e suas funções densidade de probabilidades. Na área financeira, essas funções são extremamente importantes, tendo destaque a distribuição normal.

A distribuição normal de probabilidade ampara com boa aproximação diversos eventos do mercado e também serve de aproximação para outras distribuições de probabilidade para grandes amostras. Esta distribuição fica definida com dois parâmetros: a média (μ) e o desvio-padrão (σ), simbolizada para sua variável aleatória X como $X \sim N(\mu, \sigma^2)$, em que σ^2 representa a variância (quadrado do desvio-padrão) e pode ser expressa matematicamente como:

$$f(x) = \frac{1}{\sigma\sqrt{2\pi}} \cdot e^{-\frac{1}{2}\left(\frac{x-\mu}{\sigma}\right)^2}$$

em que e denota a função exponencial e^x.

A partir das rentabilidades nominais das aplicações financeiras, como poupança, CDB e da taxa Selic, tem-se a Tabela 1.5.

Tabela 1.5 Rentabilidade dos produtos financeiros

Ano	Valores nominais		
	Poupança	CDB	Selic
2001	8,59%	17,72%	17,32%
2002	9,27%	14,00%	19,17%
2003	11,10%	18,42%	23,34%
2004	8,12%	12,50%	16,25%
2005	9,18%	17,56%	19,05%
2006	8,23%	13,76%	15,08%
2007	7,63%	10,49%	11,88%
2008	7,88%	11,82%	12,53%
2009	6,92%	9,14%	9,93%
2010	6,90%	7,92%	9,78%
2011	7,50%	11,80%	11,62%
2012	6,58%	7,82%	8,41%

(continua)

(continuação)

Ano	Valores nominais		
	Poupança	CDB	Selic
2013	6,32%	7,85%	8,18%
2014	7,02%	10,07%	10,86%
2015	7,94%	12,47%	13,47%
2016	8,30%	12,39%	14,18%
2017	6,80%	8,37%	10,11%
2018	5,64%	6,37%	6,58%
2019	5,15%	5,76%	6,03%
2020	2,12%	2,65%	2,75%
2021	2,99%	5,77%	4,39%
Média	7,15%	10,70%	8,95%
Desvio-padrão	2,02%	4,20%	5,16%

A partir das médias e dos desvios das aplicações financeiras, pode-se calcular os pontos das respectivas funções densidade de probabilidade para analisar o comportamento dos retornos das aplicações financeiras ao longo do tempo para um mesmo intervalo de valores correspondendo a três desvios para mais e para menos com relação à média.

Assim, para um ponto de retorno de 5% (0,05), pode-se calcular o ponto do gráfico pela fórmula da distribuição normal que se assume como o comportamento dos retornos:

- Para Poupança:

$$f(0,05) = \frac{1}{0,0202\sqrt{2(3,141593)}} \cdot (2,718282)^{-\frac{1}{2}\left(\frac{0,05-0,0715}{0,0202}\right)^2} = 11,20$$

- Para CDB:

$$f(0,05) = \frac{1}{0,0420\sqrt{2(3,141593)}} \cdot (2,718282)^{-\frac{1}{2}\left(\frac{0,05-0,1070}{0,0420}\right)^2} = 3,78$$

- Para Selic:

$$f(0,05) = \frac{1}{0,0516\sqrt{2(3,141593)}} \cdot (2,718282)^{-\frac{1}{2}\left(\frac{0,05-0,0895}{0,0516}\right)^2} = 5,77$$

Tais pontos são as imagens do ponto correspondente ao retorno de 5% na curva da função densidade de probabilidade. A Tabela 1.6 ilustra os respectivos pontos para outros valores dos retornos.

Tabela 1.6 Valores dos pontos no gráfico da distribuição

X	Poupança	CDB	Selic
−4,00%	0,00	0,02	0,33
−3,00%	0,00	0,05	0,53
−2,00%	0,00	0,10	0,81
−1,00%	0,01	0,20	1,21
0,00%	0,04	0,37	1,72
1,00%	0,19	0,66	2,36
2,00%	0,76	1,11	3,12
3,00%	2,38	1,77	3,98
4,00%	5,84	2,66	4,88
5,00%	11,20	3,78	5,77
6,00%	16,80	5,08	6,57
7,00%	19,72	6,45	7,20
8,00%	18,10	7,73	7,61
9,00%	13,00	8,76	7,73
10,00%	7,30	9,37	7,57
11,00%	3,20	9,48	7,14
12,00%	1,10	9,06	6,49
13,00%	0,30	8,18	5,68
14,00%	0,06	6,97	4,79
15,00%	0,01	5,62	3,88
16,00%	0,00	4,28	3,04
17,00%	0,00	3,08	2,29
18,00%	0,00	2,09	1,66
19,00%	0,00	1,35	1,16
20,00%	0,00	0,82	0,78
21,00%	0,00	0,47	0,50
22,00%	0,00	0,25	0,31
23,00%	0,00	0,13	0,19
24,00%	0,00	0,06	0,11

Graficamente, pode-se visualizar melhor o comportamento da distribuição do retorno dos três ativos na Figura 1.8.

Figura 1.8 Distribuições para cada um dos produtos financeiros.

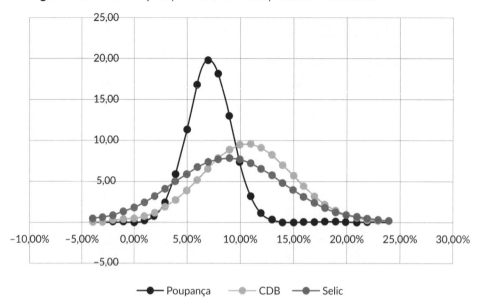

A curva da Poupança mais se assemelha à normal padrão, mostrando os retornos anuais mais estáveis, que, na maior parte do período analisado, estiveram em torno de 7%. Já a Selic, tem maior abertura na base da curva, indicando maiores oscilações nos retornos anuais. De forma idêntica ao CDB, mas com retornos maiores no período.

Resumo

1. Risco existe. E deve ser entendido e mensurado para que possa ser diversificado. Tal medida pode ser estudada nos seguintes contextos: regulatório (normas de identificação e mensuração dos órgãos regulatórios, como Basileia); gerencial (introduzindo medidas de controle como valor em risco); teórico (introduzido pela Teoria do Portfólio de Markowitz); e institucional (gerados pelos produtos financeiros).

2. As Técnicas de Análise de Riscos evoluíram à medida que os avanços matemáticos e tecnológicos foram se desenvolvendo, sendo a matemática e a estatística as ferramentas essenciais na gestão de riscos.

3. Dentro da Taxonomia da Análise de Riscos, têm-se Riscos Estratégicos, não Estratégicos e Financeiros. Os riscos estratégicos são os riscos assumidos por vontade própria, a fim de promover ganhos competitivos no mercado e gerar valor para os acionistas. Esse risco está associado às decisões que envolvem o setor econômico de atuação de uma empresa, ou seja, são os riscos assumidos pelo posicionamento de mercado. Os riscos não estratégicos são aqueles em

que a empresa não tem o devido controle. Tais riscos envolvem a conjuntura econômica, social e política do ambiente em que a organização está inserida. Os riscos financeiros são os atrelados às possíveis perdas nos mercados financeiros e apresentam uma subclassificação compreendendo as frentes de exposição ao risco, que são: risco de mercado, risco de crédito, risco de liquidez, risco operacional e risco legal.

Acesse: http://www.moodysanalytics.com/ – *site* com vários estudos de caso sobre análise de riscos em diversos setores econômicos.

EXERCÍCIOS RESOLVIDOS

1. Na evolução das técnicas de análise de riscos, o primeiro instrumento que se tem registro para se mensurar riscos é:
   a) *Value at Risk* (VaR)
   b) RAROC
   c) *Duration*
   d) RiskMetrics
   e) Modelo de Markowitz

   ### Solução

   Alternativa C

   O cálculo da *duration* de títulos de renda fixa é um dos primeiros instrumentos de mensuração de riscos de que se tem registro na evolução da análise de riscos.

2. São considerados riscos de mercado:
   a) Risco de fraude e Risco de ações.
   b) Risco de câmbio e Risco de derivativos.
   c) Risco de inadimplência da contraparte e Risco de *commodities.*
   d) Risco de *hedge* e Risco de legislação.
   e) Risco de produtos e serviços e Risco de modelagem.

   ### Solução

   Alternativa B
   a) (F) risco de ações é considerado risco de mercado, mas risco de fraude é risco operacional.
   b) (V) ambos os riscos de câmbio e derivativos são considerados riscos de mercado.
   c) (F) risco de inadimplência é considerado risco de crédito, mas risco de *commodities* é risco de mercado.

d) (F) risco de *hedge* é risco de mercado, mas risco de legislação é risco legal.

e) (F) ambos os riscos são considerados riscos operacionais.

3. A partir das definições de riscos de mercado, risco de crédito, risco operacional e risco legal, faça a associação correta e assinale a alternativa que contém a ligação correta.

I. Risco de Mercado	a) É o risco decorrente de erros humanos, tecnológicos, sejam intencionais ou não.
II. Risco de Crédito	b) É o risco do não cumprimento por uma contraparte de suas obrigações contratuais.
III. Risco Operacional	c) É o risco decorrente da falta de amparo legal de uma transação.
IV. Risco Legal	d) É o risco decorrente das variações dos preços no mercado.

a) I – c; II – b; III – a; IV – d

b) I – a; II – c; III – b; IV – d

c) I – b; II – d; III – c; IV – a

d) I – d; II – b; III – a; IV – c

e) I – d; II – b; III – c; IV – a

Solução

Alternativa D

Risco de mercado é o risco decorrente das variações dos preços no mercado; Risco de crédito é o risco do não cumprimento por uma contraparte de suas obrigações contratuais; Risco operacional é o risco decorrente de erros humanos, tecnológicos, sejam intencionais ou não; e Risco legal é o risco decorrente da falta de amparo legal de uma transação.

4. (Adaptado de Watson, 2012) O IFRS 7 deve ser aplicado:

a) Somente a instituições financeiras e companhias seguradoras.

b) Somente àquelas entidades que detiveram riscos significativos e que não possuam um sistema de gestão de risco financeiro.

c) Por todas entidades que aplicam IFRS.

d) Somente por instituições financeiras reguladas por Bancos Centrais de determinadas jurisdições e que estejam sujeitas aos princípios de solvência em vigência.

e) Somente a instituições voluntárias.

Solução

Alternativa C

As normas estabelecidas na IFRS 7 devem ser seguidas por todas as entidades participantes do sistema financeiro.

EXERCÍCIOS PROPOSTOS

1. De acordo com as classificações dadas aos riscos financeiros, informe para cada evento a seguir qual é a melhor classificação quanto ao tipo de risco incorrido:
   a) Perda de valor de mercado de títulos públicos ou privados.
   b) Variações ocorridas em uma carteira de ações negociadas na B3.
   c) Variações ocorridas nos preços de um investimento feito em sacas de café arábica.
   d) Variação no prêmio (preço) de uma opção.

2. Assinale a resposta não incorreta com relação à análise de riscos:
   a) A análise de risco limita-se a verificar os fatores de riscos, assimilar seus impactos e sugerir métodos de controle.
   b) O risco total ao qual uma empresa está exposta é a soma dos riscos a que a empresa se submete e são interpostos apenas ao ambiente local da empresa.
   c) Enquanto o risco de mercado se refere aos resultados esperados nos diversos produtos financeiros, o risco operacional advém de falhas nas atividades operacionais.
   d) A adoção de práticas de *disclosure* e implantação de ferramentas de controles gerenciais de processos dentro de uma empresa não contribuem para a mitigação de riscos.
   e) A evolução da análise de riscos ainda não utiliza de ferramentas quantitativas de análises, optando apenas por uso de técnicas qualitativas.

3. Considere as seguintes informações:
   I. O risco legal pode surgir a partir das diferenças conjunturais entre legislações de dois ou mais países envolvidos em negociações.
   II. O risco de crédito pode surgir da possibilidade de determinada parte vir a entrar em inadimplência em qualquer transação.
   III. O risco operacional surge quando um investidor perde mais do que esperava em uma operação de bolsa de valores.
   IV. O risco de liquidez surge da dificuldade que um investidor pode ter em tentar vender uma ação na bolsa de valores a um preço determinado e não encontrar um comprador.

   Analisando essas afirmações, pode-se dizer que:
   a) As afirmações I e III são falsas.
   b) As afirmações II e IV são falsas.
   c) Apenas a afirmação IV é falsa.
   d) Apenas a afirmação III é falsa.
   e) Todas as afirmações são falsas.

4. Um banco quando empresta dinheiro a uma empresa a uma taxa de juros prefixada está sujeito, principalmente, aos seguintes riscos:
   a) Risco de liquidez e risco operacional.
   b) Risco de liquidez e risco de crédito.

c) Risco operacional e risco de mercado.

d) Risco de liquidez e risco de mercado.

e) Risco de crédito e risco de mercado.

5. (Adaptado de Watson, 2012) O IFRS 7 é aplicável para:

a) Divulgações de instrumentos financeiros ativos e passivos.

b) Somente divulgações de riscos financeiros.

c) Somente divulgações de riscos financeiros e operacionais.

d) Somente divulgações de riscos de liquidez.

e) Todos os riscos significativos de uma entidade, que possam vir a influenciar a decisão dos usuários das demonstrações contábeis, sendo financeiros ou não financeiros.

6. A Resolução que dispõe sobre os critérios contábeis, aplicáveis a instrumentos financeiros, bem como para a designação e reconhecimento das relações de proteção (contabilidade de Hedge) por parte das Instituições Financeiras e demais Instituições autorizadas a funcionar pelo Bacen é:

a) Resolução nº 4.557/2017.

b) Resolução nº 4.966/2021.

c) Resolução nº 3.721/2009.

d) Resolução nº 4.090/2012.

e) Resolução nº 3.478/2009.

7. Admita que uma pessoa esteja precisando de recursos financeiros para honrar um compromisso e para isso decide vender um imóvel adquirido por R$ 200 mil. A avaliação feita pelo mercado é que o imóvel já estaria valendo R$ 300 mil. Mas aceita uma oferta feita no valor de R$ 190 mil, dada a necessidade de recursos em tempo exíguo. Pode-se dizer que a perda acontecida no investimento se deve aos fatores de risco do:

a) Mercado.

b) Operacional.

c) Legal.

d) Crédito.

e) Liquidez.

Gabarito

1. a) risco de taxas de juros;

   b) risco de ações;

   c) risco de *commodities*;

   d) risco de derivativos.

2. C

3. D

4. E

5. A

6. B

7. E

2

RETORNO E RISCO DE ATIVOS

OBJETIVOS DO CAPÍTULO

O capítulo tem por objetivo introduzir o conceito de risco e volatilidade de um ativo de renda variável, mais especificamente ações negociadas em bolsa de valores. Atenta ainda para o entendimento de risco no contexto de um ativo isolado e em um conjunto com outros ativos, compondo o que se chama de carteira de ativos.

Pretende ainda ilustrar o processo de mensuração do risco e da volatilidade. Aplica a teoria de carteiras de Harry Markowitz com exemplos práticos das operações do mercado de capitais. Apresenta as formulações matemáticas necessárias para os cálculos a serem feitos de maneira simples e detalhada para melhor entendimento do leitor.

2.1 Retorno discreto

O ponto de partida para análise do retorno de um ativo de renda variável é o preço desse ativo cotado em bolsa de valores. O preço desse ativo pode, no entanto, variar em diferentes escalas de acordo com o valor justo disponível para negociação do ativo em bolsa.

Por exemplo, uma ação pode valer R$ 0,60, enquanto outra ação pode valer R$ 90,00. O fato de uma ação valer mais que a outra não afeta o retorno auferido por essa ação em determinado período.

Os preços podem ter suas cotações determinadas em tempos inteiros chamados de discretos. São medidas determinadas em dias, semanas, meses, trimestres, semestres, anos.

Na prática, deve-se então trabalhar com as variações desses preços no tempo, pois são livres de escala dos preços. As variações desses preços nos respectivos tempos discretos de ocorrência são chamadas de retornos discretos. O retorno pode ser entendido como o ganho, ou prejuízo, de um investimento feito em determinado período t discreto.

De posse das séries históricas dos preços de ativos (P) no respectivo período $t(P_t)$, para um período anterior $t-1$ (P_{t-1}), apuram-se os retornos mensais nominais calculados pelas suas variações discretas de acordo com a seguinte fórmula:

$$R_t = \frac{P_t - P_{t-1}}{P_{t-1}}$$

Pode-se ainda fazer uma simplificação pelo valor do denominador:

$$R_t = \frac{P_t}{P_{t-1}} - \frac{P_{t-1}}{P_{t-1}}$$

Simplificando os valores de P_{t-1} no numerador e no denominador da expressão anterior, tem-se:

$$R_t = \frac{P_t}{P_{t-1}} - 1$$

APLICAÇÃO PRÁTICA

O significado da expressão $R_t = \frac{P_t}{P_{t-1}} - 1$ é o seguinte: o retorno R_t representa efetivamente a taxa de rentabilidade obtida adquirindo-se um ativo no tempo $(t - 1)$ pelo preço P_{t-1} e vendendo no tempo (t) por P_t como no fluxo de caixa da Figura 2.1.

Figura 2.1 Valor temporal dos preços.

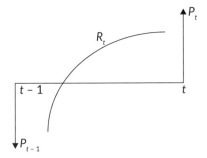

E naturalmente:

$$P_t = P_{t-1}(1 + R_t)$$

A título de ilustração, se o investidor comprou por \$ 10 uma ação e vendeu por \$ 12 no fim de um mês, o retorno discreto foi de 20% no mês, ou seja, 12/10 − 1 = 0,20 = 20%.

Esse retorno representa efetivamente a taxa de ganho/perda de um investimento em certo ativo, comprado pelo preço P_{t-1} e vendido por P_t.

$$P_t = P_{t-1}(1 + R_t)$$

$$R_t = \frac{P_t}{P_{t-1}} - 1$$

2.1.1 Retorno em mais de um período

Ao se considerar uma série de preços, pode-se estar interessado em se conhecer o retorno de um período maior, ou completo, por exemplo, se as cotações forem diárias, pode-se calcular o retorno semanal, mensal etc.

Assim, o retorno de n períodos de tempo à frente de um dado período t inicial pode ser obtido:

$$R_t\left(n\right) = \frac{P_t - P_{t-n}}{P_{t-n}} = \frac{P_t}{P_{t-n}} - 1$$

Outro modo de se obter o retorno acumulado é por meio dos retornos simples e acumulados de modo composto em cada um dos períodos intermediários:

$$R_t\left(n\right) = \left(1 + R_{t-n+1}\right) \times \left(1 + R_{t-n+2}\right) \times \cdots \times \left(1 + R_t\right) - 1 = \prod_{i=t-n+1}^{t} \left(1 + R_i\right) - 1$$

Ilustrativamente, pode-se considerar as cotações da ação preferencial da Petrobras (PETR4) no período de out./2021 a jan./2022 conforme a Tabela 2.1.

Tabela 2.1   Cotações

Data	PETR4	R_t (mensal)	R_t (acumulados)
Out./2021	R\$ 24,26	–	–
Nov./2021	R\$ 26,20	7,997%	7,997%
Dez./2021	R\$ 28,45	8,588%	17,271%
Jan./2022	R\$ 32,35	13,708%	33,34707%

Fonte: Economática – cotações ajustadas por proventos. Acesso em: 15 fev. 2022.

Logo, os retornos mensais são:

$$R_{\text{nov}/21} = \frac{26,20}{24,26} - 1 = 7,997\%$$

$$R_{\text{dez}/21} = \frac{28,45}{26,20} - 1 = 8,588\%$$

$$R_{\text{jan}/22} = \frac{32,35}{28,45} - 1 = 13,708\%$$

O retorno acumulado no período dos três meses seria:

$$R_t\left(3\text{ meses}\right) = \left(1 + 0,07997\right) \times \left(1 + 0,08588\right) \times \left(1 + 0,13708\right) - 1$$

$$R_t\left(3\text{ meses}\right) = 1,33347 - 1$$

$$R_t\left(3\text{ meses}\right) = 0,33347$$

$$R_t\left(3\text{ meses}\right) = 33,347\%$$

Esse mesmo retorno agregado para os três períodos poderia ser obtido a partir da cotação mais recente de jan./2022 dividindo-se pelo valor da cotação de out./2021:

$$R_t(3 \text{ meses}) = \frac{32,35}{24,26} - 1 = 33,34707\%$$

Como foi demonstrado no caso anterior, pode-se tomar as cotações ajustadas por proventos na B3. Essas cotações obtidas estão ajustadas por proventos. Os proventos representam todos os meios de remuneração dos acionistas por meio da distribuição de lucros. O principal é o dividendo, todavia existem ainda os juros sobre o capital próprio, bonificações, recompra de ações, entre outros. E quando ocorre a distribuição de dividendos, o preço da ação é ajustado. Esse ajuste se refere ao fato de o preço de um ativo na B3 representar uma referência para o valor de mercado do Patrimônio Líquido, e a distribuição dos lucros representa, de certa forma, um retorno dos lucros aos acionistas, reduzindo, assim, o valor do Patrimônio Líquido e, consequentemente, o preço fica ajustado. A seguir, será apresentado o ajuste dos preços aos dividendos.

2.1.2 Retorno ajustado aos dividendos

No caso de investimentos em ações durante determinado período no qual foram pagos dividendos, o retorno deve refletir esse ganho de rendimentos dos proventos. Assim, considerando que, em determinado período (t), foram pagos Dividendos (D_t), o retorno do ativo no período fica:

$$R_t = \frac{P_t - P_{t-1} + D_t}{P_{t-1}} = \underbrace{\frac{P_t - P_{t-1}}{P_{t-1}}}_{\text{Ganho de Capital}} + \underbrace{\frac{D_t}{P_{t-1}}}_{\text{Ganho por Dividendos}} =$$

Dessa forma, o retorno do período terá uma parte de ganho/perda pela valorização/desvalorização do papel no mercado, acrescido de uma parcela relativa aos ganhos pelo recebimento dos dividendos, caso ocorra distribuição de dividendos. Esse ganho por dividendos também é conhecido como *dividend yield*.

APLICAÇÃO PRÁTICA

Considere a ação PETR3, que, no período de 8-4-2020 a 8-4-2021, pagou em 22-7-2020 o valor total de R$ 0,238069/ação de dividendos. Em 8-4-2021, sua cotação estava em R$ 23,40 e, em 8-4-2020, o preço alcançou R$ 17,50. Dessa forma, tem-se:

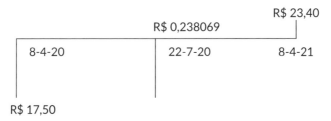

Fonte: Economática. Acesso em: 9 abr. 2021.

Assim, o retorno da ação no período de 8-2-2020 a 8-4-2021 foi:

$$R_{8/4/2021} = \frac{23,40-17,50+0,238069}{17,50} = \underbrace{\frac{23,40-17,50}{17,50}}_{\text{Ganho de Capital}} + \underbrace{\frac{0,238069}{17,50}}_{\text{Ganho por Dividendos}} =$$

$$R_{8/4/2021} = \underbrace{33,7143\%}_{\text{Ganho de Capital}} + \underbrace{1,3604\%}_{\text{Ganho por Dividendos}} = 35,0747\%$$

O preço da ação ao pagar dividendos, retroativamente à data de 22-7-2020 (não havendo outros pagamentos de dividendos após essa data) deve ser ajustado. O fator de ajuste aos preços retroativos deve levar em consideração esse pagamento de dividendos. No caso aplicado, tem-se:

$$\text{Fator} = 1 - \frac{\text{Dividendo}}{\text{Preço}_{\text{Data Ex-Dividendos}}}$$

O valor dos dividendos pagos foi de R\$ 0,238069/ação e o preço da ação na data em que se torna Ex-Dividendos é:

$$\text{Fator} = 1 - \frac{0,238069}{23,74}$$

$$\text{Fator} = 1 - 0,01002818 = 0,98997182$$

Assim, tem-se:

- Com a cotação não ajustada aos dividendos em 8-4-2020:

R\$ 23,40

| 8-4-2020 | 8-4-2021 |

R\$ 17,50

$$R_{8/4/2021} = \frac{23,40-17,50}{17,50} = 33,7143\%$$

- Com a cotação ajustada aos dividendos a partir de 22-7-2020:

R\$ 23,40

| 8-4-2020 | 8-4-2021 |

R\$ 17,3245069

$$\text{Preço Ajustado} = \text{R\$ } 17,50 \times 0,98997182 = \text{R\$ } 17,3245069$$

$$R_{8/4/2021} = \frac{23,40-17,3245069}{17,50} = 35,07\%$$

2.1.3 Retorno ajustado à inflação

Os retornos como foram calculados até o momento estão expressos em termos nominais, ou seja, não estão descontados desses retornos os efeitos inflacionários, os retornos reais (livres da inflação).

Pode-se obter os retornos reais fazendo a correção dos preços retroativos por um índice inflacionário, ou realizar o cálculo do ganho real, tomando-se o retorno nominal descapitalizando-se o valor da inflação deste retorno:

$$R_t^{nominal} = \frac{P_t}{P_{t-1}} - 1$$

$$R_t^{real} = \frac{1 + R_t^{nominal}}{1 + \text{Inflação}_t} - 1$$

Na hipótese de se realizar a correção retroativa dos preços dos ativos, tem-se:

$$P_t^{Ajustado} = P_t^{Nominal} \times \left(1 + \text{Inflação Acumulada}_t\right)$$

APLICAÇÃO PRÁTICA

Considere as cotações de fechamento da ação da PETR4 entre jan./2021 e jan./2022. Os valores da inflação foram considerados pelo Índice de Preços ao Consumidor Amplo (IPCA) do Instituto Brasileiro de Geografia e Estatística (IBGE).

Neste exemplo, foi adotado o período de jan./2021 a jan./2022. As informações estão dispostas na Tabela 2.2.

Tabela 2.2   Cotações da ação PETR4

Data	PETR4 sem ajuste INF	IPCA	IPCA acumulado	PETR4 (ajustada inflação)
Jan./2021	R$ 21,694175	0,250%	10,3794%	R$ 23,9459085
Fev./2021	R$ 18,077125	0,860%	9,4383%	R$ 19,7832921
Mar./2021	R$ 19,588971	0,930%	8,4299%	R$ 21,2402953
Abr./2021	R$ 19,844275	0,310%	8,0948%	R$ 21,4506245
Maio/2021	R$ 22,574753	0,830%	7,2050%	R$ 24,2012583
Jun./2021	R$ 24,725530	0,530%	6,6398%	R$ 26,3672514
Jul./2021	R$ 22,608359	0,960%	5,6258%	R$ 23,8802546
Ago./2021	R$ 24,204164	0,870%	4,7148%	R$ 25,3453317
Set./2021	R$ 24,239772	1,160%	3,5140%	R$ 25,0915560
Out./2021	R$ 24,257575	1,250%	2,2360%	R$ 24,7999855
Nov./2021	R$ 26,198181	0,950%	1,2739%	R$ 26,5319310
Dez./2021	R$ 28,450000	0,730%	0,5400%	R$ 28,6036300
Jan./2022	R$ 32,350000	0,540%	–	–

Fonte: Econisática. Acesso em: 16 fev. 2022.

Observação: os preços da PETR4 estão ajustados para proventos na data do acesso.

Os valores da inflação foram acumulados a partir da inflação de jan./2022 retroativo a jan./2021, para poder manter os preços atualizados até o fim de jan./2022. Logo, os valores são, por exemplo:

$$\text{Inflação Acumulada}_{\frac{\text{jan}}{21} - \frac{\text{jan}}{22}} = \left(1+0,0054\right) \times \left(1+0,0095\right) \times \cdots \times \left(1+0,0025\right) - 1 = 10,3794\%$$

Portanto, o preço da PETR4 de jan./2021 atualizado pelo IPCA até jan./2022 é:

$$\text{PETR4}_{\frac{\text{jan}}{21} - \frac{\text{jan}}{22}} = \text{R\$ } 21,694175\left(1+0,103794\right) = \text{R\$ } 23,95$$

2.2 Retorno contínuo

Os negócios realizados no mercado financeiro não são executados apenas diariamente, ou seja, não são negociados uma ou duas vezes no mesmo período. Eles são negociados em frações de minutos no mesmo dia. Podem ainda ser negociados em instantes de tempos irregulares e espaçados ao longo do dia.

As cotações desses ativos negociados nos mercados de bolsa de valores nesses intervalos aqui descritos são chamadas cotações intradiárias. Nesses casos, os intervalos de tempo são aleatórios e podem ainda ter vários negócios fechados em um mesmo instante de tempo. E essas cotações são chamadas cotações de alta frequência, por exemplo, cotações de ações minuto a minuto, ou de cinco em cinco minutos, ou qualquer outro intervalo de tempo contínuo.

Dessa maneira, a título de exemplo, considere que a capitalização de determinado investimento ocorra uma única vez em um ano. O preço ao final de um ano será:

$$P_1 = P_0\left(1 + R_{\text{anual}}\right)$$

Se a capitalização fosse semestral, ou seja, duas vezes no ano, o valor final seria:

$$P_1 = P_0\left(1\frac{R_{\text{anual}}}{2}\right)^1\left(1+\frac{R_{\text{anual}}}{2}\right)^1$$

$$P_1 = P_0\left(1+\frac{R_{\text{anual}}}{2}\right)^{1+1}$$

$$P_1 = P_0\left(1+\frac{R_{\text{anual}}}{2}\right)^2$$

Se a capitalização fosse trimestral, em um ano seriam quatro trimestres. O valor final seria:

$$P_1 = P_0\left(1+\frac{R_{\text{anual}}}{4}\right)^1\left(1+\frac{R_{\text{anual}}}{4}\right)^1\left(1+\frac{R_{\text{anual}}}{4}\right)^1\left(1+\frac{R_{\text{anual}}}{4}\right)^1 =$$

$$= P_0\left(1+\frac{R_{\text{anual}}}{4}\right)^4$$

Analogamente, se pudéssemos realizar os negócios em períodos de capitalização cada vez menores, por exemplo, em n vezes, o valor final seria:

$$P_1 = P_0 \left(1 + \frac{R_{anual}}{n} \right)^n$$

Quando se fraciona a taxa no menor período de tempo possível, essa capitalização é chamada capitalização contínua. Esse resultado, quando o valor de n tenderia a infinito, ficaria, matematicamente:

$$P_1 = \lim_{n \to \infty} \left[P_0 \left(1 + \frac{R_{anual}}{n} \right)^n \right]$$

O resultado desse limite fica:

$$P_1 = P_0 \cdot \lim_{n \to \infty} \left(1 + \frac{R_{anual}}{n} \right)^2 = P_0 \cdot e^{R_{anual}}$$

em que "e" representa o número de Euler (calculado por Leonhard Euler), cujo valor é $e = 2,718281828459...$ e é a base dos logaritmos neperianos.

A demonstração do resultado do limite que converge para o número "e" quando o valor de n tende ao infinito é feita aqui de modo intuitivo para duas taxas de juros, 100 e 15%.

Por exemplo:

• para 100% e $n = 1$

$$\left[1 + \frac{1}{1} \right]^1 = 2,000$$

• para 15% e $n = 2$

$$\left[1 + \frac{0,15}{2} \right]^2 = 1,155625$$

• para 100% e $n = 10$

$$\left[1 + \frac{1}{10} \right]^{10} = 2,593742$$

• para 15% e $n = 10$

$$\left[1 + \frac{0,15}{10} \right]^{10} = 1,160541$$

• para $n = 100\%$ e $n = 100.000$

$$\left[1 + \frac{1}{100.000} \right]^{100.000} = 2,718268$$

• para 15% e $n = 100.000$

$$\left[1 + \frac{0,15}{100.000} \right]^{100.000} = 1,161834112$$

De modo análogo, pode-se calcular o valor de $e^{Retorno}$:

• $e^{100\%} = e^1 = 2,71828182...$

• $e^{15\%} = e^{0,15} = 1,161834243...$

A Tabela 2.3 apresenta os resultados das comparações dos valores obtidos pelo limite e pelo resultado exponencial.

Tabela 2.3 Resultados das comparações

	Para taxa 100%			Para taxa 15%		
n	$\left[1+\dfrac{\text{Retorno}}{n}\right]^n$	e^{Retorno}	λ	$\left[1+\dfrac{\text{Retorno}}{n}\right]^n$	e^{Retorno}
1	2,00000	2,718282	1	1.15000	1,161834
2	2,25000	2,718282	2	1,155625	1,161834
10	2,593742	2,718282	10	1,160541	1,161834
100	2,704814	2,718282	100	1,161704	1,161834
1.000	2,716924	2,718282	1.000	1,161821	1,161834
10.000	2,718146	2,718282	10.000	1,161833	1,161834
100.000	2,718268	2,718282	100.000	1,161834	1,161834
1.000.000	2,718280	2,718282	1.000.000	1,161834	1,161834

Observe que a coluna calculada pelo limite converge para o resultado da terceira coluna calculado pelo resultado exponencial.

Genericamente, essa equação poderia ser escrita para qualquer prazo de período $t(P_t)$, para um período anterior $t-1$ (P_{t-1}):

$$P_t = P_{t-1}e^{R_{\text{contínuo}}}$$

Aplicando-se logaritmo natural (ln) ou logaritmo neperiano na expressão anterior, tem-se:

$$\ln\left(P_t\right) = \ln\left(P_{t-1}e^{R_{\text{contínuo}}}\right)$$

Pelas propriedades dos logaritmos,[1] tem-se:

$$\ln\left(P_t\right) = \ln\left(P_{t-1}\right)\ln\left(e^{R_{\text{contínuo}}}\right)$$
$$\ln\left(P_t\right) - \ln\left(P_{t-1}\right) = R_{\text{contínuo}}\ln\left(e\right)$$
$$R_{\text{contínuo}} = \ln\left(P_t\right) - \ln\left(P_{t-1}\right)$$
$$R_{\text{contínuo}} = \ln\left(\frac{P_t}{P_{t-1}}\right)$$

Como sabemos que:

$$R_t = \frac{P_t}{P_{t-1}} - 1$$

---

[1] Propriedades dos logaritmos:
ln(a · b) = ln(a) + ln(b)
ln(ax) = xln(a)
ln(e) = 1
ln(a/b) = ln(a) − ln(b)

Fazendo um ajuste na equação do retorno contínuo, somando e subtraindo 1 dentro dos parênteses do logaritmo neperiano, tem-se:

$$R_{\text{contínuo}} = \ln\left(\frac{P_t}{P_{t-1}} - 1 + 1\right)$$

$$R_{\text{contínuo}} = \ln\left(R_t + 1\right)$$

APLICAÇÃO PRÁTICA

Considere os preços de fechamento de uma ação durante os últimos 6 meses conforme a Tabela 2.4.

Tabela 2.4 Preços de fechamento

Data	Cotação
Mês 1	R$ 47,30
Mês 2	R$ 48,20
Mês 3	R$ 48,90
Mês 4	R$ 48,10
Mês 5	R$ 49,30
Mês 6	R$ 50,00

Calculando os retornos discretos e contínuos, tem-se os dados da Tabela 2.5.

Tabela 2.5 Retornos

Data	Retorno discreto	Retorno contínuo
Mês 1	–	–
Mês 2	$\frac{48,20}{47,30} - 1 = 1,90\%$	$\ln\left(\frac{48,20}{47,30}\right) = 1,88\%$
Mês 3	$\frac{48,90}{48,20} - 1 = 1,45\%$	$\ln\left(\frac{48,90}{48,20}\right) = 1,44\%$
Mês 4	$\frac{48,10}{48,90} - 1 = 1,64\%$	$\ln\left(\frac{48,10}{48,90}\right) = -1,64\%$
Mês 5	$\frac{49,30}{48,10} - 1 = 2,49\%$	$\ln\left(\frac{49,30}{48,10}\right) = 2,46\%$
Mês 6	$\frac{50,00}{49,30} - 1 = 1,42\%$	$\ln\left(\frac{50,00}{49,30}\right) = 1,41\%$

Observe que os retornos são relativamente próximos. Quanto mais próximos forem os preços, menor será a diferença entre o retorno contínuo e o discreto.

APLICAÇÃO PRÁTICA

No gráfico (a) da Figura 2.2 são demonstrados os dados do Ibovespa (Índice da bolsa de valores de São Paulo – B3) e, no gráfico (b), seus respectivos retornos contínuos no período de jan./2014 a fev./2022.

Figura 2.2 Informações do Ibovespa.

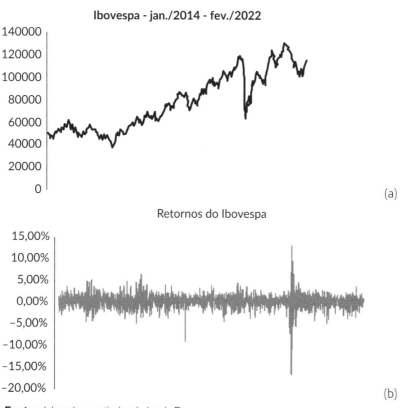

Fonte: elaborada a partir dos dados da B3.

2.2.1 Retornos contínuos em mais de um período

Para obtenção de retornos de períodos maiores, pode-se simplesmente somar os retornos intermediários. Considere a série de preços conforme demonstrado na Tabela 2.6.

Observe que o retorno contínuo do período todo é equivalente a somarmos os valores dos retornos contínuos de cada período individual:

$$R_t + R_{t-1} + R_{t-2} = \ln(P_t) - \ln(P_{t-1}) + \ln(P_{t-1}) - \ln(P_{t-2}) + \ln(P_{t-2}) - \ln(P_{t-3})$$

$$R_t + R_{t-1} + R_{t-2} = \ln(P_t) - \ln(P_{t-1}) + \ln(P_{t-1}) - \ln(P_{t-2}) + \ln(P_{t-2}) - \ln(P_{t-3})$$

$$R_t + R_{t-1} + R_{t-2} = \ln(P_t) - \ln(P_{t-3})$$

$$R_t + R_{t-1} + R_{t-2} = \ln\left(\frac{P_t}{P_{t-3}}\right)$$

Tabela 2.6 Série de preços

Preço	Retornos contínuos por período	Retorno contínuo do período todo
P_{t-3}	–	
P_{t-2}	$R_{t-2} = \ln\left(\frac{P_{t-2}}{P_{t-3}}\right) = \ln(P_{t-2}) - \ln(P_{t-3})$	
P_{t-1}	$R_{t-1} = \ln\left(\frac{P_{t-1}}{P_{t-2}}\right) = \ln(P_{t-1}) - \ln(P_{t-2})$	$R_{t/t-2} = \ln\left(\frac{P_t}{P_{t-3}}\right) = \ln(P_t) - \ln(P_{t-3})$
P_t	$R_t = \ln\left(\frac{P_t}{P_{t-1}}\right) = \ln(P_t) - \ln(P_{t-1})$	

APLICAÇÃO PRÁTICA

Considere as cotações da soja no período de nov./2021 a fev./2022, em reais, por saca de 60 kg, da Tabela 2.7.

Tabela 2.7 Cotações da soja

Meses	R$/saca 60 kg
Nov./2021	R$ 171,21
Dez./2021	R$ 166,71
Jan./2022	R$ 174,91
Fev./2022	R$ 188,67

Disponível em: https://www.cepea.esalq.usp.br/br/indicador/soja.aspx. Acesso em: 7 fev. 2022.

Os retornos contínuos e discretos são apresentados na Tabela 2.8.

Tabela 2.8 Retornos

Meses	R$/saca 60 kg	Retorno discreto	Retorno contínuo
Nov./2021	R$ 171,21	–	–
Dez./2021	R$ 166,71	$R_{dez/21} = \frac{166,71}{171,21} - 1 = -2,6284\%$	$R_{dez/21} = \ln\left(\frac{166,71}{171,21}\right) = -2,66635\%$
Jan./2022	R$ 174,91	$R_{jan/22} = \frac{174,91}{166,71} - 1 = 4,9187\%$	$R_{jan/22} = \ln\left(\frac{174,91}{166,71}\right) = 4,8016\%$
Fev./2022	R$ 188,67	$R_{fev/22} = \frac{188,67}{174,91} - 1 = 7,8669\%$	$R_{fev/22} = \ln\left(\frac{188,67}{174,91}\right) = 7,5728\%$

Para o cálculo do retorno contínuo do período completo, ficaria:

$$R_{nov/21-fev/22} = \ln\left(\frac{188,67}{171,21}\right) = 9,71\%$$

Como os retornos são contínuos, esse valor poderia ser obtido pela soma dos retornos diários individuais de cada um dos meses dos períodos intermediários:

$$R_{nov/21-fev/22} = -2,66635\% + 4,8016\% + 7,5728\% = 9,71\%$$

Já no caso dos retornos discretos, deve-se realizar a capitalização dos períodos intermediários para se chegar ao cálculo do período acumulado:

$$R_{nov/21-fev/22} = (1-0,026284)\times(1+0,049187)\times(1+0,078669)-1$$

$$R_{nov/21-fev/22} = (0,973716)\times(1,049187)\times(1,078669)-1$$

$$R_{nov/21-fev/22} = 10,20\%$$

Esse valor poderia ser também obtido da seguinte forma, conforme demonstrado anteriormente para o período completo:

$$R_{nov/21-fev/22} = \frac{188,67}{171,21}-1 = 10,20\%$$

Até aqui, foram abordadas as diferenças entre os retornos e seus respectivos métodos de cálculo. Na seção seguinte, será mostrado o tratamento dado aos retornos para averiguação das metodologias de cálculo do risco e da volatilidade.

2.3 Retorno, risco e volatilidade de um ativo individual

No mercado financeiro, as decisões não são tomadas em ambientes de total certeza, principalmente nas aplicações em ativos de renda variável, onde se compra um ativo, hoje, e seu resultado dependerá de seu comportamento no futuro.

Essa incerteza quanto ao desempenho futuro do ativo faz com que a decisão de hoje seja baseada em uma incerteza quanto ao que acontecerá com o valor do ativo em uma data futura.

Quando é possível quantificar essa incerteza, temos uma medida de risco. Dessa forma, o risco é uma medida quantitativa de variação positiva ou negativa (ganho ou perda, respectivamente) nos retornos de um ativo.

E, para se calcular essa medida, lança-se mão da medida estatística conhecida como desvio-padrão. O desvio-padrão calculado sobre os retornos discretos é chamado "risco". Normalmente, o risco é usado na composição de carteiras de ativos.

> ### Relembrando ●
>
> O desvio-padrão é uma medida estatística da dispersão dos valores com relação à média. É a amplitude de variação em torno da tendência central, ou seja, retorno médio. Por ser uma medida do quanto os dados oscilam em um conjunto de dados, é fundamental para o estudo do risco. Assim, o retorno médio dos ativos no período pode ser calculado da seguinte forma:
>
> $$R_{médio} = \bar{R} = \frac{1}{n}\sum_{i=1}^{n} R_i$$
>
> Já o desvio-padrão pode ser calculado, em termos populacionais ou amostrais, pelas seguintes expressões:
>
> $$DP(Amostral) = \sqrt{\frac{1}{n-1}\sum_{i=1}^{n}\left(R_i - R_{médio}\right)^2}$$
>
> $$DP(Populacional) = \sqrt{\frac{1}{n}\sum_{i=1}^{n}\left(R_i - R_{médio}\right)^2}$$

Outra medida comum da incerteza do comportamento dos ativos é a volatilidade. Essa medida representa as flutuações que ocorrem em torno da média. Sinônimo de risco, porém com uma metodologia de cálculo diferente. A diferença está na obtenção do retorno. Ao se calcular o desvio-padrão dos retornos contínuos de uma série histórica, tem-se a volatilidade.

Vale refletir aqui que essas medidas de risco e volatilidade são calculadas com base no comportamento passado dos ativos. São conhecidas como medidas históricas. Servem apenas como referência do comportamento passado do ativo. Outras medidas de volatilidade serão demonstradas nos próximos tópicos.

APLICAÇÃO PRÁTICA

Com base nos dados anteriores, a Tabela 2.9 calcula o desvio-padrão dos retornos conforme já avaliados.

Tabela 2.9 Retornos discretos e contínuos

Data	Retorno discreto	Retorno contínuo
Mês 1	–	–
Mês 2	1,90%	1,88%
Mês 3	1,45%	1,44%
Mês 4	−1,64%	−1,64%
Mês 5	2,49%	2,46%
Mês 6	1,42%	1,41%

Com uso de uma calculadora financeira, tem-se:

Para os retornos discretos:	Para os retornos contínuos:
f CLX	f CLX
1,90 ∑ +	1,88 ∑ +
1,45 ∑ +	1,44 ∑ +
1,64 CHS ∑ +	1,64 CHS ∑ +
2,49 ∑ +	2,46 ∑ +
1,42 ∑ +	1,41 ∑ +
g 0 ($\bar{x}$) = 1,12%	g 0 ($\bar{x}$) = 1,11%
g · (s) = 1,61%	g · (s) = 1,60%

Nestes cálculos, tem-se o retorno médio de 1,12% com base nos retornos discretos e 1,11% com base nos retornos contínuos.

Relembrando

Utilizamos aqui a média aritmética simples para poder medir o comportamento médio dos retornos do ativo.

A média aritmética de um conjunto de valores é a medida de posição que é dada pela soma de todos os elementos dividida pela quantidade de elementos somados. Ou seja, representa o valor de uma tendência central.

É recomendado utilizar a média aritmética quando todas as observações têm o mesmo peso nos valores, ou seja, a mesma importância.

Porém, existe ainda a média geométrica, quando se deseja encontrar uma média que represente o comportamento total de um investimento.

Por exemplo, sejam as seguintes rentabilidades de um investimento em certo período: 5%, –3% e 7%. Quem investiu R$ 100 teria ao final do terceiro período o total de R$ 108,98. A média aritmética seria 3%. Mas se aplicarmos três vezes 3%, chega-se ao final no valor de R$ 109,27. Diferente do resultado acumulado. A saída para encontrarmos uma taxa média seria usar a média geométrica. Porém, a média geométrica só é calculada para valores positivos. Assim, deve-se transformar as rentabilidades em índices acumulados. Veja:

Taxa	Índice
5%	1 + 0,05 = 1,05
–3%	1 – 0,03 = 0,97
7%	1 + 0,07 = 1,07

$$\text{Média Geométrica} = \sqrt[3]{1,05 \times 0,97 \times 1,07} - 1 = \left[1,05 \times 0,97 \times 1,07\right]^{\frac{1}{3}} - 1 = 2,91\%$$

Logo, aplicando-se três vezes 2,91%, chega-se ao mesmo resultado composto de R$ 108,98.

E o risco é 1,61%, calculado como desvio-padrão dos retornos discretos. A volatilidade é de 1,60%, calculada com base nos retornos contínuos.

Obviamente, as medidas são próximas, mas cada uma delas tem sua função definida no contexto dos mercados financeiros. O risco será empregado na gestão de carteiras e a volatilidade é mais usada nos modelos de precificação como Black & Scholes, que será visto mais adiante.

Para ilustrar a presença dos movimentos dos ativos no mercado, a Figura 2.3 apresenta o gráfico do Ibovespa no período de 2-1-1995 a 23-2-2022, onde podem ser observados diferentes períodos de retração do índice provocados por eventos do mercado.

Figura 2.3 Movimentos dos ativos no mercado entre janeiro de 1995 e fevereiro de 2022.

Fonte: adaptada de Economática. Acesso em: 23 fev. 2022.

Na Figura 2.4, têm-se os retornos contínuos do Ibovespa no mesmo período, identificando alguns períodos de crises. Também pode-se notar o que em Finanças chama-se fatos estilizados, ou seja, aqueles que ocorrem na média de forma geral nos ativos, como a média próximo de zero (média = 0,048%), não simetria dos retornos, isto é, retornos positivos em média em mesmo número de retornos negativos, e os *clusters* de volatilidade, ou seja, períodos de maior calmaria e momentos com maior agitação com movimentos mais destacados.

Os eventos destacados foram representados com intuito de identificar tais períodos de maior agitação no mercado e que levaram à detecção de fortes oscilações positivas e negativas, formando alguns agrupamentos de volatilidade.

Figura 2.4 Retornos contínuos do Ibovespa entre janeiro de 1995 e fevereiro de 2022.

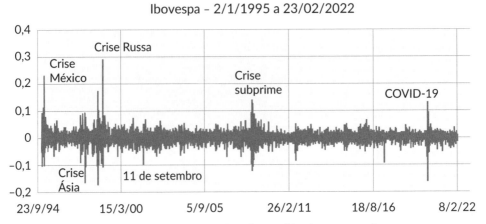

Fonte: adaptada dos dados do Ibovespa disponíveis na Economática. Acesso em: 23 fev. 2022.

A medida de volatilidade estimada anteriormente é a volatilidade histórica. Essa medida de variabilidade é baseada nos retornos de um ativo simples em determinado período de tempo. Seu pressuposto é de que a informação passada é um bom estimador do futuro.

É importante ressaltar que essa premissa pode não ser sempre verdadeira por diversas razões. Outro ponto importante é a escolha da janela de tempo pela qual irão ser calculados os retornos e, consequentemente, a volatilidade. Janelas maiores de tempo melhoram a significância estatística dos resultados. Porém, é preciso verificar presenças de *outliers* que podem piorar os resultados em função de presenças de quebras nos dados.

2.3.1 Volatilidades móveis

Como comentado anteriormente, a volatilidade não permanece constante ao longo do período. Pode-se estimar por um período completo, como meses, anos, ou pode-se construir janelas móveis para a identificação da volatilidade.

A Figura 2.5 representa esses dois cálculos para o Ibovespa no período de 2-1-1995 a 23-2-2022. Observa-se que a linha horizontal representa a volatilidade diária estimada para o período completo a partir de 21 dias úteis à frente (1º-2-1995), enquanto a segunda linha representa a volatilidade calculada a partir de uma janela de 21 dias úteis atrás e se movimentando dessa mesma janela de comprimento 21 dias úteis até o fim da amostra.

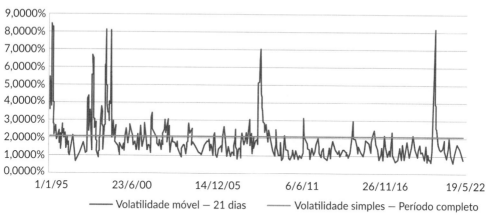

Figura 2.5 Volatilidade móvel do Ibovespa para 21 dias.

Fonte: adaptada dos dados da Economática. Disponível em: economatica.com.

Pode-se adotar um período maior de estimação, dependendo do objetivo da análise, ou para retirar períodos atípicos do cálculo causados por eventos adversos que dificilmente tendem a se repetir. Dessa forma, a Figura 2.6 mostra para o mesmo período anterior a volatilidade estimada para uma janela de três meses (63 dias úteis). É possível notar os mesmos picos de volatilidade nos momentos de maior movimentação do mercado provocados pelas crises citadas.

Figura 2.6 Volatilidade móvel do Ibovespa para 63 dias.

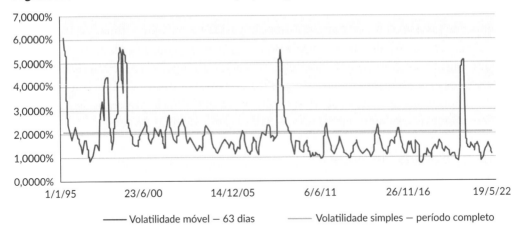

Fonte: elaborada a partir dos dados da Economática. Disponível em: economatica.com.

Os períodos a serem utilizados para estimar a volatilidade móvel podem depender do critério e objetivo determinado pelo investidor. O ideal é que, quando o objetivo for comparação de volatilidade entre ativos distintos, a estimação seja sempre na mesma base de tempo.

Uma crítica a esse processo de cálculo com valores históricos é que os dados passados entram com a mesma ponderação. Uma forma de melhorar essa estimação é pelo método de estimação exponencial, que será visto a seguir.

2.3.2 Estimação da volatilidade pelo modelo EWMA

O modelo de decaimento exponencial, ou *Exponentially Weighted Moving Average* (EWMA), é uma forma alternativa de estimação da volatilidade na hipótese de que os dados mais recentes são mais importantes para a estimação do futuro do que os dados passados.

A estimação anterior feita pelo desvio-padrão pode ser expressa em termos populacionais como:

$$DP = \sqrt{\frac{1}{n}\sum_{i=1}^{n}\left(R_i - R_{médio}\right)^2}$$

Como os retornos médios tendem a se aproximar de zero, tem-se, intuitivamente, que o DP pode ser aproximado pela seguinte expressão:

$$DP = \sqrt{\frac{1}{n}\sum_{i=1}^{n}R_i^2}$$

Pode-se notar que o efeito dessa aproximação refere-se a todos os retornos estarem sendo calculados como uma média dos retornos entre os períodos. E essa média equivaleria a ter o mesmo peso para cada um dos retornos. No caso de uma série de retornos longa, as informações mais defasadas teriam o mesmo impacto médio das informações mais recentes.

O modelo EWMA atribui um peso maior, ou uma importância maior, denotado λ^i, à observação do retorno de i dias atrás, em que o valor de λ é um número entre 0 e 1. Esse parâmetro λ (lambda) é denominado fator de decaimento, que dá o nome ao modelo de estimação da volatilidade.

Sua fórmula é:

$$\sigma = \text{Volatilidade}\left(EWMA\right) = \sqrt{\sum_{i=1}^{n}\left(1-\lambda\right)\lambda^{i-1}\left(R_i - R_{\text{médio}}\right)^2}$$

E o retorno médio de ser calculado:

$$R_{\text{médio}} = \overline{R} = \frac{\sum_{i=1}^{n}\lambda^{i-1}\times R_i}{\sum_{i=1}^{n}\lambda^{i-1}}$$

em que:

n = tamanho da janela;

R_i = retorno observado no passado;

λ = fator de decaimento.

Segundo o Documento Técnico da RiskMetrics (1996, p. 97), pode-se utilizar procedimentos estatísticos para sua estimativa que minimizem uma medida de erro. Afirma ainda ser usual trabalhar com um $\lambda = 0,94$ quando usar dados diários e $\lambda = 0,97$ para dados mensais, mas indicam ser possível também escolher de forma subjetiva. Pode-se, alternativamente, calcular a volatilidade pela seguinte expressão:

$$\sigma = \text{Volatilidade}\left(EWMA\right) = \sqrt{\frac{\sum_{i=1}^{n}\lambda^{i-1}\left(R_i - R_{\text{médio}}\right)^2}{\sum_{i=1}^{n}\lambda^{i-1}}}$$

Dessa forma, se $\lambda = 1$, tem-se o cálculo da média aritmética simples dos retornos, ou seja, pesos iguais a todos os retornos. Quanto menor for o λ, maior será o peso dado ao retorno mais recente.

A Figura 2.7 nos permite observar a quantidade de dados utilizados e o fator de decaimento refletindo o peso atribuído às informações mais recentes e às mais antigas.

Pode-se observar que os pesos são maiores para os primeiros valores da série a partir da data inicial de escolha. Usando um $\lambda = 0,90$, a partir da 60ª observação os pesos são muito pequenos, e para um $\lambda = 0,97$ precisaria cerca de 120 observações para que esse peso começasse a ficar mais bem ajustado.

O mesmo modelo EWMA pode ainda ser escrito por uma fórmula recursiva para o caso de $n \rightarrow \infty$, pela expressão:

$$\sigma_{t+1|t} = \sqrt{\lambda\sigma_{t|t-1}^2 + \left(1-\lambda\right)\cdot R_t^2}$$

em que $\sigma^2_{t|t-1}$ é a variância no instante t e R_t^2 é o retorno esperado também no instante t. Por essa expressão, pode-se notar dois termos na soma segundo a RiskMetrics: o primeiro $\left(\lambda \sigma^2_{t|t-1}\right)$ pode ser interpretado como o grau de persistência da volatilidade, ou seja, tempo de reação do modelo aos choques do mercado, o qual dependerá do valor do lambda; o segundo termo, $(1-\lambda)\cdot R_t^2$, é a intensidade da reação do modelo ao mercado.

Figura 2.7 Variações por fator de decaimento.

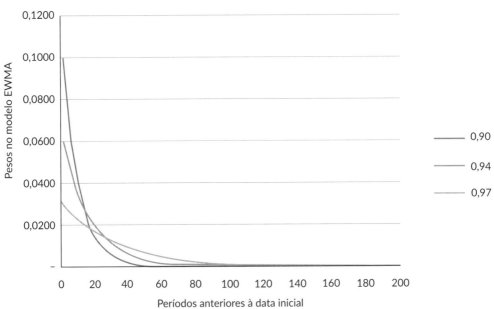

APLICAÇÃO PRÁTICA

Com base nos dados anteriores, pode-se calcular o valor da volatilidade estimada para o período seguinte a partir dos dados, sabendo-se que o mês 6 é o mais atual; observe a Tabela 2.10.

Tabela 2.10 Retornos contínuos

Data	Retorno contínuo
Mês 1	–
Mês 2	1,88%
Mês 3	1,44%
Mês 4	−1,64%
Mês 5	2,46%
Mês 6	1,41%

Assumindo o valor $\lambda = 0{,}94$ e estimando a volatilidade do período, tem-se:

- Cálculo dos fatores do lambda:
  - ➤ o mês 6 que corresponde a $i = 1$: Fator = $0,94^{1-1} = 0,94^{0} = 1,00000$
  - ➤ o mês 5 em que $i = 2$: Fator = $0,94^{2-1} = 0,94^{1} = 0,940000$
  - ➤ o mês 4 em que $i = 3$: Fator = $0,94^{3-1} = 0,94^{2} = 0,883600$
  - ➤ o mês 3 em que $i = 4$: Fator = $0,94^{4-1} = 0,94^{3} = 0,8305840$
  - ➤ o mês 2 em que $i = 5$: Fator = $0,94^{5-1} = 0,94^{4} = 0,7807490$

E multiplicando-se o Fator pelo Retorno:

- ➤ o mês 6: $0,0141 \times 1,00000 = 0,01410000$
- ➤ o mês 5: $0,0246 \times 0,940000 = 0,0231240$
- ➤ o mês 4: $-0,0164 \times 0,883600 = -0,0144910$
- ➤ o mês 3: $0,0144 \times 0,8305840 = 0,0119604$
- ➤ o mês 2: $0,0188 \times 0,7807490 = 0,0146781$

Tabela 2.11 Cálculo do retorno médio

Data	i	Retorno contínuo	Fator (λ^{i-1})	Fator × retorno
Mês 2	5	1,88%	0,7807490	0,0146781
Mês 3	4	1,44%	0,8305840	0,0119604
Mês 4	3	−1,64%	0,8836000	−0,0144910
Mês 5	2	2,46%	0,9400000	0,0231240
Mês 6 (mais atual)	1	1,41%	1,0000000	0,0141000
Total			4,43493	0,04937

Assim, o retorno médio é:

$$R_{\text{médio}} = \frac{0,04937}{4,43493} = 0,01113241 = 1,1132\%$$

E a volatilidade fica conforme a Tabela 2.12.

Tabela 2.12 Cálculo da volatilidade pelo EWMA

Data	i	Retorno contínuo	Fator (λ^{i-1})	(Ret − Ret. médio)^2	Fator × (Ret − Ret. médio)^2
Mês 2	5	1,88%	0,7807490	0,0059%	0,0046%
Mês 3	4	1,44%	0,8305840	0,0011%	0,0009%
Mês 4	3	−1,64%	0,8836000	0,0758%	0,0670%
Mês 5	2	2,46%	0,9400000	0,0181%	0,0170%
Mês 6 (mais atual)	1	1,41%	1,0000000	0,0009%	0,0009%
Soma			4,4349330	Soma	0,0904%

- o mês 6: $(0{,}0141 - 0{,}01113241)^2 \times 1{,}0000000 = 0{,}0009\%$
- o mês 5: $(0{,}0246 - 0{,}01113241)^2 \times 0{,}9400000 = 0{,}0170\%$
- o mês 4: $(-0{,}0164 - 0{,}01113241)^2 \times 0{,}883600 = 0{,}0670\%$
- o mês 3: $(0{,}0144 - 0{,}01113241)^2 \times 0{,}8305840 = 0{,}0009\%$
- o mês 2: $(0{,}0188 - 0{,}01113241)^2 \times 0{,}7807490 = 0{,}0046\%$

$$\sigma = \text{Volatilidade}\left(EWMA\right) = \sqrt{\frac{0{,}000904}{4{,}4349330}} = 1{,}427\%$$

Alternativamente, pode-se realizar o mesmo cálculo, porém com os pesos ajustados para que o total seja 100%

- Cálculo dos fatores do lambda ajustados para total de 100%:
  - o mês 6: $1{,}00000/4{,}4349330 = 0{,}225482552$
  - o mês 5: $0{,}940000/4{,}4349330 = 0{,}211953599$
  - o mês 4: $0{,}883600/4{,}4349330 = 0{,}199236383$
  - o mês 3: $0{,}8305840/4{,}4349330 = 0{,}1872822$
  - o mês 2: $0{,}7807490/4{,}4349330 = 0{,}176045268$

Tabela 2.13 Cálculo do retorno médio ajustado

Data	i	Retorno contínuo	Fator	Fator ajustado	Fator × retorno
Mês 2	5	1,88%	0,7807490	0,176045268	0,0033097
Mês 3	4	1,44%	0,8305840	0,1872822	0,0026969
Mês 4	3	-1,64%	0,8836000	0,199236383	-0,0032675
Mês 5	2	2,46%	0,9400000	0,211953599	0,0052141
Mês 6 (mais atual)	1	1,41%	1,0000000	0,225482552	0,0031793
Total			4,4349330	1	0,0111324

Assim, o retorno médio é:

$$R_{\text{médio}} = \frac{0{,}0111324}{1{,}0000000} = 0{,}01113241 = 1{,}1132\%$$

E a volatilidade fica conforme os dados da Tabela 2.14.

Tabela 2.14 Cálculo da volatilidade pelo EWMA

Data	i	Retorno contínuo	Fator ajustado	(Ret – Ret. médio)^2	Fator × (Ret – Ret. médio)^2
Mês 2	5	1,88%	0,176045268	0,0059%	0,0010%
Mês 3	4	1,44%	0,1872822	0,0011%	0,0002%

(continua)

(*continuação*)

Data	i	Retorno contínuo	Fator ajustado	(Ret – Ret. médio)^2	Fator × (Ret – Ret. médio)^2
Mês 4	3	−1,64%	0,199236383	0,0758%	0,0151%
Mês 5	2	2,46%	0,211953599	0,0181%	0,0038%
Mês 6 (mais atual)	1	1,41%	0,225482552	0,0009%	0,0002%
Soma			1	Soma	0,0204%

$$\sigma = \text{Volatilidade}\left(EWMA\right) = \sqrt{\frac{0,000204}{1,000000}} = 1,427\%$$

Observação: Os resultados aqui encontrados são calculados com todas as casas decimais.

Pode-se ainda calcular a volatilidade a partir da volatilidade pelo EWMA considerando o fator dos pesos como $\left(1-\lambda\right)\lambda^{i-1}$:

- Cálculo dos fatores do lambda:

    ➤ o mês 6 que corresponde ao $i = 1$: Fator = $\left(1-0,94\right)\times 0,94^{1-1} = 0,0600000$

    ➤ o mês 5 que tem-se $i = 2$: Fator = $\left(1-0,94\right)\times 0,94^{2-1} = 0,94^{1} = 0,056400$

    ➤ o mês 4 que tem-se $i = 3$: Fator = $\left(1-0,94\right)\times 0,94^{3-1} = 0,94^{2} = 0,0530160$

    ➤ o mês 3 que tem-se $i = 4$: Fator = $\left(1-0,94\right)\times 0,94^{4-1} = 0,94^{3} = 0,0498350$

    ➤ o mês 2 que tem-se $i = 5$: Fator = $\left(1-0,94\right)\times 0,94^{5-1} = 0,94^{4} = 0,0468449$

Tabela 2.15   Cálculo do Retorno Médio

Data	i	Retorno contínuo	Fator	Fator × Retorno
Mês 2	5	1,88%	0,0468449	0,0008807
Mês 3	4	1,44%	0,0498350	0,0007176
Mês 4	3	−1,64%	0,0530160	−0,0008695
Mês 5	2	2,46%	0,0564000	0,0013874
Mês 6 (mais atual)	1	1,41%	0,0600000	0,0008460
Total			0,2660960	0,0029623

Assim, o retorno médio é:

$$R_{\text{médio}} = \frac{0,0029623}{0,2660960} = 0,01113241 = 1,1132\%$$

E a volatilidade:

- o mês 6: $(0,0141 - 0,01113241)^2 \times 0,0600000 = 0,0001\%$
- o mês 5: $(0,0246 - 0,01113241)^2 \times 0,0564000 = 0,0010\%$
- o mês 4: $(-0,0164 - 0,01113241)^2 \times 0,053016 = 0,0040\%$
- o mês 3: $(0,0144 - 0,01113241)^2 \times 0,0498350 = 0,0001\%$
- o mês 2: $(0,0188 - 0,01113241)^2 \times 0,0468449 = 0,0003\%$

Tabela 2.16 Cálculo da volatilidade pelo EWMA

Data	Retorno contínuo	(Ret – Ret. médio)^2	i	Fator	Fator × Ret. quadrado
Mês 2	1,88%	0,0059%	4	0,04684494	0,0003%
Mês 3	1,44%	0,0011%	3	0,04983504	0,0001%
Mês 4	−1,64%	0,0758%	2	0,05301600	0,0040%
Mês 5	2,46%	0,0181%	1	0,05640000	0,0010%
Mês 6 (atual)	1,41%	0,0009%	0	0,06000000	0,0001%
Total				0,26609598	0,00005423

$$\sigma = \text{Volatilidade}\left(EWMA\right) = \sqrt{\frac{0,00005423}{0,26609598}} = 1,427\%$$

De forma idêntica, os cálculos poderiam ser feitos com os fatores (pesos) ajustados para total de 100%.

APLICAÇÃO PRÁTICA

Considere os preços das cotações do Café Arábica no período de 7 a 28 de janeiro de 2014, correspondendo a 16 dias de cotações que gerarão 15 retornos contínuos, conforme a Tabela 2.17.

Tabela 2.17 Cotações do Café Arábica

Data	n	Café Arábica
28-1-2014	1	R$ 284,06
27-1-2014	2	R$ 284,22
24-1-2014	3	R$ 285,03
23-1-2014	4	R$ 287,14
22-1-2014	5	R$ 284,89
21-1-2014	6	R$ 286,59
20-1-2014	7	R$ 285,86
17-1-2014	8	R$ 288,66
16-1-2014	9	R$ 290,75

(continua)

(*continuação*)

Data	n	Café Arábica
15-1-2014	10	R$ 286,32
14-1-2014	11	R$ 289,07
13-1-2014	12	R$ 290,60
10-1-2014	13	R$ 292,01
9-1-2014	14	R$ 293,06
8-1-2014	15	R$ 298,69
7-1-2014	16	R$ 291,20

Fonte: www.cepea.esalq.usp.br.

Pode-se então calcular os log retornos a partir das cotações da Tabela 2.18.

Tabela 2.18 Log retornos a partir das cotações do Café Arábica

Data	n	Café Arábica	Retorno
28-1-2014	1	R$ 284,06	−0,06%
27-1-2014	2	R$ 284,22	−0,28%
24-1-2014	3	R$ 285,03	−0,74%
23-1-2014	4	R$ 287,14	0,79%
22-1-2014	5	R$ 284,89	−0,59%
21-1-2014	6	R$ 286,59	0,26%
20-1-2014	7	R$ 285,86	−0,97%
17-1-2014	8	R$ 288,66	−0,72%
16-1-2014	9	R$ 290,75	1,54%
15-1-2014	10	R$ 286,32	−0,96%
14-1-2014	11	R$ 289,07	−0,53%
13-1-2014	12	R$ 290,60	−0,48%
10-1-2014	13	R$ 292,01	−0,36%
9-1-2014	14	R$ 293,06	−1,90%
8-1-2014	15	R$ 298,69	2,54%
7-1-2014	16	R$ 291,20	
		Média	−0,17%
		Desvio-padrão	1,09%

Diante desses valores, pode-se calcular a média e a volatilidade do Café Arábica por dia com os dados históricos chegando a um retorno médio negativo de −0,17% e uma volatilidade de 1,09% ao dia estimado pelo desvio-padrão histórico.

Para poder estimar a volatilidade pelo EWMA, adota-se um fator de decaimento de 0,94 e aplica-se as equações anteriores do retorno médio e do desvio-padrão do modelo EWMA.

O peso para o dia 28-1 é $(0,94)^{1-1} = (0,94)^0 = 1,0000$. Igualmente para os demais períodos:

para 27-1, $(0,94)^{2-1} = (0,94)^1 = 0,9400$
para 24-1, $(0,94)^{3-1} = (0,94)^2 = 0,8836$

E assim sucessivamente.

Tabela 2.19 Cálculo do retorno médio

Data	n	Retorno	Peso
28-1-2014	1	–0,06%	1,0000
27-1-2014	2	–0,28%	0,9400
24-1-2014	3	–0,74%	0,8836
23-1-2014	4	0,79%	0,8306
22-1-2014	5	–0,59%	0,7807
21-1-2014	6	0,26%	0,7339
20-1-2014	7	–0,97%	0,6899
17-1-2014	8	–0,72%	0,6485
16-1-2014	9	1,54%	0,6096
15-1-2014	10	–0,96%	0,5730
14-1-2014	11	–0,53%	0,5386
13-1-2014	12	–0,48%	0,5063
10-1-2014	13	–0,36%	0,4759
9-1-2014	14	–1,90%	0,4474
8-1-2014	15	2,54%	0,4205
Soma dos pesos			10,0785

Fazendo o ajuste dos pesos para que totalize 100%, tem-se:

- Para 28-1 = $\dfrac{1,000}{10,0785}$ = 0,09922

- Para 27-1 = $\dfrac{0,9400}{10,0785}$ = 0,093268

E, com os pesos ajustados, apura-se o fator:

- Para 28-1, $[-0,06\% - (-0,17\%)]^2 \times 0,09922 = 0,000012\%$
- Para 27-1, $[-0,28\% - (-0,17\%)]^2 \times 0,093268 = 0,000013\%$

E assim sucessivamente:

Tabela 2.20 Cálculo da Volatilidade pelo EWMA

Data	n	Café Arábica	Retorno	Peso	Peso ajustado	Fator
28-1-2014	1	R$ 284,06	−0,06%	1,0000	0,099221409	0,000012%
27-1-2014	2	R$ 284,22	−0,28%	0,9400	0,093268125	0,000013%
24-1-2014	3	R$ 285,03	−0,74%	0,8836	0,087672037	0,00029%
23-1-2014	4	R$ 287,14	0,79%	0,8306	0,082411715	0,00075%
22-1-2014	5	R$ 284,89	−0,59%	0,7807	0,077467012	0,00014%
21-1-2014	6	R$ 286,59	0,26%	0,7339	0,072818991	0,00013%
20-1-2014	7	R$ 285,86	−0,97%	0,6899	0,068449852	0,00045%
17-1-2014	8	R$ 288,66	−0,72%	0,6485	0,064342861	0,00020%
16-1-2014	9	R$ 290,75	1,54%	0,6096	0,060482289	0,00175%
15-1-2014	10	R$ 286,32	−0,96%	0,5730	0,056853352	0,00036%
14-1-2014	11	R$ 289,07	−0,53%	0,5386	0,053442151	0,00007%
13-1-2014	12	R$ 290,60	−0,48%	0,5063	0,050235622	0,00005%
10-1-2014	13	R$ 292,01	−0,36%	0,4759	0,047221484	0,00002%
9-1-2014	14	R$ 293,06	−1,90%	0,4474	0,044388195	0,00134%
8-1-2014	15	R$ 298,69	2,54%	0,4205	0,041724904	0,00305%
Soma				10,0785	1,0000	0,008615%

Somando a coluna do fator e do peso, tem-se 0,008615% e 1,0000, respectivamente. Assim, a volatilidade pelo EWMA é:

$$\sigma = \sqrt{\frac{\sum_{i=1}^{n} \lambda^{i-1}\left(R_i - \mu\right)^2}{\sum_{i=1}^{n} \lambda^{i-1}}} = \sqrt{\frac{0,00008615}{1,000000}} = \sqrt{0,00008615} =$$

$$= 0,00928$$

$$= 0,928\%$$

Tem-se, ainda, o cálculo da volatilidade pelo EWMA a partir da fórmula recursiva.

APLICAÇÃO PRÁTICA

Seguem as cotações da PETR4 no período de 25-2-2021 a 25-2-2022, totalizando 252 log retornos, consideradas a partir da cotação mais recente a aplicação da estimação da volatilidade pelo EWMA recursivo. Com o fator de peso apurado pelo $\lambda = 0,94$, tem-se os dados da Tabela 2.12.

Tabela 2.21 Cotações da PETR4

i	Data	PETR4	Log retorno	Log ret quadrado	Volatilidade EWMA	Volatilidade DP
252	25-2-2021	R$ 18,85	−5,09%	0,2587%	6,3093%	6,4978%
251	26-2-2021	R$ 18,08	−4,18%	0,1750%	6,2426%	6,5688%
250	1º-3-2021	R$ 17,88	−1,09%	0,0118%	6,1386%	6,6105%
249	2-3-2021	R$ 17,87	−0,05%	0,0000%	5,9575%	6,5891%
...	...	...	...	...	...	...
3	23-2-2022	R$ 34,22	1,41%	0,0200%	1,8727%	1,9736%
2	24-2-2022	R$ 33,39	−2,46%	0,0603%	1,8483%	1,9878%
1	25-2-2022	R$ 34,00	1,81%	0,0328%	1,8902%	1,9618%

A estimativa da volatilidade do período anterior foi feita a partir da aplicação do desvio-padrão dos 21 dias úteis anteriores, conforme demonstrado na Tabela 2.22.

Tabela 2.22 Cálculo do log retorno

i	Data	PETR4	Log retornos
	21-1-2021	R$ 22,39	−
21	22-1-2021	R$ 22,02	−1,68%
20	26-1-2021	R$ 21,95	−0,33%
19	27-1-2021	R$ 22,26	1,40%
18	28-1-2021	R$ 22,56	1,38%
17	29-1-2021	R$ 21,69	−3,93%
16	1º-2-2021	R$ 22,38	3,10%
15	2-2-2021	R$ 23,30	4,02%
14	3-2-2021	R$ 23,45	0,66%
13	4-2-2021	R$ 23,43	−0,10%
12	5-2-2021	R$ 23,59	0,69%
11	8-2-2021	R$ 22,85	−3,19%
10	9-2-2021	R$ 22,39	−2,05%
9	10-2-2021	R$ 22,60	0,94%
8	11-2-2021	R$ 22,82	1,00%
7	12-2-2021	R$ 23,12	1,27%
6	17-2-2021	R$ 24,05	3,96%
5	18-2-2021	R$ 23,79	−1,09%
4	19-2-2021	R$ 22,21	−6,86%
3	22-2-2021	R$ 17,43	−24,23%
2	23-2-2021	R$ 19,56	11,48%
1	24-2-2021	R$ 19,83	1,40%

Assim, o desvio-padrão desses 21 dias úteis anteriores é de 6,4978%, que será o valor da volatilidade do período inicial a ser usado no modelo EWMA recursivo.

$$\sigma_{25/2/2021} = \sqrt{0,94 \times (0,064978)^2 + (1-0,94) \times (0,014)^2} = 0,063093 = 6,3093\%$$

$$\sigma_{26/2/2021} = \sqrt{0,94 \times (0,063093)^2 + (1-0,94) \times (-0,0509)^2} = 0,062426 = 6,2426\%$$

E assim sucessivamente até 25-2-2022. Na mesma tabela está a volatilidade móvel com uma janela de 21 dias úteis. A Figura 2.8 ilustra o movimento dos retornos contínuos, bem como as duas volatilidades estimadas pelo EWMA, também em janela móvel de 21 dias úteis, inclusive a volatilidade estimada pelo desvio-padrão amostral simples até 25-2-2022.

Figura 2.8 Movimento dos retornos contínuos.

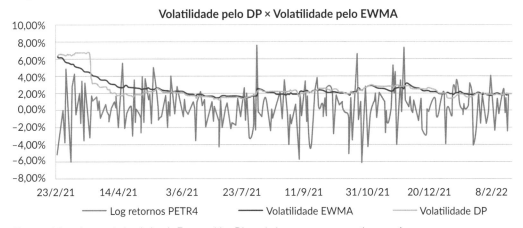

Fonte: elaborada a partir dos dados da Economática. Disponível em: www.economatica.com. Acesso em: mar. 2022.

Pode-se notar logo no início do gráfico que a volatilidade estimada pelo EWMA fica mais bem ajustada ao comportamento dos retornos. O movimento dos retornos tende a diminuir de intensidade no começo da série, o que causa uma redução na volatilidade do ativo. O cálculo pelo EWMA se ajusta mais rapidamente ao comportamento dos retornos, ao mesmo tempo que reduz a volatilidade.

2.3.3 Agregação da volatilidade no tempo

A transformação da volatilidade em períodos diferentes ao calculado é útil para analisar ativos distintos. O cálculo utilizando períodos de tempos menores (maior frequência) é, em geral, mais eficiente pelo fato de considerar mais informações captadas pelas movimentações no mercado.

Segundo Jorion (2010, p. 90), a agregação temporal pode ser apresentada por um problema de econometria, chamado **agregação no tempo**, que consiste em determinar o retorno esperado e a variância a partir da soma de variáveis aleatórias. Assim, conforme definido no Capítulo 1, tem-se para duas variáveis:

$$E(X_1 + X_2) = E(X_1) + E(X_2)$$

$$VAR(X_1 + X_2) = VAR(X_1) + VAR(X_2) + 2 \cdot COVAR(X_1, X_2)$$

Ainda segundo Jorion (2010, p. 90), os retornos não estão correlacionados entre intervalos de tempos sucessivos, sendo consistente com a hipótese de mercados eficientes, uma vez que o preço praticado já absorve todas as informações relevantes do ativo no mercado. Isso faz com que o termo $COVAR(X_1, X_2)$ torne-se zero. Pode-se supor ainda que os retornos sejam distribuídos de forma idêntica no transcorrer do tempo.

Dessa forma, a soma dos retornos de dois períodos, R_t e R_{t-1}, pode ser feita da seguinte forma:

$$E(R_t) = E(R_{t-1}) = E(R)$$

$$E(R_{2\,\text{períodos}}) = E(R_t) + E(R_{t-1}) = 2 \cdot E(R)$$

E ainda:

$$VAR(R_t) = VAR(R_{t-1}) = VAR(R)$$

$$VAR(R_{2\,\text{períodos}}) = VAR(R_t) + VAR(R_{t-1}) = 2 \cdot VAR(R)$$

em que $E(R)$ é o retorno esperado e $VAR(R)$, a variância. Isso faz com que o retorno esperado de dois dias seja duas vezes o retorno esperado de um dia, ocorrendo o mesmo com a variância.

O retorno esperado e a variância aumentam linearmente com o tempo. Já a volatilidade, aumenta com a raiz quadrada do tempo, visto que a volatilidade calculada pelo desvio-padrão é a raiz quadrada da variância:

$$E(R_{n\,\text{períodos}}) = n \cdot E(R)$$

$$\sigma_{n\,\text{períodos}} = \sigma \sqrt{n}$$

APLICAÇÃO PRÁTICA

Considere as cotações de fechamento do Ibovespa no período de 30-12-2019 a 30-12-2021. Calcula-se os log retornos diários do período e estima-se a volatilidade diária, obtendo-se os dados da Tabela 2.23.

O desvio-padrão dos log retornos diários fica, a partir do cálculo da planilha eletrônica:

$$\sigma_{\text{diário}} = 2,229\%$$

Pode-se estimar, a partir da volatilidade diária, a volatilidade mensal e anual, considerando que, em média, são 21 dias úteis em um mês e 252 dias úteis em um ano.

$$\sigma_{\text{mensal}} = 2,229\% \times \sqrt{21} = 10,215\%$$

$$\sigma_{anual} = 2,229\% \times \sqrt{252} = 35,384\%$$

Tabela 2.23 Cálculo dos log retornos

	Data	Ibovespa diário	Log retornos diários
	30-12-2019	115645,34	
1	2-1-2020	118573,1	2,500%
2	3-1-2020	117706,66	−0,733%
3	6-1-2020	116877,92	−0,707%
4	7-1-2020	116661,94	−0,185%
5	8-1-2020	116247,03	−0,356%
...	...	...	...
492	23-12-2021	104891,32	−0,335%
493	27-12-2021	105554,4	0,630%
494	28-12-2021	104864,17	−0,656%
495	29-12-2021	104107,24	−0,724%
496	30-12-2021	104822,44	0,685%

A título de checagem da aproximação encontrada, pode-se construir uma série de retornos mensais a partir dos dados da série diária. Como o valor inicial se refere a 30-12-2019, final do mês de dezembro, é possível construir a série mensal a partir das cotações do último dia de cada mês e, a partir desses valores, calcular os log retornos mensais como apresenta a Tabela 2.24.

Tabela 2.24 Cálculo dos log retornos para os dados mensais

Data	Ibovespa mensal	Log retorno mensal
30-12-2019	115645,34	
30-1-2020	115528,04	−0,101%
28-2-2020	104171,57	−10,347%
31-3-2020	73019,76	−35,531%
30-4-2020	80505,89	9,760%
29-5-2020	87402,59	8,219%
30-6-2020	95055,82	8,394%
31-7-2020	102912,24	7,941%
31-8-2020	99369,15	−3,503%
30-9-2020	94603,38	−4,915%
30-10-2020	93952,4	−0,690%
30-11-2020	108893,32	14,758%

(continua)

(continuação)

Data	Ibovespa mensal	Log retorno mensal
30-12-2020	119017,24	8,890%
29-1-2021	115067,55	−3,375%
26-2-2021	110035,17	−4,472%
31-3-2021	116633,72	5,824%
30-4-2021	118893,84	1,919%
31-5-2021	126215,73	5,976%
30-6-2021	126801,66	0,463%
30-7-2021	121800,79	−4,024%
31-8-2021	118781,03	−2,511%
30-9-2021	110979,1	−6,794%
29-10-2021	103500,71	−6,976%
30-11-2021	101915,45	−1,543%
30-12-2021	104822,44	2,812%

A partir do cálculo em planilha eletrônica, o desvio-padrão dessa nova série de retornos mensais é:

$$\sigma_{mensal} = 9,842\%$$

Valor bem próximo ao valor estimado pela agregação dos valores para períodos maiores que 10,215%. A partir do valor mensal da volatilidade, pode-se estimar o valor anual:

$$\sigma_{mensal} = 9,842\%\sqrt{12} = 34,09\%$$

Também aproximado pela agregação dos valores a partir da volatilidade diária. A seguir, mostra-se uma medida que associa risco e retorno como medida de comparação de desempenho.

2.4 Retorno discreto *versus* retorno contínuo

Na prática dos mercados financeiros, é comum verificar-se a preferência pelo retorno contínuo. Uma das razões se deve ao fato de que o retorno contínuo capta melhor, na média, o desempenho dos ativos.

Veja um exemplo na Tabela 2.25.

Tabela 2.25   Retorno discreto e contínuo

Tempo	Preço do ativo	Retorno discreto	Retorno contínuo
$t = 0$	$ 100	–	–
$t = 1$	$ 120	20,0%	18,23%
$t = 2$	$ 100	−16,67%	−18,23%
Média	–	1,67%	0%

Observem que os retornos contínuos são aditivos. Ou seja, se o preço inicial de um ativo é $ 100 e após um período de alta e outro de queda o ativo retorna ao preço inicial, o retorno discreto apontaria um ganho de 1,67% na média. O que não é verdade, uma vez que o ativo se valorizou no mercado, mas retornou ao seu preço inicial.

Esse fato é captado corretamente pelo retorno contínuo na hipótese de se analisar múltiplos períodos.

2.5 Risco por unidade de retorno – o coeficiente de variação

Em muitas situações no mercado, vale-se do conceito de que quanto maior o risco, maior será o retorno esperado do investimento.

Para evitar análises pautadas na associação dessa informação, pode-se associar o risco por unidade de retorno, que é conhecido como o coeficiente de variação.

É uma medida estatística que indica a dispersão relativa, em outras palavras, é o risco por unidade de retorno de um ativo. É calculada pela seguinte expressão:

$$CV = \frac{DP}{M\acute{e}dia}$$

É uma medida mais exata no sentido de comparação de riscos, por ser uma medida relativa e não absoluta, como é o caso do desvio-padrão. Quanto maior o coeficiente de variação, maior será o risco do ativo.

APLICAÇÃO PRÁTICA

Considere os ativos A e B conforme descritos na Tabela 2.26.

Tabela 2.26 Dados dos retornos e riscos dos ativos

	Retorno	Risco
Ativo A	10%	8%
Ativo B	12%	8%

Na hipótese de os ativos terem o mesmo fator de risco, deve-se optar por aquele que tem maior retorno. Essa informação é comprovada se calcularmos o CV, conforme a Tabela 2.27.

Tabela 2.27 Cálculo do Coeficiente de Variação (CV)

	Retorno	Risco	CV
Ativo A	10%	8%	0,80
Ativo B	12%	8%	0,67

Observem que, quanto menor o coeficiente de variação, menor será o risco do investimento. E trará maior retorno, como é o caso do Ativo B.

Agora, considere a hipótese de os ativos terem riscos diferentes, conforme a Tabela 2.28.

Tabela 2.28 Dados dos retornos e riscos dos ativos

	Retorno	Risco
Ativo A	12%	10%
Ativo B	15%	14%

Nesta situação, observem os coeficientes de variação na Tabela 2.29.

Tabela 2.29 Cálculo do Coeficiente de Variação (CV)

	Retorno	Risco	CV
Ativo A	12%	10%	0,83
Ativo B	15%	14%	0,93

Nesta hipótese, o Ativo A traz menos riscos que o Ativo B, mas também tem o menor retorno. Nessas condições, observem que o CV do Ativo A é menor.

Vale ressaltar aqui que a preferência pelo menor ou maior risco sempre será dada pelo apetite do investidor quanto à sua disponibilidade e interesse em assumir maiores ou menores riscos.

2.6 Máximo *drawdown*

Um dos indicadores de risco que deve ser analisado pelos investidores é o chamado *drawdown*. Esse indicador é o percentual entre um valor máximo e um mínimo de uma série temporal de preços de um ativo, durante determinado período de tempo.

O máximo *drawdown* é o máximo que ocorre no período de tempo analisado pelo investidor. Esse termo, *drawdown*, também é chamado prejuízo "pico-fundo", que ocorre de um valor de máximo, ou de pico, até um valor de fundo ou de máxima perda.

Quanto menor o *drawdown*, melhor é a estratégia de investimento, uma vez que recuperar um prejuízo muito alto pode ser penoso ao investidor e mobilizar um longo período de tempo.

APLICAÇÃO PRÁTICA

Considere as cotações do dólar PTAX no período de 10-2-2022 a 25-2-2022. As cotações são apresentadas na Tabela 2.30.

Tabela 2.30 Cotações do dólar

Data	Dólar PTAX
10-2-2022	R$ 5,1900
11-2-2022	R$ 5,1987
14-2-2022	R$ 5,2200
15-2-2022	R$ 5,1881
16-2-2022	R$ 5,1630
17-2-2022	R$ 5,1565

(continua)

(continuação)

Data	Dólar PTAX
18-2-2022	R$ 5,1339
21-2-2022	R$ 5,0997
22-2-2022	R$ 5,0611
23-2-2022	R$ 5,0143
24-2-2022	R$ 5,1174
25-2-2022	R$ 5,1394

Fonte: B3.

Observe que se tem uma cotação máxima no período de R$ 5,22 em 14-2-2022 e um mínimo de R$ 5,0143 em 23-2-2022. A data de 14-2-2022 é a do início do máximo *drawdown* dentro do período analisado.

A medida de *drawdown* é a variação percentual de R$ 5,22 até voltar ao pico de R$ 5,0143, como apresenta a Figura 2.9.

Figura 2.9 Medida de *drawdown*.

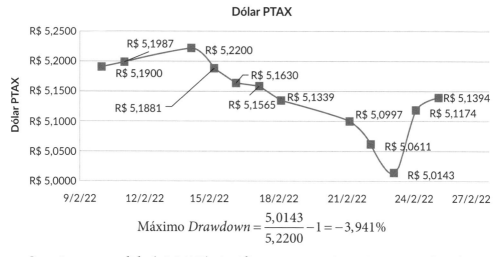

$$\text{Máximo } Drawdown = \frac{5,0143}{5,2200} - 1 = -3,941\%$$

Ou seja, essa medida (−3,941%) significa o quanto o investimento se desvalorizou depois de ter alcançado um valor máximo (ou de pico). Porém, é preciso tomar cuidado com a utilização dessa forma em estipular o máximo *drawdown* considerando o menor valor da série com relação ao maior da série. Lembre-se de que essa medida se refere a uma perda, ou seja, o investidor teria que já ter comprado pelo valor máximo e sair do investimento no valor de mínimo da série.

Caso o valor mínimo ocorra antes do valor máximo, esse cálculo já não fará sentido. Ver o exemplo seguinte.

APLICAÇÃO PRÁTICA

Considere as cotações da MDIA3 (M. Dias Branco S.A.) no período de 10-2-2022 a 25-2-2022. Ver Tabela 2.31.

Tabela 2.31 Cotações da MDIA3

Data/Meses	Data	MDIA3	Retornos	Drawdown
0	Nov./2020	R$ 29,53	–	0,00%
1	Dez./2020	R$ 31,40	6,35%	0,00%
2	Jan./2021	R$ 27,79	–11,51%	–11,51%
3	Fev./2021	R$ 26,40	–5,01%	–15,94%
4	Mar./2021	R$ 28,31	7,23%	–9,86%
5	Abr./2021	R$ 24,59	–13,14%	–21,71%
6	Maio/2021	R$ 27,05	10,03%	–13,85%
7	Jun./2021	R$ 30,18	11,55%	–3,90%
8	Jul./2021	R$ 28,83	–4,48%	–8,20%
9	Ago./2021	R$ 29,26	1,51%	–6,82%
10	Set./2021	R$ 30,62	4,63%	–2,51%
11	Out./2021	R$ 28,68	–6,33%	–8,68%
12	Nov./2021	R$ 25,74	–10,24%	–18,03%
13	Dez./2021	R$ 23,67	–8,07%	–24,64%
14	Jan./2022	R$ 21,47	–9,26%	–31,62%
15	Fev./2022	R$ 22,87	6,50%	–27,17%

Graficamente, tem-se a Figura 2.10.

Figura 2.10 Cotações da ação.

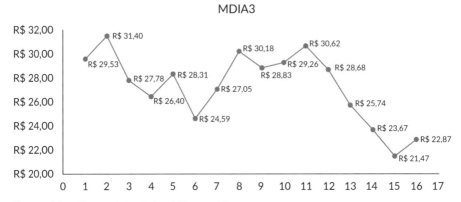

Fonte: elaborada a partir dos dados da Economática.

A partir dos preços calculou-se os retornos discretos e, para cada um dos meses, fez-se o cálculo do valor mínimo entre os retornos acumulados, iniciando-se a série com 0,00%

- $Drawdown_{nov/2020} = 0,00\%$

- $Drawdown_{dez/2020} = Mínimo\left((1+0,0000)\times(1+0,0635)-1;0\right)$

  $= Mínimo(6,35\%;0) = 0,00\%$

- $Drawdown_{jan/2021} = Mínimo\left((1+0,0000)\times(1-0,1151)-1;0\right)$

  $= Mínimo(-11,51\%;0) = -11,51\%$

- $Drawdown_{fev/2021} = Mínimo\left((1-0,1151)\times(1-0,0501)-1;0\right)$

  $= Mínimo(-15,94\%;0) = -15,94\%$

- $Drawdown_{mar/2021} = Mínimo\left((1-0,1594)\times(1+0,0723)-1;0\right)$

  $= Mínimo(-15,94\%;0) = -9,86\%$

E assim sucessivamente, até o último mês. Posteriormente, o menor valor dos *drawdowns* foi de –31,62%, sendo este o máximo *drawdown* do período.

Uma forma alternativa para cálculo dos *drawdowns* seria buscar, a partir do primeiro ponto, o valor mínimo da série seguinte, excluindo esse primeiro ponto e confrontando com o valor inicial (Tabela 2.32).

Tabela 2.32 Valores dos *drawdowns*

Data	MDIA3	Drawdown
1-11-2021	R$ 29,53	–27,277%
1-12-2020	R$ 31,40	–31,619%
1-1-2021	R$ 27,79	–22,726%
1-2-2021	R$ 26,40	–18,650%
1-3-2021	R$ 28,31	–24,135%
1-4-2021	R$ 24,59	–12,660%
1-5-2021	R$ 27,05	–20,622%
1-6-2021	R$ 30,18	–28,843%
1-7-2021	R$ 28,83	–25,508%
1-8-2021	R$ 29,26	–26,615%
1-9-2021	R$ 30,62	–29,860%
1-10-2021	R$ 28,68	–25,123%
1-11-2021	R$ 25,74	–16,579%
1-12-2021	R$ 23,67	–9,259%
1-1-2022	R$ 21,47	6,499%
1-2-2022	R$ 22,87	0,000%

Assim, tem-se:

- Para a data de 1-11-2021, o menor valor seguinte a essa data (possível compra do ativo) fica:

Mínimo (31,40; 27,79; 26,40; 28,31;24,59; 27,05; 30,18; 28,83; 29,26; 30,62; 28,68; 25,74; 23,67; 21,47; 22,87) = R$ 21,47

Dividindo-se esse mínimo pelo valor de R$ 29,53, tem-se:

$$Drawdown = \frac{21,47}{29,53} - 1 = -27,277\%$$

Repetindo-se esse processo até o final, encontra-se todos os *drawdowns* de cada dia.

O máximo *drawdown* será o menor dos *drawdowns* calculados, que, no caso, seria 31,62%, representando a máxima perda. Importante ressaltar que os cálculos foram feitos em planilha eletrônica, uma vez que as cotações estão ajustadas para proventos e possuem mais casas decimais do que o mostrado.

2.7 *Downside risk*

Outra medida de risco usada no mercado é o *downside risk*. Essa medida tem por finalidade avaliar o comportamento dos ativos quando estes se encontram abaixo de um valor específico (*downside*).

Essa medida foi adotada em razão de alguns questionamentos a respeito de se considerar no cálculo do desvio-padrão tanto os retornos acima da média (*upside*) quanto os retornos abaixo da média (*downside*). E muitos investidores consideram risco apenas quando as variações estão abaixo da média.

A medida de *downside risk* (DR) pode ser útil na análise de risco por medir este risco apenas quando os desvios estão abaixo de um retorno mínimo esperado, ou até mesmo o risco medido quando os desvios estão abaixo de uma medida de *benchmark*. Sua formulação é:

$$DR = \sqrt{\left(\frac{1}{N}\right) \sum_{t=1}^{n} \left\{ \text{MÍNIMO}\left[R_t - \text{Retorno}_{\text{Referência}} ; 0\right]\right\}^2}$$

em que:

R_t = retorno dos ativos no tempo;

$\text{Retorno}_{\text{Referência}}$ = retorno de um valor de referência ou *benchmark* adotado na comparação do investidor para medir o desempenho do ativo;

n = quantidade de itens na fórmula do somatório.

Nessa formulação, nota-se que as medidas consideradas para o cálculo do *downside risk* são somente aquelas que estão abaixo do valor mínimo estabelecido.

A expressão mínimo $[R_t - \text{Retorno}_{\text{Referência}} ; 0]$ na fórmula faz essa separação excluindo dos cálculos os valores com retornos acima do valor de referência, assumindo valores iguais a zero na soma.

Interpretando esse indicador, este revelará que altos valores de DR indicam alto risco de o ativo ter perdas maiores abaixo de um valor de referência, revelando alta probabilidade de perda no investimento.

APLICAÇÃO PRÁTICA

Na Tabela 2.33, são demonstradas as cotações da PETR4 de jan./2012 a set./2013.

Tabela 2.33 Cotações da ação

Data	PETR4	Data	PETR4
Jan./2012	R$ 23,27	Dez./2012	R$ 18,77
Fev./2012	R$ 23,03	Jan./2013	R$ 17,39
Mar./2012	R$ 22,23	Fev./2013	R$ 15,98
Abr./2012	R$ 20,27	Mar./2013	R$ 17,65
Maio/2012	R$ 18,40	Abr./2013	R$ 20,09
Jun./2012	R$ 17,55	Maio/2013	R$ 20,05
Jul./2012	R$ 18,76	Jun./2013	R$ 16,18
Ago./2012	R$ 19,96	Jul./2013	R$ 16,29
Set./2012	R$ 21,52	Ago./2013	R$ 16,80
Out./2012	R$ 20,01	Set./2013	R$ 18,90
Nov./2012	R$ 17,95		

Fonte: B3. Disponível em: www.b3.com.br.

Essas cotações na Figura 2.11 mostram as variações nos preços da PETR4 no período e os períodos de altas e quedas nos preços. O investidor, ao observar a Figura 2.11, certamente teria a preocupação de identificar o melhor momento de entrar e sair da ação no mercado.

Certamente, sua maior preocupação se refere às quedas dos preços, onde, dependendo de quando comprou o papel, incorrerá em prejuízo financeiro, na hipótese de venda a um preço inferior ao de compra.

Figura 2.11 Variações nos preços da PETR4.

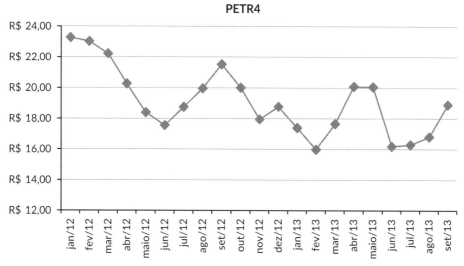

Fonte: B3 – cotações de fechamento mensais da PETR4 ajustadas para proventos.

A Figura 2.12 mostra o comportamento dos log retornos dos preços da PETR4.

Figura 2.12 Comportamento dos log retornos dos preços da PETR4.

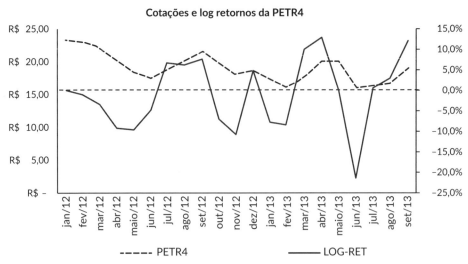

Fonte: calculado a partir das cotações da ação na B3. Disponível em: www.b3.com.br.

A Figura 2.12 ilustra o comportamento dos log retornos da PETR4 que apresentam comportamentos positivos e negativos destacados pela linha horizontal pontilhada.

Para o cálculo do DR é necessário estabelecer um ativo de referência para a determinação das variações positivas e negativas do retorno dos ativos. Escolheu-se aqui como *benchmark* o Certificado de Depósito Interbancário (CDI) da CETIP. Este indicador pode ser visto na Figura 2.13 juntamente com os log retornos da PETR4.

Figura 2.13 Gráfico do CDI e dos log-retornos da PETR4.

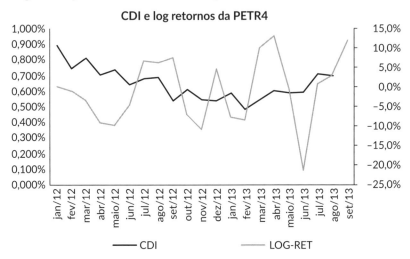

Fonte: CDI – Bacen. Disponível em: www.bcb.gov.br.

Os valores do CDI no período são demonstrados na Tabela 2.34.

Tabela 2.34 Valores do CDI no período

Data	CDI		Data	CDI
Jan./2012	0,885%		Nov./2012	0,544%
Fev./2012	0,742%		Dez./2012	0,534%
Mar./2012	0,808%		Jan./2013	0,587%
Abr./2012	0,700%		Fev./2013	0,482%
Maio/2012	0,732%		Mar./2013	0,538%
Jun./2012	0,639%		Abr./2013	0,601%
Jul./2012	0,675%		Maio/2013	0,585%
Ago./2012	0,687%		Jun./2013	0,592%
Set./2012	0,537%		Jul./2013	0,709%
Out./2012	0,607%		Ago./2013	0,696%

Fonte: www.portalbrasil.net. Acesso em: set. 2013.

O valor médio do CDI no período foi de 0,644%, calculado pela média aritmética simples.

A partir desse valor, pode-se calcular a diferença entre cada retorno e o retorno do *benchmark*. A Tabela 2.35 ilustra esses cálculos.

Tabela 2.35 Cálculo do *downside risk*

Data	PETR4	LOG-RET	CDI MÉDIO	[LOG-RET – CDI]	MÍNIMO {[LOG-RET – CDI];0}	MÍNIMO {[LOG-RET – CDI];0}²
Jan./2012	R$ 23,27					
Fev./2012	R$ 23,03	−1,06%	0,644%	−1,708%	−1,708%	0,029%
Mar./2012	R$ 22,23	−3,53%	0,644%	−4,171%	−4,171%	0,174%
Abr./2012	R$ 20,27	−9,24%	0,644%	−9,880%	−9,880%	0,976%
Maio/2012	R$ 18,40	− 9,67%	0,644%	−10,313%	−10,313%	1,064%
Jun./2012	R$ 17,55	−4,71%	0,644%	−5,353%	−5,353%	0,287%
Jul./2012	R$ 18,76	6,62%	0,644%	5,981%	0,000%	0,000%
Ago./2012	R$ 19,96	6,21%	0,644%	5,569%	0,000%	0,000%
Set./2012	R$ 21,52	7,52%	0,644%	6,873%	0,000%	0,000%
Out./2012	R$ 20,01	−7,28%	0,644%	−7,921%	−7,921%	0,627%
Nov./2012	R$ 17,95	−10,86%	0,644%	−11,501%	−11,501%	1,323%
Dez./2012	R$ 18,77	4,51%	0,644%	3,862%	0,000%	0,000%
Jan./2013	R$ 17,39	−7,66%	0,644%	−8,307%	−8,307%	0,690%
Fev./2013	R$ 15,98	−8,48%	0,644%	−9,124%	−9,124%	0,832%

(continua)

(continuação)

Data	PETR4	LOG-RET	CDI MÉDIO	[LOG-RET - CDI]	MÍNIMO {[LOG-RET - CDI];0}	MÍNIMO {[LOG-RET - CDI];0}^{2}
Mar./2013	R$ 17,65	9,96%	0,644%	9,318%	0,000%	0,000%
Abr./2013	R$ 20,09	12,95%	0,644%	12,309%	0,000%	0,000%
Maio/2013	R$ 20,05	-0,20%	0,644%	-0,843%	-0,843%	0,007%
Jun./2013	R$ 16,18	-21,45%	0,644%	-22,089%	-22,089%	4,879%
Jul./2013	R$ 16,29	0,68%	0,644%	0,034%	0,000%	0,000%
Ago./2013	R$ 16,80	3,08%	0,644%	2,439%	0,000%	0,000%
Set./2013	R$ 18,90	11,78%	0,644%	11,134%	0,000%	0,000%
			Total			10,889%

Fonte: Economática. Acesso em: set. 2013.

A Tabela 2.35 ilustra que os valores a serem usados para o cálculo do DR são os da última coluna à direita da tabela. Esses valores representam os desvios negativos para o cálculo do risco. Tais valores são os que estão abaixo do valor de referência, CDI, como visto na Figura 2.14.

Figura 2.14 Devios negativos para o cálculo de risco.

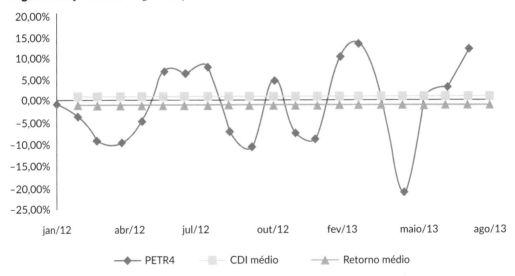

O *downside risk* é calculado levando-se em consideração os desvios negativos do CDI médio, e o desvio-padrão é obtido com relação aos desvios do retorno médio.

Assim, o valor do *downside risk* é:

$$DR = \sqrt{\frac{10,889\%}{11}} = 9,95\%$$

O cálculo levou em consideração apenas os desvios negativos com relação ao CDI para determinação do risco do ativo.

A diferença desse cálculo para o desvio-padrão dos log retornos do ativo, que também representa sua medida de risco, é que o desvio-padrão leva em consideração os desvios tanto acima quanto abaixo da média. O cálculo do desvio-padrão utiliza como *benchmark* o valor da média para determinação dos desvios positivos e negativos.

Pode-se também aplicar o mesmo conceito de *downside risk* utilizando-se as variações dos log retornos com relação à média dos retornos e considerando apenas os desvios negativos. Essa medida é conhecida como **semivariância**.

2.8 Semivariância e semidesvio

A semivariância nada mais é do que a média dos desvios que estão abaixo da média. A expressão da semivariância (SV) é dada por:

$$SV = \left(\frac{1}{n}\right)\sum_{t=1}^{n}\left\{\text{MÍNIMO}\left[R_t - \text{Retorno}_{\text{Esperado Médio}};0\right]\right\}^2$$

Igualmente, pode-se escrever a mesma expressão usando-se o valor máximo da diferença entre o valor do retorno médio e o retorno do ativo:

$$SV = \left(\frac{1}{n}\right)\sum_{t=1}^{n}\left\{\text{MÁXIMO}\left[R_t - \text{Retorno}_{\text{Esperado Médio}};0\right]\right\}^2$$

Tirando-se a raiz quadrada da semivariância, tem-se o semidesvio (SD). Esse cálculo é dado pela seguinte expressão:

$$SD = \sqrt{\left(\frac{1}{n}\right)\sum_{t=1}^{n}\left\{\text{MÍNIMO}\left[\text{Retorno}_{\text{Esperado Médio}} - R_t;0\right]\right\}^2}$$

ou

$$SD = \sqrt{\left(\frac{1}{n}\right)\sum_{t=1}^{n}\left\{\text{MÁXIMO}\left[\text{Retorno}_{\text{Esperado Médio}} - R_t;0\right]\right\}^2}$$

A determinação da semivariância também parte do princípio da determinação do risco pelos valores que apresentam queda abaixo de um valor de referência, ou seja, maiores possibilidades de queda.

Tanto o semidesvio como o *downside risk* desconsideram os desvios positivos. Assim, tais medidas representam o **risco** do ativo referente à sua possibilidade de desempenho abaixo da média, no caso do semidesvio, ou abaixo de um valor de referência, no caso do *downside risk*. Observe a Tabela 2.36.

Tabela 2.36 Cálculo do semidesvio

Data	PETR4	LOG-RET	RETORNO MÉDIO	[LOG-RET – Ret. Médio]	MÍNIMO {[LOG-RET – Ret. Médio];0}	MÍNIMO {[LOG-RET – Ret. Médio];0}²
Jan./2012	R$ 23,27					
Fev./2012	R$ 23,03	-1,06%	-1,04%	-0,02%	-0,02%	0,00%
Mar./2012	R$ 22,23	-3,53%	-1,04%	-2,49%	-2,49%	0,06%
Abr./2012	R$ 20,27	-9,24%	-1,04%	-8,20%	-8,20%	0,67%
Maio/2012	R$ 18,40	-9,67%	-1,04%	-8,63%	-8,63%	0,74%
Jun./2012	R$ 17,55	-4,71%	-1,04%	-3,67%	-3,67%	0,13%
Jul./2012	R$ 18,76	6,62%	-1,04%	7,67%	0,00%	0,00%
Ago./2012	R$ 19,96	6,21%	-1,04%	7,25%	0,00%	0,00%
Set./2012	R$ 21,52	7,52%	-1,04%	8,56%	0,00%	0,00%
Out./2012	R$ 20,01	-7,28%	-1,04%	-6,24%	-6,24%	0,39%
Nov./2012	R$ 17,95	-10,86%	-1,04%	-9,82%	-9,82%	0,96%
Dez./2012	R$ 18,77	4,51%	-1,04%	5,55%	0,00%	0,00%
Jan./2013	R$ 17,39	-7,66%	-1,04%	-6,62%	-6,62%	0,44%
Fev./2013	R$ 15,98	-8,48%	-1,04%	-7,44%	-7,44%	0,55%
Mar./2013	R$ 17,65	9,96%	-1,04%	11,00%	0,00%	0,00%
Abr./2013	R$ 20,09	12,95%	-1,04%	13,99%	0,00%	0,00%
Maio/2013	R$ 20,05	-0,20%	-1,04%	0,84%	0,00%	0,00%
Jun./2013	R$ 16,18	-21,45%	-1,04%	-20,40%	-20,40%	4,16%
Jul./2013	R$ 16,29	0,68%	-1,04%	1,72%	0,00%	0,00%
Ago./2013	R$ 16,80	3,08%	-1,04%	4,12%	0,00%	0,00%
Set./2013	R$ 18,90	11,78%	-1,04%	12,82%	0,00%	0,00%
SOMA						8,12%

Fonte: Economática.

Calculando-se o semidesvio, tem-se para os 20 valores calculados:

$$SD = \sqrt{\frac{8,12\%}{10}} = 9,01\%$$

2.8.1 Interpretação da semivariância e semidesvio

O leitor pode estar pensando: por que não usar uma única medida de risco como o desvio-padrão? A existência dessas medidas – que, na verdade, são complementares para a análise de risco – tem sim uma interpretação para ajudar o investidor a entender o risco das aplicações.

A semivariância é obtida como a própria variância dos retornos que apresentam valores abaixo do retorno médio, ou seja, fornece uma noção do risco envolvido na parte de queda dos retornos na distribuição.

Em outras palavras, um valor do semidesvio, que é a raiz da semivariância, muito maior que o da própria volatilidade para o mesmo período indica que a distribuição dos retornos é assimétrica na direção das maiores perdas. Já um valor menor do semidesvio indica uma assimetria na direção dos maiores retornos (ganhos). Essa é, então, a principal ajuda dessas medidas para o investidor.

2.9 Retorno e risco no contexto de carteiras

Na prática do dia a dia do mercado de ações, um investidor, normalmente, atua com dois ou mais ativos juntos. Essa composição é chamada de carteira ou portfólio de investimentos.

Trabalhar com mais de um ativo na carteira passa a ser inserido nesse contexto, a atuação que um ativo tem sobre o outro. Essa intervenção sofrida pelos ativos pode ser medida pela covariância entre os ativos. Ou seja, o papel que um exerce sobre o outro no mercado.

Considere dois ativos A e B que possuem riscos e retornos dados por R_A e R_B seus respectivos retornos e σ_A e σ_B os seus riscos.

Compondo uma carteira com peso W_A investido no ativo A e W_B investido no ativo B, pode-se apurar o retorno e o risco da carteira composta por esses dois ativos e dadas pelas seguintes expressões:

$$\text{Retornos}\begin{cases}R_A \\ R_B\end{cases} \quad \text{Risco}\begin{cases}\sigma_A \\ \sigma_B\end{cases} \quad \text{Pesos}\begin{cases}W_A \\ W_B\end{cases}$$

Retorno da carteira: $R_{\text{Cart}} = W_A \times R_A + W_B \times R_B$

Risco da carteira: $\sigma_P = \sqrt{W_A^2 \times \sigma_A^2 + W_B^2 \times \sigma_B^2 + 2 \times W_A \times W_B \times Cov(A, B)}$

em que a covariância entre os ativos é dada por $Cov(A, B) = \text{corr}(A, B) \times \sigma_A \times \sigma_B$. A medida estatística da correlação é informada com letra "r_{AB}" minúscula para dados amostrais. A fórmula do risco da carteira pode ser reescrita usando-se a correlação entre os ativos da seguinte maneira:

$$\sigma_{\text{carteira}} = \sqrt{W_A^2 \times \sigma_A^2 + W_B^2 \times \sigma_B^2 + 2 \times W_A \times W_B \times r_{AB} \times \sigma_A \times \sigma_B}$$

Relembrando

A covariância, assim como a correlação, é a medida estatística que indica como duas variáveis se comportam entre si. Ou seja, quando o preço de um ativo se eleva, como se comporta o do outro. Se um acompanhar a subida do outro, diz-se que a covariância é positiva, denotando risco maior para a carteira; caso contrário, tem-se uma covariância negativa, reduzindo o risco de perda pelo comportamento inverso de um ativo com relação ao outro. Intuitivamente, a covariância é entendida como a capacidade de dois ativos andarem na mesma direção ou em direções contrárias. A correlação mede o quão juntos os ativos andam nas referidas direções. Por serem medidas de associação de comportamento de ativos são fundamentais para análise de riscos de ativos e carteiras.

APLICAÇÃO PRÁTICA

Um investidor está avaliando comprar duas ações no mercado de capitais cujo comportamento passado é descrito na Tabela 2.37.

Tabela 2.37 Retornos dos ativos

Tempo	Ação A	Ação B
Ano 1	13,41%	26,62%
Ano 2	0,94%	45,13%
Ano 3	10,21%	20,21%
Ano 4	4,91%	17,37%
Ano 5	10,53%	15,67%

De posse dessas informações, calcula-se o retorno médio, o risco e a correlação entre os retornos das duas ações.

De posse de uma calculadora financeira, insere-se os valores dos retornos históricos colocando primeiro os retornos da Ação A e depois da Ação B, como se seguem:

```
f CLX
13,41          ENTER          26,62 Σ +
0,94           ENTER          45,13 Σ +
10,21          ENTER          20,21 Σ +
4,91           ENTER          17,37 Σ +
10,53          ENTER          15,67 Σ +
g 0(x̄) =       25% (retorno do Ativo B)
x <> y =       8% (retorno do Ativo A)
g · (s) =      12% (risco do Ativo B)
x <> y =       5% (risco do Ativo A)
g 1 x <> y =   – 0,60 (correlação entre os retornos da Ação A e B)
```

Resumidamente, tem-se a Tabela 2.38.

Tabela 2.38 Retorno, risco e correlação dos ativos

	Ação A	Ação B	
Retorno	8%	25%	CORRELAÇÃO = −0,60
Risco	5%	12%	

Dessa forma, podem-se estudar diferentes composições de carteiras com as Ações A e B, levando-se em consideração as expectativas de retorno e risco das ações.

Por exemplo: se montarmos uma carteira com 100% de investimento na Ação A e 0% na Ação B, o seu retorno e o risco seriam:

$$R_{carteira} = 100\% \times 8\% + 0\% \times 25\% = 8,00\%$$

$$\sigma_{carteira} = \sqrt{100\% \times 5\%^2 + 0\%^2 \times 12\%^2 + 2 \times 100\% \times 0\% \times (-0,6) \times 5\% \times 12\%} = 5\%$$

Agora, se fosse feita uma carteira com 40% investidos na Ação A e 60% na Ação B, seu retorno e risco seriam:

$$R_{carteira} = 40\% \times 8\% + 60\% \times 25\% = 18,20\%$$

$$\sigma_{carteira} = \sqrt{40\% \times 5\%^2 + 60\%^2 \times 12\%^2 + 2 \times 40\% \times 60\% \times (-0,6) \times 5\% \times 12\%} = 6,21\%$$

Ou seja, pode-se combinar diferentes pesos para compor as diferentes carteiras segundo a Teoria do Portfólio de Markowitz (MARKOWITZ, 1952, p. 77-91), conforme pode ser visto na Tabela 2.39.

Tabela 2.39 Carteiras

W_A	W_B	Retorno da carteira	Risco da carteira
0%	100%	25,00%	12,00%
10%	90%	23,30%	10,51%
20%	80%	21,60%	9,04%
30%	70%	19,90%	7,60%
40%	60%	18,20%	6,21%
50%	50%	16,50%	4,92%
60%	40%	14,80%	3,84%
70%	30%	13,10%	3,18%
80%	20%	11,40%	3,20%
90%	10%	9,70%	3,90%
100%	0%	8,00%	5,00%

Plotando as carteiras da Tabela 2.39 na Figura 2.15, pode-se ver a chamada **hipérbole de Markowitz**, que contém as combinações possíveis de carteiras com risco para os diferentes níveis de pesos.

Figura 2.15 Demonstração da hipérbole de Markowitz.

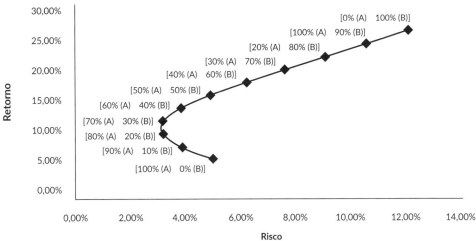

Para cada uma das carteiras foi obtido o seu retorno. O formato da curva de Markowitz deve-se, principalmente, à correlação que se obtém com os retornos desses ativos. Quanto mais negativa for essa medida de correlação, mais se reduzirá o risco. A Figura 2.16 ilustra a configuração da hipérbole de Markowitz para valores específicos da correlação. Lembrando apenas que a correlação é um número que varia entre −1 e +1.

Figura 2.16 Configuração da hipérbole de Markowitz para valores específicos da correlação.

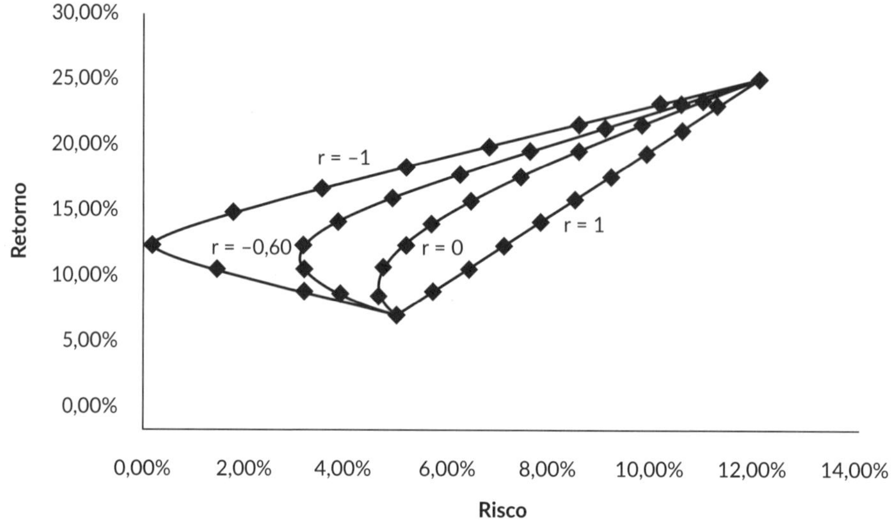

Observa-se ainda que, na hipérbole de Markowitz, existe uma carteira importante. O risco das carteiras compostas pelos pesos combinados começa alto, diminui até certo ponto e volta a subir novamente. Ou seja, existe um ponto onde esse risco tende a ser mínimo, para uma dada combinação de pesos na carteira, que será discutido na seção 2.9.1.

2.9.1 Carteira de mínimo risco

Esse ponto, conforme descrito anteriormente, é chamado de carteira de mínimo risco ou carteira de mínima variância, e sua localização é no "cotovelo" da hipérbole de Markowitz. A Figura 2.17 ilustra esse ponto.

Figura 2.17 Ilustração da carteira de mínimo risco (ou mínima variância).

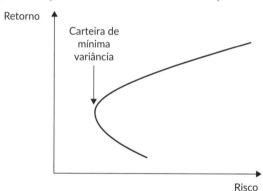

Na prática, tem-se a seguinte pergunta: como encontrar os pesos ideais para que se esteja nesse ponto de mínimo risco?

Visualmente, na Figura 2.17, essa carteira deve ficar entre as carteiras com investimentos em 70% em A e 30% em B e a carteira com 80% em A e 20% em B.

Porém, o cálculo desses pesos pode ser feito de dois modos. O primeiro, por fórmulas encontradas por processos de minimização de perigo da função de risco dada por Markowitz (1952), conforme são descritas a seguir para uma carteira de apenas dois ativos, como é o caso desta aplicação prática:

$$W_A^{\text{Mínima Variância}} = \frac{\sigma_B^2 - \left(r_{AB} \times \sigma_A \times \sigma_B\right)}{\sigma_A^2 + \sigma_B^2 - 2\left(r_{AB} \times \sigma_A \times \sigma_B\right)}$$

$$W_B^{\text{Mínima Variância}} = 1 - W_A^{\text{Mínima Variância}}$$

Substituindo-se os valores na fórmula anterior, têm-se os pesos da carteira de mínima variância para os dados da aplicação prática:

$$W_A^{\text{Mínima Variância}} = \frac{\left(0,12\right)^2 - \left(-0,6 \times 0,05 \times 0,12\right)}{\left(0,12\right)^2 + \left(0,05\right)^2 - 2\left(-0,6 \times 0,05 \times 0,12\right)} = \frac{0,018}{0,0241} =$$

$$= 0,7470 = 74,70\%$$

$$W_B^{\text{Mínima Variância}} = 1 - 0,7470 = 0,2530 = 25,30\%$$

Assim, fazendo-se um investimento de 74,70% do capital na Ação A e 25,30% na Ação B, o investidor assumirá o menor risco dentro das configurações do comportamento dessas duas ações no período analisado.

$$R_{\text{carteira}}^{\text{Mínima Variância}} = 74,70\% \times 8\% + 25,30\% \times 25\% = 12,30\%$$

$$\sigma_{\text{carteira}}^{\text{Mínima Variância}} = \sqrt{74,70\%^2 \times 5\% + 25,30\%^2 \times 12\%^2 + 2 \times 74,70\% \times 25,30\% \times \left(-0,6\right) \times 5\% \times 12\%}$$

$$\sigma_{\text{carteira}}^{\text{Mínima Variância}} = 3,09\%$$

Colocando essa carteira na curva da hipérbole de Markowitz, tem-se que a sua localização é no ponto de risco mínimo da curva, uma vez que o eixo das abscissas representa o risco e o das ordenadas, o retorno, conforme demonstrado na Figura 2.18.

O segundo modo de encontrar esses pesos da carteira de mínima variância envolve um processo computacional de cálculo por meio de uma programação com processos iterativos. Existem desde processos de programação em *softwares* com pacotes específicos, como Mathematica, Maple e Matlab, até o mais comum, que é o método Solver nas planilhas eletrônicas.

Por questões de praticidade, a seguir é demonstrado o método Solver nas planilhas eletrônicas.

Figura 2.18 Hipérbole de Markowitz com carteira de mínimo risco.

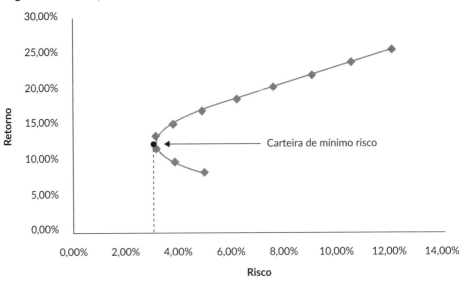

A Figura 2.19 ilustra a disposição dos valores em uma planilha, bem como as células ocupadas de cada um dos valores de retorno e risco individual de cada ação, os pesos atribuídos inicialmente e os cálculos do retorno e risco da carteira.

Figura 2.19 Disposição dos valores em planilha.

	A	B	C	D	E	F	G
1		Ativo A	Ativo B				
2	Ano 1	13,41%	26,62%				
3	Ano 2	0,94%	45,13%				
4	Ano 3	10,21%	20,21%				
5	Ano 4	4,91%	17,37%				
6	Ano 5	10,53%	15,67%				
7							
8	Retorno Médio	8,00%	25,00%		Correlação		
9	Risco	5,00%	12,00%		-0,600		
10							
11							
12	CARTEIRAS						
13	PESOS TOTAIS	WA	WB	RET. CART.	RISCO CART.		
14	100,00%	0,00%	100,00%	25,00%	12,00%		
15							
16							

A correlação, que se encontra na célula E9, é calculada também pela planilha pelo comando "=CORREL(A2:A6;B2:B6)".

Para implementar um cálculo no Solver, é preciso ficar atento para preparar corretamente a planilha. A primeira observação é deixar uma célula com a soma dos pesos que deve ser 100%, conforme representado na célula A14 na figura anterior.

Outro cuidado é que a célula que queremos minimizar (no caso, o risco da carteira) deve sempre conter uma fórmula que foi implementada na célula E14 pelos cálculos dos pesos disponíveis (informados) nas células B14 e C14 a partir dos dados dos riscos dispostos nas células B9 e C9. A Figura 2.20 ilustra as formulações montadas na Figura 2.19.

Figura 2.20 Formulações montadas.

	A	B	C	D	E
1		Ativo A	Ativo B		
2	Ano 1	0,1341	0,2662		
3	Ano 2	0,0094	0,4513		
4	Ano 3	0,1021	0,2021		
5	Ano 4	0,0491	0,1737		
6	Ano 5	0,1053	0,1567		
7					
8	Retorno Médio	=MÉDIA(B2:B6)	=MÉDIA(C2:C6)	Correlação	
9	Risco	=DESVPADA(B2:B6)	=DESVPADA(C2:C6)	=CORREL(B2:B6;C2:C6)	
10					
11					
12	CARTEIRAS				
13	PESOS TOTAIS	WA	WB	RET. CART.	RISCO CART.
14	=B14+C14	0	1	=B14*B8+C14*C8	=RAIZ(B14*B14*B9*B9+C14*C14*C9*C9+2*B14*C14*E9*B9*C9)
15					
16					

Feitos os acertos propostos anteriormente, pode-se acionar o comando Solver, que fica localizado nos comandos de análise de dados, conforme a versão do programa que estiver usando.[2] Observe a Figura 2.21.

Figura 2.21 Comando Solver.

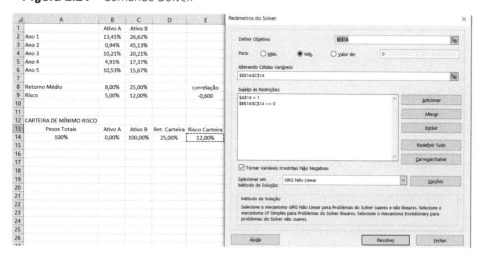

Os comandos que devem compor o Solver são, para o exemplo apresentado na figura anterior:

---

[2] Recomenda-se verificar o manual do usuário para se certificar de que o programa está na sua versão completa instalada em seu equipamento.

- Célula Objetivo = E14, que define o risco da carteira.
- Igual a = Mín, que deve buscar a otimização de minimizar o valor da célula E14.
- Células Variáveis = B14 a C14, que representam os pesos variáveis para compor a carteira desejada.
- Restrições: célula A14 igual a 1 (100%), que representa a soma total dos pesos, e B14 e C14 positivas (maiores que zero), para que não gere pesos (investimentos) negativos.

Inseridos os comandos citados, deve-se concluir o processo de Resolver o que foi programado. A solução vem a seguir, na Figura 2.22.

Figura 2.22 Solução.

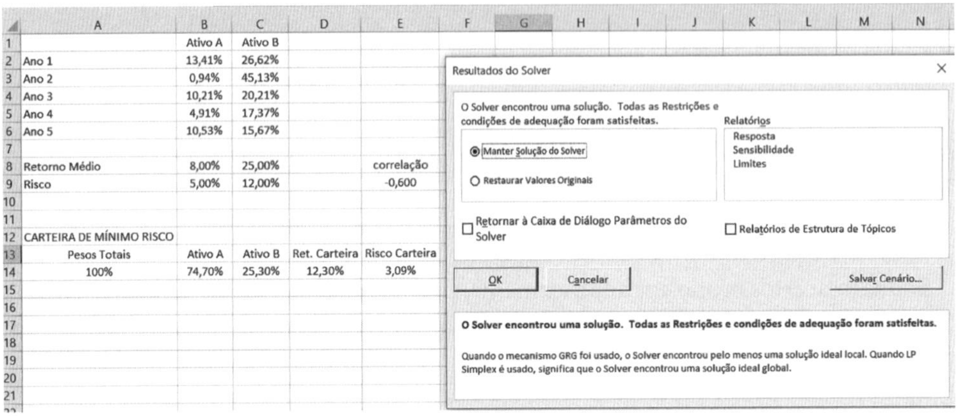

Os valores calculados foram os pesos de 74,70%, como o peso a ser investido na Ação A, e de 25,30%, como o peso a ser investido na Ação B.

Concluído o processo, deve-se manter a solução do Solver, uma vez que o cálculo foi finalizado corretamente. Qualquer solução diferente deve ser revista e reinseridos os parâmetros.

Até aqui foi mostrado o retorno e o risco da carteira que possui a menor variância, ou seja, o menor risco entre as carteiras de riscos montadas pelas combinações dos pesos. Todavia, um investidor poderia querer investir em uma carteira que lhe garantisse um retorno acima de uma taxa livre de risco e que tivesse a melhor composição entre os ativos para lhe proporcionar o melhor desempenho que compense risco e retorno. Tal procedimento é demonstrado a seguir.

2.9.2 Carteira ótima

A chamada carteira ótima é aquela que tem a melhor combinação de pesos para ter um ganho a partir de uma taxa livre de risco (R_f) com ativos de risco na chamada fronteira eficiente da hipérbole de Markowitz.

Segundo Elton *et al.* (2004, p. 103), a existência de uma taxa livre de risco (R_f) no mercado disponível para investimentos faz com que exista uma única carteira de ativos com risco que se torne preferível às demais carteiras possíveis.

A determinação dessa carteira passa pela correta estimação de quais pesos irão compor o seu risco e o seu retorno. Uma solução possível para encontrar esses pesos passa pela estimação da matriz de variâncias e covariâncias entre os ativos que compõem essa carteira e na solução do sistema de equações lineares a seguir:

$$R_1 - R_f = Z_1\sigma_1^2 + Z_2\,\text{cov}_{12} + \ldots Z_n\,\text{cov}_{1n}$$

$$R_2 - R_f = Z_1\,\text{cov}_{12} + Z_2\sigma_2^2 + \ldots Z_n\,\text{cov}_{1n}$$

$$\ldots$$

$$R_n - R_f = Z_1\,\text{cov}_{n1} + Z_2\,\text{cov}_{n2} + \ldots Z_n\sigma_n^2$$

O sistema calcula o retorno em excesso à taxa livre de risco e associa uma variável padronizada Z_n para cada ativo da carteira com as respectivas covariâncias (*cov*) entre os ativos. Lembrando apenas que a covariância de um ativo com ele mesmo é a sua própria variância (σ^2).

Assim, resolvendo-se o sistema linear citado, encontram-se os valores de Z_n de cada ativo. Os Z são proporcionais às quantidades (pesos – W) ótimas a serem aplicadas em cada ativo da seguinte maneira:

$$Z_{\text{Total}} = Z_1 + Z_2 + Z_3 + \ldots + Z_n$$

$$W_{\text{Ativo}(i)} = \frac{Z_{\text{Ativo}(i)}}{Z_{\text{Total}}}$$

APLICAÇÃO PRÁTICA

No exemplo de aplicação prática anterior, trabalhamos com os dados da Tabela 2.40.

Tabela 2.40

	Ação A	Ação B	
Retorno	8%	25%	CORRELAÇÃO = −0,60
Risco	5%	12%	

Como $\text{cov}_{AB} = corr_{AB} \times \sigma_A \times \sigma_B$ e a partir dos valores dados, tem-se:

$\text{cov}_{AA} = 1 \times 0,05 \times 0,05 = 0,0025$
$\text{cov}_{BB} = 1 \times 0,12 \times 0,12 = -0,0144$
$\text{cov}_{AB} = -0,6 \times 0,05 \times 0,12 = -0,0036$
$\text{cov}_{BA} = -0,6 \times 0,12 \times 0,05 = -0,0036$

Adotando-se uma taxa livre de risco de 9% ao ano, pode-se montar o sistema linear proposto anteriormente:

$0,08 - 0,09 = Z_A\, 0,0025 + Z_B\, (-\,0,0036)$

$0,25 - 0,09 = Z_A\, (-\,0,0036) + Z_B\, 0,0144$

Adotando a forma de um sistema de equações lineares:

$$\begin{cases} 0,0025 \cdot Z_A - 0,0036 \cdot Z_B = -0,01 \\ -0,036 \cdot Z_A + 0,0144 \cdot Z_B = 0,16 \end{cases}$$

Passando a forma matricial do sistema de equações lineares anterior, tem-se:

$$\begin{pmatrix} 0,0025 & -0,0036 \\ -0,0036 & 0,0144 \end{pmatrix} \begin{pmatrix} Z_A \\ Z_B \end{pmatrix} = \begin{pmatrix} -0,01 \\ 0,16 \end{pmatrix}$$

Resolvendo o sistema,[3] tem-se que a matriz inversa de $\begin{pmatrix} 0,025 & -0,036 \\ -0,0036 & 0,0144 \end{pmatrix}$ é $\begin{pmatrix} 625,3452 & 156,2862 \\ 156,2862 & 108,4973 \end{pmatrix}$.

Assim, a solução do sistema será:

$$\begin{pmatrix} Z_A \\ Z_B \end{pmatrix} = \begin{pmatrix} 625,3452 & 156,2862 \\ 156,2862 & 108,4973 \end{pmatrix} \begin{pmatrix} -0,01 \\ 0,16 \end{pmatrix}$$

$$\begin{pmatrix} Z_A \\ Z_B \end{pmatrix} = \begin{pmatrix} 18,75234 \\ 15,79671 \end{pmatrix}$$

O valor de $Z_{\text{Total}} = 18,75234 + 15,79671 = 34,54905$ e os pesos dos ativos fica:

$$W_A = \frac{18,75234}{34,54905} = 54,28\% \ \text{ e } \ W_B = \frac{15,79671}{34,54905} = 45,72\%$$

$R_{\text{carteira}}^{\text{Ótima}} = 54,28\% \times 8\% + 45,72\% \times 25\% = 15,77\%$

$\sigma_{\text{carteira}}^{\text{Ótima}} = \sqrt{54,28\% \times 5\% + 45,72\%^2 \times 12\% + 2 \times 54,28\% \times 45,72\% \times (-0,6) \times 5\% \times 12\%}$

$\sigma_{\text{carteira}}^{\text{Ótima}} = 4,43\%$

A Figura 2.23 ilustra a posição de todos os ativos e das carteiras construídas.

---

[3] Solução de um Sistema Linear $Az = b$, $z = A^{-1}b$, em que A^{-1} é a matriz inversa de A. Comando em planilha eletrônica para matriz inversa (MATRIZ.INVERSO). Comando em planilha eletrônica para multiplicar matrizes (MATRIZ.MULT).

Figura 2.23 Posição de todos os ativos e das carteiras construídas.

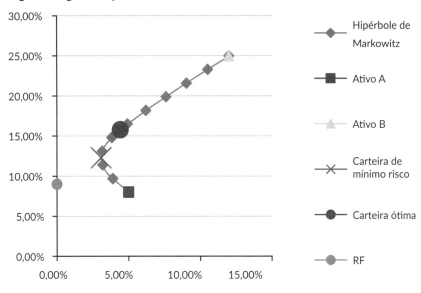

O segundo modo de determinação dessa carteira ótima é feito mediante a utilização do índice de Sharpe para avaliação do desempenho da carteira. Sharpe (1966) desenvolveu uma forma de mensurar o desempenho de qualquer tipo de carteira de investimentos. Pode-se interpretar o índice como uma forma pela qual os investidores podem escolher investir seus recursos no próprio ativo livre de risco e em ativos com risco ao longo da fronteira eficiente de Markowitz.

Essencialmente, os investidores buscam uma carteira ótima (mais eficiente) que lhes permita maximizar seus retornos excessivos esperados pela relação risco e retorno. A fórmula do índice de Sharpe (IS) é:

$$IS = \frac{R_{carteira} - R_f}{\sigma_{carteira}}$$

Isso equivaleria a resolver novamente um problema de otimização pela maximização do IS para o cálculo de carteiras de ativos. Usando o Solver conforme descrito a seguir, pode-se alcançar os mesmos resultados dos pesos da carteira ótima procurada.

Vamos admitir, inicialmente, o cálculo do retorno e do risco de uma carteira de pesos quaisquer, digamos 45% na ação A e 55% na ação B. Os resultados são descritos na Figura 2.24, em que o retorno da carteira aleatória proposta é de 17,35% e o risco de 5,55%. Para o ativo livre de risco de 9%, o índice de Sharpe é 1,504.

Figura 2.24 Resultados.

	A	B	C	D	E	F	G
1		**Ativo A**	**Ativo B**				
2	Ano 1	13,41%	26,62%				
3	Ano 2	0,94%	45,13%				
4	Ano 3	10,21%	20,21%				
5	Ano 4	4,91%	17,37%				
6	Ano 5	10,53%	15,67%				
7							
8	Retorno Médio	8,00%	25,00%		Correlação		
9	Risco	5,00%	12,00%		-0,600		
10							
11				*Risk Free*	9%		
12	**CARTEIRAS**						
13	**PESOS TOTAIS**	**WA**	**WB**	**RET. CART.**	**RISCO CART.**	**Índice de Sharpe**	
14	100,00%	45,00%	55,00%	17,35%	5,55%	1,504	
15							
16							

As formulações práticas na planilha eletrônica anterior podem ser identificadas na Figura 2.25.

Figura 2.25 Formulações práticas da Figura 2.24.

	A	B	C	D	E	F	G
1		Ativo A	Ativo B				
2	Ano 1	0,1341	0,2662				
3	Ano 2	0,0094	0,4513				
4	Ano 3	0,1021	0,2021				
5	Ano 4	0,0491	0,1737				
6	Ano 5	0,1053	0,1567				
7							
8	Retorno Médio	=MÉDIA(B2:B6)	=MÉDIA(C2:C6)		Correlação		
9	Risco	=DESVPADA(B2:B6)	=DESVPADA(C2:C6)		-0,6		
10							
11				Risk Free	0,09		
12	CARTEIRAS						
13	PESOS TOTAIS	WA	WB	RET. CART.	RISCO CART.	Índice de Sharpe	
14	=B14+C14	0,45	0,55	=B14*$B$8+C14*$C$8	=RAIZ(B14*B14*$B$9*$B$9+C14*C14*$C$9*$C$9+2*B14*C14*$E$9*$B$9*$C$9)	=(D14-E11)/E14	
15							
16							

Os comandos que devem compor o Solver são, para o exemplo apresentado na Figura 2.25:

- Célula de Destino = F14, que define o índice de Sharpe.
- Igual a = Máx, que deve buscar a otimização de maximizar o valor da célula F14.
- Células Variáveis = B14 a C14, que representam os pesos variáveis para compor a carteira desejada.
- Restrições: célula A14 igual a 1 (100%), que representa a soma total dos pesos, e B14 e C14 positivas (maiores que zero), para que não gere pesos (investimentos) negativos.

Inseridos esses comandos, se deve concluir o processo de Resolver o que foi programado. A solução vem conforme a Figura 2.26.

Figura 2.26 Solver para carteira ótima.

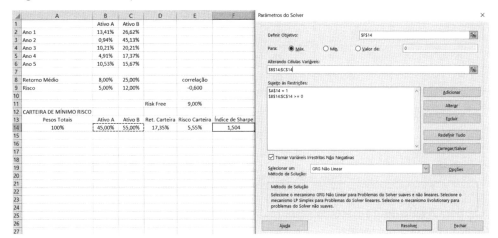

A solução será a mesma encontrada anteriormente, conforme demonstrado na Figura 2.27, com o índice de Sharpe maximizado de 1,53.

Figura 2.27 Resultado do Solver para carteira ótima.

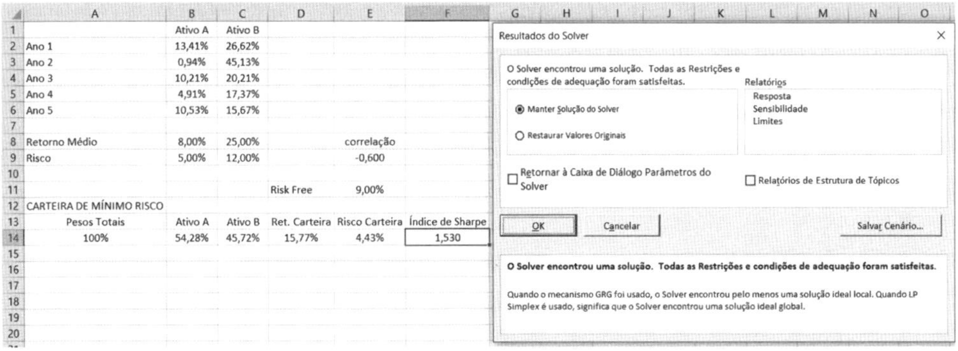

O risco de um ativo individual apresenta uma parte que é diversificável e outra que não é. Esse assunto será tratado a seguir.

Até aqui, observou-se o cálculo da carteira de mínimo risco e da carteira ótima para dois ativos. A solução, nesse caso, é trivial e de fácil implementação em planilhas eletrônicas, e até mesmo em cálculos por calculadoras financeiras.

Porém, na prática do mercado, é comum se trabalhar com mais de dois ativos, o que dificulta a obtenção da fronteira eficiente. A seguir, descrevem-se os passos para obtenção dessa fronteira com mais de dois ativos em carteira.

2.9.3 Carteira com mais de dois ativos

Para uma carteira com mais de dois ativos, é recomendada a utilização de matrizes pelo melhor controle que pode ser observado nos dados. Dessa forma, pode-se ter, para n ativos, os dados da Tabela 2.41.

ANÁLISE DE RISCOS • Fabiano Guasti Lima

Tabela 2.41 Retornos, riscos e pesos dos n ativos

Métrica	Ativo 1	Ativo 2	Ativo 3	...	Ativo n
Retorno	R_1	R_2	R_3	...	R_n
Risco	σ_1	σ_2	σ_3	...	σ_n
Pesos	W_1	W_2	W_3	...	W_n

O cálculo do retorno da carteira fica:

$$R_{carteira} = W_1 \times R_1 + W_2 \times R_2 + \ldots + W_n \times R_n$$

$$R_{carteira} = \sum_{i=1}^{n} W_i \times R_i$$

Já para o cálculo do risco da carteira, pode-se adotar a matriz de covariância ou de correlação da seguinte forma:

Usando a matriz de covariâncias, tem-se:

$$\sigma_{carteira} = \sqrt{\begin{bmatrix} W_1 & W_2 & \ldots & W_n \end{bmatrix} \times \begin{bmatrix} covar_{11} & \cdots & covar_{1n} \\ \vdots & \ddots & \vdots \\ covar_{n1} & \cdots & covar_{nn} \end{bmatrix} \times \begin{bmatrix} W_1 \\ W_2 \\ \vdots \\ W_n \end{bmatrix}}$$

Usando a matriz de correlação, tem-se:

$$\sigma_{carteira} = \sqrt{\begin{bmatrix} W_1 \times \sigma_1 & W_2 \times \sigma_2 & \ldots & W_n \times \sigma_n \end{bmatrix} \times \begin{bmatrix} correl_{11} & \cdots & correl_{1n} \\ \vdots & \ddots & \vdots \\ correl_{n1} & \cdots & correl_{nn} \end{bmatrix} \times \begin{bmatrix} W_1 \times \sigma_1 \\ W_2 \times \sigma_2 \\ \vdots \\ W_n \times \sigma_n \end{bmatrix}}$$

Dessa forma, por qualquer uma das expressões anteriores, tem-se o risco da carteira. Analistas de mercado muitas vezes preferem a segunda por comodidade da interpretação da correlação quando comparada à interpretação da covariância.

A partir do exemplo ilustrado pela Tabela 2.40, tem-se:

Tabela 2.42 Dados do investimento nos ativos A e B

	Ativo A	Ativo B
Investimento	R$ 4.000,00	R$ 6.000,00
Retorno	8,00%	25,00%
Risco	5,00%	12,00%
Pesos	40,00%	60,00%

Capítulo 2 • Retorno e Risco de Ativos | **93**

A correlação entre os ativos é de –0,60. Assim, sua covariância fica:

$$covar_{A,B} = -0,60 \times 0,05 \times 0,12 = -0,003600$$

A partir do investimento total de R$ 10.000,00, sendo 40% no ativo A e 60% no ativo B, tem-se o retorno da carteira:

$$R_{carteira} = 0,40 \times 0,08 + 0,60 \times 0,25 = 18,20\%$$

O cálculo do risco da carteira pode ser feito da seguinte forma:

$$\sigma_{carteira} = \sqrt{(0,40)^2 \times (0,05)^2 + (0,60)^2 \times (0,12)^2 + 2 \times (0,40) \times (0,60) \times (-0,60) \times 0,05 \times 0,12}$$

$$\sigma_{carteira} = 6,21\%$$

Ou, ainda, por meio das matrizes de correlação ou covariâncias, conforme Tabela 2.43.

Tabela 2.43 Matriz de correlação entre os ativos A e B

Matriz de Correlação	Ativo A	Ativo B
Ativo A	1,0000	–0,60000
Ativo B	–0,60000	1,0000

Assim, o risco fica:

$$\sigma_{carteira} = \sqrt{\begin{bmatrix} 0,40 \times 0,05 & 0,60 \times 0,12 \end{bmatrix} \times \begin{bmatrix} 1,0000 & -0,60000 \\ -0,60000 & 1,0000 \end{bmatrix} \times \begin{bmatrix} 0,40 \times 0,05 \\ 0,60 \times 0,12 \end{bmatrix}}$$

$$\sigma_{carteira} = \sqrt{\begin{bmatrix} 0,02 & 0,072 \end{bmatrix} \times \begin{bmatrix} 1,0000 & -0,60000 \\ -0,60000 & 1,0000 \end{bmatrix} \times \begin{bmatrix} 0,02 \\ 0,072 \end{bmatrix}}$$

Aplicando-se as regras de multiplicação de matrizes,[4] tem-se:

$$\sigma_{carteira} = \sqrt{\begin{bmatrix} 0,02 \times 1,0000 + 0,072 \times (-0,60000) & 0,02 \times (-0,60000) + 0,072 \times 1,0000 \end{bmatrix} \times \begin{bmatrix} 0,02 \\ 0,072 \end{bmatrix}}$$

$$\sigma_{carteira} = \sqrt{\begin{bmatrix} -0,0232 & 0,0600 \end{bmatrix} \times \begin{bmatrix} 0,02 \\ 0,072 \end{bmatrix}}$$

$$\sigma_{carteira} = \sqrt{-0,0232 \times 0,02 + 0,0600 \times 0,0720}$$

$$\sigma_{carteira} = \sqrt{0,003856}$$

$$\sigma_{carteira} = 6,21\%$$

---

[4] A multiplicação de matrizes é definida somente quando o número de colunas da primeira matriz for igual ao número de linhas da segunda matriz.

Para a matriz de covariâncias, onde o cálculo da covariância pode ser obtido multiplicando-se a correlação pelos respectivos desvios-padrão, tem-se os dados da Tabela 2.44.

Tabela 2.44 Cálculos da covariância dos ativos

Matriz de covariância	Ativo A	Ativo B
Ativo A	1,0000 × 0,05 × 0,05	−0,60000 × 0,05 × 0,12
Ativo B	−0,60000 × 0,05 × 0,12	1,0000 × 0,12 × 0,12

Ficando:

Tabela 2.45 Matriz de covariância dos ativos A e B

Matriz de covariância	Ativo A	Ativo B
Ativo A	0,0025	−0,0036
Ativo B	−0,0036	0,0144

$$\sigma_{carteira} = \sqrt{\begin{bmatrix} 0,40 & 0,60 \end{bmatrix} \times \begin{bmatrix} 0,0025 & -0,0036 \\ -0,0036 & 0,0144 \end{bmatrix} \times \begin{bmatrix} 0,40 \\ 0,60 \end{bmatrix}}$$

$$\sigma_{carteira} = \sqrt{\begin{bmatrix} 0,40 \times 0,0025 + 0,60 \times (-0,0036) & 0,40 \times (-0,0036) + 0,60 \times 0,0144 \end{bmatrix} \times \begin{bmatrix} 0,40 \\ 0,60 \end{bmatrix}}$$

$$\sigma_{carteira} = \sqrt{\begin{bmatrix} -0,00116 & 0,0072 \end{bmatrix} \times \begin{bmatrix} 0,40 \\ 0,60 \end{bmatrix}}$$

$$\sigma_{carteira} = \sqrt{-0,00116 \times 0,40 + 0,0072 \times 0,60}$$

$$\sigma_{carteira} = \sqrt{0,003856}$$

$$\sigma_{carteira} = 6,21\%$$

Na seção 2.10 será demonstrado o traçado da construção da fronteira eficiente de mais de dois ativos.

2.10 Construção da fronteira eficiente para mais de dois ativos

Demonstram-se aqui os passos que devem ser seguidos para construção da fronteira eficiente quando se tem mais de dois ativos na carteira.

Primeiramente, deve-se ter os retornos, os riscos e as correlações ou covariâncias entre os retornos desses ativos. Ressalte-se que há mais de uma técnica para obtenção de todas as carteiras eficientes. Para leituras mais aprofundadas acerca dessas técnicas, ver autores como Securato (2007) e Elton *et al.* (2004).

Considere então cinco ativos com seus respectivos riscos e retornos esperados dentro de determinado período. Observe a Tabela 2.46.

Tabela 2.46 Retorno e risco dos ativos

	Ativo A	Ativo B	Ativo C	Ativo D	Ativo E
Retorno	2,00%	4,00%	2,00%	4,50%	2,50%
Risco	3,00%	5,00%	7,00%	6,00%	4,50%

A partir dos retornos de cada ativo, obtém-se a matriz de correlação entre eles conforme demonstrada na Tabela 2.47.

Tabela 2.47 Matriz de correlação dos retornos dos ativos

	Ativo A	Ativo B	Ativo C	Ativo D	Ativo E
Ativo A	1,000	0,400	0,450	0,500	0,800
Ativo B	0,400	1,000	0,700	0,500	0,600
Ativo C	0,450	0,700	1,000	0,550	0,590
Ativo D	0,500	0,500	0,550	1,000	0,300
Ativo E	0,800	0,600	0,590	0,300	1,000

Da matriz de correlação, para facilidade de cálculos, deve-se calcular a matriz de covariância:

$$\text{Covar}(A, A) = \text{Correl}(A, A) \cdot S_A \cdot S_A$$
$$\text{Covar}(A, A) = 1,000 \cdot 0,03 \cdot 0,03 = 0,00090$$
$$\text{Covar}(A, B) = \text{Correl}(A, B) \cdot S_A \cdot S_B$$
$$\text{Covar}(A, B) = 0,400 \cdot 0,03 \cdot 0,05 = 0,00060$$

E assim sucessivamente, para toda a matriz de correlação, obtendo-se a matriz de variância/covariância, já que a covariância de mesmos ativos corresponde à sua própria variância, que nada mais é do que o valor do desvio-padrão (risco) elevado ao quadrado.

A matriz final de variâncias/covariâncias está ilustrada na Tabela 2.48.

Tabela 2.48 Matriz de covariância entre os ativos

Covariâncias	Ativo A	Ativo B	Ativo C	Ativo D	Ativo E
Ativo A	0,000900	0,000600	0,000945	0,000900	0,001080
Ativo B	0,000600	0,002500	0,002450	0,001500	0,001350
Ativo C	0,000945	0,002450	0,004900	0,002310	0,001859
Ativo D	0,000900	0,001500	0,002310	0,003600	0,000810
Ativo E	0,001080	0,001350	0,001859	0,000810	0,002025

Visualmente, na Figura 2.28, pode-se observar os comportamentos dos ativos com relação ao risco e ao retorno.

96 | ANÁLISE DE RISCOS • *Fabiano Guasti Lima*

Figura 2.28 Comportamentos ativos com relação ao risco e o retorno.

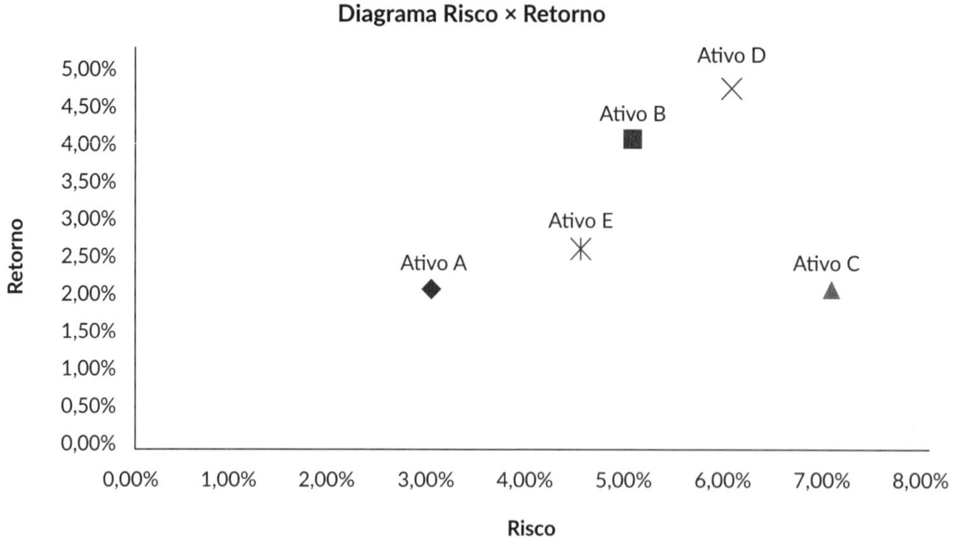

Diagrama Risco × Retorno

Considere, inicialmente, que se faça um investimento com os seguintes pesos em cada ativo: Ativo A (20%), Ativo B (20%), Ativo C (20%), Ativo D (20%) e Ativo E (20%). A partir desses pesos, pode-se calcular o retorno e o risco.

$$R_{\text{Cart. Original}} = 0,20 \times 0,02 + 0,20 \times 0,04 + 0,20 \times 0,02 + 0,20 \times 0,045 + 0,20 \times 0,025$$

$$R_{\text{Cart. Original}} = 0,0040 + 0,0080 + 0,0040 + 0,0090 + 0,0050$$

$$R_{\text{Cart. Original}} = 0,0300$$

$$R_{\text{Cart. Original}} = 0,0300 \times 100$$

$$R_{\text{Cart. Original}} = 3,00\%$$

O risco da carteira fica:

$$S_{\text{Cart. Original}} = \sqrt{ \begin{bmatrix} 0,20 & 0,20 & 0,20 & 0,20 & 0,20 \end{bmatrix} \times \left\{ \begin{bmatrix} 0,00090 & 0,00060 & 0,000945 & 0,00090 & 0,001080 \\ 0,00060 & 0,00250 & 0,002450 & 0,00150 & 0,001350 \\ 0,000945 & 0,00245 & 0,004900 & 0,00231 & 0,001859 \\ 0,00090 & 0,00150 & 0,002310 & 0,00360 & 0,000810 \\ 0,00108 & 0,00135 & 0,001859 & 0,00081 & 0,002025 \end{bmatrix} \times \begin{bmatrix} 0,20 \\ 0,20 \\ 0,20 \\ 0,20 \\ 0,20 \end{bmatrix} \right\} }$$

Multiplicando-se as matrizes, tem-se:

$$S_{\text{Cart. Original}} = \sqrt{\begin{bmatrix} 0,20 & 0,20 & 0,20 & 0,20 & 0,20 \end{bmatrix} \times \begin{bmatrix} 0,0008850 \\ 0,0016800 \\ 0,0024927 \\ 0,0018240 \\ 0,0014247 \end{bmatrix}}$$

$$S_{\text{Cart. Original}} = \sqrt{0,0016613}$$

$$S_{\text{Cart. Original}} = 0,0407588$$

$$S_{\text{Cart. Original}} = 0,0407588$$

$$S_{\text{Cart. Original}} = 0,0407588 \times 100$$

$$S_{\text{Cart. Original}} = 4,08\%$$

Essa carteira calculada pela fórmula de Markowitz estará na fronteira eficiente com o par ordenado de informações de risco (4,08%) e retorno (3,00%).

A partir de agora, calculam-se duas outras carteiras que, sabe-se, estarão também na fronteira eficiente: a carteira de mínima variância, ou de mínimo risco, e a carteira ótima.

Para encontrar os pesos dessas carteiras, usam-se os recursos de planilha eletrônica, como o Solver, conforme descrito anteriormente neste capítulo. Minimiza-se o valor do risco da carteira no caso da carteira de mínima variância, e maximiza-se o índice de Sharpe da carteira, admitindo-se uma taxa de *risk free* de 0,5% para o cálculo do índice de Sharpe, no caso de se admitir que as cotações são mensais.

A Figura 2.29 conta com a imagem da planilha, conforme construída para esse fim.

Figura 2.29 Informações da carteira.

	A	B	C	D	E	F	G	H	I	J	K	L	M	N
1										Ativo A	Ativo B	Ativo C	Ativo D	Ativo E
2		Ativo A	Ativo B	Ativo C	Ativo D	Ativo E			Ativo A	1,000	0,400	0,450	0,500	0,800
3	MÉDIA	2,00%	4,00%	2,00%	4,50%	2,50%			Ativo B	0,400	1,000	0,700	0,500	0,600
4	DP	3,00%	5,00%	7,00%	6,00%	4,50%			Ativo C	0,450	0,700	1,000	0,550	0,590
5									Ativo D	0,500	0,500	0,550	1,000	0,300
6	W_total	Ativo A	Ativo B	Ativo C	Ativo D	Ativo E	Retorno	Risco	Ativo E	0,800	0,600	0,590	0,300	1,000
7	100,00%	20,00%	20,00%	20,00%	20,00%	20,00%	3,0000%	4,08%						
8									Covariâncias	Ativo A	Ativo B	Ativo C	Ativo D	Ativo E
9									Ativo A	0,000900	0,000600	0,000945	0,000900	0,001080
10									Ativo B	0,000600	0,002500	0,002450	0,001500	0,001350
11									Ativo C	0,000945	0,002450	0,004900	0,002310	0,001859
12									Ativo D	0,000900	0,001500	0,002310	0,003600	0,000810
13									Ativo E	0,001080	0,001350	0,001859	0,000810	0,002025

Para o cálculo da carteira de mínimo risco, tem-se o ilustrado na Figura 2.30.

Figura 2.30 Solver da carteira de mínimo risco.

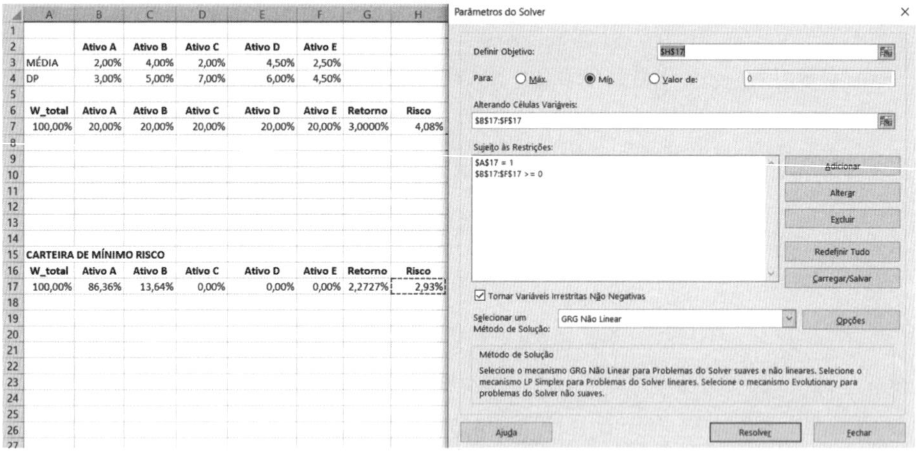

Assim, encontram-se os pesos da carteira de mínimo risco que são Ativo A (86,36%), Ativo B (13,64%), Ativo C (0,00%), Ativo D (0,00%) e Ativo E (0,00%). Com esses pesos, chega-se ao retorno de 2,2727% e ao risco de 2,93%.

E para a carteira ótima, tem-se, maximizando o índice de Sharpe para um *risk free* de 0,5% e para um *risk free* de 3% por período, conforme a Figura 2.31.

Figura 2.31 Solver da carteira ótima.

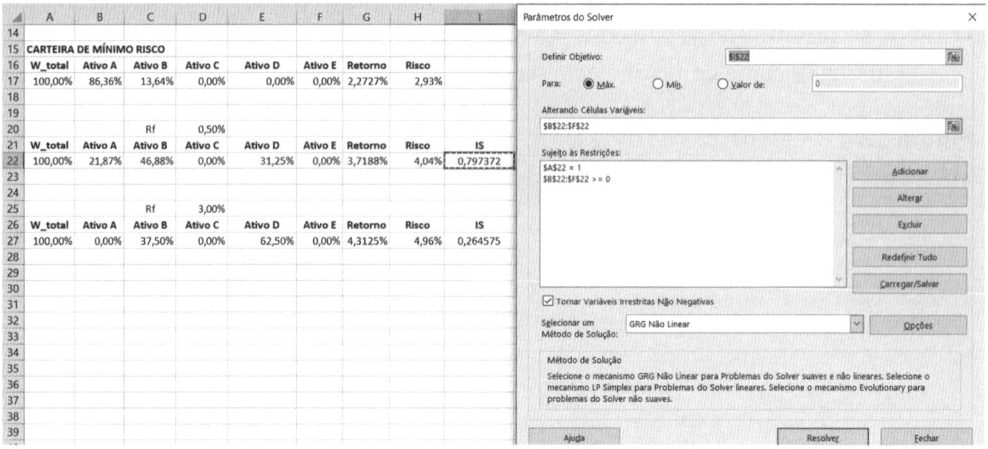

Portanto, encontram-se os pesos da carteira ótima para cada um dos *risk free* adotados aqui. Para um *risk free* de 0,5%, os pesos são Ativo A (21,87%), Ativo B (46,88%), Ativo C (0,00%), Ativo D (31,25%) e Ativo E (0,00%). Com esses pesos, chega-se ao retorno de 3,7188% e ao risco de 4,04%.

E o que falta para traçar a fronteira eficiente? Faltaria a covariância entre as carteiras da fronteira. Conforme descrito em Elton *et al.* (2004, p. 119), podem-se calcular os pesos de quaisquer carteiras que estejam na fronteira eficiente por meio da média ponderada dos pesos de duas carteiras que estejam sabidamente na fronteira. É o nosso caso. Sabe-se que a carteira de mínimo risco e a carteira ótima estarão certamente na fronteira eficiente.

Graficamente, têm-se situadas as duas carteiras, de mínimo risco e ótima, conforme pode-se verificar na Figura 2.32.

Figura 2.32 Diagrama risco-retorno.

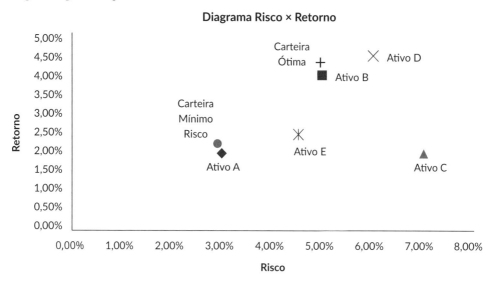

Assim, podem-se construir diversas carteiras a partir da combinação entre a carteira de mínimo risco e a carteira ótima. Por exemplo, escolhendo-se uma carteira com 10% de investimento na carteira de mínimo risco e 90% na carteira ótima, calculam-se os pesos individuais de cada ativo na carteira conforme as Tabelas 2.49 e 2.50.

Tabela 2.49 Carteira de mínimo risco

Ativo A	Ativo B	Ativo C	Ativo D	Ativo E
86,36%	13,64%	0,00%	0,00%	0,00%

Tabela 2.50 Carteira ótima

Ativo A	Ativo B	Ativo C	Ativo D	Ativo E
21,87%	46,88%	0,00%	31,25%	0,00%

Então, com 10% da carteira de mínimo risco e 90% na carteira ótima, tem-se:

$$\text{Peso}_{ATIVO\,A} = 0,10 \times 0,8636 + 0,90 \times 0,2187 = 0,2832 = 28,32\%$$

$$\text{Peso}_{ATIVO\,B} = 0,10 \times 0,1364 + 0,90 \times 0,4688 = 0,2832 = 43,55\%$$

$$\text{Peso}_{ATIVO\,C} = 0,10 \times 0,00 + 0,90 \times 0,00 = 0,00 = 0,00\%$$

$$\text{Peso}_{ATIVO\,D} = 0,10 \times 0,00 + 0,90 \times 0,3125 = 0,2812 = 28,13\%$$

$$\text{Peso}_{ATIVO\,E} = 0,10 \times 0,00 + 0,90 \times 0,00 = 0,00 = 0,00\%$$

Assim, tem-se o retorno e o risco calculados com esta carteira:

$R = 0,2832 \times 0,02 + 0,4355 \times 0,04 + 0,00 \times 0,02 + 0,2813 \times 0,045 + 0,00 \times 0,025$

$R = 0,005664 + 0,01724 + 0,00 + 0,012654 + 0,00$

$R = 0,0357$

$R = 3,57\%$

E o risco:

$$S = \sqrt{\begin{bmatrix} 0,2832 & 0,4355 & 0,00 & 0,2813 & 0,00 \end{bmatrix} \times \left\{ \begin{bmatrix} 0,00090 & 0,00060 & 0,000945 & 0,00090 & 0,001080 \\ 0,00060 & 0,00250 & 0,002450 & 0,00150 & 0,001350 \\ 0,000945 & 0,00245 & 0,004900 & 0,00231 & 0,001859 \\ 0,00090 & 0,00150 & 0,002310 & 0,00360 & 0,000810 \\ 0,00108 & 0,00135 & 0,001859 & 0,00081 & 0,002025 \end{bmatrix} \times \begin{bmatrix} 0,2832 \\ 0,4355 \\ 0,0000 \\ 0,2813 \\ 0,0000 \end{bmatrix} \right\}}$$

$S = 3,86\%$

Assim, repetindo-se esse processo, inclusive com pesos negativos para poder enxergar toda a hipérbole de Markowitz, tem-se a Figura 2.33.

Figura 2.33 Fronteira e ativos da carteira.

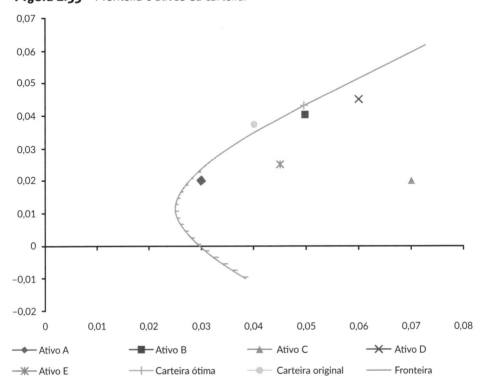

A Tabela 2.51 gera a hipérbole de Markowitz conforme já descrito.

Tabela 2.51 Composições para simulação dos dados da fronteira

Peso carteira mínimo risco	Peso carteira ótima	Ativo A	Ativo B	Ativo C	Ativo D	Ativo E	Retorno	Risco
−90%	190,00%	−36,17%	76,79%	0,00%	59,38%	0,00%	5,0202%	5,92%
−80%	180,00%	−29,72%	73,47%	0,00%	56,25%	0,00%	4,8756%	5,70%
−70%	170,00%	−23,27%	70,14%	0,00%	53,13%	0,00%	4,7310%	5,47%
−60%	160,00%	−16,82%	66,82%	0,00%	50,00%	0,00%	4,5864%	5,25%
−50%	150,00%	−10,37%	63,49%	0,00%	46,88%	0,00%	4,4418%	5,03%
−40%	140,00%	−3,92%	60,17%	0,00%	43,75%	0,00%	4,2972%	4,82%
−30%	130,00%	2,53%	56,85%	0,00%	40,63%	0,00%	4,1526%	4,62%
−20%	120,00%	8,98%	53,52%	0,00%	37,50%	0,00%	4,0080%	4,42%
−10%	110,00%	15,43%	50,20%	0,00%	34,38%	0,00%	3,8634%	4,22%
0%	100,00%	21,87%	46,88%	0,00%	31,25%	0,00%	3,7188%	4,04%
10%	90,00%	28,32%	43,55%	0,00%	28,13%	0,00%	3,5742%	3,86%
20%	80,00%	34,77%	40,23%	0,00%	25,00%	0,00%	3,4296%	3,69%
30%	70,00%	41,22%	36,90%	0,00%	21,88%	0,00%	3,2849%	3,54%
40%	60,00%	47,67%	33,58%	0,00%	18,75%	0,00%	3,1403%	3,40%
50%	50,00%	54,12%	30,26%	0,00%	15,63%	0,00%	2,9957%	3,27%
60%	40,00%	60,57%	26,93%	0,00%	12,50%	0,00%	2,8511%	3,16%
70%	30,00%	67,02%	23,61%	0,00%	9,38%	0,00%	2,7065%	3,07%
80%	20,00%	73,47%	20,28%	0,00%	6,25%	0,00%	2,5619%	3,00%
90%	10,00%	79,91%	16,96%	0,00%	3,13%	0,00%	2,4173%	2,96%
100%	0,00%	86,36%	13,64%	0,00%	0,00%	0,00%	2,2727%	2,93%
110%	−10,00%	92,81%	10,31%	0,00%	−3,13%	0,00%	2,1281%	2,93%
120%	−20,00%	99,26%	6,99%	0,00%	−6,25%	0,00%	1,9835%	2,95%
130%	−30,00%	105,71%	3,66%	0,00%	−9,38%	0,00%	1,8389%	3,00%
140%	−40,00%	112,16%	0,34%	0,00%	−12,50%	0,00%	1,6943%	3,06%
150%	−50,00%	118,61%	−2,98%	0,00%	−15,63%	0,00%	1,5497%	3,15%
160%	−60,00%	125,06%	−6,31%	0,00%	−18,75%	0,00%	1,4051%	3,26%
170%	−70,00%	131,51%	−9,63%	0,00%	−21,88%	0,00%	1,2605%	3,38%
180%	−80,00%	137,95%	−12,95%	0,00%	−25,00%	0,00%	1,1159%	3,52%
190%	−90,00%	144,40%	−16,28%	0,00%	−28,13%	0,00%	0,9713%	3,68%
200%	−100,00%	150,85%	−19,60%	0,00%	−31,25%	0,00%	0,8267%	3,84%
210%	−110,00%	157,30%	−22,93%	0,00%	−34,38%	0,00%	0,6821%	4,02%
220%	−120,00%	163,75%	−26,25%	0,00%	−37,50%	0,00%	0,5375%	4,20%
230%	−130,00%	170,20%	−29,57%	0,00%	−40,63%	0,00%	0,3929%	4,40%
240%	−140,00%	176,65%	−32,90%	0,00%	−43,75%	0,00%	0,2483%	4,59%
250%	−150,00%	183,10%	−36,22%	0,00%	−46,88%	0,00%	0,1037%	4,80%
260%	−160,00%	189,55%	−39,55%	0,00%	−50,00%	0,00%	−0,0409%	5,01%
270%	−170,00%	195,99%	−42,87%	0,00%	−53,13%	0,00%	−0,1855%	5,23%

O gráfico da fronteira eficiente, como visto na Figura 2.34, seria a parte correspondente a partir da carteira de mínimo risco em diante (parte superior).

Figura 2.34   Gráfico da fronteira eficiente.

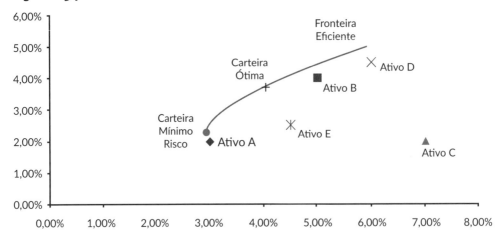

A carteira inicialmente dada (com 20% em cada um dos cinco ativos) não era uma carteira eficiente, pois ela estaria logo abaixo da fronteira eficiente, conforme pode ser visto na Figura 2.35, chamada de carteira inicial. Cabe, então, o gestor dessa carteira trabalhar para poder colocá-la na fronteira.

Figura 2.35   Exemplo de carteira abaixo da fronteira eficiente.

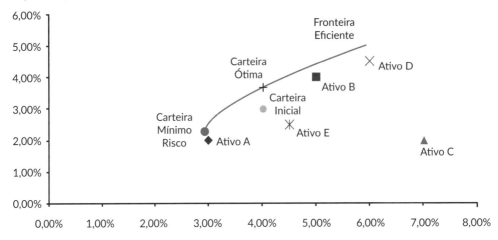

APLICAÇÃO PRÁTICA

A partir do que foi demonstrado na Figura 2.35, pode-se aplicar esse mesmo método para desenhar a fronteira eficiente a partir de ações negociadas na B3. Para exemplificar na prática essa situação, considerou-se os ativos elencados na Tabela 2.52.

Capítulo 2 • Retorno e Risco de Ativos | **103**

Tabela 2.52 Cotações dos ativos da carteira

Data	PETR4	VALE5	BBAS3	GGBR4	CSNA3
2004	R$ 8,193	R$ 10,956	R$ 5,951	R$ 8,111	R$ 4,137
2005	R$ 13,001	R$ 14,861	R$ 7,968	R$ 10,819	R$ 4,814
2006	R$ 18,315	R$ 19,696	R$ 13,210	R$ 14,987	R$ 6,965
2007	R$ 33,700	R$ 37,588	R$ 19,419	R$ 23,014	R$ 17,901
2008	R$ 18,161	R$ 18,369	R$ 9,893	R$ 13,828	R$ 10,161
2009	R$ 30,135	R$ 33,421	R$ 21,467	R$ 27,084	R$ 21,122
2010	R$ 23,214	R$ 39,180	R$ 24,195	R$ 21,412	R$ 20,781
2011	R$ 18,961	R$ 32,707	R$ 19,600	R$ 13,998	R$ 12,313
2012	R$ 17,651	R$ 37,457	R$ 22,674	R$ 17,598	R$ 10,428
2013	R$ 16,057	R$ 31,753	R$ 23,855	R$ 18,251	R$ 13,970

Fonte: Economática – cotações ajustadas para proventos.

Com esses dados da Tabela 2.52, calculou-se os log retornos (retornos contínuos) de cada um desses ativos a partir de 2005, conforme demonstrado na Tabela 2.53.

Tabela 2.53 Retornos dos ativos da carteira no período

Data	PETR4	VALE5	BBAS3	GGBR4	CSNA3
2005	46,17%	30,48%	29,19%	28,81%	15,16%
2006	34,27%	28,17%	50,55%	32,59%	36,94%
2007	60,98%	64,62%	38,53%	42,89%	94,39%
2008	−61,82%	−71,60%	−67,44%	−50,94%	−56,63%
2009	50,64%	59,85%	77,47%	67,23%	73,18%
2010	−26,09%	15,90%	11,96%	−23,50%	−1,63%
2011	−20,24%	−18,06%	−21,06%	−42,51%	−52,34%
2012	−7,16%	13,56%	14,57%	22,89%	−16,62%
2013	−9,46%	−16,52%	5,08%	3,64%	29,25%

Fonte: Economática.

Apura-se o retorno médio e o desvio-padrão para cada ativo, chegando-se à volatilidade anual e ao retorno anual de cada ativo. Observe a Tabela 2.54.

Tabela 2.54 Retorno e volatilidade dos ativos

	PETR4	VALE5	BBAS3	GGBR4	CSNA3
Retorno	7,48%	11,82%	15,43%	9,01%	13,52%
Volatilidade	42,04%	42,41%	42,02%	40,33%	51,59%

Calcula-se, ainda, a matriz de correlação entre os ativos, conforme pode ser observado na Figura 2.36 pelo comando **correlação** da função de Análise de Dados da planilha eletrônica.

Figura 2.36 Cálculo da matriz de correlação.

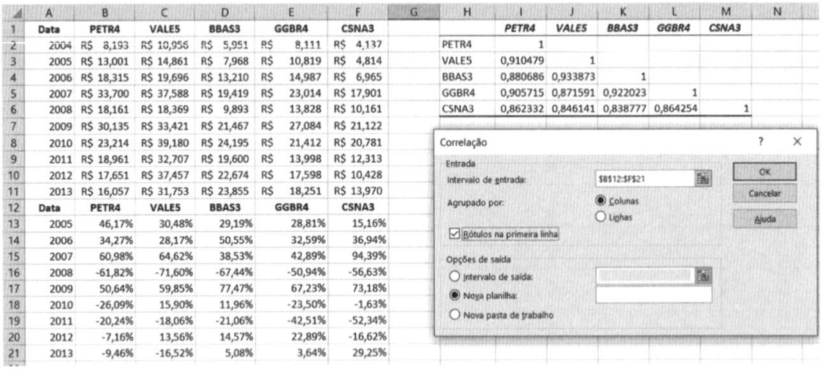

E a matriz de correlação é:

	PETR4	VALE5	BBAS3	GGBR4	CSNA3
PETR4	1				
VALE5	0,910479	1			
BBAS3	0,880686	0,933873	1		
GGBR4	0,905715	0,871591	0,922023	1	
CSNA3	0,862332	0,846141	0,838777	0,864254	1

Com a matriz de correlação e os valores do desvio-padrão de cada ativo, pode-se calcular a matriz de variância/covariância:

$$\text{Covar}\left(\text{PETR4, PETR4}\right) = \text{Correl (PETR4, PETR4)} \cdot S_{\text{PETR4}} \cdot S_{\text{PETR4}}$$

$$\text{Covar}\left(\text{PETR4, PETR4}\right) = 1,000 \cdot 0,4204 \cdot 0,4204 = 0,176734$$

$$\text{Covar}\left(\text{PETR4, VALE5}\right) = \text{Correl (PETR4, VALE5)} \cdot S_{\text{PETR4}} \cdot S_{\text{VALE5}}$$

$$\text{Covar}\left(\text{PETR4, VALE5}\right) = 0,910497 \cdot 0,4204 \cdot 0,4241 = 0,162314$$

E assim sucessivamente, compõe-se a matriz de variância/covariâncias, conforme demonstrada a seguir (eventuais diferenças de casas decimais devem-se a arredondamentos finais):

	PETR4	VALE5	BBAS3	GGBR4	CSNA3
PETR4	0,176734	0,162314	0,155567	0,153558	0,187034
VALE5	0,162314	0,179825	0,166399	0,14906	0,18512
BBAS3	0,155567	0,166399	0,176553	0,156243	0,181832
GGBR4	0,153558	0,14906	0,156243	0,162646	0,179825
CSNA3	0,187034	0,18512	0,181832	0,179825	0,266178

Logo, a partir de agora, pode-se colocar graficamente em um diagrama risco × retorno cada uma das ações, como pode ser visto na Figura 2.37.

Figura 2.37 Diagrama risco × retorno de cada uma das ações.

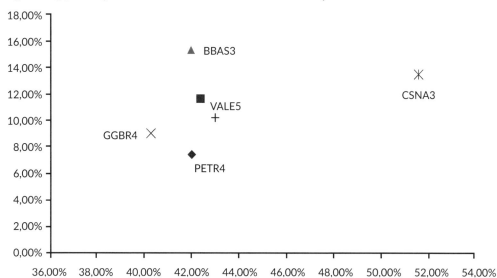

A partir de então, pode-se calcular o valor do retorno e risco da carteira de mínimo risco e da carteira ótima.

Para o cálculo da carteira de mínimo risco, usa-se o comando Solver para minimizar o risco da carteira. Considere, inicialmente, qualquer composição da carteira para efeitos de cálculo do retorno e do risco da carteira.

Figura 2.38 Imagem da planilha de cálculo das carteiras.

As fórmulas empregadas para o retorno da carteira e do risco são dadas a seguir:

Retorno da carteira – célula N18
= =I18*$B$24+J18*$C$24+K18*$D$24+L18*$E$24+M18*$F$24

Risco da carteira – célula O18
=RAIZ(MATRIZ.MULT(I18:M18;MATRIZ.MULT($I$9:$M$13;TRANSPOR (I18:M18))))

Não esquecer de que na planilha eletrônica deve-se, após digitar a fórmula, efetuar CTRL + SHIFT + ENTER.

Para minimizar o risco e obter os pesos da carteira de mínimo risco, tem-se o disposto na Figura 2.39.

Figura 2.39 Solver para carteira de mínimo risco.

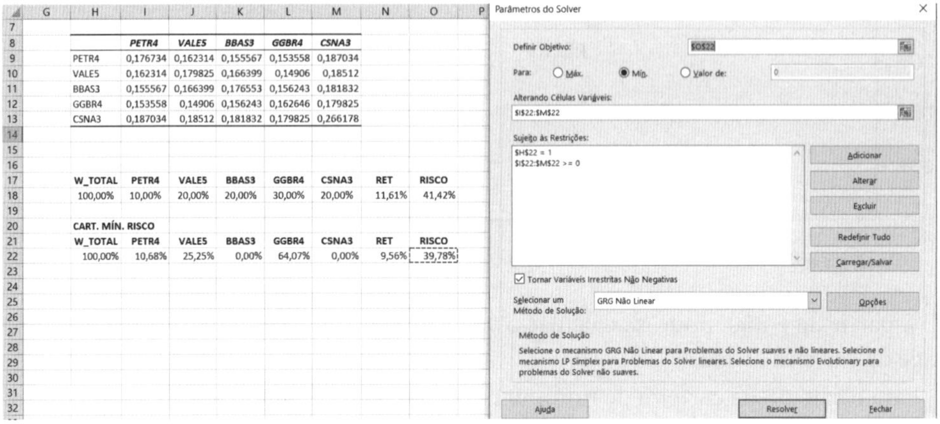

E são obtidos os pesos para cada ativo: PETR4 (10,68%), VALE5 (25,25%), BBAS3 (0,00%), GGBR4 (64,07%) e CSNA3 (0,00%), que gera um retorno de 9,56% ao ano e um risco de 39,78% ao ano.

Como os dados são anuais, atribui-se um *risk free* de 10% ao ano para determinação da carteira ótima. Assim, tem-se o disposto na Figura 2.40.

Figura 2.40 Solver para a carteira ótima.

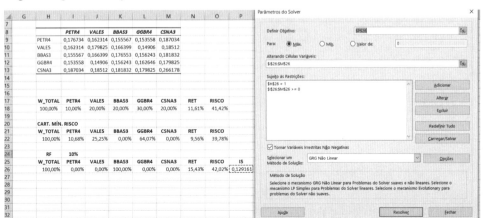

Nesse cálculo da carteira ótima, estima-se a maximização do índice de Sharpe, obtendo-se os pesos da carteira ótima.

A partir de agora, de posse dessas duas carteiras, pode-se realizar a combinação de pesos entre elas e calcular os retornos e riscos estimados das demais carteiras da fronteira. Observe as Tabelas 2.55 e 2.56.

Tabela 2.55 Carteira de mínimo risco

PETR4	VALE5	BBAS3	GGBR4	CSNA3
10,68%	25,25%	0,00%	64,07%	0,00%

Tabela 2.56 Carteira ótima

PETR4	VALE5	BBAS3	GGBR4	CSNA3
0,00%	0,00%	100,00%	0,00%	0,00%

Combinando-se os pesos em cada carteira, tem-se os dados da Tabela 2.57.

Tabela 2.57 Composições da simulação para obter a fronteira

Peso cart. mín. misco	Peso cart. ótima	PETR4	VALE5	BBAS3	GGBR4	CSNA3	Retorno	Risco
−50,00%	150,00%	−5,34%	−12,63%	150,00%	−32,03%	0,00%	18,36%	44,58%
−40,00%	140,00%	−4,27%	−10,10%	140,00%	−25,63%	0,00%	17,77%	44,00%
−30,00%	130,00%	−3,20%	−7,58%	130,00%	−19,22%	0,00%	17,19%	43,45%
−20,00%	120,00%	−2,14%	−5,05%	120,00%	−12,81%	0,00%	16,60%	42,94%
−10,00%	110,00%	−1,07%	−2,53%	110,00%	−6,41%	0,00%	16,01%	42,46%
0,00%	100,00%	0,00%	0,00%	100,00%	0,00%	0,00%	15,43%	42,02%
10,00%	90,00%	1,07%	2,53%	90,00%	6,41%	0,00%	14,84%	41,61%
20,00%	80,00%	2,14%	5,05%	80,00%	12,81%	0,00%	14,25%	41,25%
30,00%	70,00%	3,20%	7,58%	70,00%	19,22%	0,00%	13,67%	40,92%
40,00%	60,00%	4,27%	10,10%	60,00%	25,63%	0,00%	13,08%	40,63%
50,00%	50,00%	5,34%	12,63%	50,00%	32,03%	0,00%	12,49%	40,38%
60,00%	40,00%	6,41%	15,15%	40,00%	38,44%	0,00%	11,91%	40,18%
70,00%	30,00%	7,48%	17,68%	30,00%	44,85%	0,00%	11,32%	40,01%
80,00%	20,00%	8,54%	20,20%	20,00%	51,25%	0,00%	10,73%	39,89%
90,00%	10,00%	9,61%	22,73%	10,00%	57,66%	0,00%	10,14%	39,81%
100,00%	0,00%	10,68%	25,25%	0,00%	64,07%	0,00%	9,56%	39,78%

Graficamente, tem-se a Figura 2.41.

Figura 2.41 Ativos e fronteira eficiente.

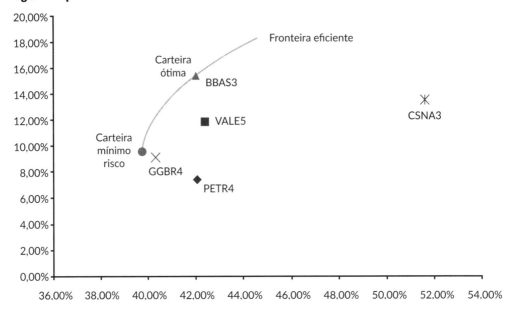

Nota-se no gráfico que a fronteira eficiente está acima de todos os ativos. A carteira ótima está bem próxima das ações BBAS3.

2.11 Risco sistemático e não sistemático

O risco não sistemático (diversificado) é identificado pela dispersão dos retornos dos ativos com relação aos movimentos do retorno da carteira de mercado, conforme ilustrado por meio dos pontos dispersos em torno da reta característica.

Quanto maior a dispersão apresentada na reta característica (reta de regressão), mais alto é o risco diversificável do ativo.

- **Risco diversificável – não sistemático**
  Risco específico da empresa.
  Pode ser eliminado, total ou parcialmente, pela diversificação em carteira.

- **Risco sistemático – não diversificável (β)**
  Não pode ser eliminado pela diversificação (quando alocado em uma carteira).
  Suas origens estão nas variações a que está sujeito o sistema econômico como um todo.
  A construção da reta característica é feita por uma regressão linear entre os retornos do ativo e da carteira de mercado.
  Fazer a análise de uma regressão linear simples corresponde a encontrar uma equação matemática de reta $y = a + bx$ que melhor represente a relação entre as variáveis x e y, em uma amostra selecionada de cada uma das variáveis.
  A variável y é definida como a variável dependente, ou a variável que será explicada pelo comportamento da variável x, que é a variável independente ou explicativa. A análise

de regressão pode ser usada tanto para se estimar determinado valor dentro do intervalo de amplitude da amostra selecionada para as variáveis x e y, como para predizer algum valor fora do limite preestabelecido para as variáveis.

O termo independente da equação (a) é chamado coeficiente linear da reta, ou intercepto da reta no eixo das ordenadas (y). O termo (b) é o coeficiente angular da reta que irá informar a inclinação dessa reta. A determinação desses coeficientes é feita pelo método dos mínimos quadrados cuja dedução algébrica é feita a seguir:

$$\sum y = an + b\sum x$$
$$\sum xy = a\sum x + b\sum x^2$$

Ao resolver as equações anteriores, encontram-se os valores:

$$\begin{cases} b = \dfrac{\sum xy - \dfrac{\sum x \sum y}{n}}{\sum x^2 - \dfrac{\left(\sum x\right)^2}{n}} \\[2em] a = \dfrac{\sum y}{n} - b\dfrac{\sum x}{n} \end{cases}$$

Uma das aplicações da regressão linear no mercado financeiro é a equação da reta característica. Essa reta permite que se relacione, dentro do modelo de precificação de ativos, o comportamento de um título diante da carteira de mercado.

Procura descrever como as ações, por exemplo, se movem diante de alterações verificadas no mercado como um todo. A relação entre os retornos de um título e os retornos da carteira de mercado pode ser desenvolvida por meio de dados históricos, admitindo-se, nessa situação, que os retornos verificados no passado sejam previsivelmente repetidos no futuro, ou mediante certas estimativas de valores futuros esperados.

Nessa regressão, são identificadas duas importantes medidas financeiras: **coeficiente beta** e **coeficiente alfa**, respectivamente, o coeficiente b (angular) e a (linear) da reta $y = a + bx$.

A equação da reta característica, a partir da equação da reta ($y = a + bx$), é expressa da seguinte forma:

$$R_j - R_f = a + \beta\left(R_m - R_f\right)$$

em que:

R_j = retorno proporcionado por uma ação em cada período de tempo estudado.

R_f = taxa de juros livre de risco.

$R_j - R_f$ = retorno adicional da ação com relação ao retorno dos títulos sem risco (prêmio pelo risco de se investir na ação).

$R_m - R_f$ = retorno adicional do mercado com relação ao retorno dos títulos sem risco (prêmio pelo risco de mercado).

β = coeficiente beta – parâmetro angular da reta de regressão que identifica o risco sistemático do ativo com relação ao mercado.

α = coeficiente alfa – parâmetro linear da regressão que indica o retorno esperado em excesso de um ativo, na hipótese de o retorno em acesso da carteira de mercado ser nulo. Em outras palavras, representa o prêmio pelo risco oferecido pelo ativo.

O parâmetro alfa indica o retorno esperado em excesso de um ativo, na hipótese de o retorno em excesso da carteira de mercado ser nulo. Em outras palavras, representa o intercepto da reta característica com o eixo das ordenadas, indicando o prêmio pelo risco oferecido pelo ativo.

Evidentemente, se a reta partisse da origem, o valor do alfa seria nulo; se a reta característica originasse de um ponto abaixo da origem, seria apurado um valor negativo para o coeficiente alfa, o que desestimularia um investidor em aplicar nesse ativo (uma ação, no caso).

O parâmetro beta indica o risco sistemático proveniente do modelo *Capital Asset Pricing Model* (CAPM).[5] Admite-se que a carteira de mercado, por conter unicamente risco sistemático (o risco não sistemático foi todo eliminado pela diversificação), apresenta beta igual a 1,0.

O valor do coeficiente beta é calculado por meio da seguinte expressão:

$$b = \frac{COVAR_{x,y}}{VAR_X}$$

Colocando-se essa metodologia de cálculo no contexto do modelo CAPM, tem-se:

$$\beta_p = \frac{COVAR_{R_j, R_m}}{VAR_{R_m}} \quad \beta_{ativo} = \frac{COV_{ativo, mercado}}{Var_{mercado}} \quad \beta_{ativo} = \frac{corr_{ativo, mercado} \times \sigma_{ativo} \times \sigma_{mercado}}{Var_{mercado}}$$

Na avaliação do risco de uma carteira, o beta é entendido como a média ponderada de cada ativo (β_i) contido na carteira, pela sua proporção relativa (W_j) de participação:

$$\beta_p = \sum_{j=1}^{n} \beta_j \times W_j$$

Pelo enunciado da equação da reta característica, quanto maior for o beta, mais elevado se apresenta o risco da ação, e, ao mesmo tempo, maior o retorno esperado.

Uma ação com beta maior que 1,0 retrata um risco sistemático mais alto que o da carteira de mercado, sendo, por isso, interpretado como um investimento mais "agressivo"; já com um beta menor que 1,0, diz-se que o investimento é mais "defensivo".

Dessa forma, utilizando-se a equação da reta característica, temos que o retorno observado de um ativo é:

$$R_{Ativo} - R_f = \alpha + \beta \left(R_m - R_f \right)$$

---

[5] Modelo de Precificação de Ativos. Modelo originalmente proposto por William F. Sharpe.

$$R_{Ativo} = \alpha + R_f + \beta R_m - \beta R_f$$

$$R_{Ativo} = \alpha + R_f \left(1 - \beta\right) + \beta R_m$$

em que $\alpha_{Ativo} = \alpha + R_f \left(1 - \beta\right)$, de onde temos:

$$R_{Ativo} = \alpha_{Ativo} + \beta R_m$$

Assim, o retorno esperado desse ativo e sua variância são dados por:

$$E\left(R_{Ativo}\right) = E\left(\alpha_{Ativo} = \beta R_m\right) = \alpha_{Ativo} + \beta E\left(Rm\right)$$

$$variância\left(R_{Ativo}\right) = variância\left(\alpha_{Ativo} = \beta R_m\right)$$

$$variância\left(R_{Ativo}\right) = variância\left(\alpha_{Ativo}\right) + variância\left(\beta R_m\right)$$

$$variância\left(R_{Ativo}\right) = \varnothing + \beta^2 variância\left(R_m\right)$$

ou seja:

$$\sqrt{variância\left(R_{Ativo}\right)} = \sqrt{\beta^2 \ variância\left(R_m\right)}$$

$$DP\left(R_{Ativo}\right) = \beta \sqrt{variância\left(R_m\right)}$$

$$\boxed{DP\left(R_{Ativo}\right) = \beta \ DP\left(R_m\right)}$$

Outra medida muito importante que se encontra com a regressão linear descrita anteriormente é o valor do Coeficiente de Determinação da regressão, o chamado R^2. Esse indicador mede a qualidade do ajuste da regressão do ponto de vista estatístico e, do ponto de vista financeiro, revela o percentual de risco sistemático (ou não diversificável) da ação de acordo com a Teoria do Portfólio.

Fazendo uma representação gráfica, tem-se a Figura 2.42.

Figura 2.42 Conceito de risco sistemático e não sistemático.

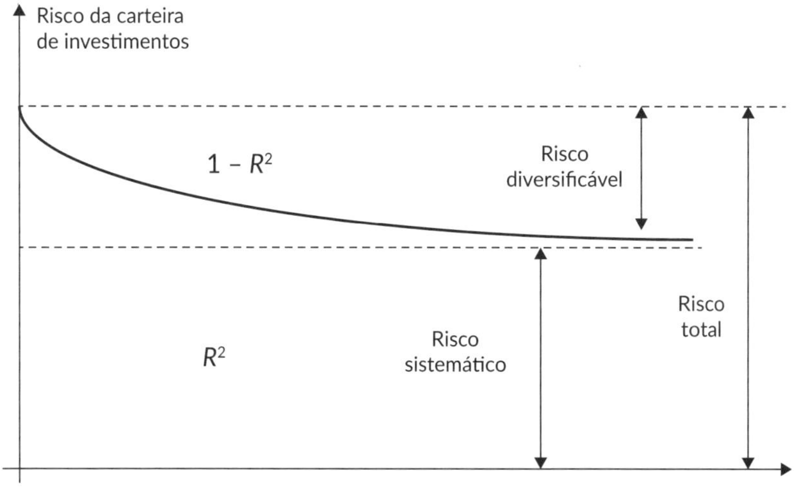

Fonte: Assaf Neto e Lima (2013, p. 205).

APLICAÇÃO PRÁTICA

Considere os retornos da Vale do Rio Doce (VALE) e do Ibovespa, no período de janeiro até o início de agosto de 2013, conforme Tabela 2.58.

Tabela 2.58 Cotações e retornos dos ativos

Data	VALE	Ibovespa	VALE	Ibovespa
Jan./2013	R$ 37,64	59761	–	–
Fev./2013	R$ 35,55	57424	–5,56%	–3,91%
Mar./2013	R$ 32,33	56352	–9,06%	–1,87%
Abr./2013	R$ 32,64	55910	0,95%	–0,78%
Maio/2013	R$ 28,65	53506	–12,22%	–4,30%
Jun./2013	R$ 27,05	47457	–5,58%	–11,31%
Jul./2013	R$ 28,15	48234	4,07%	1,64%
Ago./2013	R$ 28,73	48436	2,06%	0,42%

Fonte: B3.

A partir dos indicadores dos retornos, pode-se, com uma calculadora financeira, estimar o coeficiente beta, o risco, o retorno, a correlação e os níveis de risco sistemático e não sistemático da ação:

f CLX
5,56 CHS   ENTER 3,91 CHS Σ +
9,06 CHS   ENTER 1,87 CHS Σ +
0,95   ENTER 0,78 CHS Σ +
12,22 CHS   ENTER 4,30 CHS Σ +
5,58 CHS   ENTER 11,31 CHS Σ +
4,07   ENTER 1,64 Σ +
2,06   ENTER 0,42 Σ +
0 g 2 =   –1,3314 (valor do coeficiente linear)
x <> y =   0,5611 (coeficiente de correlação)
1 g 2 =   –0,5348 (valor da soma dos coeficientes)
g (.) =   4,30% (risco do Ibovespa)
x <> y =   6,10% (risco da VALE)

De acordo com os resultados apontados acima, tem-se:

$$\alpha + \beta = -0,5348$$

Substituindo os valores:

$$-1,3314 + \beta = -0,5348$$
$$\beta = -0,5348 + 1,3314$$
$$\beta = 0,7966$$

O valor do risco sistemático (não diversificável) é $R^2 = 0{,}5611^2 = 0{,}3148 = 31{,}48\%$. O risco não sistemático (diversificável) é $1 - 0{,}3148 = 0{,}6852 = 68{,}52\%$.

Assim, o risco total da Vale é 6,10%, medido pelo desvio-padrão dos retornos. A parcela do risco diversificável é 68,52% × 6,10% = 4,18% do risco que poderá ser eliminado por meio da diversificação. Já 1,92% (6,10% – 4,18% ou 31,48% × 6,10%) é a parcela de risco sistemático, ou seja, não diversificável.

O beta da ação é, no período, de 0,7966. Na hipótese de o Ibovespa ser o único fator de risco que afete a ação, esse beta significaria que, caso o Ibovespa tenha alta de 1%, o ativo irá subir 0,7966%, e o mesmo vale para a queda.

EXERCÍCIOS RESOLVIDOS

1. A seguir são dados os retornos de três ativos em uma semana de negociação em bolsa de valores:

Dias	Ativo 1	Ativo 2	Ativo 3
Dia 1	2,15%	0,87%	0,12%
Dia 2	–3,10%	1,11%	3,12%
Dia 3	1,00%	0,90%	0,73%
Dia 4	1,90%	1,09%	–1,22%
Dia 5	0,30%	–0,76%	0,05%

Pode-se dizer que:
a) Risco Ativo 1 > Risco Ativo 2 > Risco Ativo 3
b) Risco Ativo 2 > Risco Ativo 1 > Risco Ativo 3
c) Risco Ativo 3 > Risco Ativo 2 > Risco Ativo 1
d) Risco Ativo 2 > Risco Ativo 3 > Risco Ativo 1
e) Risco Ativo 1 > Risco Ativo 3 > Risco Ativo 2

Solução

Calculando-se o risco de cada um dos ativos com uma calculadora financeira HP 12C, tem-se:

Ativo 1	Ativo 2	Ativo 3
f CLX	f CLX	f CLX
2,15 $\sum$+	0,87 $\sum$+	0,12 $\sum$+
3,10 CHS $\sum$+	1,11 $\sum$+	3,12 $\sum$+
1,00 $\sum$+	0,90 $\sum$+	0,73 $\sum$+
1,90 $\sum$+	1,09 $\sum$+	1,22 CHS $\sum$+
0,30 $\sum$+	0,76 CHS $\sum$+	0,05 $\sum$+
g . (s)	g . (s)	g . (s)
2,12%	0,79%	1,60%

Logo, Risco Ativo 1 > Risco Ativo 3 > Risco Ativo 2

114 | ANÁLISE DE RISCOS • *Fabiano Guasti Lima*

2. A partir das cotações das ações do ITUB3 no período de jan./2013 a jan./2014, calcule a volatilidade da ação pelo desvio-padrão, do semidesvio e do *downside risk* considerando o retorno médio da ação.

Período	ITUB3
Jan./13	R$ 30,45
Fev./13	R$ 30,95
Mar./2013	R$ 32,15
Abr./2013	R$ 31,00
Maio/2013	R$ 31,58
Jun./2013	R$ 29,20
Jul./2013	R$ 28,74
Ago./2013	R$ 28,09
Set./2013	R$ 30,13
Out./2013	R$ 32,62
Nov./2013	R$ 30,60
Dez./2013	R$ 29,43
Jan./2014	R$ 28,99

Fonte: B3.

Solução

Para tais cálculos, deve-se, primeiramente, calcular os retornos contínuos para a ação:

$$R_{fev/13} = \ln\left(\frac{30,95}{30,45}\right) = \ln(1,016442036) = 0,016287 = 1,63\%$$

E assim sucessivamente, para todo o período:

Período	ITUB3	Retorno
Jan./2013	R$ 30,45	–
Fev./2013	R$ 30,95	1,63%
Mar./2013	R$ 32,15	3,80%
Abr./2013	R$ 31,00	−3,64%
Maio/2013	R$ 31,58	1,85%
Jun./2013	R$ 29,20	−7,84%
Jul./2013	R$ 28,74	−1,59%
Ago./2013	R$ 28,09	−2,29%
Set./2013	R$ 30,13	7,01%
Out./2013	R$ 32,62	7,94%
Nov./2013	R$ 30,60	−6,39%
Dez./2013	R$ 29,43	−3,90%
Jan./2014	R$ 28,99	−1,51%
	Retorno Médio	−0,41%

Fonte: Economática.

A partir dos retornos, calcula-se o retorno médio, isto é, a média aritmética de todos os valores, que resulta em −0,41%.

O cálculo da volatilidade é feito pelo desvio-padrão dos retornos. Esse valor atinge 4,97%. Esse cálculo foi feito considerando-se o desvio-padrão amostral.

Para o cálculo da semivariância, deve-se tomar cada retorno e subtrair o valor do retorno médio. Caso esse valor seja negativo, eleva-se ao quadrado, e em caso contrário, considera-se zero:

$$R_{fev/13} - R_{médio} = \left(1,63\% - \left(-0,41\%\right)\right) = 2,04\%$$

Como 2,04% é positivo, não se considera esse valor para o cálculo da semivariância. Assim, pela regra da semivariância MÍNIMO [2,04%; 0] = 0.

O mesmo ocorre para o mês de mar./2013:

$$R_{mar/13} - R_{médio} = \left(3,80\% - \left(-0,41\%\right)\right) = 4,21\% \text{ e } \text{MÍNIMO}\left[4,21\%;0\right] = 0$$

Já para o mês de abr./2013:

$$R_{abr/13} - R_{médio} = \left(-3,64\% - \left(-0,41\%\right)\right) = -3,23\%$$
$$e$$
$$\text{MÍNIMO}\left[-3,23\%;0\right] = -3,23\%$$

Elevando-se ao quadrado para o cálculo da semivariância, tem-se:

$$\left(-3,23\%\right)^2 = 0,001045$$

Repetindo esse processo para todos os demais valores, é possível construir a seguinte tabela, em que a quarta coluna lista os resultados:

Período	ITUB3	Retorno	MÍNIMO {[LOG-RET − Ret. Médio];0}²
Jan./2013	R$ 30,45	–	–
Fev./2013	R$ 30,95	1,63%	0
Mar./2013	R$ 32,15	3,80%	0
Abr./2013	R$ 31,00	−3,64%	0,001045
Maio/2013	R$ 31,58	1,85%	0
Jun./2013	R$ 29,20	−7,84%	0,005515
Jul./2013	R$ 28,74	−1,59%	0,000139
Ago./2013	R$ 28,09	−2,29%	0,000353
Set./2013	R$ 30,13	7,01%	0
Out./2013	R$ 32,62	7,94%	0
Nov./2013	R$ 30,60	−6,39%	0,003580
Dez./2013	R$ 29,43	−3,90%	0,001217
Jan./2014	R$ 28,99	−1,51%	0,000120
	SOMA		0,011969

Fonte: Economática.

Somando-se os elementos da última coluna da tabela anterior, tem-se o valor de 0,011969 = 1,1969%.

A semivariância é: $SV = \dfrac{1,1969\%}{7} = 0,1710\%$

O semidesvio é: $\sqrt{0,001710} = 4,14\%$

3. A partir dos retornos da ITUB3 mostrados anteriormente e considerando o CDI como *benchmark* de 0,65% ao mês, calcule o *downside risk*.

Solução

Para o cálculo do *downside risk*, deve-se subtrair de cada retorno o valor estimado médio do CDI que foi dado, de 0,65%. Esses valores estão informados na quinta coluna da tabela a seguir:

Período	ITUB3	Retorno	CDI	[LOG-RET – CDI]
Jan./2013	R$ 30,45	–	–	–
Fev./2013	R$ 30,95	1,63%	0,65%	0,98%
Mar./2013	R$ 32,15	3,80%	0,65%	3,15%
Abr./2013	R$ 31,00	-3,64%	0,65%	-4,29%
Maio/2013	R$ 31,58	1,85%	0,65%	1,20%
Jun./2013	R$ 29,20	-7,84%	0,65%	-8,49%
Jul./2013	R$ 28,74	-1,59%	0,65%	-2,24%
Ago./2013	R$ 28,09	-2,29%	0,65%	-2,94%
Set./2013	R$ 30,13	7,01%	0,65%	6,36%
Out./2013	R$ 32,62	7,94%	0,65%	7,29%
Nov./2013	R$ 30,60	-6,39%	0,65%	-7,04%
Dez./2013	R$ 29,43	-3,90%	0,65%	-4,55%
Jan./2014	R$ 28,99	-1,51%	0,65%	-2,16%

A partir dessa diferença, verifica-se o menor valor entre esses resultados e zero. Para o mês de fev./2013, tem-se:

$$\text{MÍNIMO}\left[0,98\%;0\right]=0$$

Já para o mês de abr./2013 ficaria:

$$\text{MÍNIMO}\left[-4,29\%;0\right]=-4,29\%$$

Os demais valores são dados na tabela a seguir. Na última coluna, estão os valores mínimos selecionados e já elevados ao quadrado.

Período	ITUB3	Retorno	CDI	[LOG-RET – CDI]	MÍNIMO {[LOG-RET – CDI];0}	MÍNIMO {[LOG-RET – CDI];0}²
Jan./2013	R$ 30,45	–	–	–	–	–
Fev./2013	R$ 30,95	1,63%	0,65%	0,98%	0,00%	0,0000%
Mar./2013	R$ 32,15	3,80%	0,65%	3,15%	0,00%	0,0000%
Abr./2013	R$ 31,00	-3,64%	0,65%	-4,29%	-4,29%	0,1843%
Maio/2013	R$ 31,58	1,85%	0,65%	1,20%	0,00%	0,0000%
Jun./2013	R$ 29,20	-7,84%	0,65%	-8,49%	-8,49%	0,7200%
Jul./2013	R$ 28,74	-1,59%	0,65%	-2,24%	-2,24%	0,0501%
Ago./2013	R$ 28,09	-2,29%	0,65%	-2,94%	-2,94%	0,0863%
Set./2013	R$ 30,13	7,01%	0,65%	6,36%	0,00%	0,0000%
Out./2013	R$ 32,62	7,94%	0,65%	7,29%	0,00%	0,0000%
Nov./2013	R$ 30,60	-6,39%	0,65%	-7,04%	-7,04%	0,4960%
Dez./2013	R$ 29,43	-3,90%	0,65%	-4,55%	-4,55%	0,2069%
Jan./2014	R$ 28,99	-1,51%	0,65%	-2,16%	-2,16%	0,0465%
SOMA						1,7900%

O cálculo do *downside risk* é: $DR = \sqrt{\dfrac{0,0179}{7}} = 5,055\%$

4. Um investidor pretende montar uma carteira com dois ativos, ativo A e ativo B, de sorte que consiga uma carteira com risco máximo de 2,5% nos ativos A e B, cujos riscos são: risco de A no valor de 3% e risco de B de 5%. Nessas condições, se a correlação entre esses ativos é de –0,60, quais são os pesos (proporções) ideais dos investimentos que deverão ser feitos em A e B para alcançar tal meta de risco na carteira? Admita que o total investido será de 100% de seus recursos e que os retornos dos ativos são de 2% para o ativo A e de 3% para o ativo B.

Solução

Sejam W_A e W_B os pesos do investimento nos ativos A e B, respectivamente. Dado que o investidor irá usar 100% dos recursos, pode-se afirmar que $W_B = 100\% - W_A = 1 - W_A$.

Nessas condições, se o risco total da carteira é de 2,5%, tem-se:

$$S_{cart} = \sqrt{\left(W_A\right)^2 \left(0,03\right)^2 + \left(W_B\right)^2 \left(0,05\right)^2 + 2\left(W_A\right)\left(W_B\right)\left(-0,60\right)\left(0,03\right)\left(0,05\right)}$$

$$\sqrt{\left(W_A\right)^2 \left(0,03\right)^2 + \left(W_B\right)^2 \left(0,05\right)^2 + 2\left(W_A\right)\left(W_B\right)\left(-0,60\right)\left(0,03\right)\left(0,05\right)} = 0,025$$

Elevando-se ao quadrado ambos os membros da igualdade acima, tem-se:

$$\left(\sqrt{\left(W_A\right)^2(0,03)+\left(W_B\right)^2(0,05)^2+2\left(W_A\right)\left(W_B\right)(-0,60)(0,03)(0,05)}\right)^2=(0,025)^2$$

Elimina-se a raiz e eleva-se o valor do risco de 0,025 ao quadrado:

$$\left(W_A\right)^2(0,03)^2+\left(W_B\right)^2(0,05)+2\left(W_A\right)\left(W_B\right)(-0,60)(0,03)(0,05)=0,000625$$

Desenvolvendo-se os quadrados numéricos, tem-se:

$$0,0009\left(W_A\right)^2+0,0025\left(W_B\right)^2-0,0018\left(W_A\right)\left(W_B\right)=0,000625$$

A equação anterior possui duas incógnitas, a saber W_A e W_B, e deve-se eliminar uma delas por substituição da soma dos pesos, que deve ser 100%. Assim, substituindo $W_B = 1 - W_A$, tem-se:

$$0,0009\left(W_A\right)^2+0,0025\left(1-W_A\right)^2-0,0018\left(W_A\right)\left(1-W_A\right)=0,000625$$

Da equação anterior, devem-se calcular os termos quadráticos e aplicar a distributiva no segundo termo da equação da esquerda:

$$0,0009\left(W_A\right)^2+0,0025\left(1-2W_A+W_A^2\right)-0,0018\left(W_A-W_A^2\right)=0,000625$$

$$0,0009W_A^2+0,0025-0,005W_A+0,0025W_A^2-0,0018W_A+0,0018W_A^2=0,000625$$

Agrupando-se os coeficientes dos termos quadráticos e dos termos lineares, chega-se à seguinte igualdade:

$$0,0009W_A^2+0,0025W_A^2+0,0018W_A^2-0,005W_A-0,0018W_A+0,0025=0,000625$$

$$0,0052W_A^2-0,0068W_A+0,0025=0,000625$$

Subtraindo-se dos termos da direita, e esquerda o valor da esquerda, tem-se:

$$0,0052W_A^2-0,0068W_A+0,0025-0,000625=0,000625-0,000625$$

$$0,0052W_A^2-0,0068W_A+0,001875=0$$

Chega-se a uma equação do segundo grau. Aplicando-se o método tradicional de solução de equações do segundo grau, tem-se:

$$\Delta=(-0,0068)^2-4(0,0052)(0,001875)$$

$$\Delta=0,00004624-0,000039$$

$$\Delta=0,00000724$$

Assim, a equação encontra-se na incógnita W_A, cuja solução seria:

$$W_A = \frac{-(0,0068) \pm \sqrt{0,00000724}}{2(0,0052)}$$

$$W_A = \frac{0,0068 \pm 0,00269}{0,0104} \left\{ \begin{array}{l} \dfrac{0,00949}{0,104} = 0,9125 \\[2mm] \dfrac{0,00411}{0,0104} = 0,39519 \end{array} \right.$$

Logo, chegou-se a duas carteiras que produzirão o mesmo patamar de risco de 2,5%, sendo uma carteira composta por $W_A = 91,25\%$ e $W_B = 1 - 0,9125 = 8,7\%$, e a segunda carteira possível seria $W_A = 39,519\%$ e $W_B = 1 - 0,39519 = 60,481\%$.

Então, para a primeira carteira composta por $W_A = 91,25\%$ e $W_B = 8,7\%$, tem-se:

$$S_{cart} = \sqrt{(0,9125)^2 (0,03)^2 + (0,0875)^2 (0,05)^2 + 2(0,9125)(0,0875)(-0,60)(0,03)(0,05)}$$
$$S_{cart} = \sqrt{0,000625}$$
$$S_{cart} = 0,025 = 2,5\%$$

E para a segunda carteira composta por $W_A = 39,519\%$ e $W_B = 60,481\%$, tem-se:

$$S_{cart} = \sqrt{(0,39519)^2 (0,03)^2 + (0,60481)^2 (0,05)^2 + 2(0,39519)(0,60481)(-0,60)(0,03)(0,05)}$$
$$S_{cart} = \sqrt{0,000625}$$
$$S_{cart} = 0,025 = 2,5\%$$

Nessa situação, note-se que as duas carteiras encontradas conduzem ao mesmo nível de risco. Obviamente, deve-se escolher aquela que for mais eficiente, ou seja, proporcionar maior retorno.

Para a primeira carteira composta por $W_A = 91,25\%$ e $W_B = 8,7\%$, tem-se:

$$R_{cart} = 0,9125 \times 0,02 + 0,0875 \times 0,03 = 0,0209 = 2,09\%$$

E para a segunda carteira composta por $W_A = 39,519\%$ e $W_B = 60,481\%$, tem-se:

$$R_{cart} = 0,39159 \times 0,02 + 0,60481 \times 0,03 = 0,0260 = 2,60\%$$

Logo, o resultado ideal para esta situação seria montar uma carteira com investimento de 39,19% no ativo A e 60,48% no ativo B, que trará maior retorno para o nível de risco escolhido de 2,5%.

Cabe ressaltar que, no caso de os ativos A e B serem duas ações, deve-se ajustar os pesos para que se consiga comprar as quantidades de ações compatíveis com os pesos encontrados e os preços dessas ações na bolsa de valores.

Essa solução é conveniente no caso de dois ativos apenas na carteira. Observa-se que a equação resultante nos pesos foi uma equação do segundo grau. Se a carteira for composta de mais do que dois ativos, a solução ideal seria a partir de planilha eletrônica e uso de funções de cálculos iterativos.

Apresenta-se aqui a solução do mesmo exercício que pode ser generalizado para mais de dois ativos.

Deve-se, inicialmente, construir uma planilha com os valores dados no caso. Para isso, pode-se assumir sem perda de generalidade pesos quaisquer para os ativos iniciais, como pode ser visto na figura a seguir, em que foram atribuídos pesos de 50% para cada ativo, sendo que a programação desenvolvida na planilha supõe peso do ativo B como um menos o peso do ativo A:

	A	B	C	D	E	F
1		RETORNO	RISCO		CORREL	-0,6
2	ATIVO A	2,00%	3,00%			
3	ATIVO B	3,00%	5,00%			
4						
5	PESO TOTAL	W_A	W_B	RET_CART	RISCO_CRT	
6	100%	50,00%	50,00%	2,50%	2,00%	
7						

As fórmulas empregadas para os cálculos são:

	A	B	C	D	E	F
1		RETORNO	RISCO		CORREL	-0,6
2	ATIVO A	0,02	0,03			
3	ATIVO B	0,03	0,05			
4						
5	PESO TOTAL	W_A	W_B	RET_CART	RISCO_CRT	
6	=B6+C6	0,5	=1-B16	=B6*B2+C6*C2	=RAIZ(B6*B6*C2*C2+C6*C6*C3*C3+2*B6*C6*F1*C2*C3)	
7						

A ferramenta iterativa de cálculo a ser empregado nesse caso é o Solver, comando da planilha eletrônica do Microsoft Excel.

Os comandos a serem dados são mostrados na figura a seguir. E deve-se ter o aplicativo instalado corretamente em seu computador. Esse comando estará nos *menus* de Dados em análise de dados.

Observe que os parâmetros a serem passados para o Solver são: a célula que contém a fórmula do risco como célula de destino (deve-se checar a opção "Valor de" e informar o valor de 2,5%, que é o nível de risco estabelecido), a célula variável, que é apenas a célula do peso de A, já que programa o peso de B como um menos o peso de A, e as restrições que informam que o peso de A deve ser positivo com soma total de 100% dos pesos dos ativos A e B.

O resultado será mostrado em seguida ao comando "Resolver", como ilustra a figura a seguir:

	A	B	C	D	E	F
1		RETORNO	RISCO		CORREL	-0,6
2	ATIVO A	2,00%	3,00%			
3	ATIVO B	3,00%	5,00%			
4						
5	PESO TOTAL	W_A	W_B	RET_CART	RISCO_CRT	
6	100%	39,51%	60,49%	2,60%	2,50%	
7						

O mesmo processo pode ser repetido no caso de mais de dois ativos. O que mudará serão os pesos variáveis, que serão informados nas respectivas células.

5. Uma corretora está montando uma carteira para um cliente com dois ativos. Para isso, tem à sua disposição ativos do grupo 1 de retornos muito próximos a 1,20% e riscos próximos de 1,0%, e outro grupo de ativos, grupo 2, com retornos de 2,5% e risco de 1,5%. Se a corretora pretende investir 62,5% em ativos do grupo 1 e 37,5% em ativos do grupo 2, de forma que o risco total da carteira seja de 0,65%, nível considerado aceitável para o cliente da corretora, pergunta-se: qual deverá ser a correlação ideal dos ativos dentro das características aqui descritas para esta carteira?

Solução

O risco da carteira para um nível de correlação desconhecido dado por $r_{A,B}$ é:

$$S_{cart} = \sqrt{(0,625)^2(0,01)^2 + (0,375)^2(0,015)^2 + 2(0,625)(0,375)(r_{A,B})(0,01)(0,015)}$$

Efetuando-se as operações dos quadrados da fórmula anterior, chega-se a:

$$\sqrt{0,00003906+0,00003164+0,0000703\times r_{A,B}}=0,0065$$

Elevando-se ao quadrado ambos os membros da igualdade obtida, tem-se:

$$\left(\sqrt{0,00003906+0,00003164+0,0000703\times r_{A,B}}\right)^2=\left(0,0065\right)^2$$

$$0,00003906+0,00003164+0,0000703\times r_{A,B}=0,00004225$$

$$0,0000707+0,0000703\times r_{A,B}=0,00004225$$

$$0,0000703\times r_{A,B}=0,00004225-0,0000707$$

$$0,0000703\times r_{A,B}=-0,00002845$$

$$r_{A,B}=\frac{-0,00002845}{0,0000703}=-0,40$$

Logo, a corretora deverá escolher dois ativos que tenham correlação de –0,40.

6. Considere uma carteira composta por 40% de um ativo X e 60% de um ativo Y. O retorno e a variância do ativo X são 0,5% e 0,36%, respectivamente. O retorno e a variância do ativo Y são 1% e 1,96%, respectivamente. Se a correlação entre os ativos é de 0,2, qual o valor da volatilidade da carteira composta pelos ativos X e Y?

Solução

Para o cálculo da volatilidade de carteira, é preciso ficar atento a que foi dada nesta questão a variância, ou seja, o quadrado do desvio-padrão. Ela é útil na primeira parte da formulação de Markowitz, mas precisa-se calcular a volatilidade de cada ativo para a parte final da formulação.

$$S_x^2=0,0036 \qquad\qquad S_Y^2=0,0196$$

$$S_X=\sqrt{0,0036}=0,06=6\% \quad S_X=\sqrt{0,0196}=0,14=14\%$$

Como foi solicitada apenas a volatilidade da carteira, os retornos informados não são utilizados na questão.

A volatilidade da carteira fica:

$$S_{Cart}^2=W_x^2\times S_x^2+W_Y^2\times S_y^2+2\times W_X+W_Y+r_{XY}\times S_X\times S_Y$$

$$S_{Cart}^2=0,40^2\times0,0036+0,60^2\times0,0196+2\times0,40\times0,60\times0,20\times0,06\times0,14$$

$$S_{Cart}^2=0,008438$$

$$S_{Cart}=\sqrt{0,008438}$$

$$S_{Cart}=9,19\%$$

7. Foi estimada uma regressão entre os retornos de um ativo X como variável dependente e os retornos da carteira de mercado como variável independente. Os resultados encontrados são:

Capítulo 2 • Retorno e Risco de Ativos | **123**

- Coeficiente beta = 1,33
- Coeficiente de determinação = 0,88

Considere as seguintes afirmações:

I.   O coeficiente de correlação é de 0,9381.
II. 12% das variações dos retornos da carteira de mercado são explicadas pelas variações dos retornos dos ativos.
III. O risco sistemático do ativo corresponde a 88%.
IV. A porção do risco diversificável é de 88%.

Pode-se dizer:
a)   Todas as afirmações são verdadeiras.
b)   Todas as afirmações são falsas.
c)   São corretas as afirmações I e IV.
d)   São falsas as afirmações II e IV.
e)   São falsas as afirmações I e III.

Solução

Alternativa D

Analisando uma a uma as alternativas, tem-se:

I.   O coeficiente de correlação é, $r = \sqrt{0,88} = 0,9381$, logo, a afirmação é verdadeira.

II. O coeficiente de determinação representa o poder de explicação da variável dependente com relação à independente. Assim, como a variável dependente é o retorno do ativo X, 88% dos retornos do ativo X são explicados pelos movimentos da carteira de mercado. Logo, a afirmação II diz o contrário e com o valor percentual incorreto.

III. O risco sistemático (não diversificável) é o valor do R^2, dado na regressão como o coeficiente de determinação. Logo, a afirmação é verdadeira.

IV. O risco não sistemático (diversificável) é calculado como $1 - R^2 = 1 - 0,88 = 0,12 = 12\%$. Logo, a afirmação está incorreta.

8. Considere as cotações de fechamento do Ibovespa no período de dez./2012 a dez./2013.

Data	Ibovespa
Dez./2012	60952
Jan./2013	59761
Fev./2013	57424
Mar./2013	56352
Abr./2013	55910
Maio/2013	53506

(continua)

124 | ANÁLISE DE RISCOS • *Fabiano Guasti Lima*

(continuação)

Data	Ibovespa
Jun./2013	47457
Jul./2013	48234
Ago./13	50011
Set./2013	52338
Out./2013	54256
Nov./2013	52482
Dez./2013	51507

Fonte: Economática.

Calcule:

a) O desvio-padrão mensal dos retornos contínuos.

b) O semidesvio anual.

c) *Downside risk* anual adotando o CDI de 2013 como *benchmark* de 8,06% ao ano.

Solução

Primeiramente, deve-se calcular os log retornos (retornos contínuos):

Jan./2013	59761	-1,97%
Fev./2013	57424	-3,99%
Mar./2013	56352	-1,88%
Abr./2013	55910	-0,79%
Maio/2013	53506	-4,39%
Jun./2013	47457	-12,00%
Jul./2013	48234	1,62%
Ago./2013	50011	3,62%
Set./2013	52338	4,55%
Out./2013	54256	3,60%
Nov./2013	52482	-3,32%
Dez./2013	51507	-1,88%

Fonte: Economática.

em que o retorno de jan./2013 é: $\ln\left(\dfrac{59761}{60952}\right) = -0,0197 = -1,97\%$.

E assim sucessivamente, para os demais meses.

O retorno médio mensal é de –1,40%.

O CDI médio mensal de 2013 é: $(1+0,806)^{\frac{1}{12}} - 1 = 0,648\%$.

Para o cálculo do semidesvio, deve-se fazer a diferença de cada valor com relação ao retorno médio mensal de –1,40% e, para o cálculo do *downside risk*, deve-se fazer a diferença de cada valor com relação ao *benchmark*, que, no caso, é o CDI de 0,648% a.m.:

Data	Ibov	Retorno	Ret – (–1,40%)	Ret – (–1,40%)²	Ret – (0,648%)	Ret – (0,648%)²
Dez./2012	60952	–	–	–	–	–
Jan./2013	59761	–1,97%	–0,57%	0,00325%	–2,62%	0,06872%
Fev./2013	57424	–3,99%	–2,59%	0,06687%	–4,64%	0,21503%
Mar./2013	56352	–1,88%	–0,48%	0,00232%	–2,53%	0,06414%
Abr./2013	55910	–0,79%	0,62%	0,00000%	–1,44%	0,02061%
Maio/2013	53506	–4,39%	–2,99%	0,08951%	–5,04%	0,25432%
Jun./2013	47457	–12,00%	– 10,59%	1,12231%	–12,65%	1,59897%
Jul./2013	48234	1,62%	3,03%	0,00000%	0,98%	0,00000%
Ago./2013	50011	3,62%	5,02%	0,00000%	2,97%	0,00000%
Set./2013	52338	4,55%	5,95%	0,00000%	3,90%	0,00000%
Out./2013	54256	3,60%	5,00%	0,00000%	2,95%	0,00000%
Nov./2013	52482	–3,32%	–1,92%	0,03691%	–3,97%	0,15780%
Dez./2013	51507	–1,88%	–0,47%	0,00223%	–2,52%	0,06367%
Média				0,1891%	Média	0,3054%

Fonte: Economática.

a) O desvio-padrão mensal é calculado pelo desvio-padrão dos valores da coluna "Retorno", que é de 4,55%, com auxílio de uma calculadora financeira ou planilha eletrônica.

f CLX
1,97 CHS Σ+
3,99 CHS Σ+
1,88 CHS Σ+
0,79 CHS Σ+
4,39 CHS Σ+
12,00 CHS Σ+
1,62 Σ+
3,62 Σ+
4,55 Σ+
3,60 Σ+
3,32 CHS Σ+
1,88 CHS Σ+
g . (s) = 4,55%

b) O semidesvio anual é:

$$SD = \sqrt{0,1891\% \times 12} = 15,06\%$$

c) O *downside risk* anual é:

$$DR = \sqrt{0,3054\% \times 12} = 19,14\%$$

EXERCÍCIOS PROPOSTOS

1. A partir das informações de mercado dos ativos na tabela a seguir, pede-se:

Data	Açúcar	Café	Dólar	Ibovespa	PETR4
07/2016	R$ 86,65	R$ 498,52	R$ 3,28	52233	R$ 9,82
08/2016	R$ 85,89	R$ 479,04	R$ 3,21	56756	R$ 11,25
09/2016	R$ 87,83	R$ 502,95	R$ 3,25	58236	R$ 13,00
10/2016	R$ 97,93	R$ 511,07	R$ 3,18	59461	R$ 13,97
11/2016	R$ 98,06	R$ 556,74	R$ 3,34	63326	R$ 17,69
12/2016	R$ 92,06	R$ 501,80	R$ 3,35	59506	R$ 16,00
01/2017	R$ 88,51	R$ 511,38	R$ 3,20	66387	R$ 14,87

Fonte: Centro de Estudos Avançados em Economia Aplicada – Escola Superior de Agricultura Luiz de Queiroz (Açúcar, Café, Dólar). B3 (Ibovespa, PETR4). Acesso em: jan. 2017.

a) Os retornos contínuos de cada ativo.
b) O retorno médio e a volatilidade de cada ativo.

2. Considere os seguintes ativos com preços mensais:

Café Arábica	Soja	Ibovespa
R$ 437,59	R$ 76,25	53.545
R$ 449,21	R$ 75,77	54.609
R$ 461,87	R$ 74,21	53.842
R$ 464,27	R$ 75,55	49.245
R$ 477,41	R$ 76,89	46.336

Fonte: Centro de Estudos Avançados em Economia Aplicada – Escola Superior de Agricultura Luiz de Queiroz (Café Arábica, Soja) e B3 (Ibovespa) – Cotações mensais.

Pede-se:
a) Para cada um dos ativos, calcule os retornos contínuos, o retorno médio, a volatilidade e diga qual foi o ativo mais arriscado e o menos arriscado.
b) Calcule o *downside risk* admitindo uma cotação mensal do CDI como 1,17%.

Capítulo 2 • Retorno e Risco de Ativos **127**

c) Estime a volatilidade de um período à frente de cada ativo pelo EWMA considerando um fator de decaimento de 0,94.

3. A partir dos retornos dos ativos dados da tabela a seguir e do mercado, pede-se:

	Ativo A	Ativo B	Mercado
Mês 1	−2,20%	−0,30%	−0,20%
Mês 2	1,30%	1,00%	0,72%
Mês 3	−0,90%	−0,30%	−0,40%
Mês 4	1,00%	−1,78%	0,50%
Mês 5	0,77%	0,90%	0,05%

a) Calcule o risco mensal de cada ativo e do mercado.
b) Calcule o beta de cada ativo com relação ao mercado.
c) Calcule a correlação entre os ativos A e B.
d) Considerando um investimento de R$ 3.000 no Ativo A e R$ 5.500 no Ativo B, calcule o risco da carteira.

4. Com base nos dados dos retornos da ação X e os retornos da carteira de mercado, pede-se:

Retorno da ação X	Retorno da carteira de mercado
15,2%	14,2%
16,5%	13,2%
20,5%	15,6%
7,52%	9%
12,6%	8,5%

a) Correlação entre os ativos.
b) O índice beta da ação.
c) O percentual do risco sistemático e diversificável da ação X.

5. Os retornos mensais do Ativo A e do Ibovespa de fev./2009 a ago./2009 são dados na tabela a seguir:

Data	Ativo A (%)	Ibovespa (%)
Fev./2009	5,33%	−2,84%
Mar./2009	7,83%	7,18%
Abr./2009	4,55%	15,55%
Maio/2009	15,38%	12,49%
Jun./2009	−5,98%	−3,26%
Jul./2009	−2,09%	6,41%
Ago./2009	−0,29%	0,83%

a) Calcule o beta do Ativo A.
b) Qual o nível de risco não diversificável?
c) Qual o nível de risco não sistemático?

6. Um investidor aplicou $ 3.000 no Ativo A, $ 4.500 no Ativo B e $ 5.000 no ativo C. A matriz de correlação entre os ativos é dada a seguir.

	Ativo A	Ativo B	Ativo C
Ativo A	1	−0,4	0
Ativo B	−0,4	1	0,24
Ativo C	0	0,24	1

O retorno e o risco de cada um dos ativos nos últimos períodos são:

	Ativo A	Ativo B	Ativo C
Retorno	1%	2,50%	0,90%
Risco	2%	3,90%	1,10%

Pede-se:
a) O retorno da carteira.
b) O risco da carteira.

7. Considere as cotações do Ibovespa e do CDI ao longo do exercício de 2013.

Data	Ibovespa	CDI
Dez./2012	60952	–
Jan./2013	59761	0,5866%
Fev./2013	57424	0,4815%
Mar./2013	56352	0,5377%
Abr./2013	55910	0,6008%
Maio/2013	53506	0,5848%
Jun./2013	47457	0,5919%
Jul./2013	48234	0,7087%
Ago./2013	50012	0,6957%
Set./2013	52338	0,6991%
Out./2013	54256	0,8033%
Nov./2013	52482	0,7105%
Dez./2013	51507	0,7803%

Pede-se:
a) Calcule a volatilidade medida pelo desvio-padrão dos log retornos do Ibovespa.
b) Calcule a volatilidade pelo EWMA dos log retornos do Ibovespa com fator de decaimento de 0,94.
c) Calcule o *downside risk* com relação ao retorno médio do CDI no período.

Capítulo 2 • Retorno e Risco de Ativos | **129**

8. A partir das cotações dos ativos a seguir, pede-se:

Data	PETR4	Ibovespa	BBAS3	CDI
Jul./20213	R$ 15,31	48234	R$ 20,80	0,7088%
Ago./2013	R$ 15,79	50011	R$ 21,90	0,6958%
Set./2013	R$ 17,26	52338	R$ 24,88	0,6991%
Out./2013	R$ 19,21	54256	R$ 28,63	0,8034%
Nov./2013	R$ 17,98	52482	R$ 24,82	0,7105%
Dez./2013	R$ 16,06	51507	R$ 23,85	0,7804%
Jan./2014	R$ 13,82	47638	R$ 20,42	0,8398%
Fev./2014	R$ 12,78	47094	R$ 20,37	0,7827%
Mar./2014	R$ 14,84	50414	R$ 22,80	0,7600%
Abr./2014	R$ 16,57	51626	R$ 23,41	0,8155%

Fonte: B3 e Bacen.

a) O retorno médio da PETR4, BBAS3 e Ibovespa com base no retorno contínuo.
b) A volatilidade pelo desvio-padrão da PETR4, BBAS3 e do Ibovespa.
c) A medida do semidesvio para PETR4, Ibovespa e BBAS3.
d) O *downside risk* da PETR4, Ibovespa e BBAS3 com relação ao CDI médio do período.

9. Em uma regressão feita sem estimar o coeficiente beta do ativo com relação ao mercado, chegou-se aos seguintes indicadores:

- Coeficiente R^2 = 5%.
- Inclinação da reta de regressão: 0,46.

Nessas condições, pode-se afirmar que o nível de risco que pode ser diversificado e o coeficiente beta desta empresa são, respectivamente:

a) 0,46; 0,05
b) 0,05; 0,46
c) 0,54; 0,95
d) 0,95; 0,46
e) 0,95; 0,54

10. Um investidor aplica R$ 1.000 em um ativo A e $ 4.000 em um ativo B. Se o ativo A tem retorno de 0,8% a.m. e risco de 1% a.m., e o ativo B tem retorno de 1,5% a.m. e risco de 1,4% a.m. e a correlação entre os ativos é de –0,50, pede-se:

a) O retorno desta carteira.
b) O risco desta carteira.
c) Quais os pesos dos ativos que devem compor a carteira de mínimo risco? Qual o retorno e o risco desta carteira de mínimo risco?
d) Quais os pesos da carteira ótima para uma taxa de *risk free* de 0,78% a.m.? Qual o retorno e o risco desta carteira ótima?

130 | ANÁLISE DE RISCOS • *Fabiano Guasti Lima*

11. A partir das cotações das *commodities* a seguir, pede-se:

	Boi Gordo	Café Arábica	Soja	Etanol
Jan./2014	R$ 114,17	R$ 289,44	R$ 72,29	R$ 1,29
Fev./2014	R$ 118,05	R$ 366,32	R$ 69,71	R$ 1,39
Mar./2014	R$ 124,65	R$ 437,24	R$ 72,27	R$ 1,42
Abr./2014	R$ 124,46	R$ 448,34	R$ 71,09	R$ 1,35
Maio/2014	R$ 123,67	R$ 467,78	R$ 70,66	R$ 1,26

Fonte: Centro de Estudos Avançados em Economia Aplicada – Escola Superior de Agricultura "Luiz de Queiroz" – 2014.

a) O retorno médio a partir dos retornos contínuos de cada *commodity*.
b) A volatilidade de cada *commodity*.

12. Considere as cotações de fechamento de um ativo na B3 no período de 13 meses:

Data	Ativo
Mês 1	R$ 40,87
Mês 2	R$ 38,70
Mês 3	R$ 36,55
Mês 4	R$ 33,24
Mês 5	R$ 32,64
Mês 6	R$ 28,65
Mês 7	R$ 27,05
Mês 8	R$ 28,15
Mês 9	R$ 31,10
Mês 10	R$ 31,54
Mês 11	R$ 32,84
Mês 12	R$ 32,79
Mês 13	R$ 32,73

Fonte: Economática.

Calcule:
a) O desvio-padrão mensal dos retornos contínuos.
b) O semidesvio anual.
c) O *downside risk* anual adotando o CDI do período como *benchmark* de 8,06% ao ano.

13. Considere as cotações de fechamento da PETR4 no período de abr./2020 a mar./2021. Calcule o máximo *drawdown*.

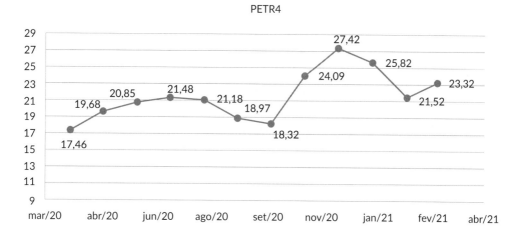

14. Para os ativos a seguir, calcule o *downside risk* de cada um deles com relação ao CDI médio do período.

Data	MGLU3	VALE3	LREN3	SMTO3	ITUB3	CDI
Fev./2020	−9,94%	−12,62%	−7,50%	5,51%	0,54%	0,29%
Mar./2020	−25,91%	−2,49%	−46,06%	−58,35%	−25,86%	0,34%
Abr./2020	24,27%	3,72%	13,50%	25,64%	−0,30%	0,29%
Maio/2020	25,83%	16,67%	0,42%	1,71%	−0,20%	0,24%
Jun./2020	10,75%	5,36%	8,26%	8,77%	9,04%	0,21%
Jul./2020	12,02%	8,22%	−1,62%	0,94%	3,74%	0,19%
Ago./2020	14,41%	−1,71%	5,53%	13,04%	−9,58%	0,16%
Set./2020	−4,41%	3,14%	−9,00%	−10,41%	−5,31%	0,16%
Out./2020	9,94%	2,41%	−5,71%	−3,41%	2,84%	0,16%
Nov./2020	−5,21%	25,32%	17,65%	23,27%	15,94%	0,15%
Dez./2020	6,60%	11,44%	−2,42%	4,45%	8,38%	0,16%
Jan./2021	1,27%	0,57%	−4,87%	8,51%	−7,61%	0,15%
Fev./2021	−4,41%	7,20%	−12,33%	4,69%	−9,29%	0,14%
Mar./2021	−17,79%	7,99%	15,17%	−5,13%	7,45%	0,20%

Gabarito

1.

	Açúcar	Café	Dólar	Ibovespa	PETR4
Retorno médio	0,35%	0,42%	−0,41%	4,00%	6,92%
Volatilidade	5,98%	6,72%	3,32%	6,04%	13,20%

2.

Café Arábica	Soja	Ibovespa
2,62%	−0,63%	1,97%
2,78%	−2,08%	−1,41%
0,52%	1,79%	−8,92%
2,79%	1,76%	−6,09%

a)

	Café Arábica	Soja	Ibovespa
Retorno médio	2,18%	0,21%	−3,62%
Volatilidade	1,11%	1,90%	4,84%

b)

	Café Arábica	Soja	Ibovespa
DR	0,65%	2,63%	7,33%

c)

Café Arábica	Soja	Ibovespa
2,568%	0,963%	3,168%

3.

a)

	Ativo A	Ativo B	Mercado
Risco	1,49%	1,13%	0,47%

b)

	Ativo A	Ativo B
Beta	2,58	0,14

c) 0,1687   d) 0,97%

4. a) 0,8675

b) 1,314

c) Sistemático = 75,26%; Diversificável = 24,74%

5. a) 0,565   b) 34,17%   c) 5,06%

6. a) 1,50%   b) 1,47%

7. a) 4,55%   b) 4,39%   c) 4,13%

8. a) Ret_{PETR4} = 0,88%; Ret_{IBOV} = 0,76%; Ret_{BBAS3} = 1,31%; Ret_{CDI} = 1,56%

b) Vol_{PETR4} = 11,18%; Vol_{IBOV} = 4,62%; Vol_{BBAS3} = 10,99%; Vol_{CDI} = 8,49%

c) SD_{PETR4} = 11,54%; SD_{IBOV} = 5,01%; SD_{BBAS3} = 11,80%

d) DR_{PETR4} = 12,20%; DR_{IBOV} = 5,72%; DR_{BBAS3} = 12,01%

9. D

10. a) 1,36%   b) 1,03%

c) W_A = 61,01%; W_B = 38,99%, Ret = 1,07% e Risco = 0,5807%

d) W_A = 42,53%; W_B = 57,47%, Ret = 1,20% e Risco = 0,6972%

(solução a partir de iterações com SOLVER)

11. a) Ret_{Boi} = 2,00%; $Ret_{Café}$ = 12,00%; Ret_{Soja} = – 0,57%; Ret_{Etanol} = –0,59%

b) Vol_{Boi} = 2,90%; $Vol_{Café}$ = 10,27%; Vol_{Soja} = 3,05%; Vol_{Etanol} = 6,64%

12. a) 6,41% a.m.

b) 23,32% a.a.

c) 24,99% a.a.

13. –21,52%

14.

	MGLU3	VALE3	LREN3	SMTO3	ITUB3
Downside risk	14,03%	7,64%	17,72%	29,93%	11,69%

3

ANÁLISE DE RISCO PARA ATIVOS DE RENDA VARIÁVEL

OBJETIVOS DO CAPÍTULO

Este capítulo tem por objetivo explicar um dos conceitos mais importantes atualmente na gestão de riscos dos investimentos: *Value at Risk*, ou simplesmente, VaR. Ele representa uma medida de perda potencial de um ativo ou de uma Carteira de investimentos sujeita a riscos de mercado, ou seja, a riscos de flutuação de preços.

Mostra-se a metodologia de apuração do VaR, chamada paramétrica, para um ativo individual e no contexto de uma Carteira de ativos, chegando-se a ilustrar o ganho pela diversificação. Trata ainda do VaR não paramétrico com suas metodologias de apuração.

São identificados os elementos de decomposição do VaR para mostrar suas aplicações por meio de cada item que o compõe. O capítulo trata ainda do cálculo do VaR para o mercado de opções, mais conhecido como operações com derivativos.

3.1 *Value at Risk* (VaR)

O risco pode se originar a partir de várias fontes: humanas (por erros, falhas em processos), nos ciclos dos negócios, mudanças de leis, guerras, pandemias, fenômenos climáticos, entre outros. Tais ocorrências influenciam os diversos riscos existentes (mercado, crédito, liquidez, operacional etc.).

Os fatores de riscos são aquelas variáveis do mercado que provocam mudanças nos comportamentos futuros dos ativos, por exemplo, câmbio, taxas de juros, inflação, preço de *commodities* etc. E as perdas potenciais decorrentes dos movimentos desses fatores de riscos podem ser observadas a partir das medidas de retornos em suas séries históricas, em que pode-se notar períodos de maior ou menor volatilidade ao longo do tempo, conforme visto no capítulo anterior. E para medir tais riscos, existem métricas de riscos, como já explicadas anteriormente, como desvio-padrão, *downside risk*, EWMA etc.

A análise de riscos tem apresentado uma grande evolução, tanto teórica quanto metodológica, nos últimos anos, muito mais influenciada pelos grandes desastres financeiros da história mais recente.

ANÁLISE DE RISCOS • *Fabiano Guasti Lima*

Como já comentado, a grande lição de todos esses desastres é que muito, mas muito dinheiro mesmo pode ser perdido em decorrência da falta de conhecimento dos riscos envolvidos, da ineficiência nos controles e na administração dos riscos.

Uma das técnicas mais utilizadas, hoje, na aferição e usada nos controles de riscos é o *Value at Risk* (VaR). Suas origens remontam aos desequilíbrios financeiros ocorridos em meados dos anos 1990. A seguir, descreve-se um breve histórico dessa técnica que nem é tão nova assim, mas de grande poder de análise de riscos.

Jorion (2010), a partir do trabalho de Arztner *et al.* (1999), lista quatro propriedades desejáveis para que uma métrica de risco seja considerada coerente ao seu propósito:

- Monotonicidade: se o ativo/Carteira apresentar retornos sistematicamente inferiores com relação a outro ativo/Carteira para todos os estados possíveis, então o risco anterior deverá ser maior que o da posição seguinte;
- Invariância de translação: se for adicionado um investimento de ganho seguro, o risco deverá ser reduzido;
- Homogeneidade: ao se aumentar o tamanho de um investimento, o risco deve escalar proporcionalmente;
- Subaditividade: segue o princípio da diversificação, em que uma posição combinada deve ter risco menor que a soma dos riscos das posições individuais.

A literatura evidencia que a medida do VaR apurada por quantis não satisfaz a propriedade de subaditividade. Todavia, quando os retornos apresentam distribuição normal, o VaR satisfaz essa mesma propriedade, sendo considerada uma medida coerente.

3.1.1 Origens do *Value at Risk*[1]

O termo *Value at Risk* surgiu no fim dos anos 1980, e Till Guldimann, quando era responsável pela pesquisa global do J. P. Morgan, pode ser considerado seu criador.

Nessa época, a grande preocupação era gerir os riscos das operações com derivativos e o banco decidiu que os valores em riscos nas operações eram mais importantes que os retornos em risco. E, assim, prepararam o terreno para o surgimento do *Value at Risk*.

Mas foi quando o G-30, grupo formado por representantes do setor financeiro público e privado e por membros do ambiente acadêmico, organizou um evento para discutir princípios ótimos de administração do risco e o termo *Value at Risk* foi introduzido no relatório do G-30 publicado em julho de 1993.

> Textos dos relatórios do G-30 e outros documentos internacionais sobre análise de riscos podem ser acessados no **site** da International Finance and Commodities Institute (IFCI) no endereço: http://ifci.ch.

---

[1] Texto adaptado de JORION, Phillipe. *Value at risk*: a nova fonte de referência para a gestão do risco financeiro. 2. ed. São Paulo: BM&FBovespa, 2010. p. 20.

3.2 *Value at Risk* absoluto e relativo

O investidor, ao fazer uma aplicação em determinado ativo de renda fixa ou variável, dispõe de certo capital inicial que é empregado no momento da aplicação. Esse valor, no entanto, é atualizado constantemente a cada dia, mês ou ano, dependendo do tipo de aplicação que o investidor escolhe.

Assim, para determinação do VaR leva-se em conta esse investimento inicial para as decisões de manutenção do investimento ou mudança de posição ao longo do tempo. Essas alterações de posição são costumeiramente chamadas "Gestão" ou "Gerenciamento de Riscos".

A praticidade do VaR, como visto, é a possibilidade de comparação entre diferentes aplicações por estar na mesma unidade de comparação.

O cálculo do VaR pode ainda ser determinado a partir de duas formas distintas: VaR absoluto e VaR relativo, conforme definido em Jorion (2010). A medida do VaR absoluto é a medida em unidades monetárias ($) da perda máxima esperada em determinado período de tempo com certo nível de confiança e em condições normais de mercado e dada em termos absolutos a partir do valor atual do investimento.

A formulação para o VaR relativo, isto é, do VaR relativo à média é:

$$\text{VaR}\left(\text{relativo}\right) = -\text{Investimento} \times Z_{\alpha\%} \times \sigma_{per\text{í}odo}$$

em que $Z_{\alpha\%}$ é o nível de confiança para o cálculo do VaR e $\sigma_{per\text{í}odo}$ é o risco do ativo.

Já a medida de VaR absoluto é a medida da perda máxima esperada em determinado período com certo nível de confiança em dado período com condições normais de mercado. A formulação do VaR relativo é:

$$\text{VaR}\left(\text{absoluto}\right) = -R_{per\text{í}odo} \times \text{Investimento} - \text{Investimento} \times Z_{\alpha\%} \times \sigma_{per\text{í}odo}$$

em que $R_{per\text{í}odo}$ é o retorno médio do período do ativo, $Z_{\alpha\%}$ é o nível de confiança para o cálculo do VaR e $\sigma_{per\text{í}odo}$ é o risco do ativo.

A equação do VaR absoluto pode ser simplificada colocando em evidência o valor do Investimento. Assim:

$$\text{VaR}\left(\text{absoluto}\right) = -\text{Investimento}\left(Z_{\alpha} \times \sigma_{per\text{í}odo} + R_{per\text{í}odo} \right)$$

Deve-se ter o devido cuidado com esta última expressão, pois ela considera o valor do Z negativo. Caso o investidor queira considerar o Z positivo, deverá acertar a expressão pelas regras de sinais da matemática.

Jorion (2010, p. 97) afirma que, em horizontes de tempo curtos, tal como um dia, o retorno médio pode ser pequeno e as duas formas de se calcular o VaR podem gerar resultados semelhantes. Nas demais situações, o VaR relativo é conceitualmente mais apropriado por levar em conta o risco com relação ao retorno médio esperado para o período de tempo em análise.

Daí, o VaR absoluto é também chamado de VaR zero, por ser a perda relativa a zero, ou seja, sem referência ao valor do retorno esperado. O VaR relativo é também chamado de VaR médio, por demonstrar a perda máxima relativa à média.

APLICAÇÃO PRÁTICA

Para ilustrar o cálculo do VaR absoluto e relativo tomaram-se as cotações das ações BBAS3 no período de janeiro a outubro de 2013, conforme dados na Tabela 3.1.

Tabela 3.1 Cálculo do VaR

Período	Cotação	Retorno discreto
Jan./2013	R$ 24,40	–
Fev./2013	R$ 26,34	7,95%
Mar./2013	R$ 26,90	2,13%
Abr./2013	R$ 25,25	-6,13%
Maio/2013	R$ 25,40	0,59%
Jun./2013	R$ 22,06	-13,15%
Jul./2013	R$ 22,67	2,77%
Ago./2013	R$ 23,05	1,68%
Set./2013	R$ 25,85	12,15%
Out./2013	R$ 29,75	15,09%

Fonte: Economática.

A partir dos log retornos, pode-se calcular o retorno médio e o desvio-padrão:

f CLX
7,95 Σ+
2,13 Σ+
6,13 CHS Σ+
0,59 Σ+
13,15 CHS Σ+
2,77 Σ+
1,68 Σ+
12,15 Σ+
15,09 Σ+

g (0) $\bar{x}$ 2,56%
g (.) σ 8,70%

De posse dessas informações, $R_{\text{período}} = 2,56\%$ e $\sigma_{\text{período}} = 8,70\%$, e assumindo um nível de confiança de 95% $\left(Z_{95\%} = -1,645 \right)$ para um investimento em 1.000 ações ao preço de R$ 29,75, pode-se calcular as duas medidas de VaR para este investimento de R$ 29.750,00:

$$VaR(absoluto) = -0,0256 \times 29.750 - (-1.645) \times 0,0870 \times 29.750$$
$$VaR(absoluto) = -761,60 + 4.257,67$$
$$VaR(absoluto) = 3.496,07$$

Esse mesmo cálculo poderia ser feito da seguinte maneira:

$$VaR(absoluto) = -29.750(-1,645 \times 0,0870 + 0,0256)$$
$$VaR(absoluto) = -29.750(-0,117515)$$
$$VaR(absoluto) = 3.496,07$$

Para o VaR relativo, o cálculo é demonstrado a seguir:

$$VaR(relativo) = -(-1,645) \times 0,0870 \times 29.750$$
$$VaR(relativo) = 4.257,67$$

Dessa forma, a perda máxima esperada com 95% de confiança em 1 mês, em condições normais de mercado, é de R$ 3.496,07 em termos absolutos, ou seja, com relação ao retorno médio esperado da ação, e de R$ 4.257,67 em termos relativos.

Como já mencionado, a diferença entre o VaR absoluto e relativo é relativamente pequena. No geral, esse fato acontece principalmente para horizontes de tempo pequenos, como um dia. Os cálculos anteriores foram feitos na condição de se assumir a distribuição normal dos retornos.

Os retornos discretos dos ativos podem levar à ocorrência de variações diferentes para valores positivos e negativos. Por exemplo, se uma ação tem um preço de R$ 100, sobe a R$ 110 (retorno de 10%) e, posteriormente, cai a R$ 100 novamente (retorno discreto de – 9,09%), a média dos retornos seria de 0,45%.

No caso de retornos contínuos (logaritmos), esse fato não ocorre, pois tem-se a mesma probabilidade de alta e de baixa. No exemplo, ln(110/100) = +9,53% e ln(100/110) = –9,53%, que é o retorno chamado "geométrico".

O Banco J. P. Morgan, em seu documento técnico da RiskMetrics (1996, p. 46), introduziu o conceito de VaR usando essa abordagem dos retornos geométricos, cujas expressões são:

$$VaR(absoluto) = Investimento - Investimento \times e^{-Z_{\alpha\%} \times \sigma_{periodo} + R_{periodo}}$$
$$VaR(relativo) = Investimento - Investimento \times e^{-Z_{\alpha\%} \times \sigma_{periodo}}$$

As expressões anteriores podem também ser escritas fatorando-se as equações, colocando-se o valor do investimento em evidência:

$$VaR(absoluto) = Investimento\left(1 - e^{-Z_{\alpha\%} \times \sigma_{periodo} + R_{periodo}}\right)$$
$$VaR(relativo) = Investimento\left(1 - e^{-Z_{\alpha\%} \times \sigma_{periodo}}\right)$$

APLICAÇÃO PRÁTICA

Para ilustrar o cálculo do VaR absoluto e relativo, tomaram-se as cotações das ações da BBAS3 no período de janeiro a outubro de 2013, conforme dados da Tabela 3.2.

Tabela 3.2 Cotações das ações da BBAS3

Período	Cotação	Retorno contínuo
Jan./2013	R$ 24,40	–
Fev./2013	R$ 26,34	7,65%
Mar./2013	R$ 26,90	2,10%
Abr./2013	R$ 25,25	–6,33%
Maio/2013	R$ 25,40	0,59%
Jun./2013	R$ 22,06	–14,10%
Jul./2013	R$ 22,67	2,73%
Ago./2013	R$ 23,05	1,66%
Set./2013	R$ 25,85	11,46%
Out./2013	R$ 29,75	14,05%

Fonte: Economática.

A partir dos log retornos podem-se calcular o retorno médio e o desvio-padrão:

f CLX
7,65 Σ+
2,10 Σ+
6,33 CHS Σ+
0,59 Σ+
14,10 CHS Σ+
2,73 Σ+
1,66 Σ+
11,46 Σ+
14,05 Σ+
g (0) $\bar{x}$ 2,20%
g (.) σ 8,64%

Para o mesmo investimento em 1.000 ações ao preço de R$ 29,75, podem-se calcular as duas medidas de VaR para esse investimento de R$ 29.750,00:

$$\text{VaR}(\text{absoluto}) = 29.750\left(1 - e^{-1,645 \times 0,0864 + 0,0220}\right)$$

$$\text{VaR}(\text{absoluto}) = 29.750\left(1 - e^{-0,120128}\right)$$

$$\text{VaR}(\text{absoluto}) = 29.750\left(1 - 0,886806\right)$$

$$\text{VaR}(\text{absoluto}) = 29.750\left(0,113194\right)$$

$$\text{VaR}(\text{absoluto}) = 3.367,52$$

Para o VaR relativo, o cálculo é demonstrado a seguir:

$$\text{VaR}(\text{relativo}) = 29.750\left(1 - e^{-1,645 \times 0,0864}\right)$$

$$\text{VaR}(\text{relativo}) = 29.750\left(1 - e^{-0,142128}\right)$$

$$\text{VaR}(\text{relativo}) = 29.750\left(1 - 0,86751\right)$$

$$\text{VaR}(\text{relativo}) = 29.750\left(0,13249\right)$$

$$\text{VaR}(\text{relativo}) = 3.941,58$$

Para aprofundar os estudos e pesquisas sobre as metodologias de apuração do VaR para diferentes distribuições de probabilidade, sugere-se o trabalho de Cassettari (2001).

3.3 Entendendo o *Value at Risk* (VaR)

A necessidade de se medir e controlar riscos no mercado de renda variável advém da conveniência de se saber se os ganhos até então obtidos em posições de investimentos no mercado de renda variável não irão ser anulados por perdas potenciais em razão da volatilidade do mercado.

Diante do crescente avanço dos produtos de investimentos, o mercado vinha necessitando de uma medida de avaliação de riscos que pudessem ser comparáveis. Até antes da metade dos anos 1980, interpretavam o risco de maneira individual de cada produto, por exemplo, *duration* para ativos de renda fixa, coeficiente beta para ações, delta para opções etc.

Até que, no fim da década de 1980, o então presidente do Banco J. P. Morgan, Mr. Dennis Weatherstone, fez uma solicitação para que todos os dias, às 16h15, ele recebesse um relatório resumido das informações referenciadas em um único valor monetário, a respeito dos riscos de mercado incorridos pelo banco como um todo nos principais segmentos de atuação da instituição financeira, como ações, títulos, moedas, derivativos, *commodities* etc., e das diferentes regiões geográficas em que o banco fizesse negócios (RESTI, SIRONI; 2010). Em resposta a essa solicitação, os gestores de risco dessa instituição criaram o Valor em Risco, que inicialmente foi chamado "dólares em risco", "ganhos em risco", até mesmo "capital em risco", cuja sigla dada foi CaR, até que essas denominações alternativas ficaram preferencialmente conhecidas como "valor em risco", ou VaR, como nomeadas hoje.

O VaR representa a perda máxima potencial de uma Carteira, em um horizonte de tempo definido, com determinado grau de confiança.

APLICAÇÃO PRÁTICA

Dizer que um ativo tem VaR = R$ 1.000 em 1 dia com 95% de confiança, pode ser interpretado das seguintes maneiras:

- há 95% de confiança de que a perda máxima no próximo dia ao ativo será de $ 1.000;
- existe 5% de probabilidade de o ativo perder mais de R$ 1.000 em um dia;
- a perda no próximo dia não será superior a R$ 1.000 com 95% de confiança;
- em média, em um a cada 20 dias poderá perder mais do que R$ 1.000.

É comum encontrar nos relatórios de riscos o cálculo do VaR para a periodicidade de um dia, ou seja, a perda máxima esperada para um dia. Também é comum encontrar para um único período, seja ele diário, mensal ou outro período único. No caso de VaR de apenas um dia, essa nomenclatura também é encontrada como **Daily Earnings at Risk (DEaR)**, que é uma segunda forma de chamar o VaR de um dia. O VaR pode ser aplicado a diferentes ativos e Carteiras de ativos, fazendo com que os riscos sejam comparáveis.

APLICAÇÃO PRÁTICA

De forma mais prática, considere que as cotações de uma ação tenham os preços listados na Tabela 3.3 nos últimos meses.

Tabela 3.3   Cotações de uma ação durante seis meses

Data	Cotação
Mês 1	R$ 47,30
Mês 2	R$ 48,20
Mês 3	R$ 48,90
Mês 4	R$ 48,10
Mês 5	R$ 49,30
Mês 6	R$ 50,00

Conforme visto anteriormente, a rentabilidade média mensal dessa ação foi de 1,12% e o risco de 1,61% ao mês.

Seja então R a rentabilidade auferida e P_0 o seu último preço negociado no último período disponível. O preço no próximo período P_1 será:

$$P_1 = P_0 \left(1 + R \right)$$

A variância desse preço futuro poderá ser calculada da seguinte maneira:

$$\mathrm{var}\left[P_1 \right] = \mathrm{var}\left[P_0 \left(1 + R \right) \right]$$

Observação: Note que aqui usa-se var (com todas as letras minúsculas) para indicar a variância do preço e diferenciar do VaR (*Value at Risk*).

Seguindo as propriedades estatísticas da variância, tem-se:

$$\text{var}[P_1] = \text{var}[P_0 + P_0 R]$$
$$\text{var}[P_1] = \text{var}[P_0] + P_0^2 \text{var}[R]$$
$$\text{var}[P_1] = P_0^2 \text{var}[R]$$

Extraindo-se a raiz quadrada de ambos os membros, tem-se:

$$\sqrt{\text{var}[P_1]} = \sqrt{P_0^2 \text{var}[R]}$$
$$\sigma[P_1] = P_0 \times [R]$$

No exemplo, o desvio-padrão (risco) dos retornos da ação ao mês foi de 1,61% e o último preço disponível, P_0 = R$ 50,00, tem-se que:

$$\sigma[P_1] = 50 \times 1,61\% = R\$\, 0,81$$

Isso significa que a variação dos retornos aplicada sobre o preço atual da ação no mês foi de R$ 0,81. Ou seja, pode-se considerar uma variação esperada nos preços da ação no próximo mês de R$ 0,81. Porém, essa variação pode ser positiva (para mais) ou negativa (para menos).

Na hipótese racional de que quanto mais a ação subir, melhor para o investidor, que poderá realizar um ganho de capital quanto mais a ação subir no mercado à vista, a sua maior preocupação é quando a ação começa a perder valor no mercado, ou seja, reduzir sua cotação em bolsa.

Se a rentabilidade da ação R é uma variável aleatória que segue uma distribuição normal, o investidor quer saber qual seria a probabilidade de verificar no dia seguinte uma redução no preço da ação maior que R$ 0,81.

Para responder a essa pergunta, está-se assumindo que os retornos da ação seguem uma distribuição normal de probabilidade. Isto é, os retornos se comportam segundo uma curva normal de probabilidades. E essas probabilidades já são conhecidas quando se tem uma distribuição normal com mudanças nos desvios-padrão na base, conforme ilustrado na Figura 3.1.

Figura 3.1 Distribuições percentuais da curva normal.

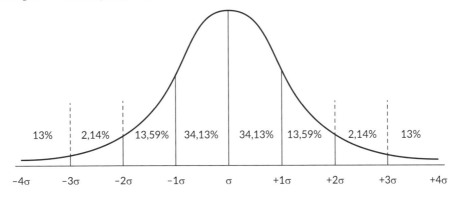

Observem que entre um desvio-padrão acima e um desvio-padrão abaixo existe 68,26% (34,13% abaixo + 34,13% acima da média) de probabilidade dos retornos distribuídos.

A distribuição normal é simétrica com relação à média, ou seja, 50% dos valores estão acima e 50% dos valores estão abaixo da média.

Nessas condições, e levando-se em consideração que o investidor deve estar mais preocupado com a perda do ativo do que com o ganho, R$ 0,81 refere-se a um desvio-padrão (1,61%) calculado sobre o preço atual da ação de R$ 50,00, e podemos observar que R$ 0,81 é um desvio-padrão na Figura 3.2.

Figura 3.2 Área abaixo da curva normal.

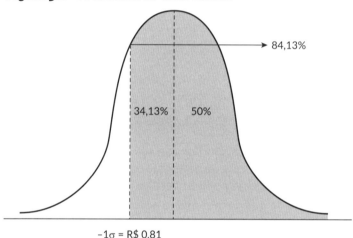

Ou seja, R$ 0,81 é a perda máxima esperada no próximo mês com 84,13% de confiança. Isso quer dizer que existem 15,87% de probabilidade de a perda ser superior a R$ 0,81 no próximo mês.

Em outras palavras:

R$ 0,81 é o VaR de um mês no nível de 84,13% de confiança.

ATENÇÃO

A rigor técnico, o VaR é um valor negativo, uma vez que para ter o valor do nível de confiança adotado toma-se um desvio-padrão abaixo da média. Então, o VaR seria R$ 0,81, daí a se afirmar que é a máxima perda esperada dentro de um nível de confiança em certo período de tempo.

Quer dizer, a probabilidade de a perda de valor da ação ser superior a R$ 0,81 em um mês é de aproximadamente 15,87%, ou, pode-se dizer ainda, que se assume uma confiança de 84,13% de que não sofreremos perdas superiores a R$ 0,81 em um mês, uma vez que o desvio-padrão foi calculado com base nas cotações mensais, sendo, portanto, cotado ao mês.

Muitos podem alegar que a margem considerada de erro dada (15,87%) é alta. Logo, pode-se então calcular o VaR para outros períodos de confiança.

Na prática do mercado, usa-se 95% ou até mesmo 99% de confiança. E para esses níveis de confiança, deve-se apurar a quantidade de desvios-padrão que se deve considerar abaixo da média. Esse processo de cálculo é demonstrado a seguir.

3.4 Cálculo do *Value at Risk* paramétrico para um ativo individual

Quando se utiliza a medida do desvio-padrão, tem-se uma medida paramétrica do VaR.

Assim, para 95% de confiança já se sabe que acima da média tem-se 50% de confiança. Precisa-se encontrar, então, o valor de desvios-padrão que indicaria 45% de probabilidade abaixo da média.

Para encontrar-se o número de desvios, lança-se mão de uma tabela normal padrão. Uma parte da tabela normal é recortada a seguir para ilustrar o ponto mais próximo de 95% de probabilidade de confiança e 5% de significância de erro. Assim, deve-se buscar na Tabela 3.4 o valor mais próximo de 5%, contado da parte mais negativa da curva até a positiva.

Tabela 3.4 Tabela Normal Padrão para obtenção do número de desvios no cálculo do VaR

Z	0,00	0,01	0,02	0,03	0,04	0,05	0,06	0,07	0,08	0,09
-0,0	0,5000	0,4960	0,4920	0,4880	0,4840	0,4801	0,4761	0,4721	0,4681	0,4641
-0,1	0,4602	0,4562	0,4522	0,4483	0,4443	0,4404	0,4364	0,4325	0,4286	0,4247
-0,2	0,4207	0,4168	0,4129	0,4090	0,4052	0,4013	0,3974	0,3936	0,3897	0,3859
-0,3	0,3821	0,3783	0,3745	0,3707	0,3669	0,3632	0,3594	0,3557	0,3520	0,3483
-0,4	0,3446	0,3409	0,3372	0,3336	0,3300	0,3264	0,3228	0,3192	0,3156	0,3121
-0,5	0,3085	0,3050	0,3015	0,2981	0,2946	0,2912	0,2877	0,2843	0,2810	0,2776
-0,6	0,2743	0,2709	0,2676	0,2643	0,2611	0,2578	0,2546	0,2514	0,2483	0,2451
-0,7	0,2420	0,2389	0,2358	0,2327	0,2296	0,2266	0,2236	0,2206	0,2177	0,2148
-0,8	0,2119	0,2090	0,2061	0,2033	0,2005	0,1977	0,1949	0,1922	0,1894	0,1867
-0,9	0,1841	0,1814	0,1788	0,1762	0,1736	0,1711	0,1685	0,1660	0,1635	0,1611
-1,0	0,1587	0,1562	0,1539	0,1515	0,1492	0,1469	0,1446	0,1423	0,1401	0,1379
-1,1	0,1357	0,1335	0,1314	0,1292	0,1271	0,1251	0,1230	0,1210	0,1190	0,1170
-1,2	0,1151	0,1131	0,1112	0,1093	0,1075	0,1056	0,1038	0,1020	0,1003	0,0985
-1,3	0,0968	0,0951	0,0934	0,0918	0,0901	0,0885	0,0869	0,0853	0,0838	0,0823
-1,4	0,0808	0,0793	0,0778	0,0764	0,0749	0,0735	0,0721	0,0708	0,0694	0,0681
-1,5	0,0668	0,0655	0,0643	0,0630	0,0618	0,0606	0,0594	0,0582	0,0571	0,0559
-1,6	0,0548	0,0537	0,0526	0,0516	0,0505	0,495	0,0485	0,0475	0,0465	0,0455

↑   ↑

Na Tabela 3.4, nota-se que não temos um valor exato de 5%. Os valores mais próximos são 5,05% e 4,95%. Porém, se fizermos a média dos dois valores (5,05% + 4,95%)/2 = 5,00%. Logo, pode-se fazer a média entre os valores críticos da distribuição normal, que são –1,64 correspondente a 5,05%, e –1,65 correspondente a 4,95%, que resultará em (–1,64 + (–1,65))/2 = –1,645.

Assim, pelo cálculo do VaR para 95% de confiança para um período cujos dados são: valor atual da cotação da ação = R$ 50,00; e risco = 1,61%, tem-se:

$$\text{VaR}(95\%, 1\text{ mês}) = 50 \times 1,61\% \times (-1,645) = -R\$\,1,32$$

Portanto, a perda máxima esperada com 95% de confiança em um mês é de R$ 1,32. A Figura 3.3 mostra o valor para o nível de confiança de 95%.

Figura 3.3 Área abaixo da curva normal.

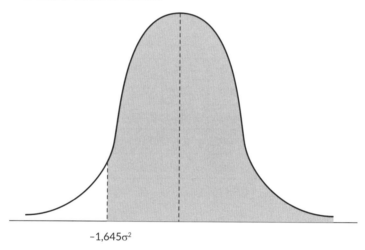

$-1,645\sigma^2$

Para o nível de 99% de confiança, deve-se buscar na tabela o valor mais próximo de 1% abaixo da média.

Observa-se que o valor mais próximo de 1% é 0,0099 correspondente ao ponto crítico de 2,33 desvios-padrão.

Assim, com o cálculo do VaR para 99% de confiança para um período cujos dados são: valor atual da cotação da ação = R$ 50,00; e risco = 1,61%, tem-se:

VaR(99%, 1 mês) = 50 × 1,61% × (−2,33) = − R$ 1,88

Portanto, a perda máxima esperada com 99% de confiança em um mês é de R$ 1,88. A figura anterior mostra o valor para o nível de confiança de 99%.

Generalizando-se, pode-se calcular o VaR de $\alpha\%$. Dentro de um período, tem-se:

$$\text{VaR}(\alpha\%, 1\text{ período}) = \text{Valor atual do investimento} \times \sigma_{\text{período}} \times Z_{\alpha\%}.$$

O cálculo do VaR feito até aqui é para apenas um período, conforme definido, mesmo período do desvio-padrão e, como visto, quanto maior o número de desvios-padrão adotado, maior o VaR.

Para extrapolar o VaR de um horizonte de um período para n períodos é preciso assumir que os retornos são independentes e identicamente distribuídos (i.i.d.). O ideal é utilizar o horizonte que seja confiável para a estimação que contribua para aumentar a precisão da análise.

Tabela 3.5 Tabela Normal Padrão para obtenção do número de desvios no cálculo do VaR

Z	0,00	0,01	0,02	0,03	0,04	0,05	0,06	0,07	0,08	0,09
-0,0	0,5000	0,4960	0,4920	0,4880	0,4840	0,4801	0,4761	0,4721	0,4681	0,4641
-0,1	0,4602	0,4562	0,4522	0,4483	0,4443	0,4404	0,4364	0,4325	0,4286	0,4247
-0,2	0,4207	0,4168	0,4129	0,4090	0,4052	0,4013	0,3974	0,3936	0,3897	0,3859
-0,3	0,3821	0,3783	0,3745	0,3707	0,3669	0,3632	0,3594	0,3557	0,3520	0,3483
-0,4	0,3446	0,3409	0,3372	0,3336	0,3300	0,3264	0,3228	0,3192	0,3156	0,3121
-0,5	0,3085	0,3050	0,3015	0,2981	0,2946	0,2912	0,2877	0,2843	0,2810	0,2776
-0,6	0,2743	0,2709	0,2676	0,2643	0,2611	0,2578	0,2546	0,2514	0,2483	0,2451
-0,7	0,2420	0,2389	0,2358	0,2327	0,2296	0,2266	0,2236	0,2206	0,2177	0,2148
-0,8	0,2119	0,2090	0,2061	0,2033	0,2005	0,1977	0,1949	0,1922	0,1894	0,1897
-0,9	0,1841	0,1814	0,1788	0,1762	0,1736	0,1711	0,1685	0,1660	0,1635	0,1611
-1,0	0,1587	0,1562	0,1539	0,1515	0,1492	0,1469	0,1446	0,1423	0,1401	0,1379
-1,1	0,1357	0,1335	0,1314	0,1292	0,1271	0,1251	0,1230	0,1210	0,1190	0,1170
-1,2	0,1151	0,1131	0,1112	0,1093	0,1075	0,1056	0,1038	0,1020	0,1003	0,0985
-1,3	0,0968	0,0951	0,0934	0,0918	0,0901	0,0885	0,0869	0,0853	0,0838	0,0823
-1,4	0,0808	0,0793	0,0778	0,0764	0,0749	0,0735	0,0721	0,0708	0,0694	0,0681
-1,5	0,0668	0,0655	0,0643	0,0630	0,0618	0,0606	0,0594	0,0582	0,0571	0,0559
-1,6	0,0548	0,0537	0,0526	0,0516	0,0505	0,0495	0,0485	0,0475	0,0465	0,0455
-1,7	0,0446	0,0436	0,0427	0,0418	0,0409	0,0401	0,0392	0,0384	0,0375	0,0367
-1,8	0,0359	0,0351	0,0344	0,0336	0,0329	0,0322	0,0314	0,0307	0,0301	0,0294
-1,9	0,0287	0,0281	0,0274	0,0268	0,0262	0,0256	0,0250	0,0244	0,0239	0,0233
-2,0	0,0228	0,0222	0,0217	0,0212	0,0207	0,0202	0,0197	0,0192	0,0188	0,0183
-2,1	0,0179	0,0174	0,0170	0,0166	0,0162	0,0158	0,0154	0,0150	0,0146	0,0143
-2,2	0,0139	0,0136	0,0132	0,0129	0,0125	0,0122	0,0119	0,0116	0,0113	0,0110
-2,3	0,0107	0,0104	0,0102	0,0099	0,0096	0,0094	0,0091	0,0089	0,0087	0,0084

$\uparrow$

Já que os retornos são independentes no tempo, tem-se:

$$\operatorname{var}(R_t) = \operatorname{var}(R_1) + \operatorname{var}(R_2) + \operatorname{var}(R_3) + \ldots + \operatorname{var}(R_n) = n \times \operatorname{var}(R)$$

$$\sigma = \sqrt{n \times \operatorname{var}(R)}$$

$$\sigma\sqrt{n} \times \sqrt{\operatorname{var}(R)}$$

$$\sigma = \sigma(R)\sqrt{n}$$

Assim, o VaR para n períodos fica:

$$\text{VaR}\left(n \text{ períodos}, Z_{\alpha\%}\right) = \text{VaR}\left(1 \text{ período}\right) \times \sqrt{n}$$

Vale ressaltar, uma vez mais, que o VaR, pela sua própria definição, reconhece a possibilidade de perdas superiores com uma probabilidade de $1 - \alpha$. Deve-se estar ciente ainda de que, caso essa perda venha a ocorrer, o VaR não fornece informações sobre a extensão dessa perda.

O sinal negativo do VaR corresponde à distribuição dos retornos. Uma vez que o VaR é uma medida de perda, o sinal do Z reflete esse valor negativo. Pode-se suprimir esse sinal e dar-se a justificativa de que o valor encontrado para o VaR é a perda máxima esperada. Caso o VaR fosse calculado e dado como positivo, esse pior resultado encontrado para um dado nível de confiança em certo período de tempo corresponderia a um ganho financeiro.

APLICAÇÃO PRÁTICA

Conforme visto anteriormente, a rentabilidade média mensal da ação foi de 1,12% e o risco de 1,61% ao mês.

O VaR de um mês com 95% de confiança foi de R$ 1,32, já considerando o valor positivo, mas com a interpretação correta de que é a perda máxima esperada dentro do nível de confiança estabelecido e no período adotado.

Extrapolando o VaR para dois meses, por exemplo, o VaR ficaria:

$$\text{VaR}\left(2 \text{ meses}, 95\%\right) = 1,32 \times \sqrt{2} = \text{R\$ } 1,87$$

Como visto até aqui, para se chegar ao cálculo do VaR, exige-se conhecer algumas medidas como nível de confiança adotado, risco do ativo, valor de mercado do ativo e o prazo de cálculo. Tais itens serão discutidos a seguir.

3.4.1 Variáveis necessárias para cálculo do *Value at Risk*

O cálculo do *Value at Risk* passa por se saber corretamente quatro variáveis: valor atual do investimento, risco do investimento, nível de confiança a ser adotado e o horizonte de tempo a ser analisado.

O valor atual do investimento é o seu valor a mercado, ou seja, o valor marcado a mercado do ativo, sendo o seu valor no momento da análise.

A seleção do nível de confiança é dada diante da hipótese de uma distribuição normal de probabilidade dos retornos. Nada mais é do que um fator de escala que irá medir o risco dentro de dado nível de certeza desejado.

Observe que o produto desse fator de escala, denominado $Z_{\alpha\%}$, pelo risco dado pelo desvio-padrão dos retornos $\sigma_{\text{período}}$ representa uma mudança potencial desfavorável no nível de risco de mercado. Quanto maior for esse nível de confiança escolhido, maior será a proteção obtida no sentido de que as chances de ocorrer uma perda maior são reduzidas pelo fator $1 - \alpha\%$.

Em verdade, esse fator de escala nada mais é do que um múltiplo do desvio-padrão a ser considerado no cálculo do VaR, que irá exprimir o tamanho do intervalo de confiança para o lado negativo, representando apenas a perda máxima a ser levada em consideração.

A partir de uma tabela normal padrão, pode-se elencar diversos níveis de confiança para os respectivos múltiplos do desvio-padrão. A Tabela 3.6 ilustra esses múltiplos com as respectivas probabilidades de segurança obtidas e de perdas em excesso.

Tabela 3.6 Múltiplos do $\sigma_{período}$ com as respectivas probabilidades de confiança e perdas em excesso

Nível de confiança adotado	Valor crítico múltiplos do $\sigma_{período}$	Probabilidade de perdas em excesso
84,13%	1,000	15,87%
93,32%	1,500	6,68%
95,00%	1,645	5,00%
96,00%	1,751	4,00%
97,00%	1,881	3,00%
97,50%	1,960	2,50%
97,73%	2,001	2,27%
98,00%	2,054	2,00%
99,00%	2,326	1,00%
99,38%	2,501	0,62%
99,50%	2,576	0,50%
99,87%	3,011	0,13%
99,98%	3,540	0,02%
99,99%	3,719	0,01%

Fonte: adaptada a partir da tabela normal padrão.

APLICAÇÃO PRÁTICA

Na prática da atividade bancária (RESTI, SIRONI, 2010), os bancos podem reservar um montante de capital próprio que seja suficiente para cobrir as máximas perdas decorrentes de suas operações que sejam, por exemplo, iguais ao VaR.

E essa reserva, sendo igual ao VaR, passa pela escolha do nível de confiança que demonstrará o grau de aversão ao risco da instituição e que proporcionará a devida proteção ao banco e aos seus clientes.

Um método interessante para essa escolha do nível de confiança foi proposto pelo Bank of America, com base em um *rating* de inadimplência associado aos níveis de confiança, como na tabela anterior.

Seguindo a classificação dos *rating* da agência Moody's, tem-se associado a cada classe de *rating* o respectivo nível de confiança, sua probabilidade de perda em excesso e o valor crítico, conforme Tabela 3.7.

Tabela 3.7 *Rating* de inadimplência da Moody's associado ao nível de confiança, sua probabilidade de perda em excesso e o valor crítico

Classe de *rating* da Moody's	Nível de confiança adotado	Valor crítico múltiplos do $\sigma_{periodo}$	Probabilidade de perdas em excesso
Aaa	99,999%	4,265	0,001%
Aa1	99,99%	3,719	0,010%
Aa2	99,98%	3,540	0,020%
Aa3	99,97%	3,432	0,030%
A1	99,95%	3,291	0,050%
A2	99,94%	3,239	0,060%
A3	99,91%	3,121	0,090%
Baa1	99,87%	3,011	0,130%
Baa2	99,84%	2,948	0,160%
Baa3	99,30%	2,457	0,700%
Ba1	98,75%	2,241	1,250%
Ba2	98,21%	2,099	1,790%
Ba3	96,04%	1,755	3,960%
B1	93,86%	1,543	6,140%
B2	91,69%	1,385	8,310%
B3	84,92%	1,033	15,080%

Fonte: Resti e Sironi (2010, p. 148).

Outra variável necessária para compor o VaR é o horizonte de tempo. Quando se tem o risco calculado pelo desvio-padrão de retornos diários, o VaR será diário, ou seja, o VaR fica composto em termos de tempo na mesma unidade de medida do desvio-padrão.

Assim, o VaR para períodos superiores pode ser ajustado conforme visto anteriormente, multiplicando-se pela raiz quadrada do tempo desejado que será múltiplo do prazo do desvio-padrão, ou trabalhando-se com base de dados de períodos maiores, como mensal, trimestral, quadrimestral ou até mesmo anual.

Essa aproximação pode ser feita considerando-se que os retornos periódicos sejam i.i.d., que significa "independentes e identicamente distribuídos", na linguagem econométrica. Essa expressão traduz que a distribuição de probabilidade dos retornos do ativo é a mesma em qualquer período e também que o que aconteceu no mercado em um dado período não tem influência no dia seguinte.

Até aqui foram mostrados os cálculos e as interpretações para o VaR de ativos individuais. A seguir, apresenta-se o mesmo cálculo no contexto de uma Carteira de investimentos.

3.5 Cálculo do *Value at Risk* paramétrico no contexto de uma Carteira

No cálculo do VaR para uma Carteira de investimentos, deve-se levar em conta também a correlação entre os retornos dos ativos. Dessa forma, pode-se, a partir da definição do investimento feito em cada ativo com seus respectivos pesos e matrizes de variância/covariância entre os retornos dos ativos.

Considere uma Carteira composta por n ativos. Seja W_i a participação de cada ativo na Carteira, e R_i o retorno de cada ativo.

O retorno da Carteira será a multiplicação da matriz dos pesos pela matriz dos retornos. Apenas para lembrar os conceitos de multiplicação de matrizes, deve-se ter uma matriz em linha (conforme a matriz dos pesos da fórmula a seguir) pela matriz dos retornos transposta em coluna.

$$R_{\text{carteira}} = \begin{bmatrix} W_1 & \dots & W_n \end{bmatrix} \times \begin{bmatrix} R_1 \\ \\ R_n \end{bmatrix}$$

Já o risco da Carteira é composto pela multiplicação das matrizes de pesos pela covariância e de pesos transposta, duas a duas.

$$\sigma_{\text{carteira}} = \left\{ \left(\begin{bmatrix} W_1 & \dots & W_n \end{bmatrix} \times \begin{bmatrix} \text{cov}_{11} & \dots & \text{cov}_{1n} \\ \dots & \dots & \dots \\ \text{cov}_{n1} & \dots & \text{cov}_{nn} \end{bmatrix} \right) \times \begin{bmatrix} W^1 \\ \dots \\ W_n \end{bmatrix} \right\}^{\frac{1}{2}}$$

APLICAÇÃO PRÁTICA

Considere o exemplo com duas ações A e B com os seguintes retornos, riscos e correlação da Tabela 3.8.

Tabela 3.8 Retornos, riscos e correlação das ações A e B

	Ação A	Ação B	
Retorno	8%	25%	CORRELAÇÃO −0,60
Risco	5%	12%	

A matriz de covariância é: $\begin{pmatrix} 0,0025 & -0,0036 \\ -0,0036 & 0,0144 \end{pmatrix}$

Assim, consideremos um investimento de R$ 2.000 na ação A e de R$ 3.000 na ação B, que corresponde a um investimento total de R$ 5.000, sendo 40% na ação A e 60% na ação B.

O retorno da Carteira é:

$$R_{carteira} = \begin{bmatrix} 0,40 & 0,60 \end{bmatrix} \times \begin{bmatrix} 0,08 \\ 0,25 \end{bmatrix}$$

$$R_{carteira} = 0,40 \times 0,08 + 0,60 \times 0,25 = 18,20\%$$

O risco da Carteira é:

$$\sigma_{carteira} = \left\{ \left(\begin{bmatrix} 0,40 & 0,60 \end{bmatrix} \times \begin{pmatrix} 0,0025 & -0,0036 \\ -0,0036 & 0,0144 \end{pmatrix} \right) \times \begin{pmatrix} 0,40 \\ 0,60 \end{pmatrix} \right\}^{\frac{1}{2}}$$

$$\sigma_{carteira} = \left\{ \begin{bmatrix} 0,40 \times 0,0025 + 0,60 \times -0,0036 & 0,40 \times -0,0036 + 0,600,0144 \end{bmatrix} \times \begin{bmatrix} 0,40 \\ 0,60 \end{bmatrix} \right\}^{\frac{1}{2}}$$

$$\sigma_{carteira} = \left\{ \begin{bmatrix} -0,00116 & 0,0072 \end{bmatrix} \times \begin{bmatrix} 0,40 \\ 0,60 \end{bmatrix} \right\}^{\frac{1}{2}}$$

$$\sigma_{carteira} = \left\{ -0,00116 \times 0,40 + 0,0072 \times 0,60 \right\}^{\frac{1}{2}}$$

$$\sigma_{carteira} = \left\{ 0,003856 \right\}^{\frac{1}{2}}$$

$$\sigma_{carteira} = \sqrt{0,003856}$$

$$\sigma_{carteira} = 6,21\%$$

Dessa forma, pode-se calcular o VaR individual de cada ação e o VaR composto pela Carteira.

O VaR individual com 95% de confiança para cada uma das ações, considerando o valor crítico para 95% de 1,645 positivo:

VaR(Ação A; 95%, 1 mês) = 2.000 × 0,05 × 1,645 = R$ 164,50
VaR(Ação B; 95%, 1 mês) = 3.000 × 0,12 × 1,645 = R$ 592,20

Dessa forma, os VaRs individuais das ações são as respectivas perdas potenciais máximas esperadas com 95% de confiança para um mês.

Somando-se os respectivos VaRs, tem-se o VaR não diversificado, ou seja, o VaR que não considera o efeito da correlação/covariância entre os ativos.

$$VaR_{Não\ Diversificado} = R\$\ 164,50 + R\$\ 592,20 = R\$\ 756,70$$

Considerando-se a Carteira composta pelos dois ativos cujo risco total é de 6,21% a.m., o seu VaR com 95% de confiança para um mês fica:

VaR(carteira, 95%, 1 mês) = 5.000 × 0,0621 × 1,645 = R$ 510,77

O VaR combinado da Carteira que leva em consideração o efeito da correlação entre os ativos é chamado "VaR diversificado".

Observe que o VaR da Carteira (VaR diversificado) é menor que a soma dos VaRs individuais das ações. Logo, houve um ganho pela diversificação da Carteira quando composta pelos ativos que possuem uma correlação entre eles.

Assim:

Ganho pela diversificação = R\$ 756,70 – R\$ 510,77 = R\$ 245,93

Outra forma de calcular o VaR para a Carteira combinada é pelo próprio VaR individual de cada ativo.

Sejam os VaRs individuais calculados pelas respectivas porcentagens de seus investimentos, sendo M_1 o montante investido no Ativo 1 e M_2 o montante do Ativo 2:

$$\text{VaR}\left(\text{Ativo}_1, \alpha\%, 1 \text{ período}\right) = M_1 \times \sigma_1 \times Z_{\sigma\%}$$

$$\text{VaR}\left(\text{Ativo}_2, \alpha\%, 1 \text{ período}\right) = M_2 \times \sigma_1 \times Z_{\alpha\%}$$

Se $M = M_1 + M_2$, o total investido na Carteira é $W_1 = \dfrac{M_1}{M}$ e $W_2 = \dfrac{M_2}{M}$.

O risco da Carteira é:

$$\sigma = \sqrt{\left(\frac{M_1}{M}\right)^2 \sigma_1^2 + \left(\frac{M_2}{M}\right)^2 \sigma_2^2 + 2\left(\frac{M_1}{M}\right)\left(\frac{M_2}{M}\right)r_{12}\sigma_1\sigma_2}$$

O VaR da Carteira com risco calculado anteriormente é:

$$\text{VaR}\left(\text{Carteira}, \alpha\%, 1 \text{ período}\right) = M \times \sigma \times Z_{\sigma\%}$$

Substituindo o risco calculado na equação do VaR, tem-se:

$$= M \times \sqrt{\left(\frac{M_1}{M}\right)^2 \sigma_1^2 + \left(\frac{M_2}{M}\right)^2 \sigma_2^2 + 2\left(\frac{M_1}{M}\right)\left(\frac{M_2}{M}\right)r_{12}\sigma_1\sigma_2} \times Z_{\alpha\%}$$

Introduzindo o valor do montante M dentro da raiz do risco e igualmente o valor de $Z_{\alpha\%}$, tem-se:

$$\text{VaR}\left(\text{Carteira}, \alpha\%, 1 \text{ período}\right) =$$

$$= \sqrt{M^2 Z_{\alpha\%}^2 \left[\left(\frac{M_2}{M}\right)^2 \sigma_2^2 + 2\left(\frac{M_1}{M}\right)\left(\frac{M_2}{M}\right)r_{12}\sigma_1\sigma_2\right]}$$

$$\text{VaR}\left(\text{Carteira}, \alpha\%, 1 \text{ período}\right) =$$

$$\sqrt{M^2 Z_{\alpha\%}^2 \left[\frac{M_1^2}{M^2}\sigma_1^2 + \frac{M_2^2}{M^2}\sigma_2^2 + 2\left(\frac{M_1}{M}\right)\left(\frac{M_2}{M}\right)r_{12}\sigma_1\sigma_2\right]}$$

Aplicando-se a propriedade distributiva para $M^2 Z_{\alpha\%}^2$, tem-se:

$$\text{VaR}\big(\text{Carteira}, \alpha\%, 1 \text{ período}\big) =$$

$$= \sqrt{\left[M^2 Z_{\alpha\%}^2 \frac{M_1^2}{M^2}\sigma_1^2 + M^2 Z_{\alpha\%}^2 \frac{M_2^2}{M^2}\sigma_2^2 + 2M^2 Z_{\alpha\%}^2 \left(\frac{M_1}{M}\right)\left(\frac{M_2}{M}\right) r_{12}\sigma_1\sigma_2 \right]}$$

Fazendo as simplificações necessárias:

$$\text{VaR}\big(\text{Carteira}, \alpha\%, 1 \text{ período}\big) =$$

$$= \sqrt{\left[\cancel{M^2} Z_{\alpha\%}^2 \frac{M_1^2}{\cancel{M^2}}\sigma_1^2 + \cancel{M^2} Z_{\alpha\%}^2 \frac{M_2^2}{\cancel{M^2}}\sigma_2^2 + 2\cancel{M^2} Z_{\alpha\%}^2 \left(\frac{M_1}{\cancel{M}}\right)\left(\frac{M_2}{\cancel{M}}\right) r_{12}\sigma_1\sigma_2 \right]}$$

Observe que esses valores representam os VaRs ao quadrado e o próprio VaR no segundo membro da equação:

$$\text{VaR}_1 = M_1 \times \sigma_1 \times Z_{\alpha\%} \qquad \text{VaR}_1^2 = M_1^2 \times \sigma_1^2 \times Z_{\alpha\%}^2$$

$$\text{VaR}_2 = M_2 \times \sigma_2 \times Z_{\alpha\%} \qquad \text{VaR}_2^2 = M_2^2 \times \sigma_2^2 \times Z_{\alpha\%}^2$$

E ainda:

$$\text{VaR (Carteira}, \alpha\%, 1 \text{ período)} = \sqrt{M_1^2\sigma_1^2 Z_{\alpha\%}^2 + M_2^2\sigma_2^2 Z_{\alpha\%}^2 + 2M_1\sigma_1 Z_{\alpha\%} M_2\sigma_2 Z_a r_{12}}$$

$$\text{VaR (Carteira}, \alpha\%, 1 \text{ período)} = \sqrt{\left(M_1^2\sigma_1^2 Z_{\alpha\%}^2\right)^2 + \left(M_2^2\sigma_2^2 Z_{\alpha\%}^2\right)^2 + 2\left(M_1\sigma_1 Z_{\alpha\%}\right)\left(M_2\sigma_2 Z_a\right) r_{12}}$$

No exemplo anterior, VaR_1 = R\$ 164,50, VaR_2 = R\$ 592,20 e correlação de –0,60:

$$\text{VaR (Carteira}, \alpha\%, 1 \text{ período)} = \sqrt{\left(164,50\right)^2 + \left(592,20\right)^2 + 2\left(164,50\right)\left(592,20\right)\left(-0,60\right)}$$

$$\text{VaR (Carteira}, \alpha\%, 1 \text{ período)} = \sqrt{260.860,81} = \text{R\$ } 510,75$$

Recomenda-se o cálculo com o maior número de casas decimais possível para ver os resultados idênticos.

Até aqui foi demonstrado o cálculo do VaR para ações que são ativos de renda variável no mercado de capitais. Porém, é comum no mercado de ações os investidores realizarem operações casadas com as opções como instrumentos de proteção das suas ações. A seguir, será demonstrado o cálculo do VaR para as opções.

3.6　*Value at Risk* Incremental (IVaR)

Até aqui foram calculados os valores do VaR para ativos individuais e ativos no contexto de Carteiras. Porém, é útil ao investidor, ao montar sua Carteira de investimentos, verificar qual o impacto no VaR quando da inserção ou retirada de um ativo da Carteira.

Esse impacto da influência do VaR de um ativo individual ou um conjunto de ativos sobre o VaR da Carteira é medido pelo *Value at Risk* Incremental (IVaR). O IVaR é calculado pela diferença entre o VaR da Carteira com o ativo e o VaR da Carteira sem o ativo:

$$IVaR = VaR_{carteira}^{COM\ TODOS\ OS\ ATIVOS} - VaR_{carteira}^{SEM\ O\ ATIVO\ ANALISADO}$$

A interpretação do IVaR é feita pelo seu sinal e magnitude. Se o IVaR for positivo, significa que o ativo agrega risco à Carteira. Se os valores fossem negativos, indicam que o ativo contribui para a redução da exposição ao risco da Carteira.

APLICAÇÃO PRÁTICA

Para ilustrar o cálculo do IVaR, considere dois ativos, MRVE3 e EMBR3, ações ordinárias negociadas na B3 nos últimos 11 dias analisados, cujas cotações são apresentadas na Tabela 3.9.

Tabela 3.9 Cotações de ações ordinárias da MRVE3 e EMBR3

2014	MRVE3	EMBR3
2/jan.	R$ 8,43	R$ 18,89
3/jan.	R$ 7,86	R$ 19,20
6/jan.	R$ 8,50	R$ 19,12
7/jan.	R$ 8,34	R$ 19,10
8/jan.	R$ 8,10	R$ 19,30
9/jan.	R$ 8,08	R$ 19,40
10/jan.	R$ 7,95	R$ 19,10
13/jan.	R$ 8,15	R$ 19,05
14/jan.	R$ 8,51	R$ 19,84
15/jan.	R$ 8,54	R$ 20,05
16/jan.	R$ 8,75	R$ 19,28

A partir das cotações, pode-se calcular os log retornos contínuos para os dois ativos, conforme descritos na Tabela 3.10.

Tabela 3.10 Log retornos contínuos para ativos da MRVE3 e EMBR3

MRVE3	EMBR3
−7,00%	1,63%
7,83%	−0,42%
−1,90%	−0,10%

(continua)

(continuação)

MRVE3	EMBR3
−2,92%	1,04%
−0,25%	0,52%
−1,62%	−1,56%
2,48%	−0,26%
4,32%	4,06%
0,35%	1,05%
2,43%	−3,92%

O retorno médio e o desvio-padrão diários de cada um dos ativos são apresentados na Tabela 3.11.

Tabela 3.11 Retorno médio e risco para ativos da MRVE3 e EMBR3

	MRVE3	EMBR3
Retorno médio	0,37%	0,20%
Risco	4,14%	2,09%

A matriz de covariância entre os dois ativos também pode ser calculada como demonstrado na Tabela 3.12.

Tabela 3.12 Matriz de covariância para ativos da MRVE3 e EMBR3

Covariância	MRVE3	EMBR3
MRVE3	0,00155	−0,00008
EMBR3	−0,00008	0,00039

Calculando o VaR para cada um dos ativos para 95% e considerando o investimento de 100 ações a partir da última cotação disponível no mercado, no valor de R$ 8,75 (MRVE3) e R$ 19,28 (EMBR3), tem-se:

MRVE3 = 100 × R$ 8,75 = R$ 875,00
EMBR3 = 100 × R$ 19,28 = R$ 1.928,00
Investimento Total = R$ 2.803,00

Nessas condições de investimentos, o VaR de 95% para um dia é:

$$VaR_{MRVE3} = 875,00 \times 4,14\% \times 1,645 = R\$ 59,59$$
$$VaR_{EMBR3} = 1.928,00 \times 2,09\% \times 1,645 = R\$ 66,29$$

Assim, o VaR não diversificado é: $VaR_{não\ div}$ = R$ 59,59 + R$ 66,29 = R$ 125,88.

A Carteira é composta por um investimento de R$ 2.803,00, sendo R$ 875,00 (31,22%) na MRVE3 e R$ 1.928,00 (68,78%) na EMBR3.

O risco da Carteira é:

$$Risco_{cart} = \sqrt{\begin{bmatrix} 0,3122 & 0,6878 \end{bmatrix} \begin{bmatrix} 0,00155 & -0,00008 \\ -0,00008 & 0,00039 \end{bmatrix} \begin{bmatrix} 0,3122 \\ 0,6878 \end{bmatrix}}$$

Sendo o radicando o produto das matrizes de pesos, covariância e pesos transposta, respectivamente.

$Risco_{cart}$ = R$ 1,74%.

Assim, o risco da Carteira composta por MRVE3 e EMBR3 é de 1,74%. A variância da Carteira é $0,0174^2$ = 0,00030.

Logo, o VaR da Carteira é:

VaR_{cart} = R$ 2.803,00 × 1,74% × 1,645 = R$ 80,23.

Como visto anteriormente, o VaR da Carteira é inferior à soma dos VaRs individuais de cada ativo, que é de R$ 125,88, que representa o efeito da diversificação captado pelo VaR.

Assim, pode-se calcular o IVaR para cada um dos ativos. O IVaR para a MRVE3 é o VaR da Carteira composta pelos dois ativos menos o VaR da EMBR3:

$IVaR_{MRVE3}$ = R$ 80,23 – R$ 66,29 = R$ 13,94

O IVaR para a EMBR3 é o valor total da Carteira formada pelos dois ativos menos o VaR da MRVE3:

$IVaR_{EMBR3}$ = R$ 80,23 – R$ 59,59 = R$ 20,64

Observe que se somarmos o VaR_{MRVE3} com o $IVaR_{EMBR3}$ (R$ 59,59 + R$ 20,64), tem-se R$ 80,23, que representa o risco da Carteira na condição de tomarmos o ativo MRVE3 e acrescentarmos o ativo EMBR3.

Se somarmos o VaR_{EMBR3} com o $IVaR_{MRVE3}$ (R$ 66,29 + R$ 13,94), chega-se também ao VaR da Carteira.

Segundo Jorion (2010, p. 141), se o VaR diminuir, a nova operação reduzirá o risco da Carteira, atuando como um *hedge* e, caso contrário, a nova operação elevará o risco.

Vale ressaltar que, nesse método, é necessária uma reavaliação completa do VaR da Carteira com a nova composição linear. Jorion (2010) ressalta ainda que o montante adicionado ou subtraído da Carteira pode ser grande e, nesse caso, o VaR não se altera de forma linear.

Após essas análises de riscos, o investidor pode estar interessado em saber como modificar o VaR de sua Carteira de forma mais eficiente. Ou seja, mudar a Carteira a fim de torná-la mais eficiente com uma possível redução do VaR.

Como qualquer alteração na Carteira, seja por mudança nos pesos dos ativos, seja na inclusão de novos ativos na Carteira, o investidor terá que fazer por meio de operações no mercado de capitais. E toda transação no mercado de capitais tem custos operacionais, como corretagem e emolumentos.

Assim, deve-se usar o VaR marginal para medir o efeito de uma mudança de posição sobre o risco da Carteira. Essa medida é demonstrada a seguir.

3.7 *Value at Risk* marginal

Para se obter a contribuição ao risco da Carteira de uma mudança na Carteira, os VaRs individuais não são plenamente suficientes. Deve-se usar o VaR marginal, que nada mais é do que a mudança no VaR da Carteira, resultante da adição de R$ 1,00 em exposição a um dado ativo.

Matematicamente, o VaR marginal trata da derivada parcial de relação ao peso do ativo e é uma medida muito próxima ao índice beta que mede a contribuição de um ativo ao risco total da Carteira, conforme explica Jorion (2010, p. 139).

Assim, considere uma Carteira composta de n ativos indexados por $j = 1, 2, ..., n$. Para o cálculo do VaR marginal, mede-se sua contribuição marginal ao risco, aumentando-se ligeiramente uma unidade no ativo i por meio da derivada da variância da Carteira com relação ao Investimento Total feito, denotado por W.

Seja σ_{cart}^2 [6] a variância da Carteira dada pela expressão:

$$\sigma_{cart}^2 = \sum_{i=1}^{n} W_i^2 \sigma_i^2 + \sum_{i=1}^{n} \sum_{j=1, j^1 i}^{n} W_1 W_j \sigma_{ij}$$

Derivando-se a equação anterior com relação a W_i, denotada por $\dfrac{\partial \sigma_{cart}^2}{\partial W_i}$:

$$\frac{\partial \sigma_{cart}^2}{\partial W_i} = 2\sum_{i=1}^{n} W_i \sigma_i^2 + 2\sum_{j=1, j^1 i}^{n} W_j \sigma_{ij}$$

Fazendo as simplificações necessárias, tem-se:

$$\frac{\partial \sigma_{cart}^2}{\partial W_i} = 2COVAR\left(R_i; W_i R_i + \sum_{j=1}^{n} W_j R_j \right)$$

$$\frac{\partial \sigma_{cart}^2}{\partial W_i} = 2COVAR\left(R_i; R_{cart} \right)$$

Como a preocupação é com a volatilidade da Carteira σ_{cart}, deve-se considerar a derivada da volatilidade no lugar da derivada da variância.

Pode-se ajustar a equação anterior para:

$$\frac{\partial \sigma_{cart}^2}{W_i} = \frac{2\sigma_{cart}\partial\sigma_{cart}}{\partial W_i}$$

$$\frac{2\sigma_{cart}\partial\sigma_{cart}}{\partial W_i} = 2COVAR\left(R_i;R_{cart}\right)$$

$$\frac{2\sigma_{cart}\partial\sigma_{cart}}{\partial W_i} = 2COVAR\left(R_i;R_{cart}\right)$$

$$\frac{\sigma_{cart}\partial\sigma_{cart}}{\partial W_i} = COVAR\left(R_i;R_{cart}\right)$$

E, portanto, a sensibilidade da volatilidade da Carteira com relação a uma mudança no peso é:

$$\frac{\partial\sigma_{cart}}{\partial W_i} = \frac{COVAR\left(R_i;R_{cart}\right)}{\sigma_{cart}}$$

Fazendo a conversão desse resultado em número VaR, encontra-se a expressão para o VaR marginal (ΔVaR) para um ativo i.

$$\Delta\text{VaR}_i = \frac{\partial VaR}{\partial W_i}\frac{1}{W} = \text{constante}\frac{\partial\sigma_{cart}}{\partial W_i} = \text{constante}\frac{COVAR\left(R_i;R_{cart}\right)}{\sigma_{cart}}$$

Esta última expressão está definida em termos relativos ao montante total investido, sendo, portanto, independente das unidades utilizadas.

A medida do VaR marginal é muito próxima ao beta, conforme já mencionado no início desta seção, pois o beta é o risco sistemático do ativo com relação à Carteira. Sua expressão é:

$$\beta_i = \frac{COVAR\left(R_i;R_{cart}\right)}{\sigma_{cart}^2} = \frac{CORREL\left(R_i;R_{cart}\right)\sigma \,\sigma_{cart}}{\sigma_{cart}^2}$$

Fazendo as simplificações necessárias ao σ_{cart}:

$$\beta_i = \frac{COVAR\left(R_i;R_{cart}\right)\sigma_i}{\sigma_{cart}}$$

A partir da expressão do VaR marginal e do beta, tem-se:

$$\Delta VaR_i = \text{constante}\left(\beta_i \times \sigma_{cart}\right) = \frac{VaR_{carteira}}{W_{Total}} \times \beta_i$$

À interpretação que é dada ao VaR marginal para um investidor que queira diminuir o VaR da Carteira reduzindo todas as posições a um valor fixo, deve-se calcular o VaR marginal para todos os ativos e escolher aquele de maior VaR marginal, pois contribuirá com maior efeito de *hedge*.

Para melhor explicar essa relação, considere a aplicação prática a seguir.

APLICAÇÃO PRÁTICA

Para ilustrar o cálculo do VaR marginal, considere os mesmos ativos da aplicação prática anterior, MRVE3 e EMBR3, com as mesmas informações de risco e retorno.

As informações necessárias para o cálculo do VaR marginal são:

– O retorno médio e o desvio-padrão diários de cada um dos ativos são apresentados na Tabela 3.13.

Tabela 3.13 Retorno médio e risco para ativos da MRVE3 e EMBR3

	MRVE3	EMBR3
Retorno médio	0,37%	0,20%
Risco	4,14%	2,09%

– A matriz de covariância entre os dois ativos também é demonstrada na Tabela 3.14.

Tabela 3.14 Matriz de covariância para ativos da MRVE3 e EMBR3

Covariância	MRVE3	EMBR3
MRVE3	0,00155	−0,00008
EMBR3	−0,00008	0,00039

Investimento feito:

MRVE3 = 100 × R$ 8,75 = R$ 875,00
EMBR3 = 100 × R$ 19,28 = R$ 1.928,00

Investimento Total = W = R$ 2.803,00, que foi denotado por W na dedução do VaR marginal.

A Carteira é composta por um investimento de R$ 2.803,00, sendo R$ 875,00 (31,22%) na MRVE3 e R$ 1.928,00 (68,78%) na EMBR3.

O risco da Carteira composta por MRVE3 e EMBR3 é de 1,74%. A variância da Carteira é $0,0174^2 = 0,00030$.

VaR da Carteira é VaR_{cart} = R$ 80,23.

O primeiro passo é calcular a covariância entre o Ativo e a Carteira. Tem-se para a MRVE3:

$$COVAR\left(R_{MRVE3};R_{cart}\right) = W_{MRVE3}\sigma^2_{MRVE3} + W_{EMBR3}COVAR\left(R_{MRVE3};R_{EMBR3}\right)$$
$$COVAR\left(R_{MRVE3};R_{cart}\right) = 0,3122\times\left(0,0414\right)^2 + 0,6878\times\left(-0,00008\right)$$
$$COVAR\left(R_{MRVE3};R_{cart}\right) = 0,000535 - 0,000055$$
$$COVAR\left(R_{MRVE3};R_{cart}\right) = 0,00048$$

O beta da MRVE3 é:

$$\beta_{MRVE3} = \frac{COVAR\left(R_{MRVE3}; r_{\text{cart}}\right)}{\sigma^2_{\text{cart}}}$$

$$\beta_{MRVE3} = \frac{0,00048}{0,00030} = 1,60$$

O VaR marginal para a MRVE3 é:

$$\Delta VaR_{MRVE3} = \frac{VaR_{\text{cart}}}{W} \times \beta_{MRVE3}$$

$$\Delta VaR_{MRVE3} = \frac{80,23}{2.803,00} \times 1,60 = 0,0458$$

Para a EMBR3, o processo é o mesmo, conforme demonstrado a seguir:

$$COVAR\left(R_{EMVR3}; R_{cart}\right) = W_{EMBR3}\sigma^2_{EMBR3} + W_{MRVE3}COVAR\left(R_{MRVE3}; R_{EMBR3}\right)$$

$$COVAR9\left(R_{EMBR3}; R_{cart}\right) = 0,686878 \times \left(0,0209\right)^2 + 0,3122 \times \left(-0,00008\right)$$

$$COVAR\left(R_{EMBR3}; R_{cart}\right) = 0,00030 - 0,000025$$

$$COVAR\left(R_{EMBR3}; R_{cart}\right) = 0,00275$$

O beta da EMBR3 é:

$$\beta_{EMBR3} = \frac{COVAR\left(R_{EMBR3}; R_{cart}\right)}{\sigma^2_{\text{cart}}}$$

$$\beta_{EMBR3} = \frac{0,000275}{0,00030} = 0,92$$

O VaR marginal para a EMBR3 é:

$$\Delta VaR_{EMBR3} = \frac{VaR_{\text{cart}}}{W} \times \beta_{EMR3}$$

$$\Delta VaR_{EMBR3} = \frac{80,23}{2.803,00} \times 0,92 = 0,0263$$

Dessa forma, o VaR marginal é uma ferramenta de grande utilidade para ajudar o investidor a medir a contribuição de cada ativo para o risco total da Carteira. Outra medida para análise de riscos é o VaR de Componente, que detecta a mudança no VaR da Carteira caso o ativo seja excluído.

3.8 *Value at Risk* de Componente

O conhecimento da decomposição do risco de uma Carteira seria extremamente útil para o investidor gerir a Carteira, tomando decisões de entradas e saídas tanto de ativos quanto de movimentações dentro da própria Carteira. Todavia, essa decomposição não pode ser feita de maneira trivial, uma vez que a volatilidade da Carteira não é uma função linear de seus ativos.

Calcular os VaRs individuais e verificar qual deles tem mais peso no VaR total não faz muito sentido, uma vez que se estaria ignorando os efeitos da diversificação.

Uma saída para isso é o cálculo do VaR marginal, feito anteriormente para avaliar a contribuição de cada ativo na Carteira para o risco atual da mesma.

Ao se multiplicar o VaR marginal pela participação do ativo na Carteira, tem-se o que é chamado "VaR de Componente". Essa decomposição é útil para grandes Carteiras, ou seja, Carteiras com vários ativos. Assim, para determinado ativo i, tem-se:

$$\text{VaR Componente} = \Delta\text{VaR}_i \times W_i \times \text{Investimento}$$

E dentro da fórmula do lado direito tem-se:

$$\Delta\text{VaR}_i = \frac{\text{VaR}_{\text{Carteira}}}{\text{Investimento}} \times \beta_i, \text{ VaR marginal do ativo } (i);$$

W_i = peso percentual do ativo (i);
Investimento = capital total alocado na Carteira.

Essa medida indicará aproximadamente a mudança no VaR da Carteira caso o ativo seja eliminado da mesma. A precisão dessa aproximação é melhor quando as participações dos ativos são pequenas, conforme Jorion (2010, p. 145).

O VaR de Componente mostra uma decomposição aditiva do VaR da Carteira. Indica quanto do risco total da Carteira vem de cada ativo, já com o efeito da diversificação. Pode-se expressar essa contribuição do risco de cada ativo a partir da decomposição do VaR, conforme já demonstrado. Aqui, faremos um resumo do cálculo para chegar a uma forma alternativa mais simples.

O ΔVaR_i pode ser calculado pela expressão anterior em que o beta do ativo (i) fica:

$$\beta_i = \frac{COVAR\left(R_i, R_{\text{Carteira}}\right)}{\sigma^2_{\text{Carteira}}} = \frac{CORREL\left(R_i, R_{\text{Carteira}}\right) \cdot \sigma_i \cdot \sigma_{\text{Carteira}}}{\sigma^2_{\text{Carteira}}} =$$

Simplificando o σ_{Carteira} do numerador e do denominador, tem-se:

$$\beta_i = \frac{CORREL\left(R_i, R_{\text{Carteira}}\right) \cdot \sigma_i}{\sigma_{\text{Carteira}}}$$

Substituindo cada elemento da fórmula do VaR de Componente, tem-se:

$$VaR\ Componente_i = \Delta VaR_i \cdot W_i \cdot Investimento$$

$$VaR\ Componente_i = \frac{VaR_{\text{Carteira}}}{Investimento} \cdot \beta_i \cdot W_i \cdot Investimento$$

$$VaR\ Componente_i = VaR_{\text{Carteira}} \cdot \beta_i \cdot W_i$$

Inserindo as formulações do VaR Carteira e do beta do ativo (i), tem-se:

$$VaR\ Componente_i = Investimento \times \sigma_{Carteira} \times Z_{\alpha\%} \times \frac{CORREL(R_i, R_{Carteira}) \times \sigma_i}{\sigma_{Carteira}} \times W_i$$

$$VaR\ Componente_i = Investimento \times \sigma_{Carteira} \times Z_{\alpha\%} \times \frac{CORREL(R_i, R_{Carteira}) \times \sigma_i}{\sigma_{Carteira}} \times W_i$$

$$VaR\ Componente_i = Investimento \times Z_{\alpha\%} \times CORREL(R_i, R_{Carteira}) \times \sigma_i \times W_i$$

E como já se sabe que $VaR_i = Investimento \times W_i \times \sigma_i \times Z_{\alpha\%}$

$$VaR\ Componente_i = Investimento \times W_i \times \sigma_i \times Z_{\alpha\%} \times CORREL(R_i, R_{Carteira})$$

$$VaR\ Componente_i = VaR_i \times CORREL(R_i, R_{Carteira})$$

APLICAÇÃO PRÁTICA

Para ilustrar o cálculo do VaR de Componente, considere os mesmos ativos das aplicações práticas anteriores, MRVE3 e EMBR3, com as mesmas informações de risco e retorno.

As informações necessárias para o cálculo do VaR de Componente são:

O VaR marginal para a MRVE3 é 0,0458 e para a EMBR3, de 0,0263. Assim, o VaR de Componente fica para a MRVE3:

$$VaR\ Componente_{MRVE3} = \Delta VaR_{MRVE3} \times W_{MRVE3} \times Investimento$$
$$VaR\ Componente_{MRVE3} = 0,0458 \times 0,3122 \times 2.803,00$$
$$VaR\ Componente_{MRVE3} = 0,0458 \times 875,00$$
$$VaR\ Componente_{MRVE3} = 40,08$$

E para a EMBR3:

$$VaR\ Componente_{MRVE3} = \Delta VaR_{EMBR3} \times W_{EMBR3} \times Investimento$$
$$VaR\ Componente_{MRVE3} = 0,0263 \times 0,6878 \times 2.803,00$$
$$VaR\ Componente_{MRVE3} = 0,0263 \times 1.928,00$$
$$VaR\ Componente_{MRVE3} = 50,71$$

Os Componentes dos ativos com sinais positivos aumentam o risco da Carteira, e os de sinais negativos atuam como *hedge* por reduzirem o risco da Carteira.

E ainda, a soma dos VaRs Componentes deve ser o VaR total da Carteira. Na aplicação prática, a aproximação não chega a R$ 80,23 pelo fato de se ter apenas dois ativos na Carteira. No caso da aplicação, ambos são positivos e não contribuem para a redução do risco da Carteira.

A Figura 3.4 ilustra todas as ferramentas de VaR descritas até aqui. O gráfico mostra o comportamento do VaR da Carteira em função do capital investido na MRVE3 de R$ 0 até R$ 875,00, quando o VaR da Carteira é R$ 80,23. Com investimento de R$ 0 tem-se apenas o VaR da EMBR3.

O VaR marginal é a mudança do VaR em função de um aumento de R$ 1,00, que representa a inclinação da reta tracejada tangente à curva do VaR.

O VaR incremental é a mudança do VaR em face da exclusão da MRVE3 da Carteira. O VaR marginal pode ainda demonstrar como reduzir o risco da Carteira. O VaR marginal da MRVE3 é quase o dobro do VaR marginal da EMBR3. Reduzir a posição na MRVE3 é, provavelmente, mais eficiente que reduzir a posição em EMBR3.

Figura 3.4   Decomposição do VaR.

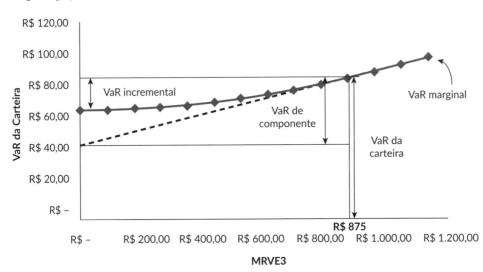

3.9   Analisando as métricas do *Value at Risk*

As medidas de risco apresentadas anteriormente correspondem a um avanço na compreensão da análise de riscos, tanto de ativos individuais no mercado quanto no contexto de Carteiras de investimentos.

Quando se calcula o risco de um ativo, está se verificando a métrica de incerteza no comportamento do retorno deste ativo. Todavia, quando se monta uma Carteira com mais de um ativo, deve-se analisar os efeitos desses riscos combinados sobre o risco final desta Carteira.

O risco da Carteira é diluído a partir das correlações entre os retornos dos ativos presentes na Carteira e o número de ativos existentes que colaboram para a diversificação. E o benefício dessa diversificação na Carteira pode ser medido pelo VaR.

O VaR não diversificado nada mais é do que a soma dos VaRs individuais considerando cada ativo isolado no mercado. Em outras palavras, pode-se entender o VaR não diversificado como uma medida de risco máxima para todos os ativos que estivessem em uma Carteira, em que todas as correlações fossem iguais a 1, ou seja, sem qualquer capacidade de diversificação.

Já o VaR diversificado corresponde ao VaR da Carteira que contém os benefícios da diversificação medidos por meio da correlação. O risco da Carteira apresenta redução quando os ativos mostram alguma correlação diferente de 1, ou quando são inseridos mais ativos nas mesmas condições de apresentarem alguma correlação com os demais ativos da Carteira sendo diferentes de 1.

Se todos os ativos da Carteira apresentarem correlação perfeita igual a 1, o VaR diversificado e o VaR não diversificado serão iguais, o que estaria indicando ausência completa de diversificação. Caso contrário, isto é, existindo alguma correlação entre os ativos, o VaR da Carteira é reduzido, começando a surgir efeitos ou ganhos/benefícios da correlação na redução do risco. Esse ganho do poder de diversificação da Carteira é medido pela diferença entre o VaR não diversificado e o VaR diversificado.

Na prática da análise de riscos é necessário o acompanhamento do risco para que as decisões sobre alocação de investimentos em Carteira, quer pela inserção ou exclusão de ativos, estejam dentro do objetivo de monitoramento do investidor/gestor da Carteira. Para um melhor monitoramento da exposição ao risco Carteira, pode-se utilizar métricas de análise em separado da decomposição dos riscos dos ativos. Esta decomposição é feita pelo VaR, encontrando-se o VaR marginal, o VaR incremental e o VaR de Componente ou de contribuição.

O estudo detalhado dessas métricas tem por objetivo analisar a exposição individual dos ativos pertencentes à Carteira, visando decisões estratégicas de novas alocações, a partir do conhecimento do impacto global na Carteira diante das decisões tomadas.

APLICAÇÃO PRÁTICA

Para ilustrar todo o processo de apuração das métricas do *Value at Risk*, considere uma Carteira composta de três ações e um investimento em dólares americanos. Reforça-se uma vez mais que essa aplicação é meramente ilustrativa e não representa recomendação de investimentos. A partir dos preços em um dado período, apuram-se os retornos discretos e os retornos esperados e seus riscos, como pode ser visto na Tabela 3.15.

Tabela 3.15 Carteira composta de três ações e um investimento em dólar

Data	MGLU3	PETR4	VALE3	Dólar
Dez./2019	R$ 11,89	R$ 29,20	R$ 48,96	R$ 4,03
Jan./2020	R$ 13,92	R$ 27,52	R$ 46,17	R$ 4,27
Fev./2020	R$ 12,60	R$ 24,52	R$ 40,70	R$ 4,50
Mar./2020	R$ 9,73	R$ 13,53	R$ 39,70	R$ 5,20
Abr./2020	R$ 12,40	R$ 17,46	R$ 41,20	R$ 5,43
Maio/2020	R$ 16,05	R$ 19,68	R$ 48,68	R$ 5,43
Jun./2020	R$ 17,87	R$ 20,85	R$ 51,36	R$ 5,48

(continua)

(continuação)

Data	MGLU3	PETR4	VALE3	Dólar
Jul./2020	R$ 20,16	R$ 21,48	R$ 55,76	R$ 5,20
Ago./2020	R$ 23,28	R$ 21,18	R$ 54,82	R$ 5,47
Set./2020	R$ 22,28	R$ 18,97	R$ 56,56	R$ 5,64
Out./2020	R$ 24,60	R$ 18,32	R$ 57,94	R$ 5,77
Nov./2020	R$ 23,36	R$ 24,09	R$ 74,64	R$ 5,33
Dez./2020	R$ 24,95	R$ 27,42	R$ 83,68	R$ 5,20
Jan./2021	R$ 25,27	R$ 25,82	R$ 84,16	R$ 5,48
Fev./2021	R$ 24,18	R$ 21,52	R$ 90,45	R$ 5,53
Mar./2021	R$ 20,24	R$ 23,32	R$ 97,97	R$ 5,70
Abr./2021	R$ 20,03	R$ 23,62	R$ 109,02	R$ 5,40
Maio/2021	R$ 19,46	R$ 23,50	R$ 115,05	R$ 5,22

Fonte: Economática. Acesso em: jun. 2021.

Os dados da Tabela 3.15 foram obtidos da Economática e considerou-se as cotações arredondadas para duas casas decimais para evitar erros de aproximação nas demais operações.

E, assim, os retornos ficariam conforme a Tabela 3.16.

Tabela 3.16   Retornos de três ações e um investimento em dólar

Data	MGLU3	PETR4	VALE3	Dólar
Jan./2020	17,07%	−5,75%	−5,70%	5,96%
Fev./2020	−9,48%	−10,90%	−11,85%	5,39%
Mar./2020	−22,78%	−44,82%	−2,46%	15,56%
Abr./2020	27,44%	29,05%	3,78%	4,42%
Maio/2020	29,44%	12,71%	18,16%	0,00%
Jun./2020	11,34%	5,95%	5,51%	0,92%
Jul./2020	12,81%	3,02%	8,57%	−5,11%
Ago./2020	15,48%	−1,40%	−1,69%	5,19%
Set./2020	−4,30%	−10,43%	3,17%	3,11%
Out./2020	10,41%	−3,43%	2,44%	2,30%
Nov./2020	−5,04%	31,50%	28,82%	−7,63%

(continua)

(continuação)

Data	MGLU3	PETR4	VALE3	Dólar
Dez./2020	6,81%	13,82%	12,11%	−2,44%
Jan./2021	1,28%	−5,84%	0,57%	5,38%
Fev./2021	−4,31%	−16,65%	7,47%	0,91%
Mar./2021	−16,29%	8,36%	8,31%	3,07%
Abr./2021	−1,04%	1,29%	11,28%	−5,26%
Maio/2021	−2,85%	−0,51%	5,53%	−3,33%

Os valores dos retornos médios e respectivos riscos são listados na Tabela 3.17.

Tabela 3.17 Retorno médio e respectivo risco de três ações e um investimento em dólar

	MGLU3	PETR4	VALE3	Dólar
Retorno médio	3,88%	0,35%	5,53%	1,67%
Risco	14,34%	17,50%	9,31%	5,53%

Para a análise dos dados, foi considerada a aquisição de uma Carteira com 100 unidades de cada ação e uma compra referente a US$ 1.000, todas realizadas ao último preço do mês de maio de 2021. Assim, a composição da Carteira fica:

- 100 ações MGLU3 a R$ 19,46   = R$ 1.946,00
- 100 ações PETR4 a R$ 23,50   = R$ 2.350,00
- 100 ações VALE3 a R$ 115,05   = R$ 11.505,00
- US$ 1.000 a R$ 5,22   = R$ 5.220,00
  - TOTAL   = R$ 21.021,00

Os pesos foram obtidos dividindo-se o total do investimento em cada ativo pelo total investido na Carteira (R$ 21.021,00), conforme podem ser vistos na Tabela 3.18.

Tabela 3.18 Pesos referentes à composição da Carteira

Ativos/R$ e %	MGLU3	PETR4	VALE3	Dólar	Total
Investimento	1.946,00	2.350,00	11.505,00	5.220,00	21.021,00
Pesos	9,26%	11,18%	54,73%	24,83%	100,00%

O retorno e risco da Carteira, segundo as expressões demonstradas anteriormente, podem ser obtidos:

$$Ret_{Cart} = 9,26\% \times 3,88\% + 11,18\% \times 0,35\% + 54,73\% \times 5,53\% + 24,83\% \times 1,67\%$$

$$Ret_{Cart} = 3,84\%$$

Para o cálculo do risco da Carteira, tem-se duas possibilidades: a primeira é obter a matriz de correlação, e posteriormente a matriz de covariâncias, ou diretamente obter a matriz de covariâncias. Na Tabela 3.19, é demonstrada a primeira possibilidade, a partir da matriz de correlações para diferenciar das outras aplicações já feitas.

Tabela 3.19 Matriz de correlações entre os retornos dos ativos

Correlação	MGLU3	PETR4	VALE3	Dólar
MGLU3	1,00000	0,53103	0,11461	-0,21053
PETR4	0,53103	1,00000	0,62484	-0,66467
VALE3	0,11461	0,62484	1,00000	-0,72882
DÓLAR	-0,21053	-0,66467	-0,72882	1,00000

A partir das correlações, pode-se calcular as covariâncias:

- $COVAR(MGLU3, MGLU3) = r_{MGLU3,MGLU3} \times S_{MGLU3} \times S_{MGLU3}$

$$COVAR(MGLU3, MGLU3) = 1,0000 \times 0,1434 \times 0,1434 = 0,02056$$

- $COVAR(MGLU3, PETR4) = r_{MGLU3,PETR4} \times S_{MGLU3} \times S_{PETR4}$

$$COVAR(MGLU3, PETR4) = 0,53103 \times 0,1434 \times 0,1750 = 0,01332$$

E assim sucessivamente para os demais ativos, temos os dados na Tabela 3.20.

Tabela 3.20 Matriz de covariância completa

Covariância	MGLU3	PETR4	VALE3	Dólar
MGLU3	0,02056	0,01332	0,00153	-0,00167
PETR4	0,01332	0,03061	0,01017	-0,00643
VALE3	0,00153	0,01017	0,00866	-0,00375
DÓLAR	-0,00167	-0,00643	-0,00375	0,00306

Para o cálculo do risco, pode-se assumir esta matriz de covariância e obter:

$$S_{Cart} = \sqrt{\begin{bmatrix} 0,0926 & 0,1118 & 0,5473 & 0,2483 \end{bmatrix} \times \begin{bmatrix} 0,02056 & 0,01332 & 0,00153 & -0,00167 \\ 0,01332 & 0,03061 & 0,01017 & -0,00643 \\ 0,00153 & 0,01017 & 0,00866 & -0,00375 \\ -0,00167 & -0,00643 & -0,00375 & 0,00306 \end{bmatrix} \times \begin{bmatrix} 0,0926 \\ 0,1118 \\ 0,5473 \\ 0,2483 \end{bmatrix}}$$

Assim, o risco da Carteira é:

$$S_{\text{Cart}} = 5,9697\%$$

Outra forma de se obter o risco da Carteira seria usar os pesos dos investimentos e os próprios retornos mensais de cada um dos ativos ao longo dos meses e, então, calcular o retorno mensal da Carteira, da seguinte maneira:

$$Ret_{jan/20} = 9,26\% \times 17,07\% + 11,18\% \times (-5,75\%) + 54,73\% \times (-5,70\%) + 24,83\% \times 5,96\%$$

$$Ret_{jan/20} = -0,70\%$$

A partir desses retornos da Carteira em cada um dos meses, pode-se empregar o cálculo da média e do desvio-padrão normais para se obter o retorno da Carteira e o risco (Tabela 3.21).

Tabela 3.21 Retorno médio e respectivo risco da Carteira

Meses	Carteira
Jan./2020	−0,70%
Fev./2020	−7,24%
Mar./2020	−4,60%
Abr./2020	8,95%
Maio/2020	14,08%
Jun./2020	4,96%
Jul./2020	4,94%
Ago./2020	1,64%
Set./2020	0,94%
Out./2020	2,49%
Nov./2020	16,94%
Dez./2020	8,20%
Jan./2021	1,12%
Fev./2021	2,06%
Mar./2021	4,74%
Abr./2021	4,91%
Maio/2021	1,88%
	Carteira
Retorno médio	3,8416%
Risco	5,96969%

Pode-se agora obter o VaR de cada um dos ativos da Carteira e as respectivas métricas de risco:

$$VaR\left(MGLU3, 95\%\right) = 1.946,00 \times 0,14338 \times 1,645 = 458,95$$

$$VaR\left(PETR4, 95\%\right) = 2.350,00 \times 0,174955 \times 1,645 = 676,27$$

$$VaR\left(VALE3, 95\%\right) = 11.505,00 \times 0,093063 \times 1,645 = 1.761,14$$

$$VaR\left(Dólar, 95\%\right) = 5.220,00 \times 0,055311 \times 1,645 = 474,91$$

E ainda temos o VaR da Carteira:

$$VaR\left(Carteira, 95\%\right) = 21.021,00 \times 0,0596969 \times 1,645 = 2.064,11$$

O VaR não diversificado e o ganho pela diversificação ficam:

$$VaR\ Não\ Diversificado = 458,95 + 676,27 + 1.761,14 + 474,91$$

$$VaR\ Não\ Diversificado = 3.371,27$$

$$Ganho\ pela\ Diversificação = 3.371,27 - 2.064,11$$

$$Ganho\ pela\ Diversificação = 1.307,16$$

Dessa forma, a escolha dos ativos fez com que se obtivesse uma redução do risco pela diversificação em $ 1.307,16.

Pode-se agora, calcular o VaR das Carteiras compostas pelos ativos em separado a partir do seguinte recurso:

$$VaR\left(Ativo\ A + Ativo\ B\right) = \sqrt{VaR_{Ativo\ A}^2 + VaR_{Ativo\ B}^2 + 2 \times VaR_{Ativo\ A} \times VaR_{Ativo\ B} \times correl\left(A, B\right)}$$

Dessa forma:

$$VaR\left(MGLU3 + PETR4\right) =$$

$$= \sqrt{VaR_{MGLU3}^2 + VaR_{PETR4}^2 + 2 \times VaR_{MGLU3} \times VaR_{PETR4} \times correl\left(MGLU3, PETR4\right)}$$

$$VaR\left(MGLU3 + PETR4\right) = \sqrt{458,95^2 + 676,27^2 + 2 \times 458,95 \times 676,27 \times 0,53103}$$

$$VaR\left(MGLU3 + PETR4\right) = 998,81$$

Assim, pode-se repetir o processo para obtenção de todas as composições possíveis para as Carteiras. Os cálculos da Tabela 3.22 foram feitos com nível de confiança de 95%.

Tabela 3.22 *Value at Risk* das possíveis composições das Carteiras

VaR (MGLU3, PETR4)	998,81
VaR (MGLU3, VALE3)	1.870,16
VaR (MGLU3, DÓLAR)	586,86
VaR (PETR4, VALE3)	2.246,62
VaR (PETR4, DÓLAR)	505,91
VaR (VALE3, DÓLAR)	1.451,89
VaR (MGLU3, PETR4, VALE3)	2.402,68
VaR (MGLU3, PETR4, DÓLAR)	839,31
VaR (MGLU3, VALE3, DÓLAR)	1.553,10
VaR (PETR4, VALE3, DÓLAR)	1.904,41
VaR (MGLU3, PETR4, VALE3, DÓLAR)	2.064,11

Assim, o cálculo do VaR Incremental (IVaR) de cada um dos ativos pode ser obtido:

$$IVaR\left(MGLU3\right) = VaR\left(MGLU3, PETR4, VALE3, DÓLAR\right) - VaR\left(PETR4, VALE3, DÓLAR\right)$$

$$IVaR\left(MGLU3\right) = 2.064,11 - 1.904,41 = \$159,70$$

$$IVaR\left(PETR4\right) = VaR\left(MGLU3, PETR4, VALE3, DÓLAR\right) - VaR\left(MGLU3, VALE3, DÓLAR\right)$$

$$IVaR\left(PETR4\right) = 2.064,11 - 1.553,10 = \$511,01$$

$$IVaR\left(VALE3\right) = VaR\left(MGLU3, PETR4, VALE3, DÓLAR\right) - VaR\left(MGLU3, PETR4, DÓLAR\right)$$

$$IVaR\left(VALE3\right) = 2.064,11 - 839,31 = \$1.224,80$$

$$IVaR\left(DÓLAR\right) = VaR\left(MGLU3, PETR4, VALE3, DÓLAR\right) - VaR\left(MGLU3, PETR4, VALE3\right)$$

$$IVaR\left(DÓLAR\right) = 2.064,11 - 2.402,68 = -\$338,57$$

Pode-se notar que o IVaR(DÓLAR) é negativo, o que pode indicar que a inclusão do dólar na Carteira colaborou com a redução do risco, isto é, pode atuar como *hedge*. Cabe notar que não há rebalanceamento da Carteira. As demais operações agregam risco à Carteira.

Outra métrica importante para o gestor é o VaR marginal, onde pode ser observado o que ocorre na Carteira em caso de uma nova aquisição do ativo. No caso, avalia-se essa medida interpretando a variação que ocorreria no VaR da Carteira em função de um aumento de R\$ 1,00 na exposição de determinado Componente.

A obtenção do VaR marginal tem início com a apuração do coeficiente beta do ativo com relação à Carteira total: Carteira.

$$\beta_i = \frac{Covariância\left(Ativo\ i, Carteira\right)}{Variância\left(Carteira\right)}$$

Assim, partindo-se da covariância entre os retornos do ativo e os retornos da Carteira, tem-se:

$$Covariância\left(MGLU3, Carteira\right) \quad 0,003814788$$
$$Covariância\left(PETR4, Carteira\right) \quad 0,008625962$$
$$Covariância\left(VALE3, Carteira\right) \quad 0,005087451$$
$$Covariância\left(DÓLAR, Carteira\right) \quad -0,002167189$$

Calculando-se o beta de cada ativo, tem-se:

$$\beta_{MGLU3} = \frac{0,003814788}{\left(0,0596969\right)^2} = 1,070451$$

$$\beta_{PETR4} = \frac{0,008625962}{\left(0,0596969\right)^2} = 2,420493$$

$$\beta_{VALE3} = \frac{0,005087451}{\left(0,0596969\right)^2} = 1,427567$$

$$\beta_{DÓLAR} = \frac{-0,002167189}{\left(0,0596969\right)^2} = -0,608125$$

Pode-se chegar ao VaR Marginal de cada ativo fazendo:

$$Marg \cdot VaR_{MGLU3} = \frac{2.064,11}{21.021,00} \times 1,070451 = R\$\ 0,11$$

$$Marg \cdot VaR_{PETR4} = \frac{2.064,11}{21.021,00} \times 2,420493 = R\$\ 0,24$$

$$Marg \cdot VaR_{VALE3} = \frac{2.064,11}{21.021,00} \times 1,427567 = R\$\ 0,14$$

$$Marg \cdot VaR_{DÓLAR} = \frac{2.064,11}{21.021,00} \times -0,608125 = -R\$\ 0,06$$

Entende-se, dessa forma, a contribuição de risco de cada ativo ao se adicionar R\$ 1,00 de investimento em cada ativo. Os ativos MGLU3, PETR4 e VALE3 são agregadores de risco e o VaR marginal demonstra o quanto o VaR da Carteira aumentará se adicionarmos R\$ 1,00 de investimento em cada um dos ativos. Já o DÓLAR é redutor de risco e, para este caso, no período analisado, atuará como *hedge* para a Carteira, reduzindo o seu risco.

Na gestão de uma Carteira é interessante conhecer ainda quanto de risco total da Carteira vem de cada ativo já com o efeito da diversificação. Essa medida retrata a separação do VaR da Carteira para cada um dos ativos existentes.

Essa métrica é conhecida como a contribuição do VaR da Carteira para cada ativo, ou ainda, a participação ou Componente.

Para o cálculo do VaR de Componente, tem-se inicialmente a correlação entre os retornos do ativo e os retornos da Carteira:

Logo, conforme demonstrado anteriormente:

$$VaR\ Componente\left(MGLU3\right) = 458,95 \times 0,445678861 = \$\ 204,54$$

$$VaR\ Componente\left(PETR4\right) = 676,27 \times 0,825905177 = \$\ 558,54$$

$$VaR\ Componente\left(VALE3\right) = 1.761,14 \times 0,915733383 = \$\ 1.612,73$$

$$VaR\ Componente\left(DÓLAR\right) = 474,91 \times \left(-0,656344946\right) = -\$\ 311,70$$

Ao somarmos todos os VaRs de Componente de cada ativo, chega-se novamente ao VaR da Carteira. Dessa forma, pode-se entender quanto de risco da Carteira está vindo de cada ativo. Essa relação pode ser comparada com as alocações percentuais feitas no início do estudo para cada um dos investimentos a partir do total de capital aplicado. A Tabela 3.23 ilustra estes percentuais.

Tabela 3.23 Alocações percentuais para cada um dos investimentos

Ativos	Investimento	Peso alocado	VaR Componente	VaR alocado
MGLU3	R$ 1.946,00	9,26%	204,54	9,91%
PETR4	R$ 2.350,00	11,18%	558,54	27,06%
VALE3	R$ 11.505,00	54,73%	1.612,73	78,13%
DÓLAR	R$ 5.220,00	24,83%	-311,70	-15,10%
Total	R$ 21.021,00	100,00%	R$ 2.064,11	100,00%

A Tabela 3.23 mostra, por exemplo, que 54,73% do capital foi investido na VALE3, representando um risco de 78,13% do VaR total na Carteira. Essa informação pode ser útil ao analista/gestor da Carteira em uma decisão de alocação em ativos que pensam mais ou menos no risco total da Carteira. A representação gráfica fica por conta da Figura 3.5.

Cabe ressaltar mais uma vez que as análises aqui desenvolvidas estão se referindo ao momento analisado dos dados e não são recomendações de investimentos por parte do autor ou da editora.[2]

---

[2] Para mais detalhes sobre alocação de portfólios pelo risco, pode-se verificar em QIAN, Edward. *Risk Parity Fundamentals*. CRC Press, 2016.

Figura 3.5 Alocação de pesos e de riscos na Carteira.

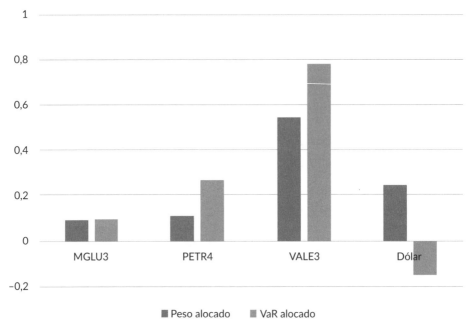

Fonte: adaptada a partir dos dados da Economática.

3.10 Cálculo do *Value at Risk* paramétrico para opções

No mercado de capitais negociam-se ainda os chamados derivativos. Derivativo é o nome dado à família de mercados em que operações com liquidação futura são implementadas com o objetivo de se transferir riscos entre os participantes do mercado.

Os derivativos são formas de negociar apenas a oscilação de preços dos ativos sem haver necessariamente a negociação física do ativo. Dessa forma, nesse mercado de derivativos, tais oscilações provocam nos investidores uma medida de incerteza que será calculada pelo VaR.

Esse mercado foi criado com o propósito básico de fornecer aos investidores um mecanismo de proteção contra possíveis perdas. Uma vez que os preços e os retornos dos instrumentos financeiros estão sujeitos a flutuações imprevisíveis, as opções podem ser usadas para adaptar o risco às expectativas e metas do investidor. A seguir, mostra-se um melhor entendimento do que são as opções.

3.10.1 Entendendo o mercado de opções

Um bom exemplo para explicar o que vem a ser uma opção e que, praticamente, já se fez uma, é o seguro de um carro. O carro é o ativo que está sendo segurado.

Na linguagem do mercado de opções, o carro é o ativo-objeto. O segurado, aquele que compra o seguro, é chamado de comprador da opção e tem o direito de ser reembolsado na hipótese de ocorrência de um sinistro com o veículo. Sua única obrigação é o de pagar pelo seguro. Notadamente, todo seguro tem um prazo de validade, normalmente um ano.

Na outra ponta está a seguradora, que vende o seguro e tem a obrigação de pagar ao comprador, caso o sinistro ocorra, pelo valor acordado na apólice do seguro.

Assim, o seguro pode ser considerado um derivativo por ter todas as características de uma opção, pois o seu valor, mais especificamente o valor do seguro ou do prêmio, depende ou deriva do valor do ativo-objeto do seguro, no caso o automóvel, que tem seu preço livremente negociado no mercado. Quanto maior o valor do bem segurado, maior será o valor do prêmio a ser pago.

Observa-se ainda que o derivativo não depende somente do valor do ativo-objeto, mas de outras variáveis do mercado, como taxa de juros, volatilidade dos preços, prazos de vencimento, entre outros.

Alguns conceitos importantes sobre as opções são dados a seguir, uma vez que o mercado de opções apresenta um vocabulário todo particular, que visa descrever as características desses ativos. Tais conceitos são descritos a seguir:

- **Ativo-objeto:** é o ativo sob o qual está sendo negociada a opção.
- **Titular:** é o investidor que compra a opção, ou seja, aquele que adquire os direitos de comprar ou vender a opção.
- **Lançador:** é o investidor que vende a opção, ou seja, aquele que cede os direitos ao titular (comprador), assumindo a obrigação de comprar ou de vender o objeto da opção.
- **Prêmio ou preço da opção:** é o valor pago pelo titular (comprador) ao lançador (vendedor) da opção para ter direito de comprar ou de vender o objeto da opção. Em outras palavras, é a cotação da opção na bolsa de valores.
- **Preço de exercício (ou valor *strike*, ou preço *strike*):** preço pelo qual o titular (comprador) pode exercer seu direito.
- **Data de exercício:** ou data de vencimento da negociação com a opção. É o último dia no qual o titular (comprador) pode exercer seu direito de comprar ou de vender. Na B3, os vencimentos ocorrem na terceira segunda-feira do mês.
- **Séries de uma opção:** opções do mesmo tipo (compra ou venda) referentes ao mesmo ativo-objeto, com a mesma data de vencimento, que se diferenciam pelos preços de exercício.
- **Fechamento de posição:** operação em que o titular vende suas opções, ou que o lançador recompra suas opções.
- **Preço *spot*:** preço atual do ativo subjacente à opção, ou preço à vista.

As opções podem ser classificadas quanto ao vencimento. Dessa forma, existem ainda as opções de compra, também chamadas *call*, e as opções de venda, também conhecidas por *put*.

- **Opção de compra (*call*):** modalidade em que o titular (comprador) da opção adquire o direito de comprar o ativo-objeto do contrato, mas não a obrigação, por um preço predeterminado (preço de exercício), em data futura acordada pelas partes (data de exercício ou vencimento). Para obter esse direito de comprar, o titular paga ao lançador, ou seja, ao vendedor um valor chamado prêmio.

- **Opção de venda (*put*):** modalidade em que o titular (comprador) adquire o direito de vender o ativo-objeto do contrato, mas não a obrigação, por um preço fixo (preço de exercício), em data futura acordada entre as partes (data de exercício ou vencimento). Para ceder o direito de venda ao titular ou comprador, o lançador ou vendedor recebe um valor chamado "prêmio".

As opções podem ainda ser classificadas quanto ao seu exercício:

- **Americana:** a opção pode ser exercida a qualquer momento, até a data de vencimento acordada entre as partes.
- **Europeia:** a opção somente pode ser exercida na data de vencimento acordada entre as partes.

No mercado brasileiro, a maioria das opções de compra é do tipo americano, e as opções de venda, do estilo europeu.

As opções, assim como as ações, têm códigos específicos para negociação em bolsa de valores. A codificação das opções é feita conjugando-se quatro letras que são representativas do ativo-objeto, ou seja, que fazem o investidor reconhecer o ativo que está sendo negociado, uma quinta letra representando a série da opção, ou seja, de compra ou de venda para cada mês do ano de vencimento, e um número de dois dígitos que representa o *strike*, isto é, o valor de exercício.

As letras representativas da série da opção são identificadas na Tabela 3.24.

Tabela 3.24 Letras representativas da série da opção

Vencimento	Opção de compra	Opção de venda
Janeiro	A	M
Fevereiro	B	N
Março	C	O
Abril	D	P
Maio	E	Q
Junho	F	R
Julho	G	S
Agosto	H	T
Setembro	I	U
Outubro	J	V
Novembro	K	W
Dezembro	L	X

Fonte: B3.

Na hipótese de determinada ação distribuir dividendos aos acionistas, os *strikes* de todas as opções relativas à ação específica são diminuídos no mesmo valor. Por exemplo, se uma opção tem exercício de R$ 19,00 e foi distribuído dividendo de R$ 0,60 por ação, o novo *strike* fica R$ 18,40.

O modelo de averiguação do risco das opções começa pelo seu modelo de precificação. O mais utilizado pelo mercado é o modelo de Black & Scholes, descrito a seguir.

3.10.2 Modelo de precificação de opções – modelo de Black & Scholes

O modelo Black & Scholes, por sua simplicidade e eficácia para se elaborar o preço justo das opções, é o mais amplamente utilizado pelo mercado. Ele foi elaborado por dois cientistas, Fisher Black e Myron Scholes, que adaptaram uma fórmula física para descrever um fenômeno financeiro – a precificação de derivativos. O modelo foi proposto em 1973, sendo o ganhador do prêmio Nobel de 1997.

O modelo em si leva em consideração essencialmente cinco variáveis: volatilidade (σ) (anualizada, considerando a função financeira de cálculo de juros compostos calculada continuamente), taxa de juro livre de risco (R_f), o tempo restante para o exercício da opção (n), preço do ativo-objeto no mercado à vista – preço *spot* (S) e preço de exercício da opção – preço *strike* (E).

Na formulação do cálculo do preço justo das opções, usam-se dois parâmetros, denominados d_1 e d_2, que são os valores críticos para obtenção das respectivas probabilidades em uma distribuição normal.

Tais parâmetros são dados pelas expressões a seguir:

$$d_1 = \frac{\ln\left(\dfrac{S}{E}\right)+\left(R_f+\dfrac{\sigma^2}{2}\right)\times n}{\sigma\sqrt{n}} \quad d_2 = \frac{\ln\left(\dfrac{S}{E}\right)+\left(R_f-\dfrac{\sigma^2}{2}\right)\times n}{\sigma\sqrt{n}} = d_1 - \sigma\sqrt{n}$$

De posse desses dois parâmetros,

$$CALL = S \cdot N\left(d_1\right) - E \cdot e^{-R_f \cdot n} \cdot N\left(d_2\right) \quad PUT = E \cdot e^{-R_f \cdot n} \cdot N\left(d_2\right) - S \cdot N(d_1)$$

Os fatores $N(d)$ são as probabilidades acumuladas de menos infinito até o valor d correspondente. Os valores obtidos depois de aplicados os conceitos algébricos são submetidos aos conceitos estatísticos.

APLICAÇÃO PRÁTICA

A ação preferencial da Petrobras no início de agosto de 2013 estava cotada à vista em R$ 17,81. A opção da série com vencimento em setembro de 2013, PETRI18, a exatos 20 dias úteis do vencimento de setembro. A volatilidade anual da PETR4 estava em 36% e a taxa livre de risco, em 8,5%.

Diante dessas informações, pode-se aplicar o modelo de Black & Scholes para calcular o preço da opção.

Os dados são:

$S = 17{,}81$

$E = 18{,}00$

$R_f = 8{,}5\%$ a.a.

$\sigma = 36\%$ a.a.

$n = 20/252$

$$\text{Assim: } d_1 = \frac{\ln\left(\dfrac{17{,}81}{18{,}00}\right) + \left(0{,}085 + \dfrac{0{,}36^2}{2}\right) \times \dfrac{20}{252}}{0{,}36\sqrt{\dfrac{20}{252}}} = 0{,}01259$$

E o parâmetro d_2 fica:

$$d_2 = 0{,}01259 - 0{,}36\sqrt{\frac{20}{2520}} = -0{,}08882$$

Os valores de $N(d_1)$ e $N(d_2)$ podem ser obtidos em tabelas estatísticas de distribuição normal ou por planilhas eletrônicas. No exemplo, pode-se considerar a tabela normal, como pode ser verificado a seguir em seu trecho referente ao valor crítico de cada parâmetro:

Para o valor de $N(d_1) = N(0{,}01259) = N(0{,}01)$, no valor aproximado, tem-se que $N(0{,}01) = 0{,}5040$.

A localização do valor na tabela normal é dada por $N(0{,}01)$, onde deve-se buscar a linha $(0{,}0)$ correspondente aos dois primeiros algarismos do valor crítico d_1, e o terceiro algarismo na coluna $(0{,}01)$ corresponde ao valor 1 (Tabela 3.25).

Tabela 3.25 Valor $N(d_1)$ a partir da tabela normal

Z	0,00	0,01	0,02	0,03	0,04	0,05	0,06	0,07	0,08	0,09
0,0	0,5000	0,5040	0,5080	0,5120	0,5160	0,5199	0,5239	0,5279	0,5319	0,5359
0,1	0,5398	0,5438	0,5478	0,5517	0,5557	0,5596	0,5636	0,5675	0,5714	0,5753
0,2	0,5793	0,5832	0,5871	0,5910	0,5948	0,5987	0,6026	0,6064	0,6103	0,6141

O mesmo se repete para o valor $d_2 = -0{,}09$ aproximadamente. Assim, o valor de $N(d_2)$ é 0,4641 (Tabela 3.26).

Tabela 3.26 Valor $N(d_2)$ a partir da tabela normal

Z	0,00	0,01	0,02	0,03	0,04	0,05	0,06	0,07	0,08	0,09
-0,0	0,5000	0,4960	0,4920	0,4880	0,4840	0,4801	0,4761	0,4721	0,4681	0,4641
-0,1	0,4602	0,4562	0,4522	0,4483	0,4443	0,4404	0,4364	0,4325	0,4286	0,4247
-0,2	0,4207	0,4168	0,4129	0,4090	0,4052	0,4013	0,3974	0,3936	0,3897	0,3859

Portanto, o valor da opção de compra *CALL* é dado por:

$$CALL = 17,81 \times 0,5040 - 18,00 \times e^{-0,085 \times \frac{20}{252}} \times 0,4641 = R\$\,0,68$$

O modelo de Black & Scholes possui ainda suas medidas de sensibilidades às variáveis do modelo. São as chamadas "letras gregas do modelo".

O preço das opções se comporta de modo não linear, com a variação dos fatores determinantes de seu prêmio. Ao efeito da variação de cada um desses fatores no valor da opção é dado o nome de medida de sensibilidade (comumente representado por letras gregas).

A letra grega mais importante é o delta. O delta indica a sensibilidade do prêmio da opção a variações no preço à vista do ativo-objeto. De modo aproximado, podemos dizer que, para pequenas variações no preço do ativo-objeto, a variação no prêmio será de aproximadamente delta vezes o valor da variação no preço do ativo-objeto. Resumindo, o delta indica quanto irá variar o valor da opção com relação ao preço do ativo, quanto uma opção irá variar para uma variação de R$ 1 no preço do ativo. O delta varia de 0 a 1.

Essa medida se diferencia para opções de compra e venda e é usada nos modelos de *Value at Risk* para opções, como será visto a seguir. O delta para cada tipo de opção é dado conforme as expressões a seguir:

DELTA PARA *CALL*: $\Delta = N(d_1)$
DELTA PARA *PUT*: $\Delta = N(-d_1)$

Note que o delta nada mais é do que o valor da distribuição normal do parâmetro d_1 para as referidas opções.

Outra letra grega importante para os modelos de VaR é o gama. O gama é a variação do delta, dada uma pequena variação no preço do ativo-objeto. Ele é útil quando trabalhamos com aproximações de segunda ordem. Indica quanto o delta irá mudar com relação à variação do preço do ativo, ou seja, é a velocidade de mudança do delta. É igual para *calls* e *puts*. Em outras palavras, diz-se que é a aceleração do delta. O gama pode ser obtido a partir do conjunto de expressões a seguir:

$$\Gamma = \frac{N'(d_1)}{S\sigma\sqrt{n}}$$

em que:

$$d_1 = \frac{\ln\left(\dfrac{S}{E}\right) + \left(R_f + \dfrac{\sigma^2}{2}\right)n}{\sigma\sqrt{n}} \quad e \quad N'(d_1) = \frac{1}{\sqrt{2\pi}}e^{-\frac{d_1^2}{2}}$$

O VaR para opções pode ser obtido por meio de dois modelos distintos, que são demonstrados a seguir.

3.10.3 VaR pelo modelo delta para opções

A sensibilidade de uma Carteira a um dado fator de risco é a diversidade no valor da Carteira, em vista de uma variação muito pequena no fator de risco (por exemplo, de 1%). A sensibilidade de uma Carteira formada por uma única opção com relação ao ativo-objeto é o delta da opção.

O VaR da opção pelo modelo delta nada mais é do que o VaR da ação objeto multiplicado pelo delta da opção, como pode ser visto a seguir para um capital investido na ação, chamado M, e seu respectivo risco (σ) para $\alpha\%$ de confiança.

$$VaR_{Opção}\left(\alpha\%, 1 \text{ período}\right) = VaR_{Ação} \times \Delta_{Opção}$$
$$VaR_{Opção}\left(\alpha\%, 1 \text{ período}\right) = M \times \sigma \times Z_{\alpha\%}$$

APLICAÇÃO PRÁTICA

Em determinado dia do início de agosto de 2013, a ação preferencial da Petrobras estava cotada à vista em R$ 17,81. A opção da série com vencimento em setembro de 2013, PETRI18, a exatos 20 dias úteis do vencimento de setembro. A volatilidade anual da PETR4 estava em 36% ao ano, 2,29% ao mês, e a taxa livre de risco em 8,5%. Pode-se determinar o VaR da ação e da opção em um dia para um investimento de compra de 1.000 ações da PETR4 e venda de 1.000 opções de compra da PETRI18 cotada no mercado a R$ 0,51. Desconsidere custos operacionais e assuma 95% de confiança.

Diante dessas informações, pode-se calcular o VaR da ação:

$$M = 1.000 \times R\$ 17,81 = R\$ 17.810,00$$

$$VaR_{Ação}\left(95\%, 1 \text{ mês}\right) = 17.810,00 \times 0,0229 \times 1,645 = R\$ 670,91$$

Para o cálculo do VaR da opção, deve-se aplicar o modelo de Black & Scholes para calcular o parâmetro d_1 da opção.

Os dados são:

$S = 17,81$
$E = 18,00$
$R_f = 8,5\%$ a.a.
$\sigma = 36\%$ a.a.
$n = 20/252$

Assim:

$$d_1 = \frac{\ln\left(\dfrac{17,81}{18,00}\right) + \left(0,085 + \dfrac{0,36^2}{2}\right) \times \dfrac{20}{252}}{0,36\sqrt{\dfrac{20}{252}}} = 0,01259$$

O delta da opção é dado por $N(d_1)$ por ser uma *call*. Assim, o valor de $N(d_1) = N(0,01259) = N(0,01)$, no valor aproximado, tem-se que $N(0,01) = 0,5040$, conforme visto anteriormente.

Logo, o VaR da opção é:

$$VaR_{Opção}\left(95\%, 1\,mês\right) = 670,91 \times 0,5040 = R\$\ 338,14$$

A compra da ação e a venda de opções de compra sobre a mesma ação são uma operação conhecida como venda coberta no mercado de capitais. Essa operação visa reduzir o risco da volatilidade no caso de queda do preço da ação, garantindo ao investidor uma receita extra na hipótese de queda do papel na bolsa.

Também é possível calcular o ganho pela diversificação da Carteira. Observe que o investidor que só teria as ações na Carteira estaria sujeito a um VaR de R\$ 670,91.

Para poder obter o ganho pela diversificação, deve-se primeiramente obter o VaR da Carteira combinada entre ações e opções. Deve-se ainda calcular a correlação entre os retornos da ação e da opção. Na Tabela 3.27 apresentam-se os retornos da ação e da opção em determinado período para servir de base para cálculo da correlação.

Tabela 3.27 Retornos da ação e da opção de compra

Data	PETR4	PETRI18
Mês 1	–1,59%	1,59%
Mês 2	0,11%	0,30%
Mês 3	–0,67%	–0,95%
Mês 4	–0,60%	0,55%
Mês 5	0,65%	–0,65%
Mês 6	–1,10%	1,10%
Mês 7	–0,12%	–1,00%
Mês 8	1,19%	–1,19%
Mês 9	–1,09%	1,09%
Mês 10	–3,29%	3,29%
Mês 11	0,21%	–0,21%

Fonte: Disponível em: www.b3.com.br. Acesso em: ago. 2013.

De posse de uma calculadora financeira, tem-se:

f CLX
1,59 CHS ENTER 1,59 Σ+
0,11 ENTER 0,30 Σ+
0,67 CHS ENTER 0,95 CHS Σ+
0,60 CHS ENTER 0,55 Σ+
0,65 ENTER 0,65 CHS Σ+

1,10 CHS ENTER 1,10 Σ+

0,12 CHS ENTER 1,00 CHS Σ+

1,19 ENTER 1,19 CHS Σ+

1,09 CHS ENTER 1,09 Σ+

3,29 CHS ENTER 3,29 Σ+

0,21 ENTER 0,21 CHS Σ+

0 g 1 x <> y = –0,89 (correlação entre os retornos da ação A e da opção)

Logo, o VaR da Carteira fica:

$$VaR(carteira, 95\%, 1\text{ mês}) = \sqrt{VaR^2_{A\varsigma\tilde{a}o} + VaR^2_{Op\varsigma\tilde{a}o} + 2VaR_{A\varsigma\tilde{a}o}VaR_{Op\varsigma\tilde{a}o}r_{A\varsigma\tilde{a}o,Op\varsigma\tilde{a}o}}$$

$$VaR(carteira, 95\%, 1\text{ mês}) = \sqrt{(670,91)^2 + (338,14)^2 + 2(670,91)(338,14)(-0,89)}$$

$$VaR(carteira, 95\%, 1\text{ mês}) = \sqrt{160.645,40}$$

$$VaR(carteira, 95\%, 1\text{ mês}) = R\$ 400,81$$

Assim, o VaR não diversificado seria R$ 1.009,05 (R$ 670,91 + R$ 338,14), o VaR diversificado é de R$ 400,81 e o ganho pela diversificação é de R$ 608,21 (R$ 1.009,05 – R$ 400,81).

Vale ressaltar aqui que, no caso de estratégias de compra e venda de ativos, o sinal deve ser levado em consideração, porém, na verdade, se duas posições têm sinais opostos, isso é equivalente a adotar os valores do VaR de cada uma delas com o mesmo sinal, mas com o coeficiente de correlação com sinal negativo.

3.10.4 VaR pelo modelo delta-gama para opções

O método delta normal consiste em aproximar a variação no preço de um ativo até o termo de primeira ordem (delta, no caso de opções). Seguindo essa linha de raciocínio, é intuitivo estender tal aproximação em termos de ordem superiores.

A aproximação de segunda ordem é conhecida como delta-gama normal. Nessa metodologia, leva-se em consideração o delta da opção e também o gama, que mede a sua aceleração.

A expressão de cálculo é dada a seguir:

$$\text{VaR}_{OP\varsigma\tilde{A}O} = \text{Capital}_{A\varsigma\tilde{A}O} \times Z_{\alpha\%} \times \sqrt{\Delta^2\sigma^2 + (1/2)\Gamma^2 S^2 \sigma^4}$$

em que o $(\text{Capital}_{A\varsigma\tilde{A}O})$ nada mais é do que o total de capital investido no ativo-objeto, a ação, no caso; (σ) é a volatilidade da ação; (Δ) é o delta da opção; (Γ) é o gama da opção; (S) é o preço à vista do ativo-objeto; e $(Z_{\alpha\%})$ é o valor crítico para dado nível de confiança.

APLICAÇÃO PRÁTICA

No mesmo exemplo do VaR pelo modelo delta normal, tem-se que:

$S = 17,81$

$E = 18,00$

$R_f = 8,5\%$ a.a.

$\sigma = 36\%$ a.a.

$n = 20/252$

Assim:
$$d_1 = \frac{\ln\left(\dfrac{17,81}{18,00}\right) + \left(0,085 + \dfrac{0,36^2}{2}\right) \times \dfrac{20}{252}}{0,36\sqrt{\dfrac{20}{252}}} = 0,01259$$

Para o cálculo do gama da opção, tem-se: $N'(d_1) = \dfrac{1}{\sqrt{2\pi}} e^{-\frac{(0,01259)^2}{2}}$

De posse de uma calculadora financeira e assumindo $\pi = 3,141593$, tem-se:

f CLX

0,0125 ENTER 2 y^x

2 ÷ CHS

g e^x

2 ENTER 3,141593 X

g $\sqrt{x}$

÷ = 0,3989 ~ 0,40

Esse valor corresponde ao parâmetro $N'(d_1)$. O valor do gama é:

$$\Gamma = \frac{0,3989}{17,81 \times 0,36\sqrt{\dfrac{20}{252}}} = 0,2208$$

O VaR pelo modelo delta-gama, a partir dos seus parâmetros, fica:

$$\Delta = 0,5040; \Gamma = 0,2208; S = 17,81; \sigma = 0,36:$$

$$VaR_{OPÇÃO} = 17.810,00 \times 1645 \times \sqrt{(0,5040)^2 (0,0229)^2 + (1/2)(0,2208)^2 (17,81)^2 (0,0229)^4}$$

$$VaR_{OPÇÃO} = 17.810,00 \times 1,645 \times 0,011633 = R\$\ 340,83$$

Até aqui foi vista a metodologia de cálculo do VaR com técnicas paramétricas, ou seja, com a utilização de ferramentas estatísticas como desvio-padrão e modelos que têm a capacidade de detecção da sensibilidade do comportamento do preço do ativo às variações dos seus parâmetros.

A seguir, mostra-se a metodologia não paramétrica de cálculo do VaR.

3.11 Cálculo do *Value at Risk* não paramétrico

São chamadas metodologias não paramétricas por não dependerem das medidas de formação de uma distribuição de probabilidade (média e variância).

Os modelos não paramétricos, assim como os paramétricos, baseiam-se nos movimentos normais do mercado, isto é, pressupõem a ausência de grandes variações incomuns no mercado.

Basicamente, há duas metodologias de apuração não paramétrica: simulação histórica e simulação de Monte Carlo, que são descritas a seguir.

3.11.1 VaR por simulação histórica – valores passados

A metodologia de apuração do VaR não paramétrica por simulação histórica admite a hipótese de estacionariedade dos retornos e a premissa de que os valores históricos representam a melhor estimativa do comportamento possível do futuro.

Para a obtenção dessa metodologia, deve-se elaborar uma distribuição ordenada dos retornos históricos e aplicá-la à Carteira total atual para se estimar o VaR dentro do nível de significância esperado.

APLICAÇÃO PRÁTICA

A Tabela 3.28 fornece os dados dos 100 retornos da PETR4 ocorridos em certa data. São os valores discretos das variações dos preços da data atual até 100 dias atrás.[3]

Tabela 3.28 Variações dos preços

1	3,61%	21	2,10%	41	0,36%	61	1,69%	81	0,80%
2	0,39%	22	-2,49%	42	9,00%	62	-1,56%	82	-1,23%
3	-1,95%	23	0,44%	43	4,99%	63	0,45%	83	1,75%
4	-2,89%	24	-2,65%	44	-3,06%	64	-2,19%	84	1,33%
5	0,92%	25	-0,57%	45	3,05%	65	4,25%	85	-1,60%
6	0,76%	26	1,37%	46	-1,00%	66	1,49%	86	-0,25%
7	0,25%	27	0,34%	47	0,11%	67	-2,33%	87	-1,43%
8	-0,15%	28	-0,73%	48	3,30%	68	-0,17%	88	-2,81%
9	-0,15%	29	-0,23%	49	-1,50%	69	-4,06%	89	0,83%
10	0,10%	30	1,53%	50	0,58%	70	2,73%	90	0,10%
11	-0,66%	31	1,12%	51	-0,52%	71	-2,99%	91	0,92%
12	-0,66%	32	-2,65%	52	-1,31%	72	3,79%	92	1,01%
13	-0,97%	33	-1,70%	53	-1,70%	73	3,70%	93	1,25%

(continua)

---

[3] Aplicação prática adaptada de KIMURA, Herbert; SUEN, Alberto Sanyuan; PERERA, Luiz Carlos Jacob; BASSO, Leonardo Fernando Cruz. *Value at Risk*: como entender e calcular o risco pelo VaR. Ribeirão Preto: Inside Books, 2008.

(continuação)

14	0,98%	34	– 0,98%	54	0,54%	74	1,57%	94	0,20%
15	–0,15%	35	–1,17%	55	0,00%	75	2,18%	95	–1,58%
16	0,31%	36	–1,24%	56	–0,21%	76	1,41%	96	–0,30%
17	–1,22%	37	0,42%	57	–0,91%	77	–1,29%	97	0,96%
18	–1,34%	38	–1,19%	58	–0,38%	78	0,47%	98	–0,55%
19	–4,76%	39	1,75%	59	–1,69%	79	5,50%	99	0,65%
20	–0,66%	40	-2,37%	60	–1,88%	80	2,64%	100	–1,10%

Fonte: Disponível em: www.b3.com.br. Acesso em: ago. 2013.

Se a Carteira a valor de mercado é de $ 15.000, deve-se aplicar esse valor atual em cada um dos 100 retornos. Os resultados desses valores são dados nas Tabelas 3.29 e 3.30.

Tabela 3.29 Valores da Carteira para cada retorno

1	540,88	21	315,27	41	54,55	61	254,24	81	119,46
2	58,82	22	(373,78)	42	1.349,64	62	(233,33)	82	(185,19)
3	(292,97)	23	66,67	43	747,92	63	67,72	83	262,50
4	(433,27)	24	(398,23)	44	(459,10)	64	(328,65)	84	199,02
5	138,46	25	(85,23)	45	457,27	65	637,56	85	(240,06)
6	114,33	26	205,71	46	(150,55)	66	223,14	86	(36,96)
7	37,82	27	50,73	47	16,01	67	(350,16)	87	(214,92)
8	(22,64)	28	(109,55)	48	495,74	68	(25,01)	88	(421,05)
9	(22,67)	29	(33,96)	49	(224,46)	69	(609,69)	89	123,78
10	15,14	30	229,72	50	86,43	70	409,17	90	15,35
11	(98,29)	31	167,60	51	(78,12)	71	(449,15)	91	137,97
12	(98,93)	32	(397,79)	52	(196,34)	72	567,85	92	151,90
13	(145,56)	33	(255,39)	53	(254,64)	73	555,56	93	187,97
14	146,98	34	(147,23)	54	80,95	74	235,39	94	29,70
15	(22,98)	35	(174,93)	55	–	75	327,65	95	(237,15)
16	46,04	36	(185,84)	56	(32,21)	76	211,16	96	(45,18)
17	(183,58)	37	62,72	57	(137,17)	77	(192,80)	97	143,50
18	(201,34)	38	(178,47)	58	(57,00)	78	70,31	98	(82,29)
19	(714,29)	39	261,89	59	(253,41)	79	824,26	99	97,79
20	(98,90)	40	(355,03)	60	(282,71)	80	396,27	100	(164,42)

Tabela 3.30 Os 20 valores ordenados, do menor valor (máxima perda) até o maior valor (máximo ganho)

1	(714,29)	−4,76%
2	(609,69)	−4,06%
3	(459,10)	−3,06%
4	(449,15)	−2,99%
5	(433,27)	−2,89%
6	(421,05)	−2,81%
7	(398,23)	−2,65%
8	(397,79)	−2,65%
9	(373,78)	−2,49%
10	(355,03)	−2,37%
11	(350,16)	−2,33%
12	(328,65)	−2,19%
13	(292,97)	−1,95%
14	(282,71)	−1,88%
15	(255,39)	−1,70%
16	(254,64)	−1,70%
17	(253,41)	−1,69%
18	(240,06)	−1,60%
19	(237,15)	−1,58%
20	(233,33)	−1,56%

Para o cálculo do VaR com 95% de confiança de um período (um dia, porque as cotações são diárias), deve-se tomar 5% dos valores para preencherem a área correspondente a 5% da curva normal e, posteriormente, os 95% restantes.

Como são 100 valores, 5% representam os primeiros cinco elementos mais negativos, ou seja, até o valor de − R$ 433,27. Logo, o próximo seria o mais negativo, no limite de 95% dos demais valores. Assim, o VaR é:

VaR(Carteira, 95%, 1 dia) = R$ 421,05

Se fôssemos tomar o VaR de 99%, seria o segundo menor valor, já que 1% dos 100 representa 1 elemento de maior perda. O próximo seria − R$ 609,69. Logo:

VaR(Carteira, 99%, 1 dia) = R$ 609,69

3.11.2 VaR por simulação histórica – valores atualizados

Outro processo de simulação histórica consiste em atualizar o último valor atual da Carteira ou do ativo pelos retornos passados e trabalhar com as variações entre o valor corrigido e o valor da data passada.[4]

APLICAÇÃO PRÁTICA

Na Tabela 3.31 são dados os 100 últimos preços da ação da PETR4 até certa data.

Tabela 3.31 Variações dos preços da PETR4 da data atual até 100 dias atrás

1	R$19,62	3,61%	26	R$17,06	1,37%	51	R$18,37	-0,52%	76	R$18,71	1,41%
2	R$19,70	0,39%	27	R$17,12	0,34%	52	R$18,13	-1,31%	77	R$18,47	-1,29%
3	R$19,31	-1,95%	28	R$17,00	-0,73%	53	R$17,82	-1,70%	78	R$18,55	0,47%
4	R$18,76	-2,89%	29	R$16,96	-0,23%	54	R$17,92	0,54%	79	R$19,57	5,50%
5	R$18,93	0,92%	30	R$17,22	1,53%	55	R$17,92	0,00%	80	R$20,09	2,64%
6	R$19,07	0,76%	31	R$17,41	1,12%	56	R$17,88	-0,21%	81	R$20,25	0,80%
7	R$19,12	0,25%	32	R$16,95	-2,65%	57	R$17,72	-0,91%	82	R$20,00	-1,23%
8	R$19,09	-0,15%	33	R$16,66	-1,70%	58	R$17,65	-0,38%	83	R$20,35	1,75%
9	R$19,06	-0,15%	34	R$16,50	-0,98%	59	R$17,35	-1,69%	84	R$20,62	1,33%
10	R$19,08	0,10%	35	R$16,30	-1,17%	60	R$17,02	-1,88%	85	R$20,29	-1,60%
11	R$18,96	-0,66%	36	R$16,10	-1,24%	61	R$17,31	1,69%	86	R$20,24	-0,25%
12	R$18,83	-0,66%	37	R$16,17	0,42%	62	R$17,04	-1,56%	87	R$19,95	-1,43%
13	R$18,65	-0,97%	38	R$15,98	-1,19%	63	R$17,12	0,45%	88	R$19,39	-2,81%
14	R$18,83	0,98%	39	R$16,25	1,75%	64	R$16,75	-2,19%	89	R$19,55	0,83%
15	R$18,80	-0,15%	40	R$15,87	-2,37%	65	R$17,46	4,25%	90	R$19,57	0,10%
16	R$18,86	0,31%	41	R$15,93	0,36%	66	R$17,72	1,49%	91	R$19,75	0,92%
17	R$18,63	-1,22%	42	R$17,36	9,00%	67	R$17,30	-2,33%	92	R$19,95	1,01%
18	R$18,38	-1,34%	43	R$18,23	4,99%	68	R$17,27	-0,17%	93	R$20,20	1,25%
19	R$17,51	-4,76%	44	R$17,67	-3,06%	69	R$16,57	-4,06%	94	R$20,24	0,20%
20	R$17,39	-0,66%	45	R$18,21	3,05%	70	R$17,02	2,73%	95	R$19,92	-1,58%
21	R$17,76	2,10%	46	R$18,02	-1,00%	71	R$16,51	-2,99%	96	R$19,86	-0,30%
22	R$17,31	-2,49%	47	R$18,04	0,11%	72	R$17,14	3,79%	97	R$20,05	0,96%
23	R$17,39	0,44%	48	R$18,64	3,30%	73	R$17,77	3,70%	98	R$19,94	-0,55%
24	R$16,93	-2,65%	49	R$18,36	-1,50%	74	R$18,05	1,57%	99	R$20,07	0,65%
25	R$16,83	-0,57%	50	R$18,47	0,58%	75	R$18,45	2,18%	100	R$19,85	-1,10%

Fonte: Disponível em: www.b3.com.br. Acesso em: ago. 2013.

---

[4] Exemplo adaptado de SÁ E SILVA, Eduardo. *Revista Revisores e Auditores*, n. 40, Lisboa, Portugal. Disponível em: http://www.oroc.pt/fotos/editor2/Revista/JanMar2008/Gestao.pdf. Acesso em: 1º mar. 2009.

Para o método da simulação histórica com os valores corrigidos, deve-se tomar o último valor (mais atual), que é o 100º, no valor de R$ 19,85, e atualizar a partir do primeiro valor (data mais antiga).

Assim, tem-se:

$$Data\ 1 = R\$\ 19,85 \times (1 + 0,0361) = R\$\ 20,57$$
$$Data\ 2 = R\$\ 19,85 \times (1 + 0,0039) = R\$\ 19,93$$
$$Data\ 3 = R\$\ 19,85 \times (1 - 0,0195) = R\$\ 19,46$$

...

E assim sucessivamente, até o 100º dia que corresponde à data atual.

$$Data\ 100 = R\$\ 19,85 \times (1 - 0,0110) = R\$\ 19,63$$

Em seguida, faz-se a diferença entre o valor atual (R$ 19,85) e o valor corrigido de cada dia, e o valor corrigido de cada dia, pode ser visto nas Tabelas 3.32 e 3.33.

$$Data\ 1 = R\$\ 19,85 - R\$\ 20,57 = -R\$\ 0,72$$
$$Data\ 2 = R\$\ 19,85 - R\$\ 19,93 = -R\$\ 0,08$$
$$Data\ 3 = R\$\ 19,85 - R\$\ 19,46 = -R\$\ 0,39$$

...

$$Data\ 100 = R\$\ 19,85 - R\$\ 19,63 = R\$\ 0,22$$

Tabela 3.32 Os 50 primeiros valores das respectivas datas com o valor atual de R$ 19,85

1	R$ 19,62	R$ (0,72)	26	R$ 17,06	R$ (0,27)
2	R$ 19,70	R$ (0,08)	27	R$ 17,12	R$ (0,07)
3	R$ 19,31	R$ 0,39	28	R$ 17,00	R$ 0,14
4	R$ 18,76	R$ 0,57	29	R$ 16,96	R$ 0,04
5	R$ 18,93	R$ (0,18)	30	R$ 17,22	R$ (0,30)
6	R$ 19,07	R$ (0,15)	31	R$ 17,41	R$ (0,22)
7	R$ 19,12	R$ (0,05)	32	R$ 16,95	R$ 0,53
8	R$ 19,09	R$ 0,03	33	R$ 16,66	R$ 0,34
9	R$ 19,06	R$ 0,03	34	R$ 16,50	R$ 0,19
10	R$ 19,08	R$ (0,02)	35	R$ 16,30	R$ 0,23
11	R$ 18,96	R$ 0,13	36	R$ 16,10	R$ 0,25
12	R$ 18,83	R$ 0,13	37	R$ 16,17	R$ (0,08)
13	R$ 18,65	R$ 0,19	38	R$ 15,98	R$ 0,24
14	R$ 18,83	R$ (0,19)	39	R$ 16,25	R$ (0,35)
15	R$ 18,80	R$ 0,03	40	R$ 15,87	R$ 0,47
16	R$ 18,86	R$ (0,06)	41	R$ 15,93	R$ (0,07)

(continua)

(continuação)

17	R$ 18,63	R$ 0,24		42	R$ 17,36	R$ (1,79)
18	R$ 18,38	R$ 0,27		43	R$ 18,23	R$ (0,99)
19	R$ 17,51	R$ 0,95		44	R$ 17,67	R$ 0,61
20	R$ 17,39	R$ 0,13		45	R$ 18,21	R$ (0,61)
21	R$ 17,76	R$ (0,42)		46	R$ 18,02	R$ 0,20
22	R$ 17,31	R$ 0,49		47	R$ 18,04	R$ (0,02)
23	R$ 17,39	R$ (0,09)		48	R$ 18,64	R$ (0,66)
24	R$ 16,93	R$ 0,53		49	R$ 18,36	R$ 0,30
25	R$ 16,83	R$ 0,11		50	R$ 18,47	R$ (0,11)

Fonte: Disponível em: www.b3.com.br. Acesso em: ago. 2013.

Tabela 3.33   Os 50 últimos valores das respectivas datas com o valor atual de R$ 19,85

51	R$ 18,37	R$ 0,10		76	R$ 18,71	R$ (0,28)
52	R$ 18,13	R$ 0,26		77	R$ 18,47	R$ 0,26
53	R$ 17,82	R$ 0,34		78	R$ 18,55	R$ (0,09)
54	R$ 17,92	R$ (0,11)		79	R$ 19,57	R$ (1,09)
55	R$ 17,92	R$ –		80	R$ 20,09	R$ (0,52)
56	R$ 17,88	R$ 0,04		81	R$ 20,25	R$ (0,16)
57	R$ 17,72	R$ 0,18		82	R$ 20,00	R$ 0,25
58	R$ 17,65	R$ 0,08		83	R$ 20,35	R$ (0,35)
59	R$ 17,35	R$ 0,34		84	R$ 20,62	R$ (0,26)
60	R$ 17,02	R$ 0,37		85	R$ 20,29	R$ 0,32
61	R$ 17,31	R$ (0,34)		86	R$ 20,24	R$ 0,05
62	R$ 17,04	R$ 0,31		87	R$ 19,95	R$ 0,28
63	R$ 17,12	R$ (0,09)		88	R$ 19,39	R$ 0,56
64	R$ 16,75	R$ 0,43		89	R$ 19,55	R$ (0,16)
65	R$ 17,46	R$ (0,84)		90	R$ 19,57	R$ (0,02)
66	R$ 17,72	R$ (0,30)		91	R$ 19,75	R$ (0,18)
67	R$ 17,30	R$ 0,46		92	R$ 19,95	R$ (0,20)
68	R$ 17,27	R$ 0,03		93	R$ 20,20	R$ (0,25)
69	R$ 16,57	R$ 0,81		94	R$ 20,24	R$ (0,04)
70	R$ 17,02	R$ (0,54)		95	R$ 19,92	R$ 0,31
71	R$ 16,51	R$ 0,59		96	R$ 19,86	R$ 0,06
72	R$ 17,14	R$ (0,75)		97	R$ 20,05	R$ (0,19)
73	R$ 17,77	R$ (0,74)		98	R$ 19,94	R$ 0,11
74	R$ 18,05	R$ (0,31)		99	R$ 20,07	R$ (0,13)
75	R$ 18,45	R$ (0,43)		100	R$ 19,85	R$ 0,22

Fonte: Disponível em: www.b3.com.br. Acesso em: ago. 2013.

Tabela 3.34 Valores ordenados das piores perdas aos maiores ganhos

R$ (1,79)	R$ (0,19)	R$ 0,03	R$ 0,26
R$ (1,09)	R$ (0,19)	R$ 0,03	R$ 0,26
R$ (0,99)	R$ (0,18)	R$ 0,03	R$ 0,27
R$ (0,84)	R$ (0,18)	R$ 0,04	R$ 0,28
R$ (0,75)	R$ (0,16)	R$ 0,04	R$ 0,30
R$ (0,74)	R$ (0,16)	R$ 0,05	R$ 0,31
R$ (0,72)	R$ (0,15)	R$ 0,06	R$ 0,31
R$ (0,66)	R$ (0,13)	R$ 0,08	R$ 0,32
R$ (0,61)	R$ (0,11)	R$ 0,10	R$ 0,34
R$ (0,54)	R$ (0,11)	R$ 0,11	R$ 0,34
R$ (0,52)	R$ (0,09)	R$ 0,11	R$ 0,34
R$ (0,43)	R$ (0,09)	R$ 0,13	R$ 0,37
R$ (0,42)	R$ (0,09)	R$ 0,13	R$ 0,39
R$ (0,35)	R$ (0,08)	R$ 0,13	R$ 0,43
R$ (0,35)	R$ (0,08)	R$ 0,14	R$ 0,46
R$ (0,34)	R$ (0,07)	R$ 0,18	R$ 0,47
R$ (0,31)	R$ (0,07)	R$ 0,19	R$ 0,49
R$ (0,30)	R$ (0,06)	R$ 0,19	R$ 0,53
R$ (0,30)	R$ (0,05)	R$ 0,20	R$ 0,53
R$ (0,28)	R$ (0,04)	R$ 0,22	R$ 0,56
R$ (0,27)	R$ (0,02)	R$ 0,23	R$ 0,57
R$ (0,26)	R$ (0,02)	R$ 0,24	R$ 0,59
R$ (0,25)	R$ (0,02)	R$ 0,24	R$ 0,61
R$ (0,22)	R$ –	R$ 0,25	R$ 0,81
R$ (0,20)	R$ 0,03	R$ 0,25	R$ 0,95

Para o cálculo do VaR com 95% de confiança de um período (um dia, porque as cotações são diárias), usa-se a mesma metodologia do VaR histórico sem atualização dos valores, ou seja, deve-se tomar 5% dos valores para preencherem a área correspondente a 5% da curva normal e, posteriormente, os 95% restantes, conforme verificado na Tabela 3.34.

Como são 100 valores, 5% representam os primeiros cinco elementos mais negativos, ou seja, até o valor de – R$ 0,75. Logo, o próximo seria o mais negativo, no limite de 95% dos demais valores. Assim, o VaR da ação individual é:

VaR(Carteira, 95%, 1 dia) = R$ 0,74

Até aqui foram demonstrados dois métodos de simulação histórica possíveis de serem aplicados a partir de dados passados que tenham comportamento estacionário no tempo. A seguir, apresenta-se um método de simulação para os casos em que esse tipo de comportamento não ocorra.

3.11.3 VaR por simulação de Monte Carlo

O método de apuração do VaR não paramétrico pela simulação de Monte Carlo é mais indicado para os casos em que os dados não apresentam comportamento com variações abruptas sinalizando quebra de padrão de comportamento.

Nessas condições, os cenários estipulados na simulação histórica podem não ser os mais adequados. Daí lança-se mão da simulação de Monte Carlo, onde os cenários previstos para as variações dos preços são gerados de maneira (pseudo) aleatória. O nome Monte Carlo advém do famoso cassino que envolve disputa de jogos e sorteios aleatórios.

Para simular as variações da ação da PETR4, primeiramente deve-se ter a média dos retornos ($\bar{x}$) e o desvio-padrão (σ) estimados por um período das cotações em bolsa do ativo.

A partir desses dois valores, pode-se gerar um número aleatório entre 0 e 1 e utilizá-lo como probabilidade esperada da máxima perda, ou seja, de a variação estar à esquerda do valor crítico representado pelo número de desvios esperados. Em outras palavras, é o valor de um menos o nível de confiança estabelecido. Por exemplo, se o número aleatório der 0,16, isso significa que a probabilidade de o VaR ser maior que o número a ser encontrado é de 16%, o que corresponde a uma perda máxima esperada de 84%.

A partir dessa probabilidade encontrada, deve-se verificar quantos desvios-padrão devem ser considerados para se ter tal probabilidade de ocorrência. Esse número representa o ponto crítico (Z) da distribuição normal e poderá ser positivo ou negativo, dependendo da probabilidade encontrada.

Definida a quantidade de desvios, considera-se o valor estimado da variação do preço do ativo a partir do intervalo de confiança estatístico de $\bar{x} \pm Z \times \sigma$. Esse número, dado pela média mais ou menos a variação do desvio-padrão multiplicada pelo valor crítico, é um número percentual que sinalizaria o retorno no período, que chamaremos de R.

Depois de obtida essa medida que representará a variação esperada no tempo para o preço do ativo, deve-se atualizar o último valor do ativo (P_0), considerando-se a capitalização contínua com a taxa do retorno R. Sua expressão seria $P_0 \times e^R$. Quando R é positivo, será encontrado um número maior que o P, indicando uma possibilidade de variação positiva no preço, e se R é negativo, ao contrário, uma desvalorização no preço do ativo.

Com esse valor, subtrai-se o valor atual do ativo (P_0) e tem-se a variação esperada do preço. Ordenando-se essas variações da maior perda até o maior ganho, estipulando-se um nível de confiança, tem-se o VaR.

A seguir, será demonstrada a aplicação desse método com um exemplo real.

APLICAÇÃO PRÁTICA

Considerando-se o valor dos últimos 100 preços da PETR4 e calculados os retornos, calcula-se a média e o desvio-padrão dos retornos.

192 | ANÁLISE DE RISCOS • *Fabiano Guasti Lima*

Os valores encontrados são: $\bar{x} = 0,07\%$ e $\sigma = 2,08\%$.

Com o auxílio de uma planilha eletrônica, são gerados os números aleatórios com o comando =aleatório(). Esse comando irá se alternando na tela do equipamento a cada nova célula inserida. Recomenda-se, a partir da geração dos números aleatórios (ou pseudoale-atórios), copiarem-se apenas os valores para evitar a alternância.

O comando para se obter o número de desvios-padrão a partir da probabilidade estimada pelo número aleatório é o comando que geraria o inverso do resultado de uma distribuição normal padrão. Em planilha eletrônica, normalmente, este comando é =INV.NORMP(), e dentro dos parênteses atribui-se a célula que contém a probabilidade, que no caso é o número aleatório gerado.

Calcula-se, então, o intervalo de confiança pela expressão , obtendo-se o resultado do retorno do ativo (R). Com esse resultado, calcula-se o valor esperado do ativo e subtrai-se o valor atual desse resultado, assim como feito na simulação histórica sem atualização dos valores.

A Figura 3.6 ilustra os cálculos.

Figura 3.6 Dados para simulação.

	C	D	E	F	G	H	I	J	K
1	Média	0,07%		N. Aleatório	N. Desvios Padrões	Retorno (R)	Valor atual	Preço atual	Variação
2	DP	2,08%	1	0,0890	-1,35	-2,74%	R$ 19,31	19,85	R$ 0,54
3			2	0,0487	-1,66	-3,39%	R$ 19,19	19,85	R$ 0,66
4			3	0,5591	0,15	0,38%	R$ 19,93	19,85	R$ (0,08)
5			4	0,1337	-1,11	-2,24%	R$ 19,41	19,85	R$ 0,44
6			5	0,5922	0,23	0,55%	R$ 19,96	19,85	R$ (0,11)
7			6	0,0708	-1,47	-3,00%	R$ 19,26	19,85	R$ 0,59
8			7	0,8954	1,26	2,69%	R$ 20,39	19,85	R$ (0,54)
9			8	0,5815	0,21	0,50%	R$ 19,95	19,85	R$ (0,10)
10			9	0,1775	-0,92	-1,86%	R$ 19,48	19,85	R$ 0,37
11			10	0,9263	1,45	3,09%	R$ 20,47	19,85	R$ (0,62)
12			11	0,0190	-2,07	-4,26%	R$ 19,02	19,85	R$ 0,83
13			12	0,4447	-0,14	-0,22%	R$ 19,81	19,85	R$ 0,04
14			13	0,0387	-1,77	-3,61%	R$ 19,15	19,85	R$ 0,70
15			14	0,2059	-0,82	-1,64%	R$ 19,53	19,85	R$ 0,32
16			15	0,2017	-0,84	-1,67%	R$ 19,52	19,85	R$ 0,33
17			16	0,3427	-0,41	-0,78%	R$ 19,70	19,85	R$ 0,15
18			17	0,9039	1,30	2,79%	R$ 20,41	19,85	R$ (0,56)
19			18	0,0879	-1,35	-2,75%	R$ 19,31	19,85	R$ 0,54
20			19	0,0737	-1,45	-2,95%	R$ 19,27	19,85	R$ 0,58
21			20	0,3399	-0,41	-0,79%	R$ 19,69	19,85	R$ 0,16

As informações constantes da Figura 3.6 são:

1. Média de 0,07% representa a média dos últimos 100 dias de fechamento da PETR4 e 2,08% o desvio-padrão no mesmo período.
2. Na coluna E estão os números indicando a quantidade de simulações feitas. Recomenda-se a geração de 10 a 30 mil simulações.
3. N. Aleatório é o número aleatório gerado pelo comando =ALEATORIO().

Capítulo 3 • Análise de Risco para Ativos de Renda Variável | **193**

4. N. Desvios-padrão é o parâmetro Z calculado da distribuição normal a partir da probabilidade assumida pelo número aleatório. O comando usado é =INV. NORMP().

5. Retorno (R) é o retorno obtido pela expressão $\bar{x} \pm Z \times \sigma$, no caso, a partir dos valores $0,0007 \pm Z \times 0,0208$. Lembrando apenas que o sinal de mais ou menos depende do sinal de Z.

6. Valor atual é o valor de R$ 19,85 multiplicado pelo fator de atualização contínuo denominado exp(R).

7. Preço atual é o último preço disponível que está cotado em R$ 19,85.

8. E a variação é o valor da diferença entre R$ 19,85 e o valor atual.

As formulações estão descritas na Figura 3.7, e os resultados na Tabela 3.35.

Figura 3.7

	C	D	E	F	G	H	I	J	K
1	Média	=MÉDIA(A1:A		N. Aleatório	N. Desvios Padrões	Retorno (R)	Valor atual	Preço atual	Variação
2	DP	=DESVPADA(A1	1	0,0890371187637624	=INV.NORMP(F2)	=$D$1+G2*$D$2	=19,85*EXP(H2)	19,85	=J2-I2
3			2	0,0486686457968855	=INV.NORMP(F3)	=$D$1+G3*$D$2	=19,85*EXP(H3)	=J2	=J3-I3
4			3	0,559052044268673	=INV.NORMP(F4)	=$D$1+G4*$D$2	=19,85*EXP(H4)	=J3	=J4-I4

Tabela 3.35   Valores ordenados

	Variação
1	(0,99)
2	(0,83)
3	(0,66)
4	(0,62)
5	(0,59)
6	(0,59)
7	(0,56)
8	(0,54)
9	(0,54)
10	(0,52)

Como são 100 valores, 5% representam os primeiros cinco elementos mais negativos, ou seja, até o valor de R$ 0,59. Logo, o próximo seria o mais negativo no limite de 95% dos demais valores. Assim, o VaR da ação individual é:

VaR(Carteira, 95%, 1 dia) = R$ 0,59

Rodando a simulação para 10 mil números aleatórios, verifica-se que 5% seriam 500 valores. O VaR para 95% seria o 501º valor de maior perda. Nessas condições, tem-se:

$$VaR_{10 \text{ mil simulações}} \text{ (Carteira, 95\%, 1 dia)} = R\$ 0,70$$

Quanto maior o número de simulações, mais precisas serão as previsões.

3.12 VaR Condicional (CVaR)

Conforme visto anteriormente, o VaR nos dá a perda máxima esperada para certo período com dado nível de confiança, ou seja, a pior perda pela qual se pode esperar no período analisado com o nível de confiança adotado, ou seja, é perda "limite", por ter certo conforto em operar no mercado.

Todavia, o VaR nada nos diz sobre o que esperar caso a perda possa vir a ser maior, ou seja, como é sabido, não se está 100% seguro sobre as perdas possíveis. Logo, a partir dos dados dos retornos, pode-se encontrar uma medida sobre a extensão das perdas que poderiam ser incorridas no caso em que o VaR é excedido.

Essa medida é chamada "VaR Condicional", denotada por CVaR. É uma medida alternativa ao VaR e significa a perda média dos valores das perdas que superam o VaR na distribuição das perdas.

Ou seja, é a média dos valores superiores ao VaR na cauda em sua porção superior à perda máxima esperada. Em outras palavras, é a perda média na condição de as perdas superarem o VaR.

É possível encontrar outros termos para essa mesma medida na literatura, conforme indica Jorion (2009): *expected shortfall, tail conditional expectation, conditional loss*, ou *expected tail loss*, todas essas expressões se referem ao cálculo do VaR Condicional.

O CVaR é facilmente calculado mediante a abordagem da simulação histórica, dada pela média aritmética simples das perdas superiores ao VaR.

APLICAÇÃO PRÁTICA

Considere os 100 últimos retornos históricos da PETR4 em certo período, conforme descritos na Tabela 3.36.

Tabela 3.36 Os 100 últimos retornos históricos da PETR4

1	−5,96%	26	−1,68%	51	0,07%	76	1,31%
2	−3,90%	27	−1,66%	52	0,12%	77	1,59%
3	−3,59%	28	−1,62%	53	0,19%	78	1,67%
4	−3,26%	29	−1,59%	54	0,19%	79	1,71%
5	−3,16%	30	−1,26%	55	0,21%	80	1,72%
6	−3,07%	31	−1,09%	56	0,24%	81	1,80%
7	−3,05%	32	−1,08%	57	0,26%	82	2,14%
8	−2,90%	33	−1,03%	58	0,29%	83	2,37%

(continua)

(continuação)

9	−2,85%	34	−0,88%	59	0,44%	84	2,41%
10	−2,81%	35	−0,82%	60	0,48%	85	2,44%
11	−2,60%	36	−0,82%	61	0,55%	86	2,60%
12	−2,55%	37	−0,72%	62	0,58%	87	2,67%
13	−2,42%	38	−0,68%	63	0,62%	88	2,71%
14	−2,37%	39	−0,63%	64	0,64%	89	2,81%
15	−2,36%	40	−0,62%	65	0,76%	90	2,96%
16	−2,35%	41	−0,55%	66	0,77%	91	3,13%
17	−2,29%	42	−0,51%	67	0,78%	92	3,20%
18	−2,24%	43	−0,44%	68	0,86%	93	3,21%
19	−2,23%	44	−0,40%	69	0,88%	94	3,25%
20	−2,23%	45	−0,28%	70	0,88%	95	3,73%
21	−2,15%	46	−0,21%	71	1,00%	96	4,63%
22	−1,99%	47	−0,07%	72	1,05%	97	4,76%
23	−1,99%	48	0,00%	73	1,05%	98	6,03%
24	−1,95%	49	0,00%	74	1,10%	99	6,40%
25	−1,86%	50	0,06%	75	1,21%	100	7,81%

Analisando a perda histórica relativa a 95% de confiança, ou seja, olhando os 5% de retornos mais negativos, tem-se que o valor de −3,07% é aquele que isola os cinco mais negativos dos demais, admitindo-se o VaR histórico com 95% de confiança.

O VaR Condicional seria a perda média dos cinco valores mais negativos no caso de o VaR ser superado, ou seja:

$$CVaR = -\left(\frac{5,96\% + 3,90\% + 3,59\% + 3,26\% + 3,16\%}{5} \right)$$

$$CVaR = -3,97\%$$

Ou seja, caso a barreira da perda máxima esperada seja rompida, pode-se ter uma perda média de 3,97%.

3.13 Retorno Ajustado ao Risco (RAROC)

Uma das principais aplicações do *Value at Risk* (VaR) é no cálculo das chamadas Medidas de *Performance* Ajustada ao Risco (MPAR). Essa medida corrige o problema comparando os lucros não com o valor investido, mas com o capital de risco necessário para lastrear a atividade.

$$MPAR = \frac{Lucro}{Capital\ de\ Risco}$$

Uma MPAR possibilita avaliar a *performance* de operações que não envolvem investimento inicial, mas podem ter alto risco.

Uma das MPARs mais comuns é o Retorno sobre o Capital Ajustado ao Risco (RAROC, do inglês *Risk Adjusted Return on Capital*).

$$RAROC = \frac{Lucro\ Ajustado\ ao\ Risco}{Capital\ de\ Risco}$$

Possíveis variações podem ser adotadas com o uso do EVA no numerador do RAROC.

APLICAÇÃO PRÁTICA

Considere dois investimentos feitos de acordo com a Tabela 3.37.

Tabela 3.37 Desempenho dos investimentos A e B

Investimento	Capital investido	Lucro	Volatilidade
A	$ 10.000	$ 500	10%
B	$ 30.000	$ 500	3%

Se forem comparados os retornos sobre o investimento:

ROI (A) = 500/10.000 = 5,00%
ROI (B) = 500/30.000 = 1,67%

Todavia, não se está levando em conta a volatilidade na qual os investimentos ficaram sujeitos na obtenção do lucro.

Assim, aplicando o VaR, neste caso, tem-se que ele será o nível de capital necessário para suportar os investimentos feitos. Tal nível de capital irá cobrir as perdas não esperadas, comumente chamadas de capital de risco ou capital econômico.

Logo, esse VaR é o capital em risco necessário para a obtenção do RAROC, que medirá o retorno ajustado ao risco.

Com 95% de confiança, tem-se:

$$VaR\left(A, 95\%, 1\ período\right) = \$\,10.000 \times 1,645 \times 0,10 = \$\,1.645,00$$
$$VaR\left(B, 95\%, 1\ período\right) = \$\,30.000 \times 1,645 \times 0,03 = \$\,1.480,50$$

Portanto, o RAROC será:

$$RAROC\left(A\right) = 500/1.645,00 = 30,40\%$$
$$RAROC\left(B\right) = 500/1.480,50 = 33,77\%$$

Nessas condições, o investimento B foi melhor que o investimento A.

Esta aplicação mostra que não se deve comparar o desempenho de investimentos distintos sem um ajuste pelo risco a que eles estão expostos.

3.14 *Stress Test*

O Teste de Estresse (ou *Stress Test*) é um conjunto de especificações de cenários de interesse aplicados sobre uma Carteira com objetivo de avaliar o impacto das possíveis ocorrências no valor final da Carteira.

Uma das formas de se fazer o Teste de Estresse é olhar o histórico do comportamento do mercado e dos ativos que compõem uma Carteira, medir os impactos das ocorrências de mudanças abruptas que ocorreram e aplicar essas mesmas variações no comportamento da Carteira. Esse método é útil para melhorar a diversificação da Carteira e medir sua robustez na alocação dos ativos e nos respectivos impactos.

Tais análises são construídas a partir da identificação de eventos no mercado considerados relevantes e impactantes a partir do histórico de ocorrências. Pode-se, por exemplo, observar o comportamento do Ibovespa, onde se nota alguns períodos de grande impacto nos retornos.

Tomando-se o período de 2000 a 2021 do Ibovespa, pode-se notar cinco períodos de queda relativa, com perdas significativas:

- [1] **Crise do Subprime:** crise financeira desencadeada a partir da concessão de créditos imobiliários de alto risco;
- [2] **Crise da Zona do Euro:** crise financeira da dívida pública que atingiu vários países europeus a partir da dificuldade de pagamento e/ou refinanciamento da dívida pública;
- [3] **Crise Econômica do Brasil:** grave crise recessiva brasileira causada por fatores de natureza política aliada a uma redução de alta das *commodities* no mercado externo;
- [4] **Greve dos Caminhoneiros:** crise provocada pela paralisação de caminhoneiros com uma vasta extensão nacional em razão de altas no preço do diesel;
- [5] **Coronavírus:** crise sanitária marcada pela pandemia do Coronavírus, com forte recessão mundial, paralisando vários setores produtivos.

Escolhidos tais eventos de grande impacto nos mercados, avaliou-se as medidas do Ibovespa conforme destacado na Figura 3.8.

Figura 3.8

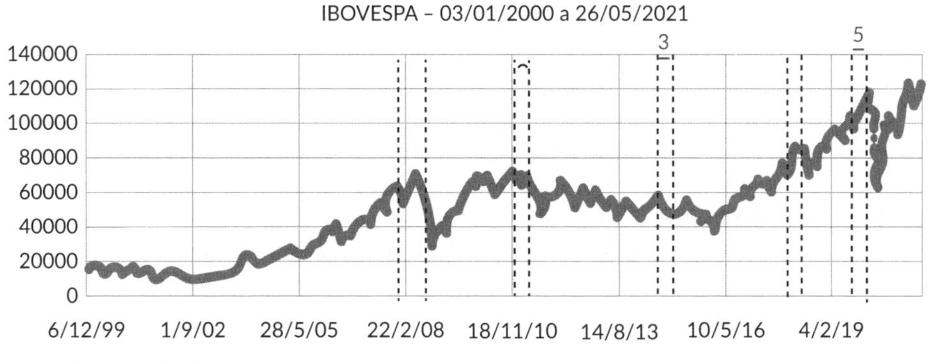

Fonte: Economática. Acesso em: 27 maio 2021.

Tabela 3.38 Comportamento do Ibovespa no período

Evento	Início		Término		Variação %
Crise Subprime	28-5-2008	73.153	28-10-2008	33.386	–54,36%
Crise Zona Euro	7-4-2011	69.176	8-8-2011	48.668	–29,65%
Crise Econômica Brasil	2-9-2014	61.895	30-1-2015	46.907	–24,22%
Greve dos Caminhoneiros	16-5-2018	86.536,97	18-6-2018	60.814,74	–19,32%
Coronavírus	24-1-2020	118.376,36	23-3-2020	63.569,62	–46,30%

A partir desses movimentos de baixa no mercado, conforme mostrado na Tabela 3.38, pode-se verificar a eficiência do *Value at Risk* sobre ativos e Carteiras verificando o desempenho dos ativos perante o comportamento das perdas incorridas no mercado por meio do que se chama *backtesting*, como apresentado a seguir.

3.15 *Backtesting*

O Teste de Estresse analisa o comportamento de um ativo ou uma Carteira quando sujeita a condições extremas e anormais de mercado. A aplicação do Teste de Estresse é relativamente simples, bastando escolher os eventos e os períodos de análise e, então, apurar o impacto global no ativo ou Carteira de investimentos. Com esse critério é possível analisar cenários históricos já ocorridos ou até mesmo simular cenários que ainda possam vir a ocorrer.

Já o *backtesting* tem por objetivo avaliar a adequação ou a *performance* do VaR comparando os dados observados no mercado com a medida estimada de risco por meio do VaR e, assim, concluir pela eficácia da métrica de risco.

A aplicação do *backtesting* consiste em avaliar pontualmente as violações do VaR. Ou seja, conta-se o número de vezes que o retorno do ativo ou da Carteira ultrapassaram o VaR. Espera-se que se o VaR estiver bem calibrado, em 100 dias, por exemplo, para um VaR de 95% de confiança deveriam ocorrer no máximo cinco violações ao limite de perda máxima estabelecido.

Como na prática pode-se usar bem mais dados do que o hipotético exemplo de 100 valores, é necessário um mecanismo de validação da proporção de valores que romperam a barreira do VaR, isto é, checar o número de falhas com desempenho em determinado período pior do que o VaR.

Para certificar-se de que a quantidade de pontos que romperam o limite do VaR está de acordo com a frequência esperada e com o nível de significância adotado, aplica-se o teste de Kupiec (1995), como demonstrado a seguir.

3.15.1 Teste de Kupiec

A finalidade do teste de Kupiec é garantir se a frequência das rupturas encontradas é estatisticamente significante à frequência esperada. Isto é, no cenário hipotético de se ter 100 observações e trabalharmos com o VaR de 95%, é esperado que ocorram efetivamente apenas 5 (5% × 100) rupturas dos dados reais com relação ao VaR estimado.

Todavia, na prática, pode-se usar uma quantidade maior de pontos e será então necessário testar se a frequência encontrada de rupturas é significante na amostra analisada. Dessa forma, o teste de Kupiec verifica a acurácia do VaR a partir de um teste que tem as seguintes hipóteses para um VaR de $\alpha\%$ de significância: H_0 – o VaR está calibrado, isto é, a frequência observada é estatisticamente significativa à esperada; e H_1 – o VaR está descalibrado, ou seja, a frequência observada é diferente da frequência esperada.

A frequência observada é calculada pela seguinte expressão:

$$f = \frac{x}{N}$$

em que x é o número de violações encontradas e N é o tamanho da amostra.

A estatística do teste de acurácia de Kupiec (K) é:

$$K = 2\ln\left[\left(\frac{1-f}{1-\alpha}\right)^{N-x} \times \left(\frac{f}{\alpha}\right)^{x}\right]$$

em que α é o nível de significância adotado, que corresponderá à frequência esperada, e f é a frequência observada.

Este teste segue uma distribuição qui-quadrado com 1 grau de liberdade.

APLICAÇÃO PRÁTICA

Considere as cotações diárias da PETR4 entre 30-9-2020 e 30-4-2021, totalizando 142 dias com preços de fechamento e gerando 141 retornos discretos. Serão considerados os 21 primeiros retornos a serem utilizados como período de estimação dinâmico do desvio-padrão a partir de 3-11-2020 até o fim da série em 30-4-2021, sempre de 21 em 21 dias (período equivalente, em média, a um mês), fazendo com que se tenha um desvio-padrão móvel como pode ser visto na Tabela 3.39.

Tabela 3.39 Retornos diários dos primeiros 21 dias das cotações da PETR4

Data	PETR4	Retornos discretos	Variações dos preços
30-9-2020	R$ 18,97		
1-10-2020	R$ 19,20	1,22%	0,23
2-10-2020	R$ 18,40	−4,18%	−0,80
5-10-2020	R$ 19,38	5,31%	0,98
6-10-2020	R$ 19,28	−0,50%	−0,10
7-10-2020	R$ 19,15	−0,70%	−0,14
8-10-2020	R$ 19,78	3,28%	0,63

(continua)

(continuação)

Data	PETR4	Retornos discretos	Variações dos preços
9-10-2020	R$ 19,16	–3,13%	–0,62
13-10-2020	R$ 19,48	1,67%	0,32
14-10-2020	R$ 19,32	–0,79%	–0,15
15-10-2020	R$ 19,11	–1,10%	–0,21
16-10-2020	R$ 18,70	–2,13%	–0,41
19-10-2020	R$ 18,89	0,98%	0,18
20-10-2020	R$ 19,52	3,38%	0,64
21-10-2020	R$ 19,50	–0,10%	–0,02
22-10-2020	R$ 20,16	3,37%	0,66
23-10-2020	R$ 19,90	–1,30%	–0,26
26-10-2020	R$ 19,59	–1,56%	–0,31
27-10-2020	R$ 19,23	–1,83%	–0,36
28-10-2020	R$ 18,06	–6,09%	–1,17
29-10-2020	R$ 18,66	3,32%	0,60
30-10-2020	R$ 18,32	–1,81%	–0,34

Dessa forma, o desvio-padrão (risco) dos retornos nos primeiros 21 dias é de 2,83% e seu VaR com 95% de confiança é:

$$VaR_{03/11/2020} = 2,83\% \times 1,645 = 4,65\%$$

Para os próximos 21 dias, de 2-10-2020 até 3-11-2020, tem-se:

$$DP_{04/11/2020} = 2,94\%$$

$$VaR_{04/11/2020} = 2,94\% \times 1,645 = 4,83\%$$

Esse processo se estende até o prazo final. Para cada um dos dias, pode-se analisar se os retornos diários extrapolaram o VaR de 95% em cada dia. Caso ocorra essa ruptura, consta-se como uma ocorrência observada.

Ao longo de 120 dias em análise, observa-se um total de sete ocorrências. A tabela a seguir ilustra tais eventos; em 21-12-2020, ocorreu uma queda no preço do ativo de 3,84%, enquanto o VaR de 95% paramétrico acusava perda máxima de 3,73%, rompendo-se, assim, a barreira limite imposta pelo VaR. Os demais valores podem ser vistos na Tabela 3.40.

Tabela 3.40 As sete violações do VaR de 95% paramétrico

Data da ocorrência	Retorno observado	VaR de 95% paramétrico
21-12-2020	−3,84%	−3,73%
13-1-2021	−4,83%	−2,81%
15-1-2021	−4,52%	−3,27%
29-1-2021	−3,85%	−3,60%
19-2-2021	−6,63%	−3,61%
22-2-2021	−21,51%	−4,37%
27-4-2021	−2,86%	−2,68%

Pode-se ainda fazer a estimação do VaR histórico em vez do VaR paramétrico com 95% de confiança, obtendo-se o percentil 5% do mesmo período utilizado para o cálculo do desvio-padrão como pode ser visto na Tabela 3.41.

Tabela 3.41 Os 21 retornos ordenados das piores perdas aos maiores ganhos

	Retorno PETR4		Retornos ordenados
1-10-2020	1,22%	28-10-2020	−6,09%
2-10-2020	−4,18%	2-10-2020	−4,18%
5-10-2020	5,31%	9-10-2020	−3,13%
6-10-2020	−0,50%	16-10-2020	−2,13%
7-10-2020	−0,70%	27-10-2020	−1,83%
8-10-2020	3,28%	30-10-2020	−1,81%
9-10-2020	−3,13%	26-10-2020	−1,56%
13-10-2020	1,67%	23-10-2020	−1,30%
14-10-2020	−0,79%	15-10-2020	−1,10%
15-10-2020	−1,10%	14-10-2020	−0,79%
16-10-2020	−2,13%	7-10-2020	−0,70%
19-10-2020	0,98%	6-10-2020	−0,50%
20-10-2020	3,38%	21-10-2020	−0,10%
21-10-2020	−0,10%	19-10-2020	0,98%
22-10-2020	3,37%	1-10-2020	1,22%
23-10-2020	−1,30%	13-10-2020	1,67%
26-10-2020	−1,56%	8-10-2020	3,28%
27-10-2020	−1,83%	29-10-2020	3,32%
28-10-2020	−6,09%	22-10-2020	3,37%
29-10-2020	3,32%	20-10-2020	3,38%
30-10-2020	−1,81%	5-10-2020	5,31%

A posição do elemento percentil ($p\%$) pode ser dada pela expressão:

$$Posição\left(p\%\right)=\left(n-1\right)\cdot\frac{p}{100}+1$$

Logo, para 5%, em 21 dias, tem-se:

$$Posição\left(5\%\right)=\left(21-1\right)\cdot\frac{5}{100}+1$$

$$Posição\left(5\%\right)=\left(20\right)\cdot\frac{5}{100}+1$$

$$Posição\left(5\%\right)=1+1=2°Elemento$$

Portanto, o VaR histórico para 95% de confiança será –4,18%.

Este processo se estende até o fim da série de 120 dias, onde se compara a variação do retorno real com o VaR histórico para aquela data (correspondendo ao VaR histórico de 21 dias anteriores em uma janela móvel). Dessa forma, nota-se que ocorreram oito violações do VaR histórico com relação aos retornos observados.

A tabela a seguir ilustra tais eventos, sendo que em 12-11-2020 ocorreu uma queda no preço do ativo de 4,24%, enquanto o VaR de 95% histórico acusava perda máxima de 2,13%, rompendo-se, assim, a barreira limite imposta pelo VaR. Os demais valores podem ser vistos na Tabela 3.42.

Tabela 3.42   As oito violações do VaR de 95% histórico

Data da ocorrência	Retorno observado	VaR de 95% histórico
12-11-2020	–4,24%	–2,13%
30-11-2020	–2,35%	–1,81%
21-12-2020	–3,84%	–1,93%
13-1-2020	–4,83%	–0,90%
15-1-2021	–4,52%	–3,84%
19-2-2021	–6,63%	–3,14%
22-2-2021	–21,51%	–3,85%
27-4-2021	–2,86%	–1,89%

A Figura 3.9 ilustra os retornos e os *Value at Risk* paramétrico e histórico no período analisado com 95% de confiança.

Para verificar a calibragem do *Value at Risk*, pode-se aplicar o teste de Kupiec tanto para o VaR paramétrico quanto para o VaR histórico:

- Teste de Kupiec para o VaR paramétrico:
  $\alpha = 5\% = 0,05$

$x = 7$
$N = 120$
$f = 7/120 = 0,0583333$

Figura 3.9 Retornos PETR4 e VaR.

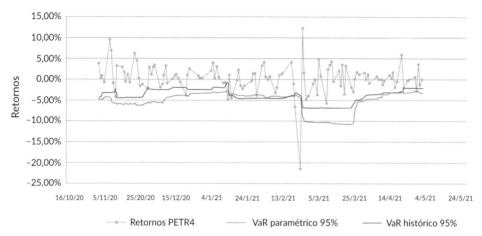

Fonte: adaptada a partir dos dados da Economática.

Calculando a estatística K do teste:

$$K = 2\ln\left[\left(\frac{1-f}{1-\alpha}\right)^{N-x} \times \left(\frac{f}{\alpha}\right)^{x}\right]$$

$$K = 2\ln\left[\left(\frac{1-0,058333}{1-0,05}\right)^{120-7} \times \left(\frac{0,0583333}{0,05}\right)^{7}\right]$$

$$K = 2\ln\left[0,369501252 \times 2,2941897440\right]$$

$$K = 2\ln\left[1,087034786\right]$$

$$K = 2(0,083453609)$$

$$K = 0,16691$$

O valor tabelado do ponto crítico da distribuição qui-quadrado para 1 grau de liberdade, conforme consta na Tabela 3 nos Anexos, é −3,8415. Logo, como a estatística K é inferior ao ponto crítico, pode-se dizer que a hipótese nula não será rejeitada, ou seja, o VaR paramétrico está calibrado, o que revela um bom desempenho na análise de riscos.

- Teste de Kupiec para o VaR histórico:
  $\alpha = 5\% = 0,05$
  $x = 8$
  $N = 120$
  $f = 8/120 = 0,066667$

Calculando a estatística K do teste:

$$K = 2\ln\left[\left(\frac{1-f}{1-\alpha}\right)^{N-x} \times \left(\frac{f}{\alpha}\right)^{x}\right]$$

$$K = 2\ln\left[\left(\frac{1-0,066667}{1-0,05}\right)^{120-8} \times \left(\frac{0,066667}{0,05}\right)^{8}\right]$$

$$K = 2\ln\left[0,137744792 \times 9,988721212\right]$$

$$K = 2\ln\left[1,375894324\right]$$

$$K = 2\left(0,319103937\right)$$

$$K = 0,63821$$

O mesmo valor tabelado do ponto crítico da distribuição qui-quadrado para 1 grau de liberdade, conforme consta na Tabela 3 nos Anexos, é –3,8415. Assim, como a estatística K é inferior ao ponto crítico, pode-se dizer que a hipótese nula não será rejeitada, ou seja, o VaR histórico também está calibrado, o que revela um bom desempenho na análise de riscos.

EXERCÍCIOS RESOLVIDOS

1. Qual seria o valor da estatística Z para o cálculo do VaR com 99,9%?

Solução

O valor da estatística Z para 99,9% de confiança corresponde ao mesmo valor para 0,1% de significância. Para se encontrar esse valor, deve-se lançar mão da tabela normal padrão buscando o valor mais próximo de 99,9% ou 0,1%. Para o valor de 0,1%, tem-se:

Distribuição normal padrão acumulada (valores negativos)

Z	0,00	0,01	0,02	0,03	0,04	0,05	0,06	0,07	0,08	0,09
–3,0	0,0013	0,0013	0,0013	0,0012	0,0012	0,0011	0,0011	0,0011	0,0010	0,0010
–3,1	0,0010	0,0009	0,0009	0,0009	0,0008	0,0008	0,0008	0,0008	0,0007	0,0007

Nota-se na tabela que o primeiro valor mais próximo de 0,1%, ou seja, 0,001 é –3,08. Por questões de arredondamento, o mesmo valor 0,001 se repete em –3,09 e –3,10. Dessa forma, pode-se fazer uma média dos valores e se chegar a –3,09.

O mesmo vale para a parte positiva da tabela normal padrão.

Distribuição normal padrão acumulada (valores positivos)

Z	0,00	0,01	0,02	0,03	0,04	0,05	0,06	0,07	0,08	0,09
3,0	0,9987	0,9987	0,9987	0,9988	0,9988	0,9989	0,9989	0,9989	0,9990	0,9990
3,1	0,9990	0,9991	0,9991	0,9991	0,9992	0,9992	0,9992	0,9992	0,9993	0,9993

O valor da tabela mais próximo de 99,9%, ou seja, 0,9990 é 3,08. O mesmo valor se repete para 3,09 e 3,10. Fazendo-se a média dos valores, chega-se a 3,09.

Utilizando-se uma planilha eletrônica, pode-se chegar diretamente ao valor pelo comando INV.NORMP(99%) ou INV.NORMP(0,1%), conforme ilustrado a seguir:

	A	B	C
1		=INV.NORMP(0,1%)	
2			
3		=INV.NORMP(99,9%)	
4			

Cujos valores são:

	A	B	C
1		-3,090232	
2			
3		3,090232	
4			

Observe que os valores são mais próximos aos da média que foi calculada.

2. Considere um investimento feito de $ 2.000 em um Ativo A que possui risco de 3% a.m. e $ 3.000 em um Ativo B que tem risco de 8% a.m. Se os ativos possuem uma correlação entre si de −0,60, pede-se calcular o *Value at Risk* (VaR) da Carteira com 95% para um mês.

Solução

Este exercício pode ser resolvido de três modos distintos.

1º modo: por meio do uso das proporções de investimentos em cada ativo:

Ativo A: $ 2.000,00 40%

Ativo B: $ 3.000,00 60%

Total: $ 5.000,00 100%

Logo, pelo modelo de Markowitz para Carteiras de dois ativos, tem-se:

$$S_{cart} = \sqrt{(0,40)^2 (0,03)^2 + (0,60)^2 (0,08)^2 + 2(0,40)(0,60)(-0,60)(0,03)(0,08)}$$

$$S_{cart} = \sqrt{0,0017568}$$

$$S_{cart} = 4,19142\%$$

Assim, o VaR da Carteira para 95% em um mês é:

$$VaR_{cart}(95\%, 1\,\text{mês}) = \$\,5.000 \times 0,0419142 \times 1,645 = \$\,344,74$$

2º modo: por meio do uso dos valores monetários e da matriz de variância/covariância:

$$COVAR(A, A) = 1 \times 0,03 \times 0,03 = 0,0009$$

$$COVAR(A, B) = -0,60 \times 0,03 \times 0,08 = -0,00144$$

$$COVAR(B, A) = -0,60 \times 0,08 \times 0,03 = -0,00144$$

$$COVAR(B, B) = 1 \times 0,08 \times 0,08 = 0,0064$$

Assim, a matriz de variância/covariância seria:

$$\begin{bmatrix} 0,0009 & -0,00144 \\ -0,00144 & 0,0064 \end{bmatrix}$$

Logo, o VaR da Carteira para 95% em um mês é:

$$VaR_{cart}(95\%, 1\,\text{mês}) = \sqrt{\begin{bmatrix} \$\,2.000 & \$\,3.000 \end{bmatrix} \times \begin{bmatrix} 0,0009 & -0,00144 \\ -0,00144 & 0,0064 \end{bmatrix} \times \begin{bmatrix} \$\,2.000 \\ \$\,3.000 \end{bmatrix}}$$

Efetuando-se a multiplicação das duas primeiras matrizes dentro da raiz, tem-se:

$$VaR_{cart}(95\%, 1\,\text{mês}) = \sqrt{\begin{bmatrix} \$\,2.000 \times 0,009 + & \$\,2.000 \times (-0,00144 +) \\ + \$\,3.000 \times (-0,00144) & + \$\,3.000 \times 0,0064 \end{bmatrix} \times \begin{bmatrix} \$\,2.000 \\ \$\,3.000 \end{bmatrix}} \times 1,645$$

$$VaR_{cart}(95\%, 1\,\text{mês}) = \sqrt{\begin{bmatrix} 1,800 - 4,320 - 2,88 + 19,20 \end{bmatrix} \times \begin{bmatrix} \$\,2.000 \\ \$\,3.000 \end{bmatrix}} \times 1,645$$

$$VaR_{cart}(95\%, 1\,\text{mês}) = \sqrt{\begin{bmatrix} -2,52 & 16,32 \end{bmatrix} \times \begin{bmatrix} \$\,2.000 \\ \$\,3.000 \end{bmatrix}} \times 1,645$$

Multiplicando-se agora as matrizes resultantes, tem-se:

$$VaR_{cart}\left(95\%, 1\text{ mês}\right) = \sqrt{-\$\,5.040 + \$\,48.960} \times 1,645$$

$$VaR_{cart}\left(95\%, 1\text{ mês}\right) = \sqrt{\$\,43.920} \times 1,645$$

$$VaR_{cart}\left(95\%, 1\text{ mês}\right) = \$\,209,57 \times 1,645$$

$$VaR_{cart}\left(95\%, 1\text{ mês}\right) = \$\,344,74$$

3º modo: por meio da equação do VaR para Carteiras a partir dos VaRs individuais. Desse modo, deve-se primeiro ter os VaRs individuais de cada ativo:

$$VaR_A\left(95\%, 1\text{ mês}\right) = \$\,2.000 \times 0,03 \times 1,645 = \$\,98,70$$

$$VaR_B\left(95\%, 1\text{ mês}\right) = \$\,3.000 \times 0,08 \times 1,645 = \$\,394,80$$

O VaR da Carteira seria:

$$S_{cart} = \sqrt{\left(\$\,98,70\right)^2 + \left(\$\,394,80\right)^2 + 2\left(\$\,98,70\right)\left(\$\,394,80\right)\left(-0,60\right)}$$

$$S_{cart} = \sqrt{\$\,9.741,69 + \$\,155.867,04 - \$\,46.760,11}$$

$$S_{cart} = \sqrt{\$\,118.848,62}$$

$$S_{cart} = \$\,344,74$$

3. Um investidor adquiriu, em setembro de 2013, 1.000 ações da PETR4 cotadas a R$ 18,13. Na mesma data da compra resolveu realizar uma operação de venda coberta com o lançamento de 1.000 opções de compra para o mês seguinte, outubro de 2013, PETRJ19, cujo prêmio era de R$ 0,66. O risco diário da PETR4 estava em 2,35%. O vencimento da opção se daria em exatos 27 dias úteis a partir da data da venda da opção. A correlação entre as ações e as opções era de –0,99 e o *risk free* é de 9% ao ano. Pede-se:

   a) Calcule o VaR paramétrico para cada ativo individual com 95% de confiança para um dia e usando o modelo delta para as opções.

   b) Calcule o VaR paramétrico para a Carteira composta pelos dois ativos com 95% de confiança para um dia.

   c) Calcule o ganho ocorrido pela diversificação para o investimento feito para um dia.

Solução

a) Considerando os seguintes investimentos feitos em cada ativo:

Na PETR4 = 1.000 × R$ 18,13 = –R$ 18.130,00

Na PETRJ19 = 1.000 × R$ 0,66 = R$ 660,00

Observe que o investidor realizou uma compra de 1.000 ações, devendo pagar R$ 18.130,00 pelo investimento, mas receberá R$ 660,00 pela venda (lançamento) das opções. O que constitui um investimento total na Carteira de –R$ 17.470,00 (–R$ 18.130,00 + R$ 660,00).

$$VaR_{PETR4}\left(95\%, 1\text{ dia}\right) = 18.130,00 \times 1,645 \times 0,0235 = R\$ 700,86$$

Para o cálculo do VaR das opções, é necessário calcular a variável grega delta, conforme visto anteriormente.

Sua equação é o parâmetro $N(d_1)$, em que $d_1 = \dfrac{\ln\left(\dfrac{S}{E}\right) + \left(R_f + \dfrac{\sigma^2}{2}\right) \times n}{\sigma\sqrt{n}}$ é o parâmetro do modelo de Black & Scholes.

Assim, as variáveis são:

S = preço *spot* (à vista) = R\$ 18,13

E = preço *strike* (exercício) = R\$ 19,00

R_f = 9% ao ano

σ = 2,35% ao dia

n = 27 dias úteis

Para uso do modelo, deve-se inicialmente acertar as diferenças de prazos entre o prazo de vencimento (n = 27 dias úteis) e a volatilidade (2,35% a.d.). Como o R_f está ao ano, pode-se, por exemplo, passar a volatilidade para ano, multiplicando-se pela raiz de 252:

$$\sigma = 2,35\% \times \sqrt{252} = 37,31\% \text{ a.a.}$$

Logo:

$$d_1 = \frac{\ln\left(\dfrac{S}{E}\right) + \left(R_f + \dfrac{\sigma^2}{2}\right) \times n}{\sigma\sqrt{n}} = \frac{\ln\left(\dfrac{18,13}{19,00}\right) + \left(0,09 + \dfrac{0,3731^2}{2}\right) \times \dfrac{27}{252}}{0,3731\sqrt{\dfrac{27}{252}}}$$

$$d_1 = \frac{-0,046871 + \left(0,1596018\right) \times 0,1071429}{0,3731 \times 0,3273684} = \frac{-0,02977076}{0,12212564} = -0,24$$

O valor de $N(-0,24)$ pode ser encontrado na tabela a seguir:

Z	0,00	0,01	0,02	0,03	0,04	0,05	0,06	0,07	0,08	0,09
−0,0	0,5000	0,4960	0,4920	0,4880	0,4840	0,4801	0,4761	0,4721	0,4681	0,4641
−0,1	0,4602	0,4562	0,4522	0,4483	0,4443	0,4404	0,4364	0,4325	0,4286	0,4247
−0,2	0,4207	0,4168	0,4129	0,4090	0,4052	0,4013	0,3974	0,3936	0,3897	0,3859

Assim, $N(-0,24) = 0,4052$, que corresponde ao delta da opção.

Pode-se então calcular o VaR para a opção PETRJ19:

$$VaR_{PETRJ19}\left(95\%, 1\text{ dia}\right) = R\$\,700,86 \times 0,4052 = R\$\,283,99$$

b) O cálculo do VaR da Carteira composta pelas ações PETR4 e as opções PETRJ19 depende da correlação. O seu valor é de –0,99. Assim, pela fórmula da Carteira de dois ativos, tem-se:

$$VaR_{Carteira}\left(95\%, 1\text{ dia}\right) = \sqrt{VaR^2_{PETR4} + VaR^2_{PETRJ19} + 2 \times VaR_{PET4} \times VaR_{PETRJ19} \times r_{PETR4,PETRJ19}}$$

c) O VaR não diversificado é a soma dos VaRs individuais de cada ativo:

$$VaR_{\text{Não Diversificado}} = R\$\,700,86 + R\$\,283,99 = R\$\,984,85$$
$$VaR_{\text{Diversificado}} = R\$\,421,62$$

Ganho pela diversificação = R\$ 984,85 – R\$ 421,62 = R\$ 563,23

4. Considere os seguintes ativos cotados na B3 cujas cotações não ajustadas para proventos nos últimos meses são dadas a seguir:

Data	PETR4	BBAS3	SBSP3	MULT3	NATU3
Jun./2013	R\$ 16,18	R\$ 20,77	R\$ 23,11	R\$ 51,79	R\$ 47,70
Jul./2013	R\$ 16,29	R\$ 21,28	R\$ 23,40	R\$ 50,36	R\$ 45,95
Ago./2013	R\$ 16,80	R\$ 22,40	R\$ 19,59	R\$ 47,94	R\$ 44,77
Set./2013	R\$ 18,36	R\$ 25,45	R\$ 21,64	R\$ 53,00	R\$ 49,50
Out./2013	R\$ 20,43	R\$ 29,29	R\$ 23,74	R\$ 52,59	R\$ 44,80

Admita que um investidor tenha comprado, em junho de 2013, 1.000 ações de cada um desses papéis e composto uma Carteira. O preço de compra foi o preço dado para o mês de junho em cada ativo na tabela anterior. Pede-se:

a) Calcule o retorno discreto de cada ativo, o retorno médio esperado e o risco para cada um dos ativos da tabela anterior.

b) Calcule os retornos esperados para cada mês da Carteira composta pelos ativos, bem como o retorno médio esperado e o risco da Carteira.

c) Calcule o VaR para cada ativo isolado com 99% de confiança para um mês, bem como o VaR não diversificado.

d) Decomponha o VaR total encontrando o VaR de cada Componente das ações.

Solução

a) Calculando-se o retorno discreto de cada ativo e, posteriormente, a média dos retornos que será o retorno médio esperado e o desvio-padrão dos retornos, isto é, o risco de cada um dos ativos, tem-se:

Data	PETR4	BBAS3	SBSP3	MULT3	NATU3
Jul./2013	0,68%	2,46%	1,25%	-2,76%	-3,67%
Ago./2013	3,13%	5,26%	-16,28%	-4,81%	-2,57%
Set./2013	9,29%	13,62%	10,46%	10,55%	10,57%
Out./2013	11,27%	15,09%	9,70%	-0,77%	-9,49%
RETORNO	6,09%	9,11%	1,29%	0,55%	-1,29%
RISCO	5,00%	6,19%	12,43%	6,87%	8,47%

Ressalta-se que esses cálculos estão aproximados com duas casas decimais. Eventuais diferenças nos cálculos devem-se às aproximações.

b) Comprando-se 1.000 ações de cada ativo, tem-se um investimento total de R$ 159.550,00 com as seguintes participações:

1.000 PETR4 a R$ 16,18 = R$ 16.180,00   10,14%
1.000 BBAS3 a R$ 20,77 = R$ 20.770,00   13,02%
1.000 SBSP3 a R$ 23,11 = R$ 23.110,00   14,48%
1.000 MULT3 a R$ 51,79 = R$ 51.790,00   32,46%
1.000 NATU3 a R$ 47,70 = R$ 47.700,00   29,90%
TOTAL = R$ 159.550,00   100,00%

O cálculo do retorno da Carteira para cada um dos meses é:

$$R_{cart}^{jul} = 10,14\% \times 0,68\% + 13,02\% \times 2,46\% + 14,48\% \times 1,25\% + 32,46\%$$
$$\times (-2,76) + 29,90\% \times (-3,67\%) = -1,42\%$$

E assim sucessivamente.

Data	RET_CARTEIRA
Jul./2013	-1,42%
Ago./2013	-3,68%
Set./2013	10,81%
Out./2013	1,42%
RETORNO	1,78%
RISCO	6,37%

c) O VaR para cada ativo individual para o investimento feito é dado por:

$$VaR(PETR4, 99\%, 1\ mês) = \$16.180,00 \times 0,05 \times 2,33 = \$1.886,46$$

Cabe observar uma vez mais que o risco de 5% é o valor aproximado. Eventuais diferenças são resultantes de arredondamentos de casas decimais.

E assim sucessivamente para as demais ações.

$$\text{VaR}(\text{BBAS3}, 99\%, 1 \text{ mês}) = \$ 2.997,92$$

$$\text{VaR}(\text{SBSP3}, 99\%, 1 \text{ mês}) = \$ 6.694,79$$

$$\text{VaR}(\text{MULT3}, 99\%, 1 \text{ mês}) = \$ 8.287,22$$

$$\text{VaR}(\text{NATU3}, 99\%, 1 \text{ mês}) = \$ 9.412,20$$

O VaR total não diversificado é a soma dos VaRs individuais dos ativos, que totaliza $ 29.278,59.

O VaR diversificado é o VaR da Carteira composta por esses ativos, ou seja, o VaR que leva em consideração o efeito da diversificação.

Uma maneira de calcular o VaR da Carteira seria a partir do risco da Carteira já calculado pelo desvio-padrão no item anterior, que foi de 6,37%. Assim, para 99% de confiança para um período, o VaR seria:

$$\text{VaR}(cart, 99\%, 1 \text{ mês}) = \$ 159.550,00 \times 0,0637 \times 2,33 = \$ 23.692,88$$

Outra forma de se chegar a esse mesmo valor seria por meio do cálculo do risco da Carteira pelo modelo de Markowitz e do uso da matriz de variância/covariância, como se segue.

Deve-se primeiramente calcular a correlação entre os retornos dos ativos. Pode-se calcular tais correlações para cada combinação de dois ativos ou por meio do comando de correlação da ferramenta de análise de dados da planilha eletrônica do Excel, como se observa no passo inicial na figura a seguir:

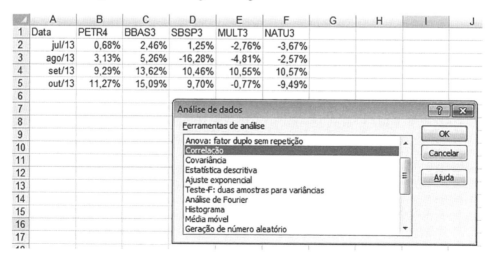

A partir da escolha da função **Correlação**, deve-se informar a base de dados dos retornos:

▲	A	B	C	D	E	F	G	H	I	J
1	Data	PETR4	BBAS3	SBSP3	MULT3	NATU3				
2	jul/13	0,68%	2,46%	1,25%	-2,76%	-3,67%				
3	ago/13	3,13%	5,26%	-16,28%	-4,81%	-2,57%				
4	set/13	9,29%	13,62%	10,46%	10,55%	10,57%				
5	out/13	11,27%	15,09%	9,70%	-0,77%	-9,49%				
6										
7										

Correlação

Entrada

Intervalo de entrada: $B$1:$F$5

Agrupado por: ● Colunas ○ Linhas

☑ Rótulos na primeira linha

Opções de saída

○ Intervalo de saída:
● Nova planilha:
○ Nova pasta de trabalho

OK Cancelar Ajuda

Os dados dos retornos, se colocados a partir da célula A1 até a F5, devem ser informados começando-se pela primeira ação até o último retorno da última ação, ou seja, o intervalo de entrada deve ser de B1 até F5, como ilustrado na figura anterior. Checa-se a opção de dados agrupados por coluna e "rótulos na primeira linha", uma vez que na primeira linha constam os nomes das ações. O resultado é apresentado em outra planilha, como a seguir.

▲	A	B	C	D	E	F
1		PETR4	BBAS3	SBSP3	MULT3	NATU3
2	PETR4	1				
3	BBAS3	0,997693	1			
4	SBSP3	0,670435	0,690182	1		
5	MULT3	0,571044	0,625281	0,68268	1	
6	NATU3	0,094378	0,159565	0,197124	0,826396	1
7						
8						

Nota-se que o resultado é uma matriz onde a diagonal principal é sempre 1, por ser a correlação entre os próprios ativos. Pode-se completar a matriz transpondo-se os resultados. Assim, a matriz de correlação entre os ativos será:

$$\begin{bmatrix} \begin{array}{c|ccccc} [\ ] & PETR4 & BBAS3 & SBSP3 & MULT3 & NATU3 \\ PETR4 & 1 & 0,997693 & 0,670435 & 0,571044 & 0,094378 \\ BBAS3 & 0,997693 & 1 & 0,690182 & 0,625281 & 0,159565 \\ SBSP3 & 0,670435 & 0,690182 & 1 & 0,68268 & 0,197124 \\ MULT3 & 0,571044 & 0,625281 & 0,68268 & 1 & 0,826396 \\ NATU3 & 0,094378 & 0,159565 & 0,197124 & 0,826396 & 1 \end{array} \end{bmatrix}$$

A covariância pode ser calculada a partir de cada correlação, multiplicada pelos respectivos desvios. Por exemplo, para a covariância entre PETR4 e PETR4 chega-se na variância da PETR4:

Data	PETR4	BBAS3	SBSP3	MULT3	NATU3
RISCO	5,00%	6,19%	12,43%	6,87%	8,47%

$$COVAR(\text{PETR4; PETR4}) = 1 \times 0,05 \times 0,05 = 0,0025395$$

Lembrando das aproximações dos valores dos riscos.

$$COVAR(\text{PETR4; BBAS3}) = 0,997693 \times 0,05 \times 0,0619 = 0,0030927$$

E assim sucessivamente para cada par de ações. A matriz de covariância completa fica:

$$\begin{bmatrix} & PETR4 & BBAS3 & SBSP3 & MULT3 & NATU3 \\ PETR4 & 0,00250395 & 0,0030927 & 0,0041711 & 0,0019624 & 0,0003999 \\ BBAS3 & 0,0030927 & 0,0038376 & 0,0053158 & 0,0026602 & 0,0008371 \\ SBSP3 & 0,0041711 & 0,0053158 & 0,0154583 & 0,0058292 & 0,0020756 \\ MULT3 & 0,0019624 & 0,0026602 & 0,0058292 & 0,0047164 & 0,0048063 \\ NATU3 & 0,0003999 & 0,0008371 & 0,0020756 & 0,0048063 & 0,0071719 \end{bmatrix}$$

Assim, o risco da Carteira pode ser dado pela multiplicação das seguintes matrizes: Matriz dos pesos do investimento:

PETR4 10,14%

BBAS3 13,02%

SBSP3 14,48%

MULT3 32,46%

NATU3 29,90%

O risco da Carteira seria:

$$S_{cart} = \sqrt{\begin{bmatrix} 10,14\% & 13,02\% & 14,48\% & 32,46\% & 29,90\% \end{bmatrix} \times \left\{ \begin{bmatrix} 0,00250395 & 0,0030927 & 0,0041711 & 0,0019624 & 0,0003999 \\ 0,0030927 & 0,0038376 & 0,0053158 & 0,0026602 & 0,0008371 \\ 0,0041711 & 0,0053158 & 0,0154583 & 0,0058292 & 0,0020756 \\ 0,0019624 & 0,0026602 & 0,0058292 & 0,0047164 & 0,0048063 \\ 0,0003999 & 0,0008371 & 0,0020756 & 0,0048063 & 0,0071719 \end{bmatrix} \times \begin{bmatrix} 10,14\% \\ 13,02\% \\ 14,48\% \\ 32,46\% \\ 29,90\% \end{bmatrix} \right\}}$$

Realizando a multiplicação das matrizes entre colchetes, tem-se:

$$S_{cart} = \sqrt{\begin{bmatrix} 10,14\% & 13,02\% & 14,48\% & 32,46\% & 29,90\% \end{bmatrix} \times \begin{bmatrix} 0,201726\% \\ 0,269694\% \\ 0,586673\% \\ 0,435751\% \\ 0,415445\% \end{bmatrix}}$$

E, finalmente, multiplicando-se as matrizes restantes:

$$S_{cart} = \sqrt{0,004061909}$$
$$S_{cart} = 6,3733\%$$

Note que o valor do desvio-padrão da Carteira pelo modelo de Markowitz a partir dos pesos de cada ativo na Carteira é o mesmo valor encontrado pelo desvio-padrão dos retornos mensais da Carteira, a partir da composição calculada em cada mês pelos retornos mensais gerados pelos ativos no mercado. Assim, o VaR com 99% de confiança para a Carteira é:

$$VaR\left(cart, 99\%, 1 \text{ mês}\right) = \$ 159.550,00 \times 0,0637 \times 2,33 = \$ 23.692,88$$

Há ainda um terceiro método para o cálculo do VaR da Carteira, já mostrado anteriormente, que seria utilizando o VaR individual de cada ativo e a matriz de correlação. Esse cálculo é demonstrado a seguir.

$$VaR_{cart} = \sqrt{\begin{bmatrix} 1.886,46 & 2.997,92 & 6.694,79 & 8.287,22 & 9.412,20 \end{bmatrix} \times \left\{\begin{bmatrix} 1 & 0,997693 & 0,670435 & 0,571044 & 0,094378 \\ 0,997693 & 1 & 0,690182 & 0,625281 & 0,159565 \\ 0,670435 & 0,690182 & 1 & 0,68268 & 0,197124 \\ 0,571044 & 0,625281 & 0,68568 & 1 & 0,826396 \\ 0,094378 & 0,159565 & 0,197124 & 0,826396 & 1 \end{bmatrix} \times \begin{bmatrix} 1.886,46 \\ 2.997,92 \\ 6.694,79 \\ 8.287,22 \\ 9.412,20 \end{bmatrix}\right\}}$$

Realizando-se a multiplicação das matrizes entre colchetes, tem-se:

$$VaR_{cart} = \sqrt{\begin{bmatrix} 1.886,46 & 2.997,92 & 6.694,79 & 8.287,22 & 9.412,20 \end{bmatrix} \times \begin{bmatrix} 14.986,56 \\ 16.184,35 \\ 17.541,55 \\ 23.587,62 \\ 18.236,83 \end{bmatrix}}$$

E, finalmente, multiplicando-se as matrizes restantes:

Capítulo 3 • Análise de Risco para Ativos de Renda Variável | **215**

$$VaR_{cart} = \sqrt{561.352.440,48}$$

$$VaR\left(cart,\ 99\%,\ 1\ mês\right) = \$\ 23.692,88$$

Pode-se ainda utilizar a matriz de covariâncias e os valores investidos em unidades monetárias diretamente em cada ativo, obtendo-se o risco da Carteira em unidades monetárias, como pode ser visto a seguir.

$$VaR_{cart} = 2,33 \times \sqrt{\begin{bmatrix} 16.180,00 & 20.770,00 & 23.110,00 & 51.790,00 & 47.700,00 \end{bmatrix} \times \begin{bmatrix} 0,00250395 & 0,0030927 & 0,0041711 & 0,0019624 & 0,003999 \\ 0,0030927 & 0,0038376 & 0,0053158 & 0,0026602 & 0,0008371 \\ 0,0041711 & 0,0053158 & 0,0154583 & 0,0058292 & 0,0020756 \\ 0,0019624 & 0,0026602 & 0,0058292 & 0,0047164 & 0,0048063 \\ 0,0003999 & 0,0008371 & 0,0020756 & 0,0048063 & 0,0071719 \end{bmatrix} \times \begin{bmatrix} 16.180,00 \\ 20.770,00 \\ 23.110,00 \\ 51.790,00 \\ 47.700,00 \end{bmatrix}}$$

Realizando-se a multiplicação das matrizes entre colchetes, tem-se:

$$VaR_{cart} = 2,73 \times \sqrt{\begin{bmatrix} 16.180,00 & 20.770,00 & 23.110,00 & 51.790,00 & 47.700,00 \end{bmatrix} \times \begin{bmatrix} 321,85 \\ 430,30 \\ 936,04 \\ 695,24 \\ 66,84 \end{bmatrix}}$$

E, finalmente, multiplicando-se as matrizes restantes:

$$VaR_{cart} = 2,33 \times \sqrt{103.400.770,04}$$

$$VaR\left(cart,\ 99\%,\ 1\ mês\right) = 2,33 \times \$\ 10.168,62$$

$$VaR\left(cart,\ 99\%,\ 1\ mês\right) = \$\ 23.692,88$$

d) Para o cálculo do VaR de Componente, pode-se estimar o coeficiente beta de cada ativo na Carteira e multiplicar pelo VaR diversificado e também pelo peso do ativo na Carteira.

Existem três possibilidades para se estimar o coeficiente beta, que é o mesmo beta da equação do modelo CAPM. Uma delas é pela reta de regressão linear, tendo como variável independente os retornos da Carteira e como variável dependente os retornos do ativo.

Assim, tem-se, para a PETR4:

Data	PETR4	RET_CARTEIRA
Jul./2013	0,68%	−1,42%
Ago./2013	3,13%	−3,68%
Set./2013	9,29%	10,81%
Out./2013	11,27%	1,42%

O gráfico com a correspondente reta de regressão é:

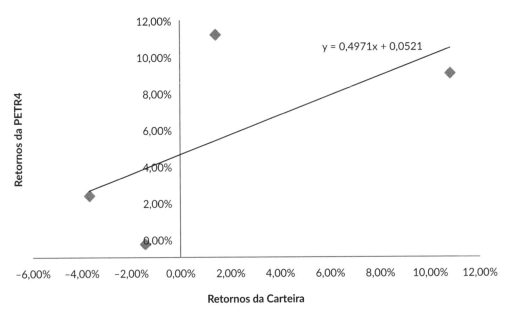

E assim sucessivamente, pode-se estimar o beta das demais ações da Carteira cujos resultados são dados a seguir.

Pode-se ainda estimar os coeficientes de correlação entre os retornos da Carteira e os retornos de cada ativo. Por meio do comando de correlação da análise de dados de uma planilha eletrônica, tem-se:

	Correlação da Carteira com os ativos
PETR4	0,632534268
BBAS3	0,68308941
SBSP3	0,740372159
MULT3	0,995557493
NATU3	0,769717994

A partir da correlação entre os retornos da Carteira com os retornos dos ativos, pode-se encontrar a covariância multiplicando-se cada correlação pelo desvio-padrão dos retornos do ativo e dos retornos da Carteira:

$$COVAR(\text{Carteira; PETR4}) = 0{,}632534268 \times 0{,}05 \times 0{,}0637 = 0{,}002017261$$

Fazendo para os demais ativos, tem-se:

	Covariância da Carteira com os ativos
PETR4	0,002017261
BBAS3	0,002696936
SBSP3	0,005866733
MULT3	0,00435751
NATU3	0,004154449

E dividindo-se a covariância entre os retornos da Carteira com os retornos de cada ativo pela variância da Carteira, tem-se o coeficiente beta:

$$\beta_{PETR4} = \frac{0,002017261}{\left(0,0637\right)^2} = 0,4966$$

Seguindo o mesmo raciocínio para os demais ativos, tem-se:

Ativos	Beta
PETR4	0,49662882
BBAS3	0,66395778
SBSP3	1,4443291
MULT3	1,07277405
NATU3	1,02278258

E multiplicando-se o coeficiente beta de cada ativo pelo VaR diversificado e pela respectiva participação na Carteira, tem-se o VaR de Componente de cada ativo:

$$VaR\,Componente_{PETR4} = 0,49662882 \times \$\,23.692,88 \times 10,14\% = \$\,1.193,25$$

E para todos os ativos da Carteira, tem-se:

Ativos	VaR Componente
PETR4	R$ 1.193,25
BBAS3	R$ 2.047,85
SBSP3	R$ 4.956,64
MULT3	R$ 8.250,40
NATU3	R$ 7.244,74
TOTAL	R$ 23.692,88

Observe que a somatóra total dos Componentes de cada ativo é o próprio VaR total da Carteira. E todos os VaRs de Componente têm sinal positivo, ou seja, aumentam o risco da Carteira. Componentes do VaR com sinal negativo estariam atuando como *hedge* na Carteira.

ATENÇÃO

Cabe ressaltar aqui que, durante a estimação do beta de cada ativo, matematicamente, ele pode assumir valores negativos. Um beta com sinal negativo, embora esteja corretamente calculado do ponto de vista matemático, do ponto de vista da teoria de Finanças não faz o menor sentido. Significaria que, quanto maior o risco, menor o retorno, não tendo, assim, utilidade prática na teoria de Finanças.

O VaR de Componente é interpretado como a mudança aproximada no VaR da Carteira na hipótese de o ativo ser excluído completamente da Carteira.

Por exemplo, se excluíssemos as ações da PETR4 da Carteira, a mesma seria rebalanceada a partir dos novos pesos com a exclusão da ação na Carteira. Agora, comprando-se 1.000 ações de cada ativo restante, tem-se:

1.000 BBAS3 a R$ 20,77 = R$ 20.770,00	14,49%
1.000 SBSP3 a R$ 23,11 = R$ 23.110,00	16,12%
1.000 MULT3 a R$ 51,79 = R$ 51.790,00	36,12%
1.000 NATU3 a R$ 47,70 = R$ 47.700,00	33,27%
TOTAL = R$ 143.370,00	100,00%

Dessa forma, a nova composição da Carteira ficaria:

BBAS3	SBSP3	MULT3	NATU3
14,49%	16,12%	36,12%	33,27%

Embora os pesos sejam diferentes, a matriz de variância/covariância é a mesma, a menos da exclusão da PETR4, ficando uma matriz menor.

$$S_{cart} = \sqrt{\begin{bmatrix} 14,49\% & 16,12\% & 36,12\% & 33,27\% \end{bmatrix} \times \begin{bmatrix} 0,0038376 & 0,0053158 & 0,0026602 & 0,0008371 \\ 0,0053158 & 0,0154583 & 0,0058292 & 0,0020756 \\ 0,0026602 & 0,0058292 & 0,0047164 & 0,0048063 \\ 0,0008371 & 0,0020756 & 0,0048063 & 0,0071719 \end{bmatrix} \times \begin{bmatrix} 14,49\% \\ 16,12\% \\ 36,12\% \\ 33,27\% \end{bmatrix}}$$

$$S_{cart} = 6,75\%$$

$$VaR\left(\text{Nova cart, 99\%, 1 mês}\right) = \$143.370,00 \times 0,0637 \times 2,33 = \$22.547,02$$

O VaR de Carteira com a inclusão da PETR4 é $ 23.692,88, ou seja, um aumento de $ 23.692,88 – $ 22.547,02 = $ 1.145,86, valor aproximado do VaR de Componente da PETR4 calculado anteriormente de $ 1.193,25.

Outra forma de se obter o coeficiente beta é pela sua fórmula básica:

$$\beta_{ATIVO} = \frac{CORREL\left(R_{ATIVO}; R_{MERCADO}\right) \times S_{ATIVO} \times S_{MERCADO}}{VARIÂNCIA\left(R_{MERCADO}\right)}$$

Como a variância do retorno de mercado é o quadrado do desvio-padrão do mercado, pode-se simplificar a fórmula anterior:

$$\beta_{ATIVO} = \frac{CORREL\left(R_{ATIVO}; R_{MERCADO}\right) \times S_{ATIVO} \times S_{MERCADO}}{VARIÂNCIA\left(S_{MERCADO}^2\right)}$$

$$\beta_{ATIVO} = \frac{CORREL\left(R_{ATIVO}; R_{MERCADO}\right) \times S_{ATIVO}}{S_{MERCADO}}$$

Assim, para a PETR4, ficaria:

$$\beta_{PETR4} = \frac{0,632534268 \times 0,05}{0,0637} = 0,4966$$

E igualmente para os demais ativos.

Outra forma de se obter o VaR de Componente: pode-se obter o VaR marginal de cada ativo, que nada mais é do que a mudança no VaR decorrente da adição de R$ 1,00 na composição do ativo.

Assim, o VaR marginal para a PETR4 seria:

$$VaR\ Marginal_{PETR4} = \frac{VaR_{cart} \times \beta_{PETR4}}{Montante\ Investido} = \frac{23.692,88 \times 0,49662882}{159.550,00} = \$\ 0,0737$$

E a partir do VaR marginal, multiplicando-se pelo investimento na PETR4 ($ 16.180,00), chega-se ao VaR de Componente da PETR4:

$$VaR\ Componente_{PETR4} = 0,0737 \times \$\ 16.180,00 = \$\ 1.193,25$$

Os VaRs marginais para os demais ativos são:

Ativos	VaR marginal
PETR4	R$ 0,0737
BBAS3	R$ 0,0986
SBSP3	R$ 0,2145
MULT3	R$ 0,1593
NATU3	R$ 0,1519

5. Considere um ativo cujos retornos diários geram uma volatilidade anual de 36%. Qual a estimativa da volatilidade semanal desse ativo, assumindo que no ano existem 52 semanas?
   a) 259,6%
   b) 18,0%
   c) 10,39%
   d) 6,99%
   e) 4,99%

Solução

Alternativa E

Para encontrar a estimativa da volatilidade semanal a partir da volatilidade anual, tem-se:

$$\sigma = 36\% \sqrt{\frac{1}{52}} = 4,99\%$$

6. Se o nível de confiança para o cálculo do VaR de uma ação é de 90%, isso significa que, se fosse realizado um *backtest* analisando os últimos 250 dias de retornos dessa ação, as perdas poderiam ser superiores em quantos dias?
   a) 12
   b) 20
   c) 25
   d) 30
   e) 35

Solução

Alternativa C

Pela própria definição de VaR como a perda máxima esperada em determinado período com dado nível de confiança, se em 250 dias analisados, em apenas 10% deles (1 – 0,90) poderá se incorrer em perdas superiores ao VaR, ou seja, em apenas 25 dias.

7. Considere os últimos 30 retornos de uma ação no mercado ordenados a seguir, da pior perda até o maior ganho.[5]

−12%	−10%	−9%	−8%	−6%	−5%	−3%	−1,5%	−1%	−0,5%
−0,1%	−0,05%	0%	0,5%	1%	1,4%	1,7%	2,1%	2,2%	2,5%
2,7%	2,8%	2,85%	2,9%	3,0%	3,1%	3,2%	3,5%	4%	5%

---

[5] Adaptado de JORION, Phillipe. *Financial risk manager handbook*. 5. ed. New Jersey: Wiley, 2009. p. 256.

Capítulo 3 • Análise de Risco para Ativos de Renda Variável | **221**

Analisando a série de 30 retornos, pode-se concluir que o VaR de 90% a partir dos dados históricos e o VaR Condicional são, respectivamente:

a) −10%; 10%

b) −9%; 11%

c) −10%; 12%

d) −7%; −9%

e) −6%; −8%

Solução

Alternativa B

O VaR histórico de 90% sobre os 30 valores corresponderá ao percentil 10%, ou seja, 10% de 30 valores será o terceiro valor, ou a terceira pior perda esperada, no caso, −9%.

Sendo o VaR de −9%, então o VaR Condicional seria a média dos valores restantes abaixo dele, ou seja, média de −12% e −10%, cuja soma é −22%, que, dividindo por 2, chega-se a 11%.

8. Seja o VaR = −$ 10.000 de um ativo no mercado de capitais para um mês com certo nível de confiança. Pode-se afirmar que o VaR de três meses será de:[6]

a) $ 17.320,51, se os retornos não tiverem um comportamento independente e identicamente distribuídos.

b) $ 17.320,51, se os retornos forem independentes e identicamente distribuídos.

c) $ 10.000, pois o VaR independe do horizonte de tempo.

d) $ 1.732,05, independentemente de qualquer outro fator que afete o VaR mensal.

e) $ 1.732,05, se os retornos forem independentes e identicamente distribuídos.

Solução

Para poder extrapolar o VaR de um período menor para um período maior, deve-se assumir um comportamento dos retornos independentes e identicamente distribuídos. Assim, o VaR de três meses seria:

$$VaR\left(3\text{ meses}\right)=10.000\times\sqrt{3}=17.320,51,$$ assumindo comportamento independente e identicamente distribuído.

---

[6] Adaptado de JORION, Phillipe. *Financial risk manager handbook*. 5. ed. New Jersey: Wiley, 2009. p. 245.

EXERCÍCIOS PROPOSTOS

1. Um investidor tem em sua Carteira três ativos com os seguintes investimentos: Ativo A = R$ 20.000,00; Ativo B = R$ 15.000,00; e Ativo C = R$ 15.000,00. O retorno e o risco da Carteira são dados a seguir, bem como sua matriz de correlação:

Ativos	A	B	C
Retorno mensal	3,0%	5,0%	7,0%
Risco mensal	1,0%	2,0%	4,0%

Correlação	A	B	C
A	1	–0,2	0
B	–0,2	1	0,3
C	0	0,3	1

Pede-se:

a) Calcular o retorno e o risco da Carteira.

b) Calcular o VaR com 99% de confiança para um mês para cada um dos ativos individuais. Adote Z = 2,33.

c) Calcular o VaR da Carteira com 99% de confiança para um mês, bem como o ganho pela diversificação. Adote Z = 2,33.

2. Um investidor aplica $ 1.000 em um Ativo A e $ 4.000 em um Ativo B. Se o Ativo A tem retorno de 0,8% a.m. e risco de 1,0% a.m. e o Ativo B tem retorno de 1,5% a.m. e risco de 1,4% a.m. com correlação entre si de –0,50, pede-se:

a) O retorno e o risco da Carteira.

b) O VaR de 95% de confiança para um mês de cada um dos ativos isolados. Adote Z = 1,645.

c) O VaR de 95% de confiança para um mês diversificado. Adote Z = 1,645.

d) O VaR não diversificado com 95% de confiança para um mês. Adote Z = 1,645.

e) O resultado da diversificação para o mesmo nível de confiança.

f) Quais seriam os pesos ideais para que a Carteira tenha risco de 0,70% a.m.?

g) Nas condições definidas no item (f), qual o resultado da diversificação com 95% de confiança? Adote Z = 1,645.

3. Um investidor possui cinco ações em sua Carteira, cujos riscos são 1%, 2%, 4%, 7% e 9%. Os ativos possuem correlação nula uns com os outros e pesos iguais na Carteira. Se o valor investido na Carteira toda é de $ 200.000, qual o risco e o VaR de 95% dessa Carteira? Adote Z = 1,645.

Capítulo 3 • Análise de Risco para Ativos de Renda Variável | **223**

4. Foi feita uma simulação histórica para cálculo do VaR com 1.000 retornos de um ativo. A seguir são mostrados alguns resultados a respeito desses 1.000 retornos.

Média	Percentil 5%	Percentil 10%	Mediana	Desvio-padrão
−0,5%	−1,5%	−0,8%	0,1%	1,0%

Nessas condições, o VaR não paramétrico e o VaR paramétrico para um investimento de R$ 100.000,00 com 95% de confiança são, respectivamente (considerando o valor do VaR em módulo e adotando $Z = 1,645$):

a) R$ 1.645,00; R$ 164,50

b) R$ 800,00; R$ 1.645,00

c) R$ 500,00; R$ 164,50

d) R$ 1.645,00; R$ 1.500,00

e) R$ 1.500,00; R$ 1.645,00

5. Um investidor aplicou R$ 4.000 em um Ativo A e R$ 6.000 em um Ativo B. O retorno do Ativo A é de 5% e do Ativo B é de 7%. O risco do Ativo A é de 3% e do Ativo B é de 5%. A correlação entre os ativos é de −0,10. Nessas condições, pede-se, para um nível de confiança de 97,5% (adote $Z = 1,96$):

a) O retorno e o risco da Carteira para um período.

b) O *Value at Risk* não diversificado para um período.

c) Calcule o *Value at Risk* diversificado e o ganho pela diversificação para um período.

d) Calcule o RAROC da Carteira para um período.

6. Um investidor aplica R$ 8.000 em um Ativo A e $ 12.000 em um Ativo B. Se o Ativo A tem retorno de 1% a.m. e risco de 1% a.m. e o Ativo B tem retorno de 2,5% a.m. e risco de 1,5% a.m. e a correlação entre os ativos é de 0,50, pede-se calcular o VaR de 99% de confiança não diversificado e diversificação para um ano e o resultado da diversificação anual. Adote $Z = 2,33$.

7. Admita que o risco de uma Carteira esteja em 1,3% ao dia e o valor atual da Carteira seja de $ 1 milhão. Com um nível de confiança de 1,65 desvio-padrão, que equivale a 95%, o DEaR (*Daily Earning at Risk*) da Carteira é:

a) $ 13.000.

b) $ 21.450.

c) $ 214.500.

d) $ 1.300.000.

e) $ 2.145.000.

8. Uma Carteira é composta de dois Ativos A e B com riscos de 3% a.d. e 6% a.d., respectivamente. Se a correlação entre eles é de 0,4 e o investimento total na Carteira foi de $ 12.000,00, divididos 20% no Ativo A e o restante no Ativo B, calcule o VaR para 95% de confiança para a Carteira em um dia. Adote $Z = 1,645$.

224 | ANÁLISE DE RISCOS • *Fabiano Guasti Lima*

9. Considere um ativo cujos retornos diários geram uma volatilidade anual de 24%. Qual a estimativa da volatilidade semanal desse ativo, assumindo que no ano existem 52 semanas?

10. O VaR de determinado ativo foi calculado com nível de confiança de 99%. Se fosse realizado um *backtest* e analisados os últimos 100 retornos, em quantos desses dias poderiam ser encontradas perdas superiores ao VaR?
   a) 10.
   b) 5.
   c) 3.
   d) 2.
   e) 1.

11. Dois operadores do mercado de capitais apresentaram os seguintes resultados no último ano:

Operação	Lucro anual	Volume negociado	Volatilidade média anual
Operação A	$ 300 mil	$ 10 milhões	15%
Operação B	$ 500 mil	$ 24 milhões	3,5%

Qual investidor foi mais bem-sucedido considerando a sua rentabilidade ajustada ao risco? Adote 95% de confiança e $Z = 1,645$.

12. Um analista de riscos de uma corretora tem a seguinte relação de cinco ativos alocados em uma Carteira.

	Ação A	Ação B	Ação C	Ação D
Investimento	R$ 8.100,00	R$ 11.000,00	R$ 14.000,00	R$ 11.000,00
Risco	3,00%	4,51%	2,50%	9,01%
Beta	1,35	1,59	0,97	0,19

Os valores em risco com 95% de confiança para diferentes composições de Carteira são dados a seguir:

VaR A	R$ 399,70	VaR A, C	R$ 951,22	VaR A, B, C	R$ 1.593,68
VaR B	R$ 816,01	VaR A, D	R$ 1.701,59	VaR A, B, D	R$ 1.678,63
VaR C	R$ 575,70	VaR B, C	R$ 1.217,98	VaR A, C, D	R$ 1.893,29
VaR D	R$ 1.630,21	VaR B, D	R$ 1.448,12	VaR B, C, D	R$ 1.690,78
VaR A, B	R$ 1.143,93	VaR C, D	R$ 1.712,63	VaR A, B, C, D	R$ 1.998,28

Assim, pede-se:

a) Calcule o VaR de Componente de cada um dos ativos A, B, C e D.

Capítulo 3 • Análise de Risco para Ativos de Renda Variável | **225**

b) Calcule o VaR marginal de cada um dos ativos A, B, C e D.

c) Calcule o VaR incremental de cada um dos ativos A, B, C e D.

13. A partir dos retornos dos Ativos A e B e da Carteira de mercado nos últimos cinco meses, foi feito um investimento de R$ 3.000,00 no Ativo A e R$ 5.500,00 no Ativo B. Assim, adotando o valor de Z para o nível de confiança solicitado conforme obtido em planilha eletrônica com todas as casas decimais, pede-se:

	Ativo A	Ativo B	Mercado
Mês 1	−2,20%	−0,30%	−0,20%
Mês 2	1,30%	1,00%	0,72%
Mês 3	−0,90%	−0,30%	−0,40%
Mês 4	1,00%	−1,78%	0,50%
Mês 5	0,77%	0,90%	0,05%

a) O risco da Carteira composta pelos Ativos A e B.

b) O VaR com 93,70% de confiança para 1 mês diversificado e o ganho pela diversificação.

c) O VaR de Componente de cada ativo com 93,70% de confiança.

14. A seguir são informados os retornos de um ativo nos últimos cinco meses.

	Ativo
Mês 1	5,00%
Mês 2	−1,00%
Mês 3	2,50%
Mês 4	3,50%
Mês 5	−0,50%

Pede-se:

a) Para um investimento de R$ 1.000,00, calcule o VaR mensal e anual com 89,97% de confiança. Adote $Z = 1,28$.

b) O RAROC para um investimento de R$ 1.000,00 com 99% de confiança. Adote $Z = 2,33$.

15. (Banco Central – Analista – 2002) Um fundo de ações possui uma Carteira bem diversificada, a ponto de não apresentar qualquer risco diversificável. O beta da Carteira é de 1,15 e estima-se que o índice de mercado, com relação ao qual foi calculado esse beta, tenha uma volatilidade igual a 18% ao mês. Sabendo-se que o valor de mercado da Carteira é de R$ 200 milhões, e que o administrador da Carteira utiliza como limite de dois desvios-padrão, então o valor estimado em risco (VaR) dessa Carteira, considerando um horizonte de 10 dias, é igual a:

226 ANÁLISE DE RISCOS • *Fabiano Guasti Lima*

a) R$ 25,34 milhões.
b) R$ 120,00 milhões.
c) R$ 35,15 milhões.
d) R$ 36,48 milhões.
e) R$ 47,80 milhões.

16. Um investidor escolhe cinco ações para compor um portfólio a partir dos valores de mercado dos retornos e risco diários dados a seguir:

	PETR4	VALE5	CSNA3	USIM5	BBDC4
Retorno médio	0,32%	0,43%	0,47%	0,54%	0,21%
Risco	3,78%	3,93%	4,93%	5,55%	2,43%

Apurou ainda a matriz de variâncias/covariâncias para o período:

	PETR4	VALE5	CSNA3	USIM5	BBDC4
PETR4	0,001422153	0,000825916	0,001146837	0,001186537	0,000603477
VALE5	0,000825916	0,001543173	0,001360161	0,001121917	0,000374034
CSNA3	0,001146837	0,001360161	0,002425215	0,001793221	0,000601504
USIM5	0,001186537	0,001121917	0,001793221	0,003070075	0,000579259
BBDC4	0,000603477	0,000374034	0,000601504	0,000579259	0,000586381

Fonte: cotações diárias da B3 no período de 4-1-2016 a 10-3-2017.

Pede-se:

a) Calcule o retorno e o risco para uma Carteira com pesos iguais em ambos os ativos.

b) Quais os pesos, o retorno e o risco da Carteira de mínimo risco?

c) Assumindo a taxa SELIC como livre de risco em 12,25% a.a. e um ano de 252 dias úteis, quais os pesos, o retorno e o risco da Carteira que melhor combinaria os ativos (Carteira ótima)?

d) Se o investidor dispõe de R$ 20.000,00 e pretende assumir a Carteira definida no item (c), apure o RAROC dessa Carteira com 95% de confiança. Adote $Z = 1,645$.

Gabarito

1. a) $Ret_{cart} = 4,80\%$; $Risco_{cart} = 1,52\%$

   b) $VaR_A = R\$ 466,00$; $VaR_B = R\$ 699,00$; $VaR_C = R\$ 1.398,00$

   c) $VaR_{cart} = R\$ 1.765,27$; Ganho pela diversificação $= R\$ 797,73$

2. a) $R_{cart} = 1,36\%$; $S_{cart} = 1,0346\%$

   b) $VaR_A = \$ 16,45$; $VaR_B = \$ 92,12$

   c) $\$ 85,10$

   d) $\$ 108,57$

   e) ganho de $\$ 23,47$

   f) Peso A = 42,29% e Peso B = 57,71%

   g) ganho de $\$ 43,66$

3. 2,4576%; $ 8.085,64

4. Alternativa E

5. a) R_{cart} = 6,20%; S_{cart} = 3,1177%

   b) $ 823,20

   c) VaR_{cart} = $ 611,07; Ganho pela diversificação = $ 212,13

   d) 101,46%

6. VaR não diversificado anual = $ 2.098,55

   Resultado da diversificação anual = $ 236,88

7. Alternativa B

8. $ 1.000,82

9. 3,33%

10. Alternativa E

11. RAROC operação A é de 12,16%; na operação B com RAROC de 36,18%.

12. a) Ação A: R$ 495,49

    b) Ação A: R$ 0,061

    c) Ação A: R$ 307,50

    Ação B: R$ 792,52   Ação B: R$ 0,072
    Ação B: R$ 104,99

    Ação C: R$ 615,34   Ação C: R$ 0,044
    Ação C: R$ 319,65

Ação D: R$ 94,70   Ação D: R$ 0,009
Ação D: R$ 404,60

13. a) 0,97% b) R$ 126,323 com ganho de R$ 37,41

    c) VaR Comp (A) = $ 115,20;
       VaR Comp (B) = $ 11,17

14. a) $ 33,07; $ 114,56 b) 31,56%

15. Alternativa E

16. a) Retorno: 0,4%;   Risco: 3,4%

    b) VALE5 = 15,4%   Retorno: 0,2%

       PETR4 = 0%   Risco: 2,4%

       CSNA3 = 0%

       USIM5 = 0%

       BBDC4 = 84,6%

    c) PETR4 = 0%

       VALE5 = 48,8%

       CSNA3 = 0%   Retorno: 0,4%

       USIM5 = 24,3%   Risco: 3,2%

       BBDC4 = 26,9%

    d) 7,5%

4

ANÁLISE DE RISCO PARA ATIVOS DE RENDA FIXA

OBJETIVOS DO CAPÍTULO

O presente capítulo tem por objetivo identificar e mensurar os riscos envolvidos em negociações de ativos de renda fixa, e apresenta as principais metodologias de apuração, dentre elas a *duration* e a convexidade, além de realizar o cálculo do *Value at Risk* (VaR) para ativos de renda fixa.

4.1 Ativos de renda fixa

Um título no mercado é chamado de **renda fixa** quando todos os rendimentos oferecidos ao seu titular são conhecidos no momento da aplicação.

Os investimentos em renda fixa podem ser ainda prefixados, quando os juros totais são definidos por todo o período da operação (independentemente do comportamento da economia); ou pós-fixados, quando somente uma parcela dos juros é fixa (taxa real de juros), sendo a outra parte definida com base em um indexador de preços contratado (IGP-M, IPCA, TR etc.).

Os principais investimentos de renda fixa negociados no Brasil são os Certificados de Depósito Bancário (CDB), Debêntures, Títulos Públicos, Fundos de Investimentos de Renda Fixa, entre outros.

Um fator de risco que existe e é primordial nos ativos de renda fixa são as variações nas taxas de juros. Outros fatores de riscos associados à renda fixa são a inflação, que corrige alguns títulos públicos, por exemplo, e tem maior impacto nos títulos prefixados e o risco de crédito do emitente.

Os ganhos na renda fixa estão atrelados às oscilações nas taxas de juros. Essas variações, quando positivas, não são acompanhadas de equivalente aumento nos ganhos dos títulos, pois seu ganho está associado à taxa contratada no título.

Uma forma de controlar essas oscilações são as cláusulas de repactuações dos juros nos títulos de prazos maiores, sendo que de tempos em tempos os investidores renegociam as taxas com os emitentes para os próximos períodos em função do comportamento das taxas de juros da economia.

Com alta de juros, perdas de títulos vendidos pelo Tesouro Direto passam de 20%
Mas o conselho dos especialistas é manter a calma e, se possível, evitar resgates

Marcio Beck e Juliana Garçon

RIO – A mudança no cenário econômico brasileiro está levando perdas aos investidores que apostaram no Tesouro Direto, programa de compra e venda a pessoas físicas de títulos do governo federal. Com a alta da Taxa Selic, há papéis acumulando perdas de até 22,16% no ano. E a perspectiva para os próximos meses é de mais volatilidade: nesta segunda-feira, a forte alta do dólar pressionou as apostas de juros no mercado futuro, que dispararam. O Tesouro Nacional reagiu, comprando títulos prefixados (LTNs) para acalmar os investidores e reduzir o impacto da turbulência sobre as taxas dos papéis da dívida pública.

Para quem tem aplicações no Tesouro Direto, o conselho dos especialistas é manter a calma e, se possível, evitar resgates.

– A pior coisa que se pode fazer agora é resgatar. É uma situação momentânea. No ano passado, a situação foi inversa, quem tinha esses papéis teve grandes ganhos, na medida em que a taxa de juros foi reduzida – diz o administrador financeiro Fábio Colombo, frisando que, para minimizar a exposição a perdas, é preciso diversificar as aplicações.

– Não se deve colocar todo o investimento em apenas um tipo de título. O importante é ter uma boa parte dos investimentos em papéis pós-fixados, que sofrem menos com estas oscilações.

Professor da Faculdade de Economia e Administração da USP, Rafael Paschoarelli destaca que, para quem pretende ficar com os títulos até o vencimento, as oscilações atuais não mudam nada, mas a situação é diferente para investidores que pensam em resgatar os recursos nos próximos meses.

– [...]

Fábio Garcia, professor de Finanças da Fundação Getulio Vargas (FGV), considera o movimento dos juros futuros normal e reforça que serão afetados só os investidores que fizerem vendas antecipadas.

– Quem está pensando em se aposentar em 2030 e se planejou de acordo, comprando títulos para vencer nesta data, vai ter o resgate previsto.

Perdas chegam a 5,82% nos últimos 30 dias

Entre as três categorias de papéis oferecidos no Tesouro Direto – prefixados, atrelados à inflação e pós-fixados –, só estes últimos estão no positivo. Estes papéis (Letras Financeiras do Tesouro, ou LFTs) são indexados justamente à Selic e, para eles, a perspectiva é positiva, com alta da taxa pelo governo para controlar a inflação.

Para os papéis prefixados – LTNs (Letras do Tesouro Nacional) e NTN-F (Notas do Tesouro Nacional – série F) – as perdas chegam a 5,82% nos últimos 30 dias e 7,97% no acumulado do ano (NTN-F com vencimento em janeiro de 2023). Isso acontece porque esses títulos têm remuneração definida previamente, na qual o aplicador "travou" seu ganho. Uma vez que os juros subiram no país, os juros pagos por papéis emitidos no começo do ano ficaram inferiores aos praticados atualmente. Isto desvaloriza estes títulos, ou seja, diminui seu preço no mercado, explica Luiz Calado, vice-presidente do Instituto Brasileiro de Executivos Financeiros (Ibef) e autor do livro "Fundos de Investimento".

[...]
O mesmo raciocínio vale para os papéis indexados à variação da inflação. As NTN-C (Notas do Tesouro Nacional, série C), atreladas ao IGP-M, as perdas chegam a 3,82% nos últimos 30 dias e a 12,37% no ano (para os títulos com vencimento em 2031). As NTN-B (Notas do Tesouro Nacional, série B), que seguem o IPCA, têm perdas de até 6,29% nos últimos 30 dias e 22,16% no ano, caso dos papéis com vencimento em 2035.
[...]

Disponível em: http://glo.bo/19GeMUe. Acesso em: 10 fev. 2023.

4.2 Medidas de sensibilidade dos ativos de renda fixa

Como visto anteriormente, os ativos de renda fixa estão sujeitos às oscilações nos seus preços, devido a variações nas taxas de juros. E para captar essas variações nos preços, usam-se as medidas de sensibilidade, chamadas *duration*, e convexidade, que são apresentadas a seguir.

4.2.1 *Duration* de um único ativo

A *duration*, ou duração, é uma evolução do conceito adotado de prazo médio por considerar o valor temporal do dinheiro. O prazo médio não leva em consideração o valor presente (PV) dos fluxos de caixa, mas a *duration* o considera.

Assim, essa medida conhecida por *duration* representa o tempo médio que o investidor levaria entre a data da compra do título e o ressarcimento desse valor pelos recebimentos do capital da empresa mais os cupons do período.

Considere a Figura 4.1.

Figura 4.1 Demonstração do fluxo de caixa de pagamentos de um título.

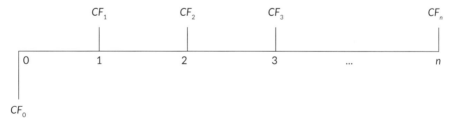

O prazo médio é:

$$\bar{n} = \frac{CF_1 \times 1 + CF_2 \times 2 + CF_3 \times 3 \cdots + CF_n \times n}{CF_1 + CF_2 + CF_3 + \cdots + CF_n}$$

A *duration* – uma evolução deste prazo médio – é calculada na mesma metodologia, porém com os valores presentes dos fluxos de caixa:

$$D = \frac{\dfrac{CF_1}{(1+i)^1} \times 1 + \dfrac{CF_2}{(1+i)^2} \times 2 + \dfrac{CF_3}{(1+i)^3} \times 3 \cdots + \dfrac{CF_n}{(1+i)^n} \times n}{\dfrac{CF_1}{(1+i)^1} + \dfrac{CF_2}{(1+i)^2} + \dfrac{CF_3}{(1+i)^3} + \cdots + \dfrac{CF_n}{(1+i)^n}}$$

Outra interpretação da *duration* pode ser dada como uma medida de distância de tempo até a maturação do título. E como visto anteriormente, existe uma relação inversa entre o efeito da taxa de juros sobre a duração. Quanto maior for a taxa de juros, menor será a duração, e vice-versa.

Alguns conceitos importantes utilizados na avaliação de títulos de renda fixa são demonstrados a seguir:

- *Yield* é o rendimento nominal oferecido pelo título e identificado na taxa de juros do cupom. Por exemplo, um título com cupom de 8% indica um *yield* (rendimento) igual a 8%. O *yield* dos títulos é geralmente divulgado ao ano.

- *Current yield* mede a relação entre os juros prometidos pelo cupom (taxa de juro do cupom) de um título com o seu preço corrente de mercado. Por exemplo, um título com preço de negociação de $ 100 e que paga um cupom de 8% oferece um *current yield* (rendimento corrente) de 8%. Se estivesse sendo negociado a $ 80, o *current yield* seria de 10%.

Assim, se o preço do título se desvaloriza no mercado, o rendimento se eleva; ao contrário, valorizando o preço o rendimento se reduz. O *current yield* é uma medida de recuperação de caixa oferecida pelo título com base em seu valor de mercado.

- **Valor de Face (Pn)** é o valor de emissão do título. A devolução do capital ocorre ao final do prazo de emissão. É o mesmo que valor nominal, valor de resgate ou valor futuro. Os juros do cupom incidem sempre sobre seu valor nominal.

- **Cupom (C)** é a taxa de juros prometida pelo título e estampada em seu valor de face. Na data de seu vencimento, o emissor do título compromete-se a pagar os juros mediante entrega do cupom que acompanha o título. Os rendimentos previstos no cupom são calculados sobre o valor de face do título. Por exemplo, título com cupom de 8% e valor de face de $ 100 promete pagar $ 8 de rendimento todo ano. Esse pagamento é geralmente feito a cada semestre ($ 4 por semestre). Vale ressaltar que, no mercado norte-americano, é comum transformar as taxas entre os períodos de forma linear, e que, apesar da facilidade na conversão, não significa que a taxa representará a taxa efetiva composta.

- *Yield to Maturity* (**YTM**) é o efetivo rendimento (*yield*) do título de renda fixa até seu vencimento (*maturity*). Nada mais é do que a taxa interna de retorno considerando o valor de negociação do título no mercado (preço de compra), seu valor de resgate e os rendimentos (juros) dos cupons. O investidor receberá essa taxa de retorno desde que mantenha a posse do título até o seu vencimento.

- **Deságio ou ágio**, quando o valor de mercado de um título é inferior ao seu valor de face, diz-se que é negociado com deságio. Ao contrário, o título é negociado com ágio.

Os juros dos bônus são nominais, geralmente fixados ao ano e capitalizados semestralmente pelo critério linear. Por exemplo, quando um título embute um cupom de 8% ao ano como remuneração, entende-se que paga juros semestrais de 4% a.s.

APLICAÇÃO PRÁTICA

Admita um título em que faltam ainda 6 meses para o vencimento, pagando cupom semestral de $ 100 e valor de face de $ 1.000, negociado ao par (pelo valor de face), isto é, os juros de desconto serão os mesmos do cupom, ou seja, 10% a.s.

Figura 4.2 Fluxo de caixa do título.

```
        R$ 100    R$ 100    R$ 100    R$ 100    R$ 100    R$ 1.100
|0        |1        |2        |3        |4        |5        |6
PV
```

Ao se trazer os fluxos de caixa a valor presente, na taxa de 10% a.s., têm-se:

$$PV = \frac{100}{(1,10)^1} + \frac{100}{(1,10)^2} + \frac{100}{(1,10)^3} + \frac{100}{(1,10)^4} + \frac{100}{(1,10)^5} + \frac{100}{(1,10)^6}$$

$$PV = 90,90 + 82,65 + 75,13 + 68,30 + 62,10 + 620,92$$

$$PV = \$ 1.000,00$$

$$PV = 90,90 + 82,65 + 75,13 + 68,30 + 62,10 + 620,92$$

$$PV = \$ 1.000,00$$

Agora, se a taxa (*yield*) do título subir de 10 para 12%, o valor atual do título será de $ 917,78, sendo vendido então com deságio. Caso a taxa caia para 9%, o valor atual do título sobe para $ 1.044,86, sendo negociado com ágio.

Assim, o valor presente do título depende dos fluxos de caixa esperados e da taxa de desconto usada. Logo, o fator de risco do título está relacionado com a variação da taxa de desconto.

A Figura 4.3 ilustra a curva do título para cada variação da taxa de juros. Isso mostra que a variação da taxa de juros é um dos principais fatores de risco desse tipo de ativo.

Figura 4.3 Curva do título para cada variação da taxa de juros.

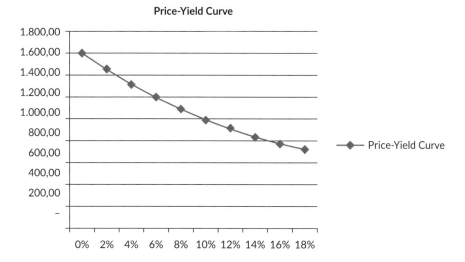

A questão que se poderia levantar é em qual período o título poderia ser vendido que trouxesse ao investidor a mesma rentabilidade do período todo.

Esse período é chamado de *duration*, e sua expressão de cálculo é dada a seguir:

$$D = \frac{\frac{100}{(1,10)^1} \times 1 + \frac{100}{(1,10)^2} \times 2 + \frac{100}{(1,10)^3} \times 3 + \frac{100}{(1,10)^4} \times 4 + \frac{100}{(1,10)^5} \times 5 + \frac{100}{(1,10)^6} \times 6}{\frac{100}{(1,10)^1} + \frac{100}{(1,10)^2} + \frac{100}{(1,10)^3} + \frac{100}{(1,10)^4} + \frac{100}{(1,10)^5} + \frac{100}{(1,10)^6}}$$

$$D = \frac{90,90 + 165,30 + 225,39 + 273,20 + 310,50 + 3.725,52}{90,90 + 82,65 + 75,13 + 68,30 + 62,10 + 620,92}$$

$$D = \frac{4.790,81}{1.000,00} = 4,79 \text{ semestres}$$

Portanto, a *duration* pode ser vista como uma medida de risco, porque fornece uma estimativa de sensibilidade do valor de mercado do título a variações da taxa de juros.

Quanto maior a *duration*, maior a sensibilidade do valor de mercado a variações na taxa de juros, ou seja, quanto maior for a duração de um título, mais exposto estará em relação às oscilações das taxas de juros no mercado.

Dessa forma, pode-se calcular o valor de um título sintético na data da *duration*, conforme a Figura 4.4.

Figura 4.4 Diagrama do fluxo de caixa.

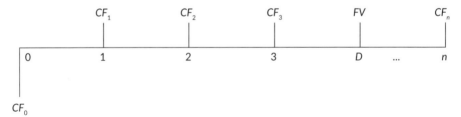

$$FV_{\text{sintético}} = CF_1(1+i)^{D-n_1} + CF_2(1+i)^{D-n_2} + \cdots + CF_n(1+i)^{D-n_n}$$

Na Figura 4.4: $FV = 100(1,10)^{4,79-1} + 100(1,10)^{4,79-2} + 100(1,10)^{4,79-3} + 100(1,10)^{4,79-4} +$

$$+ 100(1,10)^{4,79-5} + 100(1,10)^{4,79-6}$$

$$FV = 100(1,10)^{3,79} + 100(1,10)^{2,79} + 100(1,10)^{1,79} + 100(1,10)^{0,79} +$$

$$+ 100(1,10)^{-0,21} + 100(1,10)^{-1,21}$$

$$FV = \$1.578,71$$

Observe a Figura 4.5.

Figura 4.5 Fluxo de caixa do título.

$$i = y = yield = \left(\frac{1.578,71}{1.000,00}\right)^{\frac{1}{4,79}} - 1 = 10\%$$

Dessa forma, a duração (*duration*) calculada revela que a alternativa de fluxos de caixa periódicos ofertados pelo título é equivalente ao desembolso do seu valor total ao fim de 4,79 semestres.

Assim, quanto varia o preço (*PV*) dada uma variação na taxa *y*?

$$FV = PV(1+y)^D$$

Pode-se ainda escrever a equação acima da seguinte forma:

$$PV = \frac{Fv}{(1+y)^D}$$

Ou ainda:

$$FV = PV(1+y)^{-D}$$

Para responder à pergunta de como se comporta a variação do *PV* do título com relação ao seu *yield* (*y*), deve-se aplicar a derivada de primeira ordem na equação do *PV*.

$$\frac{\Delta PV}{\Delta y} = -D \times FV(1+y)^{-D-1}$$

Ajustando o denominador:

$$\frac{\Delta PV}{\Delta y} = -D \times \frac{FV}{(1+y)^{D+1}}$$

Como $FV = PV(1+y)^D$, tem-se:

$$\frac{\Delta PV}{\Delta y} = -D \times \frac{PV(1+y)^D}{(1+y)^D + 1}$$

Fazendo as simplificações necessárias, tem-se:

$$\frac{\Delta PV}{\Delta y} = -D\frac{PV(1+y)^{D}}{(1+y)^{D}(1+y)^{1}}$$

$$\frac{\Delta PV}{\Delta y} = \frac{-D \times PV}{(1+y)^{1}}$$

$$\Delta PV = \frac{-D}{(1+y)} \times PV \times \Delta y$$

O termo $\dfrac{-D}{(1+y)}$ é chamado *duration* modificada e denotada por *DM*.

O sinal negativo no lado esquerdo da equação citada indica que taxa de juros e preço de um bônus possuem comportamento oposto.

A *duration* modificada é uma medida da sensibilidade do preço de um bônus a variações na taxa de juros. Quanto maior a *duration* (modificada ou de Macaulay), maior a resposta do preço do bônus a variações na taxa de juros.

Quanto maior for a variação na taxa de juros, pior será a estimativa de variação do valor utilizado na *duration*.

Cabe destacar algumas características da *duration*:

- Sensibilidade do valor de mercado do ativo com relação a variações de um fator de risco;
- Pode ser aplicada a um ativo individual ou a uma carteira de ativos;
- Fornece uma medida de risco (ou de exposição).

APLICAÇÃO PRÁTICA

No exemplo anterior deste capítulo, tem-se um título de valor nominal de $ 1.000 com cupom de 10% a.s., e se descontado a 10% a.s., o seu valor presente será de $ 1.000. Caso a taxa suba para 12%, o seu valor presente será de $ 917,77, que representa uma variação efetiva de –$ 82,23.

Aplicando-se a expressão encontrada para a variação do *PV*, tem-se:

$$\Delta PV = \frac{-4,79}{(1+0,10)} \times 1.000,00 \times (0,12-0,10)$$

$$\Delta PV = -4,36 \times 1.000,00 \times 0,02 = -\$\,87,20$$

Observe que esse valor encontrado é maior que a variação efetiva de –$ 82,23.

Esse erro de aproximação está no fato de que a análise baseada na *duration* oferece uma aproximação linear de uma função não linear.

Vale ressaltar que a *duration* de um título que não paga cupons é expressa pelo seu respectivo prazo de vencimento.

Para a redução desse erro, deve-se estimar a convexidade, conforme será visto a seguir.

4.2.2 Convexidade

A convexidade irá dar a correção necessária para a aproximação feita anteriormente. Essa interpretação dada é uma visão geométrica, ou seja, do ponto de vista visual da curva de juros (*price yield curve*). Se a *duration* indica a inclinação do relacionamento entre preço do título e a taxa, a convexidade mostra a mudança nessa inclinação, ou seja, a flexão da curva do relacionamento entre o preço e o retorno.

De modo geral, a curva é convexa para todos os títulos que pagam cupons de renda fixa. Quanto maior essa convexidade, maior o erro cometido pela estimativa de mudanças de preços com base apenas na *duration*.

Do ponto de vista financeiro, a convexidade irá medir o grau de dispersão dos fluxos de caixa individuais na *duration* do título (RESTI; SIRONI, 2010, p. 67).

Observe o gráfico da curva de juros e sua derivada primeira na Figura 4.6. No ponto do PV_0, a curva vem apresentando uma queda nos valores do PV até que se tenha uma mudança na sua curvatura. Esse ponto é onde a curva começa a perder a força da queda, e a medida que captura essa mudança é a convexidade.

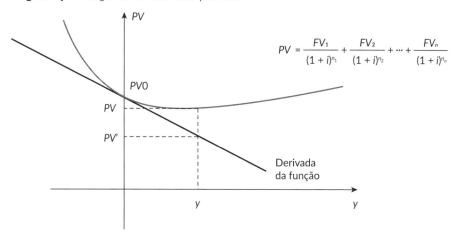

Figura 4.6 Diagrama da derivada primeira.

A convexidade é a mudança percentual da segunda, derivada do preço com relação ao *yield*.

A partir da sua derivada primeira, calcula-se a derivada de segunda ordem:

$$\frac{\Delta PV}{\Delta y} = -D \times FV(1+y)^{-D-1}$$

$$\frac{\Delta^2 PV}{\Delta y^2} = -D \times (-D-1) \times FV(1+y)^{-D-2}$$

Ajustando o denominador e os sinais:

$$\frac{\Delta^2 PV}{\Delta y^2} = D \times (D+1) \times \frac{FV}{(1+i)^{D+2}}$$

Como $FV = PV(1+y)^D$, tem-se:

$$\frac{\Delta^2 PV}{\Delta y^2} = D \times (D+1) \times \frac{PV(1+y)^D}{(1+y)^{D+2}}$$

Fazendo as simplificações necessárias, tem-se:

$$\frac{\Delta^2 PV}{\Delta y^2} = D \times (D+1) \times \frac{PV(1+y)^D}{(1+y)^D (1+y)^2}$$

$$\frac{\Delta^2 PV}{\Delta y^2} = \frac{D \times (D+1) \times PV}{(1+y)^2}$$

Ou ainda:

$$\Delta^2 PV = \frac{D \times (D+1)}{(1+y)^2} \times PV \times \Delta y^2$$

A expressão $\dfrac{D \times (D+1)}{(1+y)^2}$ é chamada "convexidade".

A *duration* é boa aproximação para a mudança percentual no preço de um título somente quando a variação na taxa de juros é pequena.

Para variações maiores na taxa de juros temos de usar a aproximação de segunda ordem que nos é dada pela expansão em série de Taylor até os termos de segunda ordem da função preço do bônus:

$$\Delta PV = \frac{1}{1!} \times \frac{\Delta PV}{\Delta y} \times \Delta y^1 + \frac{1}{2!} \times \frac{\Delta^2 PV}{\Delta^2 y} \times \Delta y^2$$

$$\Delta PV = \frac{-D}{(1+y)} \times PV \times \Delta y + \frac{1}{2} \times \frac{D \times (D+1)}{(1+y)^2} \times PV \times \Delta y^2$$

Ou ainda:

$$\Delta PV = DM \times PV \times \Delta + \frac{1}{2} \times \text{Convexidade} \times PV \times \Delta y^2$$

A primeira parte à direita da equação é a variação do PV do título de renda fixa provocada pela *duration*, e a segunda parte é resultante da convexidade da curva do *yield*.

APLICAÇÃO PRÁTICA

No exemplo anterior neste capítulo, tem-se um título de valor nominal $ 1.000 com cupom de 10% a.s. Calcule a variação do *PV* do título levando-se em conta uma variação da *yield* de 10% a.s. para 12% a.s. com relação à *duration* e à convexidade.

Aplicando-se a expressão encontrada para a variação do *PV* com a convexidade e a *duration*, tem-se:

$$\Delta PV = \frac{-4,79}{\left(1+0,10\right)} \times 1.000,00 \times \left(0,12-0,12\right) + \frac{1}{2} \times \frac{4,79 \times \left(4,79+1\right)}{\left(1+0,10\right)^2} \times$$

$$\times 1.000,00 \times \left(0,12-0,10\right)^2$$

$$\Delta PV = -4,36 \times 1.000,00 \times 0,02 + \frac{1}{2} \times 22,92 \times 1.000,00 \times 0,0004$$

$$\Delta PV = -87,20 + 4,58 = \$ 82,62$$

Para os cálculos realizados com maiores quantidades de casas decimais os resultados tendem a ser mais próximos.

Dessa forma, é possível concluir que a introdução da convexidade traz benefícios ao investidor diante de mudanças nos juros de mercado. Um título mais convexo produz maior valorização e menor redução de preço quando as taxas de juros flutuam no mercado. Ou seja, quanto mais a convexidade de um título, maior será a proteção revelada diante de aumentos nas taxas de juros, e mais altos os ganhos esperados provenientes de reduções de juros.

4.2.3 *Duration* de uma carteira

A primeira referência sobre *duration* foi dada por Macaulay (1938). O autor demonstrava que o prazo de vencimento de um título não representava corretamente o fator tempo decorrido de um título com pagamentos anteriores ao vencimento por não considerar esses recebimentos. Dessa forma, propôs o cálculo da *duration* como uma medida de distância até o ressarcimento do pagamento do tempo.

Na seção anterior, foi feito o cálculo da *duration* de um único ativo. Porém, quando se tem vários ativos em carteira, pode-se encontrar a *duration* da carteira como um todo.

A *duration* de uma carteira será a média ponderada das *durations* individuais de cada título que compõe a carteira. A ponderação deverá ser o valor presente dos referidos recebimentos descontados pelas respectivas taxas.

APLICAÇÃO PRÁTICA

Considere uma carteira composta de três títulos cujos prazos de resgate e respectivos valores e taxas são demonstrados na Tabela 4.1.

Tabela 4.1 Informações dos títulos

Título	Prazo de vencimento	Valor do título	Taxa de juros
A	30 dias	R$ 15.000,00	1,10% a.m.
B	45 dias	R$ 18.000,00	1,50% a.m.
C	60 dias	R$ 22.000,00	1,30% a.m.

Na Tabela 4.1, o prazo de vencimento indica a duração de cada título. Para se calcular a duração da carteira, deve-se calcular inicialmente o valor presente de cada um dos títulos:

$$PV = \frac{15.000,00}{\left(1+0,0110\right)^{\frac{30}{30}}} = R\$\,14.836,80$$

$$PV = \frac{18.000,00}{\left(1+0,0150\right)^{\frac{45}{30}}} = R\$\,17.602,46$$

$$PV = \frac{22.000,00}{\left(1+0,0130\right)^{\frac{60}{30}}} = R\$\,21.438,96$$

Total: R$ 53.878,22

Assim, a *duration* da carteira seria:

$$D = \frac{14.836,80\times30+17.602,46\times45+21.438,96\times60}{13.836,80+17.602,46+21.438,96} = 47,72 \text{ dias}$$

Levando-se cada um dos títulos para a data da *duration*, tem-se:

$$PV = 15.000\times\left(1,0110\right)^{\frac{47,72}{30}} = 15.263,31$$

$$PV = 18.000\times\left(1,0150\right)^{\frac{47,72}{30}} = 18.431,38$$

$$PV = 22.000\times\left(1,0130\right)^{\frac{47,72}{30}} = 22.456,67$$

Total: R$ 56.151,36

Dessa forma, a duração dessa carteira é de 47,72 dias. Isso quer dizer que se a taxa for constante, então a carteira equivale a um título com valor atual de R$ 53.878,22, e na *duration* de 47,72 dias, o valor de R$ 56.151,36.

E, conforme explicado anteriormente, existe uma relação inversa entre a *duration* e a taxa de juros. Para exemplificar essa relação, que é inversamente proporcional, considere a aplicação prática anterior na condição de que todos os títulos tivessem uma única taxa para facilitar a compreensão.

Tabela 4.2 Dados dos títulos

Título	Prazo de vencimento	Valor do título	Taxa de juros
A	30 dias	R$ 15.000,00	1,00% a.m.
B	45 dias	R$ 18.000,00	1,00% a.m.
C	60 dias	R$ 22.000,00	1,00% a.m.

Considere a situação em que as taxas de juros variam de 0,25 em 0,25%, e para cada variação da taxa pode-se calcular o valor da carteira e sua respectiva *duration*. Assim, esses dados são apresentados na Tabela 4.3.

Tabela 4.3 Simulação de impactos na *duration*

Taxa de juros	*Duration* em meses	Valor presente da carteira
0,50%	46,885	R$ 54.572,85
0,75%	46,872	R$ 54.361,40
1,00%	46,860	R$ 54.151,33
1,25%	46,848	R$ 53.942,66
1,50%	46,836	R$ 53.735,35
1,75%	46,824	R$ 53.529,39
2,00%	46,811	R$ 53.324,79
2,25%	46,799	R$ 53.121,51
2,50%	46,787	R$ 52.919,56

Assim, pode-se observar que se a taxa de juros cair 0,5%, a *duration* sai de 46,860 meses para 46,885. Caso a taxa suba 0,5% chegando a 1,5%, a *duration* seria de 46,836.

E o valor atual da carteira, na hipótese de uma queda na *duration*, a variação de ganho na carteira é de R$ 54.151,33 quando a taxa está em 1% para R$ 54.572,85, quando a taxa cai para 0,5%, esse ganho é de 0,778%. Na hipótese de a taxa subir de 1,0% cujo valor presente é de R$ 54.151,33 para 1,5% com valor atual de R$ 53.735,35, a variação do valor presente para uma mesma variação na taxa é de –0,768%, ou seja, ganha-se muito mais quando as taxas caem do que se perde quando as taxas sobem.

4.2.4 VaR para ativos de renda fixa

A volatilidade de um título de renda fixa pode ser mensurada com relação ao seu preço e ao seu *yield*. Pode-se usar a aproximação da *duration* para se entender a relação entre as duas medidas:

$$\Delta PV = DM \times PV \times \Delta y$$

$$\frac{\Delta PV}{PV} = DM \times \Delta y$$

Calculando-se a variância (var), tem-se:

$$\text{var}\left(\frac{\Delta PV}{PV}\right) = \text{var}\left(DM \times \Delta y\right)$$

$$\text{var}\left(\frac{\Delta PV}{PV}\right) = DM^2 \times \text{var}\left(\Delta y\right)$$

Tirando-se a raiz quadrada da última equação, tem-se:

$$\sqrt{\text{var}\left(\frac{\Delta PV}{PV}\right)} = \sqrt{DM^2 \times \text{var}\left(\Delta y\right)}$$

$$\sigma\left(\frac{\Delta PV}{PV}\right) = DM \times \sqrt{\text{var}\left(\Delta y\right)}$$

$$\sigma\left(\frac{\Delta PV}{PV}\right) = DM \times \sigma\left(\Delta y\right)$$

Quanto maior é a duração do título, maior será a volatilidade do seu valor de mercado e, portanto, títulos de curto prazo possuem baixo risco de preço. Já a volatilidade dos preços (retornos) dos títulos de longo prazo é similar à volatilidade dos preços de ações.

Usa-se a *duration* para calcular o VaR de um título ou carteira de títulos de renda fixa. A medida relevante de risco é a volatilidade dos retornos do título, calculada como:

$$\sigma\left(\frac{\Delta PV}{PV}\right) = DM \times \sigma\left(\Delta y\right)$$

O VaR paramétrico seria dado por:

$$\text{VaR}\left(\alpha\% \text{ confiança, 1 período}\right) = PV \times Z_{\alpha\%} \times \sigma\left(\frac{\Delta PV}{PV}\right)$$

$$\text{VaR}\left(\alpha\% \text{ confiança, 1 período}\right) = PV \times Z_{\alpha\%} \times DM \times \sigma\left(\Delta y\right)$$

Generalizando para n períodos:

$$\text{VaR}\left(\alpha\% \text{ confiança, } n \text{ período}\right) = PV \times Z_{\alpha\%} \times DM \times \sigma\left(\Delta y\right) \times \sqrt{n}$$

Normalmente, investimos simultaneamente em dois ou mais ativos e estamos expostos conjuntamente a dois ou mais fatores de risco. Tais fatores de risco são geralmente correlacionados uns com os outros. Esse efeito da correlação entre eles oferece um *hedge* natural para o investidor, chamado "efeito de diversificação".

Portanto, o VaR de um portfólio não é igual a somados VaRs de cada componente, a não ser em casos especiais. Geralmente, o VaR de um portfólio é menor que a soma dos VaRs individuais de seus componentes, em razão do efeito de diversificação.

APLICAÇÃO PRÁTICA

Admita um título de renda fixa com valor de face de R$ 10.000,00. Tais títulos estão sendo negociados a 97% do seu valor de face. A volatilidade do *yield* está em 0,1% ao dia. Sua *duration* modificada é de 8 semestres. Calcule o VaR com 95% de confiança para 5 dias.

$$\text{VaR}\left(95\% \text{ confiança, 5 dias}\right) = 97\% \times 10.000 \times 1.645 \times 8 \times 0,001 \times \sqrt{5}$$

$$\text{VaR}\left(95\% \text{ confiança, 5 dias}\right) = \$ 285,44$$

APLICAÇÃO PRÁTICA PARA OS TÍTULOS PÚBLICOS

Pode-se aplicar os conceitos expressos anteriormente em um título público. A seguir, são apresentadas as informações sobre a Letra do Tesouro Nacional (LTN), atualmente chamada "Tesouro Prefixado". É uma aplicação com rentabilidade prefixada, ou seja, investindo nesse produto, a rentabilidade está assegurada, independentemente do que ocorra no mercado financeiro no período entre a compra e o vencimento do título. Considerando um investimento com valor de face de R$ 1.000,00, e este título não paga cupom, ou seja, não paga os juros periodicamente, apenas no vencimento, pode-se obter a seguinte análise.

A rentabilidade da LTN está listada na Tabela 4.4.

Assumindo, a título de exemplo, que tenham sido comprados os dois primeiros títulos com vencimento em 1º-7-2022 e 1º-10-2022. Estando na data de 6-4-2022 é necessário obter o número de dias úteis entre essa data e o vencimento. Para isso, deve-se obter informações sobre feriados que possam ocorrer dentro desse intervalo. A planilha deste exemplo utiliza o calendário oferecido pela ANBIMA no endereço: https://www.anbima.com.br/feriados/feriados.asp. Eventuais diferenças de dias úteis podem ocorrer em função de feriados regionais. O cálculo efetuado na planilha mostra que, para o primeiro título, existem 59 dias úteis dentro do intervalo de datas e, para o segundo, com vencimento em 1º-10-2022, são 124 dias úteis.

Dessa forma, a *duration* do título é o seu respectivo prazo de vencimento, ou seja, 59 dias úteis. Pode-se, assim, obter o *PU* (Valor Presente – *PV*) deste título a partir da taxa de juros da coluna Taxa Indicativa:

$$PU = \frac{1.000,00}{(1 + 0,123729)^{\frac{59}{252}}} = \$ 973,058061$$

E para o segundo título:

$$PU = \frac{1.000,00}{(1 + 0,126941)^{\frac{124}{252}}} = \$ 942,890639$$

Esses valores também podem ser encontrados na coluna do *PU* na tabela inicial.

Com o objetivo de mostrar o impacto que uma variação percentual, positiva ou negativa, teria sobre o valor do *PU* do título, vamos empregar a *duration* e a convexidade do

Tabela 4.4   Informações do título LTN

| Data Base/Emissão | Data de vencimento | Tx. Compra | Tx. Venda | Tx. Indicativa | PU | Intervalo indicativo | | | | 06/Abr./2022 |
						Mínimo (D0)	Máximo (D0)	Mínimo (D+1)	Máximo (D+1)	
06/07/2018	01/07/2022	12,3829	12,3635	12,3729	973,058061	12,2323	12,7033	12,2441	12,7144	
03/07/2020	01/10/2022	12,7019	12,6884	12,6941	942,890639	12,4759	13,1489	12,5156	13,1865	
20/01/2016	01/01/2023	12,7900	12,7740	12,7826	915,040577	12,5100	13,2826	12,5482	13,3199	
07/01/2022	01/04/2023	12,8236	12,8000	12,8100	887,719145	12,4998	13,3281	12,5619	13,3897	
05/04/2019	01/07/2023	12,7276	12,7045	12,7168	863,069376	12,3779	13,2525	12,4445	13,3191	
03/01/2020	01/01/2024	12,2400	12,2203	12,2300	819,412123	11,7894	12,7136	11,9186	12,8421	
07/01/2022	01/04/2024	12,0785	12,0664	12,0721	799,054368	11,6104	12,5671	11,7241	12,6802	
08/01/2021	01/07/2024	11,8604	11,8400	11,8531	779,985134	11,3356	12,3294	11,4691	12,4624	
01/02/2018	01/01/2025	11,5746	11,5556	11,5652	741,396218	10,9985	12,0465	11,1267	12,1744	
07/01/2022	01/07/2025	11,5321	11,5192	11,5250	703,953749	10,9522	12,0213	11,0543	12,1233	

Títulos Públicos Federais — LTN – Taxa (% a.a.)/252

Fonte: ANBIMA. Disponível em: https://www.anbima.com.br/pt_br/informar/taxas-de-titulos-publicos.htm. Acesso em: 24 jan. 2023.

título para esse fim. Fazendo a variação do *PU*, ou seja, do *PV* do título, utilizando apenas a *duration* como medida de risco, tem-se:

$$\Delta PV = \frac{-D}{1+y} \times PV \times \Delta y$$

Assumindo *PV* = *PU*, e para uma variação da taxa (Δ *yield* = Δ*y*) de 1%, e ajustando a *duration* (*D*) de dias para ano e considerando a *yield* = *y* como a Taxa Indicativa do título, tem-se:

$$D(\text{anos}) = \frac{59}{252} = 0,234126984 \text{ ano}$$

$$\Delta PV = \Delta PU = \frac{-0,234126984}{1+0,123729} \times 973,058061 \times 0,01$$

$$\Delta PU = -2,027$$

E para o segundo título:

$$D(\text{anos}) = \frac{124}{252} = 0,492063492 \text{ ano}$$

$$\Delta PV = \Delta PU = \frac{-0,4920634924}{1+0,126941} \times 942,890639 \times 0,01$$

$$\Delta PU = -4,117$$

Assim, a carteira com os dois títulos possui uma variação esperada, no caso de alta de 1% na taxa de juros de:

$$\Delta PU(\text{Carteira}) = -2,027 - 4,117 = -6,144$$

Acrescentando a convexidade (*C*) a essa variação, tem-se:

- Para o primeiro título:

$$C(\text{anos}) = \frac{0,234126984\left(0,234126984+1\right)}{\left(1+0,123729\right)^2} = 0,228816923 \text{ ano}$$

$$\Delta PV = \frac{-0,234126984}{1+0,123729} \times 973,058061 \times 0,01$$

$$+\frac{1}{2} \times 0,228816923 \times 973,058061 \times 0,01^2$$

$$\Delta PV = -2,027 + \frac{1}{2} \times 0,228816923 \times 973,058061 \times 0,01^2$$

$$\Delta PV = -2,027 + 0,0111326$$

$$\Delta PV = -2,016$$

- Para o segundo título:

$$C(\text{anos}) = \frac{0,492063492\left(0,492063432+1\right)}{\left(1+0,126941\right)^{2}} = 0,578104153 \text{ anos}$$

$$\Delta PV = \frac{-0,4920634924}{1+0,126941} \times 942,890639 \times 0,01 + \frac{1}{2} \times 0,578104153 \times 942,89064 \times 0,01^{2}$$

$$\Delta PV = -4,117 + \frac{1}{2} \times 0,578104153 \times 942,89064 \times 0,01^{2}$$

$$\Delta PV = -4,117 + 0,027254$$

$$\Delta PV = -4,0897$$

Assim, considerando *duration* e convexidade, a carteira com os dois títulos possui uma variação esperada, no caso de alta de 1% na taxa de juros, de:

$$\Delta PU(\text{Carteira}) = -2,016 - 4,0897 = -6,1060$$

Apurando-se agora a variação efetiva alterando-se a taxa de juros em +1%, tem-se:

$$PU = \frac{1.000,00}{(1+0,123729)^{\frac{59}{252}}} = \$\ 973,058061 \qquad PU = \frac{1.000,00}{(1+0,123729+0,01)^{\frac{59}{252}}} = \$\ 971,041771$$

$$PU = \frac{1.000,00}{(1+0,126941)^{\frac{124}{252}}} = \$\ 942,890639 \qquad PU = \frac{1.000,00}{(1+0,126941+0,01)^{\frac{124}{252}}} = \$\ 938,800691$$

Total: $ 1.915,95   Total: $ 1.909,84

A diferença entre os valores é de $ 1.915,95 – $ 1.909,84 = $ 6,11 negativo, uma vez que, com a alta da taxa de juros, o valor dos títulos no mercado teriam queda total de –$ 6,11.

EXERCÍCIOS RESOLVIDOS

1. Admita um título de valor de face de R$ 1.000,00 adquirido em 1º-1-2013, que paga um cupom anual de 6% sobre o valor de face. Seu vencimento será em 31-12-2017 e o título é negociado ao par no mercado. Calcule:
   a) A *duration* e a *duration* modificada.
   b) A convexidade.
   c) A variação esperada no preço do título na hipótese de a taxa de juros subir 1% considerando *duration* e convexidade.
   d) O VaR com 95% de confiança para 10 dias, considerando uma variação da taxa de juros de 0,5% ao dia.

Solução

O fluxo de caixa do título é dado a seguir, considerando-se o cupom de 6% calculado sobre o valor de face de R$ 1.000,00 que será de R$ 60,00 (R$ 1.000 × 6% = R$ 60,00). Como o título é cotado ao par, o seu valor presente será calculado pela mesma taxa do cupom de 6%:

$$PV = \frac{60,00}{(1,06)^1} + \frac{60,00}{(1,06)^2} + \frac{60,00}{(1,06)^3} + \frac{1.060,00}{(1,06)^4} = R\$ 1.000,00$$

a) Calculando-se o valor presente individual de cada fluxo, tem-se:

$$PV_1 = \frac{60,00}{(1,06)^1} = R\$ 56,60$$

$$PV_2 = \frac{60,00}{(1,06)^2} = R\$ 53,40$$

$$PV_3 = \frac{60,00}{(1,06)^3} = R\$ 50,38$$

$$PV_4 = \frac{1.060,00}{(1,06)^4} = R\$ 839,62$$

A *duration* é:

$$D = \frac{56,60 \times 1 + 53,40 \times 2 + 50,38 \times 3 + 839,62 \times 4}{\dfrac{60,00}{(1,06)^1} + \dfrac{60,00}{(1,06)^2} + \dfrac{60,00}{(1,06)^3} + \dfrac{1.060,00}{(1,06)^4}} = \frac{3.670,02}{1.000,00} = 3,673 \text{ anos}$$

Sua *duration* modificada é:

$$DM = \frac{3,673}{(1,06)} = 3,465 \text{ anos}$$

b) O cálculo da convexidade é:

$$Convexidade = \frac{3,673(3,673+1)}{(1+0,06)^2} = 15,276$$

c) A variação do *PV* é:

$$\Delta PV = \frac{-3{,}673}{(1+0{,}06)} \times 1.000{,}00 \times (0{,}07-0{,}06) + \frac{1}{2} \times \frac{3{,}673(3{,}673+1)}{(1+0{,}06)^2} \times$$

$$\times 1.000\,X\,(0{,}07-0{,}06)^2$$

$$\Delta PV = -34{,}65 + 0{,}76 = -R\$\,33{,}89$$

Observe que o valor se ajusta bem à variação efetiva, caso o *PV* fosse descontado a 7%:

$$PV = \frac{60{,}00}{(1{,}07)^1} + \frac{60{,}00}{(1{,}07)^2} + \frac{60{,}00}{(1{,}07)^3} + \frac{1.060{,}00}{(1{,}07)^4} = R\$\,966{,}13$$

que corresponderia a uma variação efetiva de –R\$ 33,87(R\$ 966,13 – R\$ 1.000,00). Note ainda que o segundo termo que corresponde à convexidade é sempre positivo, independentemente do sinal da variação da taxa de juros no mercado.

d) O VaR é:

$$\text{VaR}\,(95\% \text{ de confiança, } 10 \text{ dias}) = 1.000 \times 3{,}465 \times 0{,}005 \times 1{,}645 \times \sqrt{10}$$

$$\text{VaR}\,(95\% \text{ de confiança, } 10 \text{ dias}) = R\$\,90{,}12$$

2. Considere uma aplicação financeira no valor de $ 2.000,00 cujos rendimentos serão computados somente ao término da aplicação em 2 anos. Se a taxa de juros de mercado para essa aplicação está em 7,5% e espera-se uma variação de 1% nesta taxa, calcule o VaR dessa aplicação para um horizonte de tempo de 1 ano e nível de confiança correspondente a três desvios-padrão.

Solução

Ao longo dessa aplicação não há resgate de juros, ou seja, seria equivalente a um título de cupom zero. Assim, sua *duration* é exatamente o prazo de vencimento da aplicação, que é de 2 anos.

Para se ter exatamente três desvios-padrão de escala no cálculo do VaR, esse valor corresponde a uma probabilidade de 99,865%.

Logo, o VaR ficaria:

$$\text{VaR}\,(99{,}865\% \text{ de confiança, } 1 \text{ ano}) = 2.000 \times \frac{2{,}0}{(1+0{,}075)} \times 0{,}01 \times 3 =$$

$$= R\$\,111{,}63$$

EXERCÍCIOS PROPOSTOS

1. (Concurso BACEN 2001 – Analista Geral) Um título de renda fixa com valor de face igual a R\$ 1.000,00 está sendo negociado ao par, e a taxa de mercado é de 11,5% ao ano. Sabe-se que sua duração é igual a 3,5 anos. A volatilidade estimada da variação diária da taxa de

Capítulo 4 • Análise de Risco para Ativos de Renda Fixa | **249**

juros é de 0,12%. É desejado que se calcule o valor em risco de uma posição de mil unidades desse título, com horizonte de 10 dias, com nível de confiança que corresponde a dois desvios-padrão, aproximadamente. O valor em risco solicitado é igual a:

a) R$ 7.533,63

b) R$ 75.336,30

c) R$ 8.399,99

d) R$ 15.765,42

e) R$ 23.823,43

2. Considere um título de valor de face da posição de R$ 100 mil negociado no mercado a 95% do valor de face. Volatilidade da variação do *yield* é de 0,05% a.d. O título possui *duration* modificada de 11 semestres. Calcule o VaR de 95% para os próximos 7 dias do título. Adote $Z = 1,645$.

3. Um investidor tem uma carteira com dois fluxos de $ 50 mil para recebimentos previstos para retorno em 30 e 60 dias, respectivamente. As taxas de juros para os citados prazos são, respectivamente, 1,5 e 1,7% ao mês. As volatilidades diárias dessas taxas são 0,3 e 0,42%, respectivamente. A correlação entre os dois fatores de riscos é de 0,5. Calcule:

a) O valor em risco diário com 95% de confiança para cada ativo individual.

b) O valor em risco diário com 95% de confiança para a carteira.

4. Um banco concede um empréstimo de $ 10.000 à taxa de 60% ao ano por 2 anos. O banco poderia oferecer ao tomador a escolha entre pagar o principal ao final do segundo ano e amortizar o empréstimo pagando os juros no primeiro ano, ou pagar principal e juros a cada ano em duas prestações iguais, no sistema conhecido como Tabela Price. O empréstimo está cotado ao par, ou seja, é descontado à taxa de 60% ao ano. Responda:

a) Qual a *duration* do empréstimo em cada uma das formas de pagamento?

b) Se o empréstimo fosse amortizado pelo Sistema de Amortização Constante (SAC), qual seria a *duration*?

c) Explique a diferença entre os dois resultados obtidos nos itens (a) e (b).

5. Calcule a *duration* e a convexidade de uma obrigação com prazo de 2 anos, cujo cupom é de 10%, pago anualmente, e cujo retorno exigido corrente é de 14% ao ano. Suponha que o valor de face seja igual a $ 1.000. Qual é a variação esperada do preço dessa obrigação, pela *duration* e convexidade, caso se acredite em uma queda das taxas de juros em 0,5%?

6. Considere um título de valor de face $ 1.000,00, com prazo de vencimento em 5 anos e cupom semestral de 10% ao ano. Seu *yield* é de 6% ao semestre. Pede-se calcular:

a) a *duration* e o valor de mercado do título;

b) o VaR para os próximos 5 dias úteis se a volatilidade do *yield* é de 0,05% ao dia com 95% de confiança.

7. Considere um título com 6 semestres para o vencimento, pagando cupom semestral de $ 100 e valor de face de $ 1.000, negociado ao par (pelo valor de face). A rentabilidade do título = 10% a.s. (IRR ou *yield*) e seu valor de mercado do título igual a $ 1.000. Qual a *duration*?

8. Dado um título de valor de face R$ 30.000,00 negociado ao par com *duration* modificada de 5 semestres. Calcule o VaR com 99% de confiança em 10 dias desse título, considerando que a volatilidade diária do *yield* é de 0,2%.

Gabarito

1. e)

2. R$ 2.274,06

3. a) $ 239,51; $ 656,83

   b) $ 803,81

4. a) Tabela Price = D = 1,38 ano; outra forma D = 1,63 ano

   b) D = 1,31

   c) A Tabela Price fornece uma menor *duration* pela antecipação do pagamento. Embora no SAC a *duration* seja menor, os juros também são inferiores à Price.

5. D = 1,91 ano; variação PV = R$ 7,87

6. a) D = 8,02 sem.; PV = R$ 926,40

   b) R$ 12,89

7. D = 4,79 sem.

8. R$ 2.210,43

5

ANÁLISE DE RISCO EM PROJETOS DE INVESTIMENTOS

OBJETIVOS DO CAPÍTULO

Este capítulo tem por objetivo demonstrar a análise de riscos no âmbito de um projeto de investimentos, uma vez que diversos são os fatores que podem influenciar o resultado final de um projeto, como receitas, custos, despesas, taxas de juros etc.

Aplicam-se ainda métodos de simulação e árvores de decisões para exposição dos fatores de riscos e sua mensuração a partir de técnicas avançadas como *Value at Risk* (VaR) para projetos de investimentos.

5.1 Riscos de um projeto de investimentos

Em Finanças, analisa-se um projeto de investimentos a partir dos fluxos de caixa projetados e das técnicas tradicionais como: Valor Presente Líquido (VPL ou NPV – *Net Present Value*), Taxa Interna de Retorno (TIR ou IRR – *Internal Rate of Return*), Taxa Interna de Retorno Modificada (MIRR – *Modified Internal Rate of Return*), Índice de Lucratividade (IL ou IBC – Índice Benefício-Custo) e *Payback* Descontado.

A partir dessas técnicas descritas, os projetos com baixo período de *payback* descontado, Valor Presente Líquido positivo, taxa interna de retorno superior ao custo de oportunidade e índice de lucratividade superior a um são considerados bons indicadores para projetos viáveis. Todavia, os resultados das técnicas descritas dependem de outros fatores alheios às técnicas, como:

- **Fluxos de caixa projetados**: um projeto de investimentos é comumente avaliado pelo desempenho futuro de um fluxo de caixa projetado. São elaboradas premissas de projeção de receitas, custos, despesas operacionais, impostos que podem oscilar ao longo do tempo diante das incertezas do mercado.

- **Taxa de desconto dos fluxos de caixa**: o resultado do valor presente dos fluxos futuros de caixa tem uma relação direta com a taxa usada para trazer esses valores até a data atual, data da tomada da decisão. As taxas normalmente variam no tempo por diversas razões, como taxas de juros de mercado, oscilações da economia, estrutura de capital do projeto etc. Essa volatilidade da taxa de desconto provoca também distorções diretas em outros indicadores que também dependem da taxa de desconto, como *payback* descontado, índice benefício-custo e valor presente líquido.

O risco de mercado está ainda presente nos dois itens destacados, uma vez que as mudanças conjunturais da economia, fatores políticos e sociais, entre outros, fazem com que os projetos de investimentos fiquem expostos a diversos fatores de riscos.

Fatores de riscos, como erros de estimativas em custos, receitas, despesas, taxas de descontos, são exemplos típicos de incertezas que podem, por vezes, aparecer em um projeto de investimentos.

E essas incertezas provocam mudanças nas estimativas dos fluxos de caixa de um projeto que podem ser favoráveis ou não e afetam diretamente o resultado dos projetos.

Diante dessas incertezas em face dos fatores de riscos envolvidos em um projeto, lança-se mão da análise de sensibilidade do projeto de investimentos com relação a essas mudanças. A seguir, destaca-se a análise de sensibilidade de projetos de investimentos.

5.2   Análise de sensibilidade do NPV pela taxa de desconto: simulação de Monte Carlo

Das técnicas tradicionais de análise de projetos de investimentos, a principal delas, segundo a teoria de Finanças, é o NPV. É também o mais sensível com relação às mudanças da taxa de desconto. Se a taxa aumenta, o NPV diminui, e vice-versa.

Logo, a correta determinação da taxa de desconto é papel fundamental na análise de um projeto. E como essa taxa, normalmente, é definida no início das projeções, é comumente usada em todo o horizonte de projeção dos fluxos de caixa para trazer os recursos a valor presente.

Nessas condições, é natural admitir que o custo de capital não seja o mesmo ao longo de toda a vida útil do projeto. E suas variações podem ser descritas por um processo de simulação, já utilizado neste livro, chamada "simulação de Monte Carlo".

Para realizar essa simulação, deve-se conhecer os valores da média e do desvio-padrão de projetos da empresa que tenham, obrigatoriamente, o mesmo padrão de riscos.

APLICAÇÃO PRÁTICA

Um projeto de investimentos tem a seguinte estrutura de investimentos, admitindo-se um investimento inicial de R$ 120,00 mil.

As receitas estimadas para cada um dos quatro primeiros anos estão descritas na Tabela 5.1.

Tabela 5.1   Receitas previstas

($ mil)	Ano 1	Ano 2	Ano 3	Ano 4
Receita	$ 170	$ 145	$ 125	$ 100

Os custos e as despesas operacionais totais estão listados na Tabela 5.2.

Tabela 5.2 Custos e despesas operacionais previstos

($ mil)	Ano 1	Ano 2	Ano 3	Ano 4
Custos e despesas operacionais	$ 23	$ 23	$ 20	$ 20

A alíquota do IR é 40% e a depreciação anual de $ 30 mil.

A estrutura do fluxo de caixa operacional é:

RECEITA DE VENDAS
(–) CPV
LUCRO BRUTO
(–) DESPESAS COM VENDAS
(–) DESPESAS GERAIS E ADMINISTRATIVAS
EBITDA
(–) DEPRECIAÇÃO
LOP ANTES DO IR = EBIT
(–) IR (40%)
LUCRO APÓS O IR = NOPAT
(+) DEPRECIAÇÃO
ENTRADA DE CAIXA OPERACIONAL

A partir das premissas e da estrutura do fluxo de caixa aqui mostradas, pode-se elaborar o fluxo de caixa operacional do projeto para fins de análise de riscos, conforme visto na Tabela 5.3.

Tabela 5.3 Fluxo de caixa operacional para fins de análise de risco

	Ano 0	Ano 1	Ano 2	Ano 3	Ano 4
Receita		170,00	145,00	125,00	100,00
(–) Custos e despesas operacionais		–23,00	–23,00	–20,00	–20,00
EBITDA		147,00	122,00	105,00	80,00
(–) Depreciação		30,00	30,00	30,00	30,00
EBIT		117,00	92,00	75,00	50,00
(–) IR 40%		–46,80	–36,80	–30,00	–20,00
NOPAT		70,20	55,20	45,00	30,00
(+) Depreciação		30,00	30,00	30,00	30,00
(–) Investimentos	–120,00				
Fluxo de caixa operacional	**–120,00**	100,20	85,20	75,00	60,00

Assim, o passo seguinte seria avaliar o NPV do projeto. Admita que ele seja 50% financiado por um empréstimo com juros de 8,33% ao ano. O custo de oportunidade do capital próprio é de 15% ao ano.

Com o benefício fiscal da dívida, o custo do capital de terceiros líquido do IR será: 8,33% (1 – 0,40) = 5,00% ao ano.

Veja a estrutura de capital inicial do projeto na Tabela 5.4.

Tabela 5.4 Estrutura de capital

100,00%	50,00%	8,33% a.a. antes do IR
	50,00%	15,00% custo de capital próprio

O custo total de capital é $50,00\% \times 5,00\% + 50,00\% \times 15,00\% = 10,00\%$.

Admite-se a hipótese de que o empréstimo será todo amortizado ao longo da vida útil do projeto. Isso faz com que a estrutura do capital se altere pela redução da participação das dívidas no projeto. O custo das dívidas e do capital próprio não irá se alterar por considerações de premissa deste exemplo. Na prática, caso esses valores se alterem, bastaria fazer a devida alteração do valor no cálculo do custo total do capital do projeto.

Após o 1º ano, a nova estrutura será como apresentado na Tabela 5.5.

Tabela 5.5 Estrutura de capital do projeto no primeiro ano

100,00%	37,50%	8,33% a.a. antes do IR 5,00% após o IR
	62,50%	15,00% custo de capital próprio

O custo total de capital é $37,50\% \times 5,00\% + 62,50\% \times 15,00\% = 11,25\%$.

Após o 2º ano, a nova estrutura será a apresentada na Tabela 5.6.

Tabela 5.6 Estrutura de capital do projeto no segundo ano

100,00%	25,00%	8,33% a.a. antes do IR 5,00% após o IR
	75,00%	15,00% custo de capital próprio

O custo total de capital é $25,00\% \times 5,00\% + 75,00\% \times 15,00\% = 12,50\%$.

No fim do 3º ano, a nova estrutura é apresentada na Tabela 5.7.

Tabela 5.7 Estrutura de capital no terceiro ano do projeto

100,00%	12,50%	8,33% a.a. antes do IR
	87,50%	15,00% custo de capital próprio

O custo total de capital é $12,50\% \times 5,00\% + 87,50\% \times 15,00\% = 13,75\,\%$.

No fim do 4º ano, a nova estrutura é apresentada na Tabela 5.8.

Tabela 5.8 Estrutura de capital do projeto no quarto ano

100,00%	0,00%	8,33% a.a. antes do IR 5,00% após o IR
	100,00%	15,00% custo de capital próprio

O custo total de capital é $0,00\% \times 5,00\% + 100,0\% \times 15,00\% = 15,00\%$.

Logo, tem-se que o custo total de capital assumiria os seguintes valores: 10,00%; 11,25%; 12,5%; 13,75%; e 15,00%. Fazendo-se a média, chega-se ao valor de 12,5%, e o desvio-padrão de 1,98%.

Essas variações no custo de capital irão produzir diferentes riquezas geradas no projeto. Assim, estimar a perda máxima esperada no NPV do projeto será de suma importância para a gestão do negócio.

Para a determinação do VaR do projeto, será necessário impor uma simulação de Monte Carlo para as possíveis variações do custo total de capital e os respectivos NPV calculados a partir dos custos de capital simulados.

Inicia-se o processo gerando um número aleatório entre 0 e 1, que passa a ser utilizado como probabilidade esperada da máxima perda, ou seja, da variação estar à esquerda do valor crítico representado pelo número de desvios esperados. A seguir, para essa probabilidade, é simulado, por uma distribuição normal, o valor da taxa de desconto com a média e o desvio-padrão obtidos anteriormente.

A Tabela 5.9 ilustra os dados da simulação correspondente a dez números aleatórios com respectivos custos de capital e NPV.

Tabela 5.9 Custo de capital simulados

Núm. aleat.	Custo de capital	NPV
76,48%	13,93%	R$ 119,93
47,30%	12,37%	R$ 127,15
94,59%	15,67%	R$ 112,26
75,99%	13,90%	R$ 120,07
9,60%	9,92%	R$ 139,24
85,06%	14,55%	R$ 117,13
91,16%	15,17%	R$ 114,44
50,30%	12,51%	R$ 126,45
38,82%	11,94%	R$ 129,20
58,92%	12,95%	R$ 124,43

As fórmulas em planilha eletrônica que geraram a Tabela 5.9 estão dispostas na Figura 5.1.

Figura 5.1 Fórmulas para simulação.

	A	B	C
1	Média	0,124995	
2	Desvio Padrão	0,0197681882231276	
3			
4	Núm. Aleat	Custo de Capital	NPV
5	=ALEATÓRIO()	=INV.NORM(A5;$B$1;$B$2)	=VPL(B5;76,2;61,2;51;36)-120
6	=ALEATÓRIO()	=INV.NORM(A6;$B$1;$B$2)	=VPL(B6;76,2;61,2;51;36)-120
7	=ALEATÓRIO()	=INV.NORM(A7;$B$1;$B$2)	=VPL(B7;76,2;61,2;51;36)-120
8	=ALEATÓRIO()	=INV.NORM(A8;$B$1;$B$2)	=VPL(B8;76,2;61,2;51;36)-120
9	=ALEATÓRIO()	=INV.NORM(A9;$B$1;$B$2)	=VPL(B9;76,2;61,2;51;36)-120
10	=ALEATÓRIO()	=INV.NORM(A10;$B$1;$B$2)	=VPL(B10;76,2;61,2;51;36)-120
11	=ALEATÓRIO()	=INV.NORM(A11;$B$1;$B$2)	=VPL(B11;76,2;61,2;51;36)-120
12	=ALEATÓRIO()	=INV.NORM(A12;$B$1;$B$2)	=VPL(B12;76,2;61,2;51;36)-120
13	=ALEATÓRIO()	=INV.NORM(A13;$B$1;$B$2)	=VPL(B13;76,2;61,2;51;36)-120
14	=ALEATÓRIO()	=INV.NORM(A14;$B$1;$B$2)	=VPL(B14;76,2;61,2;51;36)-120

Ressalta-se que os números que o leitor encontrará quando digitar a fórmula da célula A5 não serão os mesmos do valor encontrado na tabela anterior. Isso ocorre em razão do gerador de números (pseudo)aleatórios da planilha eletrônica.

Porém, para o cálculo do resultado da célula B5, usando-se os valores da média, desvio-padrão e as probabilidades encontradas na tabela anterior, chegar-se-á aos mesmos valores de custo de capital e NPV.

Assim, de posse dos valores dos NPVs, deve-se calcular o desvio-padrão desses NPVs simulados. O resultado para os valores da tabela anterior é de R$ 7,99.

Logo, o VaR para o projeto será com 95% de confiança:

$$\text{VaR}\left(95\% \text{ confiança}\right) = \$\,7,99 \times 1,645 = \$\,13,14$$

Segundo Brasil (2002, p. 95), a interpretação desse resultado é o montante de recursos do investimento que está em risco, para certa faixa de variação do custo total de capital. Ou seja, há 95% de confiança de que a perda do valor do projeto não exceda $ 13,14.

Na prática, deve-se considerar como critério decisório não o valor médio dos NPVs simulados, e sim o valor médio menos o VaR. Assim, o resultado do NPV que incorpora o retorno do projeto e o risco das variações na taxa de desconto seria:

NPV médio da simulação = R$ 123,03

VaR = $ 13,14

NPV considerando-se retorno e risco = R$ 123,03 – $ 13,14 = R$ 109,89.

Na verdade, esses cálculos demonstraram o VaR do projeto na hipótese de variação apenas da taxa de desconto. Porém, existem outras variáveis que fazem parte do projeto que não foram levadas em consideração, como faturamento, custos e despesas.

Ao se incorporar essas variações, pode-se estar diante de diferentes fatores e ocasiões em que o projeto poderia passar ao longo de sua vida útil. Esses movimentos podem ser entendidos como cenários de ocorrência, onde pode-se ainda traçar probabilidade de ocorrência e ter-se probabilidades combinadas com resultados financeiros. Esse enfoque é visto na próxima seção.

5.3 Riscos combinados em cenários de ocorrência

A análise de riscos de projetos de investimentos tem por objetivo tentar se cercar de todas as possíveis ocorrências relacionadas com a viabilidade de um projeto. E como são muitas as variáveis de ocorrência em um planejamento financeiro com projeções de longo prazo, o uso de cenários é uma ferramenta imprescindível.

Um cenário nada mais é do que uma visão sistêmica do futuro em razão da análise de um conjunto de variáveis específicas, por exemplo, em um cenário de recessão, teríamos inflação alta, custos altos e queda de demanda. Esses fatores, aliados ao custo de oportunidade, têm determinado impacto no NPV do projeto.

Outro cenário poderia ser de otimismo, com queda da inflação, redução de custos e aumento de faturamento. Obviamente, existe ainda o cenário de estabilidade, onde as variáveis permaneceriam como cotadas atualmente.

E cada cenário deve ser acompanhado de uma referida probabilidade de ocorrência. Essa probabilidade é oriunda dos modelos probabilísticos, que são aqueles utilizados para representar fenômenos que ocorrem de forma diferente cada vez que é observado ou repetido. Por exemplo, a quantidade de produtos vendidos por dia em uma loja qualquer ou o faturamento de uma empresa em um mês qualquer, ou, ainda, o retorno obtido no investimento (de um dia ou um mês) em determinada ação na bolsa de valores.

Todo cálculo de probabilidade é desenvolvido pela expressão:

$$P = \frac{\text{Casos favoráveis}}{\text{Total de possíveis}}$$

A distribuição normal de probabilidades é, sem dúvida, a mais importante da Estatística. Não só porque serve como modelo de representação de muitos fenômenos, mas também para representar as distribuições amostrais, já que pelo Teorema do Limite Central a soma de n variáveis aleatórias independentes (com quaisquer distribuições) apresenta, no limite, a distribuição normal de probabilidades.

Ela foi primeiramente desenvolvida por de Moivre, em 1733, e finalizada 100 anos depois pelo matemático Karl Friederich Gauss, que derivou a distribuição, que passou a ser conhecida como Normal ou gaussiana. Sua função para uma variável aleatória é distribuída normalmente com média μ e desvio-padrão σ, então sua função densidade é dada pela expressão:

$$f(x) = \frac{1}{\sqrt{(2\pi)}\sigma} \cdot e^{\frac{1}{2}\left(\frac{x-\mu}{\sigma}\right)^2} \quad \text{para} \quad -\infty \leq x \leq \infty$$

A variável aleatória que admite a distribuição normal de probabilidades apresenta as seguintes características ou propriedades:

1. Os valores mais próximos da média μ apresentam maiores frequências de ocorrência.

2. Os valores da variável aleatória x simétricos com relação à média μ ocorrem com a mesma frequência, isto é, a função densidade de probabilidades é uma função par com relação a um eixo vertical, passando pela média μ.
3. O maior valor da função densidade de probabilidades ocorre na média, isto é, a média se confunde com a moda.
4. Em decorrência de 2 e 3, tem-se que Média, Moda e Mediana estão no mesmo ponto.

O cálculo da média e desvio-padrão ponderados por probabilidade com relação ao NPV é dado por:

$$NPV_{médio} = \sum_{i=1}^{n} NPV_i \times Prob_i$$

$$\sigma_{NPV} = \sqrt{\sum_{i=1}^{n} \left(NPV_i - NPV_{Médio} \right)^2 \times Prob_i}$$

Tal metodologia é empregada para medir e indicar quanto o NPV mudará em resposta a determinada alteração de uma variável de entrada (vendas, custos etc.), enquanto outros fatores permanecem constantes.

A mensuração da análise de risco de um projeto de investimentos por meio do comportamento de cenários econômicos une a identificação da distribuição de probabilidade no estudo da sensibilidade de um projeto, e é uma ferramenta muito útil para o gestor de riscos de negócios nas empresas.

APLICAÇÃO PRÁTICA

Um gestor de uma empresa está avaliando um novo projeto de investimentos cujos resultados esperados do NPV do projeto foram simulados de acordo com os possíveis cenários futuros da economia com relação às vendas. As estimativas do NPV para cada um dos possíveis cenários e suas respectivas probabilidades de ocorrência são mostradas na Tabela 5.10. Calcule o NPV esperado e o desvio-padrão do NPV.

Tabela 5.10 Cenários e suas probabilidades

Cenário	Probabilidade	NPV
Pessimista	20%	$ 50.000
Estável	50%	$ 120.000
Otimista	30%	$ 200.000

O valor do NPV esperado, ou NPV médio é a média ponderada dos NPVs pelas respectivas probabilidades:

$$NPV_{Esperado} = 0,20 \times 50.000 + 0,50 \times 120.000 + 0,30 \times 200.000 = \$130.000$$

O NPV esperado apresenta um valor de $ 130.000, pouco maior que o valor do cenário estável. Isso é provocado por uma ligeira assimetria dos cenários mais levados a condições melhores de mercado do que para condições mais desfavoráveis.

Essa assimetria pode ser verificada pelo fato da diferença entre cada NPV dos cenários pessimista e estável com relação ao NPV esperado ser negativo. Essa dispersão dos resultados é captada pelo cálculo do desvio-padrão dos NPVs.

Esse desvio-padrão é uma medida de risco do projeto. Sua interpretação é dada comparando-se com o NPV esperado, sendo que, quanto menor for o desvio-padrão desses NPVs, os cenários estarão mais próximos de seu respectivo valor esperado. Dessa forma, quanto maior for esse desvio-padrão, maiores serão as incertezas com relação à ocorrência dos NPVs.

O risco medido pelo desvio-padrão dos NPVs com relação ao valor esperado deve ser calculado subtraindo-se de cada valor do NPV de cada cenário o seu NPV médio, ou esperado, elevando-se ao quadrado e ponderando-se pela respectiva probabilidade, tirando-se em seguida a raiz quadrada da soma de cada resultado descrito.

$$\sigma_{Esperado} = \sqrt{\left(50.000 - 130.000\right)^2 \times 0,20 + \left(120.000 - 130.000\right)^2 \times 0,50 + \left(200.000 - 130.000\right)^2 \times 0,30}$$

$$\sigma_{Esperado} = \sqrt{2.800.000.000,00}$$

$$\sigma_{Esperado} = \$52.915,03$$

Nessas condições, considerando que esse valor do desvio-padrão mede o risco desse projeto, pode-se afirmar que o valor do NPV poderá apresentar variações, positivas ou negativas, desse valor com relação ao NPV esperado.

A partir da estimação do NPV esperado e do risco do projeto, pode-se elaborar um estudo mais detalhado sobre o comportamento do NPV. Esse estudo é baseado ainda na hipótese de as variações terem uma distribuição normal de probabilidades.

Nessas condições, pode-se lançar mão da condição de normalidade das variáveis e desejar conhecer uma medida de chance, ou a probabilidade de o projeto apresentar uma variação específica do NPV. Ver aplicação prática a seguir.

APLICAÇÃO PRÁTICA

Nas condições da aplicação prática anterior, um projeto de investimentos que tenha o NPV baseado em uma distribuição normal de probabilidade com média (NPV esperado) de $ 130.000 e desvio-padrão (risco) de $ 52.915,03, qual seria a probabilidade do NPV ser positivo, ou seja, maior que zero?

Para responder a essa questão, deve-se levar em consideração de se estar diante de uma distribuição normal. Dessa forma, pode-se calcular o valor padronizado Z para esses valores de média e desvio-padrão, ou seja, NPV esperado e risco do projeto:

$$Z = \frac{\text{Valor Desejado} - NPV_{Esperado}}{\sigma_{Esperado}} = \frac{0 - \$130.000}{\$52.915,03} = -2,46$$

A partir do valor padronizado Z de −2,46, busca-se sua correspondente probabilidade em uma tabela normal padrão (Tabela 5.11).

Tabela 5.11 Distribuição normal padrão acumulada (valores negativos)

↓

Z	0,00	0,01	0,02	0,03	0,04	0,05	0,06	0,07	0,08	0,09
→ – 2,4	0,0082	0,0080	0,0078	0,0075	0,0073	0,0071	0,0069	0,0068	0,0066	0,0064

Assim, o valor acumulado da distribuição inferior a $ 0 de NPV é de 0,69%, ou seja, existe uma probabilidade de 99,31% de certeza de que o NPV do projeto será positivo nas condições informadas.

5.4 Análise do ponto de equilíbrio em projetos de investimentos

Uma aplicação prática do conceito de ponto de equilíbrio de um projeto de investimentos é o uso do cálculo com NPV igual a zero. A análise desse ponto de equilíbrio é normalmente focada nas receitas de vendas necessárias para cobrir os custos e despesas incorridos de maneira a produzir um resultado operacional nulo.

APLICAÇÃO PRÁTICA

Tomando como ponto de partida o caso desenvolvido no início deste capítulo, pode-se ajustar o ponto de equilíbrio desse projeto a partir da receita mínima necessária de vendas para que o NPV do projeto seja nulo.

Pode-se resolver essa questão tanto do ponto de vista matemático quanto do uso de recursos numéricos em planilha. Apenas para ilustração, no caso matemático, considere uma receita R de vendas no fluxo de caixa conforme a Tabela 5.12.

Tabela 5.12 Fluxo de caixa do projeto

	Ano 0	Ano 1	Ano 2	Ano 3	Ano 4
Receita		R	R	R	R
(–) Custos e desp. op.		(23,00)	(23,00)	(20,00)	(20,00)
EBITDA		R – 23	R – 23	R – 20	R – 20
(–) Depreciação		(30)	(30)	(30)	(5)
EBIT		R – 53	R – 53	R – 50	R – 50
(–) IR = 40%		0,4R – 21,20	0,4R – 21,20	0,4R – 20	0,4R – 20
NOPAT		0,6R – 31,80	0,6R – 31,80	0,6R – 30	0,6R – 30
(+) Depreciação		30	30	30	30
(–) Investimentos	$ –120				
Fluxo de caixa op.	$ –120	0,6R – 1,80	0,6R – 1,80	0,6R	0,6R

Trazendo-se esses fluxos de caixa a valor presente, tem-se:

$$NPV = \frac{0,6R - 1,80}{(1,10)^1} + \frac{0,6R - 1,80}{(1,10)^2} + \frac{0,6R}{(1,10)^3} + \frac{0,6R}{(1,10)^4} - 120,00$$

$$NPV = \frac{0,6R - 1,80}{1,1000} + \frac{0,6R - 1,80}{1,2100} + \frac{0,6R}{1,33100} + \frac{0,6R}{1,46410} - 120,00$$

$$NPV = \frac{0,6R}{1,1000} - \frac{1,80}{1,1000} + \frac{0,6R}{1,2100} - \frac{1,80}{1,2100} + \frac{0,6R}{1,33100} + \frac{0,6R}{1,46410} - 120,00$$

$$NPV = 0,54545R - 1,6364 + 0,49587R - 1,4876 + 0,45079R + 0,40981R - 120,00$$

$$NPV = 1,90192R$$

Assumindo o NPV igual a zero, tem-se:

1,90192R – 123,124 = 0
R = $ 64,74

Ou seja, com uma receita mínima de $ 64,74 por ano, o projeto de investimento se pagaria, mas não remuneraria o custo total de capital.

Do mesmo modo, poderia ser calculado, a partir deste resultado, um NPV mínimo exigido pela gestão da empresa. Bastaria colocar o valor no lugar do zero na expressão anterior e se chegaria à receita mínima desejada nas condições estabelecidas.

Para a solução por planilha eletrônica, deve-se atribuir as receitas dos anos de dois a quatro iguais à receita do ano 1, como demonstrado na Figura 5.2.

Figura 5.2 Fórmulas do fluxo de caixa.

	A	B	C	D	E	F
1		Ano 0	Ano 1	Ano 2	Ano 3	Ano 4
2	**Receita**		170,00	145,00	125,00	100,00
3	(-) Custos e Despesas Operacionais		- 23,00	- 23,00	- 20,00	- 20,00
4	**EBITDA**		147,00	122,00	105,00	80,00
5	(-) Depreciação		30,00	30,00	30,00	30,00
6	**EBIT**		177,00	152,00	135,00	110,00
7	(-) IR - 40%		- 70,80	- 60,80	- 54,00	- 44,00
8	**NOPAT**		106,20	91,20	81,00	66,00
9	(+) Depreciação		- 30,00	- 30,00	- 30,00	- 30,00
10	(-) Investimentos	- 120,00				
11	**Fluxo de Caixa Operacional**	- 120,00	76,20	61,20	51,00	36,00

Assim, deve-se usar um comando iterativo como **atingir meta** para rastrear uma fórmula a partir da variação de uma célula específica.

Esse comando é mostrado na Figura 5.3.

Figura 5.3 Atingir meta para receita de equilíbrio.

	A	B	C	D	E	F
1		Ano 0	Ano 1	Ano 2	Ano 3	Ano 4
2	Receita		170,00	170,00	170,00	170,00
3	(-) Custos e Despesas Operacionais		-23,00	-23,00	-20,00	-20,00
4	EBITDA		147,00	147,00	150,00	150,00
5	(-) Depreciação		-30,00	-30,00	-30,00	-30,00
6	EBIT		117,00	117,00	120,00	120,00
7	(-) IR 40%		-46,80	-46,80	-48,00	-48,00
8	NOPAT		70,20	70,20	72,00	72,00
9	(+) Depreciação		30,00	30,00	30,00	30,00
10	(-) Investimentos	-120,00				
11	Fluxo de Caixa Operacional	-120,00	100,20	100,20	102,00	102,00
12						
13	Custo de Capital Total	10%				
14	NPV	200,2				
15	IRR	74,9%				
16						
17						
18						

Atingir meta
Definir célula: $B$14
Para valor: 0
Alternando célula: $C$2
OK Cancelar

Na Figura 5.4 é possível notar que o processo é dado a partir da informação da célula B14 que contém a fórmula de cálculo do NPV a que será atribuído o valor zero com alternância da célula C2, que é a receita de vendas. O resultado é dado em seguida no valor de $ 105,06.

Figura 5.4 Resultado para receita de equilíbrio.

	A	B	C	D	E	F
1		Ano 0	Ano 1	Ano 2	Ano 3	Ano 4
2	Receita		64,74	64,74	64,74	64,74
3	(-) Custos e Despesas Operacionais		-23,00	-23,00	-20,00	-20,00
4	EBITDA		41,74	41,74	44,74	44,74
5	(-) Depreciação		-30,00	-30,00	-30,00	-30,00
6	EBIT		11,74	11,74	14,74	14,74
7	(-) IR 40%		-4,69	-4,69	-5,89	-5,89
8	NOPAT		7,04	7,04	8,84	8,84
9	(+) Depreciação		30,00	30,00	30,00	30,00
10	(-) Investimentos	-120,00				
11	Fluxo de Caixa Operacional	-120,00	37,04	37,04	38,84	38,84
12						
13	Custo de Capital Total	10%				
14	NPV	-				
15	IRR	10,0%				
16						

ATENÇÃO

Embora esse resultado possa ser matematicamente calculado, é necessário que se verifiquem as condições práticas de implementação do resultado na empresa, uma vez que, para se atingir determinado volume de vendas, é necessário que a empresa tenha condições e capacidade instalada para tal evento. Também tem-se a premissa de que os demais itens permanecerão constantes, o que nem sempre é notado.

5.5   Árvores de decisões

Na análise de projetos de investimentos, pode-se deparar em determinada fase do planejamento do projeto com pontos de decisão que podem apontar caminhos diferentes na sequência do trabalho.

Esses caminhos alternativos servem principalmente para dar maior flexibilidade ao analista quando da montagem e elaboração das premissas dos pontos estratégicos de um projeto. Outro fator que pode levar a esse tipo de elaboração de diferentes caminhos em um planejamento futuro de um projeto está associado às incertezas com relação às projeções futuras.

Diante dessas escolhas de caminhos que precisam ser levados em conta e os riscos associados a cada escolha no processo, a análise de risco vem como ferramenta que ajuda na modelagem das situações reais. É por meio da associação entre resultados esperados e as respectivas probabilidades (chances) conhecidas, ou até mesmo atribuídas de maneira subjetiva, que se tem condições de realizar uma tomada de decisão com maior nível de segurança.

Uma árvore de decisão nada mais é do que um esquema gráfico que ilustra, em ordem cronológica de ocorrência, as possíveis decisões em cada ponto de execução de um projeto de investimentos. É a construção das possibilidades em cada ponto de execução de um projeto, entre as opções de caminhos que um projeto poderia tomar.

São ainda empregadas na análise de riscos para projetos de investimentos, por poderem demonstrar os pontos diversos relativos aos fatores de riscos assumidos mediante identificação dos cenários de ocorrência.

Para a construção de uma árvore de decisões, deve-se traçar um diagrama que ilustre o intervalo entre cada estágio da decisão. A cada intervalo, tem-se um chamado nó de decisão normalmente acompanhado de um valor monetário de entrada ou saída de recursos. Após um nó de decisão, vêm os chamados ramos da árvore, que nada mais são do que linhas retas diagonais na condição de a empresa levar adiante o projeto em sua próxima etapa. Em cada ramo tem-se uma probabilidade associada que normalmente é estimada.

5.5.1   Probabilidades independentes

Se dois ou mais eventos forem independentes, a probabilidade de ocorrência de todos os eventos é igual ao produto das respectivas probabilidades de cada um.

Tais eventos são chamados independentes quando a ocorrência de um deles não afeta a do outro, e podem ou não ocorrer simultaneamente.

$$P(A, B, \ldots, N) = P(A) \times P(B) \times \ldots \times P(N)$$

em que A, B e N são n eventos independentes.

APLICAÇÃO PRÁTICA

Uma empresa está entrando em um projeto para formulação de um novo medicamento. Avalia que serão gastos inicialmente $ 10.000 na primeira etapa para elaboração de estudos terapêuticos e pesquisas de elementos químicos. Acreditam que se essa fase for bem-sucedida, a segunda fase seria implantada com a elaboração do medicamento de testes na qual seriam investidos mais $ 120.000. Essa fase seria no ano 1. A alta gestão da empresa estima que há 60% de chance de que a primeira fase seja bem-sucedida e seja montada a base de testes. Caso os testes tenham sucesso, terá início a fase de produção em série, onde serão investidos mais $ 200.000, o que ocorrerá no ano 2. Há 90% de chance de que os testes tenham sucesso e inicie-se a produção em larga escala. Caso os testes não ocorram conforme o esperado, a formulação desenvolvida e os relatórios feitos poderão ser vendidos para outra empresa, por $ 10.000, que poderá aproveitar a base da experimentação. Há ainda um entrave posterior de que se haverá ou não subsídios do governo para a venda do medicamento, estimando-se uma chance de 70% de ocorrer tal empenho. Caso haja o subsídio, as vendas alcançarão $ 700.000 líquidos no ano 3. Caso não ocorram tais subsídios, o valor das vendas será de $ 500.000 líquidos no ano 3. Considerando que o custo de capital total é de 15% ao ano e que todos os fatores de riscos já estão detectados e mensurados nos fluxos informados, pede-se:

a) Construa a árvore de decisão desse projeto e determine o NPV esperado do projeto.
b) Encontre o desvio-padrão do projeto, bem como o coeficiente de variação.

Solução

a) Com base nos dados informados, pode-se alocá-los ano a ano e em cada nó de decisão com as respectivas probabilidades de ocorrência.

A Figura 5.5 ilustra as possibilidades.

Figura 5.5 Árvore de decisão do caso prático.

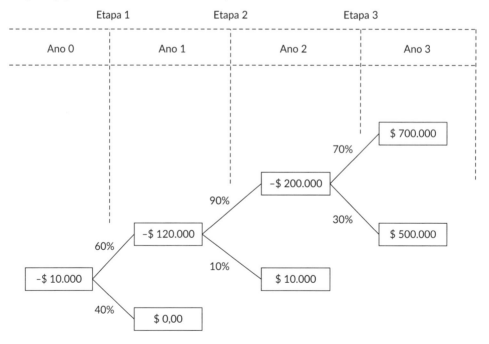

A partir da estrutura da árvore de decisão, podem-se construir as diversas possibilidades sequenciais de ocorrência dos fluxos de caixa.

A primeira possibilidade seria a ocorrência de sucesso nos três nós, ou seja, sucesso em cada ano. Assim, o fluxo de caixa pode ser desenvolvido para cada um dos cenários possíveis, bem como seus respectivos NPV com taxa de desconto de 15%:

Cenário 1

$$NPV = \frac{-120.000}{(1,15)^1} + \frac{-200.000}{(1.15)^2} + \frac{700.000}{(1,15)^3} - 10.000$$

$$NPV = \$\,194.684,80$$

Cenário 2

$$NPV = \frac{-120.000}{(1,15)^1} + \frac{-200.000}{(1.15)^2} + \frac{500.000}{(1,15)^3} - 10.000$$

$$NPV = \$\,63.181,56$$

Cenário 3

$$NPV = \frac{-120.000}{(1,15)^1} + \frac{10.000}{(1,15)^3} - 10.000$$

$$NPV = \$\,106.786,39$$

Cenário 4

$$NPV = -\$\,10.000$$

Pode-se agora identificar as probabilidades de cada um dos cenários. Deve-se levar em consideração que cada etapa ocorre de modo independente, ou seja, deve-se ter a ocorrência individual de cada etapa. Isso implica que as probabilidades são independentes e a probabilidade conjunta de cada cenário é o produto das respectivas probabilidades.

Cenário 1: Prob = $60\% \times 90\% \times 70\% = 37,80\%$
Cenário 2: Prob = $60\% \times 90\% \times 30\% = 16,20\%$
Cenário 3: Prob = $60\% \times 10\% = 6,00\%$
Cenário 4: Prob = $40,00\%$

Se as probabilidades estiverem corretamente distribuídas, o total será de 100%.

De posse dos cenários construídos e das respectivas probabilidades, pode-se calcular o NPV esperado:

Tabela 5.13   Cálculo do NPV esperado

Cenário	NPV	Probabilidade	NPV × Probabilidade
Favorável	$ 194.684,80	37,8%	$ 73.590,86
Mais provável	$ 63.181,56	16,2%	$ 10.235,41
Pouco provável	-$ 106.786,39	6,0%	-$ 6.407,18
Pessimista	-$ 10.000,00	40,0%	-$ 4.000,00
TOTAL			$ 73.419,08

O NPV esperado é a soma da coluna "NPV × Probabilidade", que chega em $ 73.419,08 positivo, ou seja, o projeto é economicamente viável por remunerar o custo de oportunidade do capital total.

O risco é calculado pela formulação a seguir:

$$\sigma_{NPV} = \sqrt{\begin{array}{l}\left(194.684,80-73.419,08\right)^2 \times 0,378 + \left(63.181,56-73.419,08\right)^2 \times 0,162 + \\ \left(-106.786,39-73.419,08\right)^2 \times 0,06 + \left(-10.000,00-73.419,08\right)^2 \times 0,40\end{array}}$$

$$\sigma_{NPV} = \sqrt{10.307.548.532,37}$$

$$\sigma_{NPV} = \$101.526,10$$

O coeficiente de variação é: 101.526,10 / 73.419,08 = 1,38. Esse valor representa o risco por unidade de retorno.

5.6 Análise de sensibilidade de projetos de investimentos em condições de incerteza

Na estimativa dos fluxos de caixa de um projeto de investimentos, normalmente espera-se obter o melhor dos valores para cada uma das medidas analisadas que comporão o resultado final.

O próprio exemplo utilizado anteriormente, no item 5.2, partimos da suposição de que os fluxos de caixa eram conhecidos e que a única incerteza estava relacionada com a taxa de desconto que teria impacto na análise da viabilidade econômica do projeto feita pelo VPL.

Porém, na prática, podemos ter incertezas relativas a vários outros fatores de risco que são mensurados nas projeções, como receitas, custos e despesas, prazos e até no próprio valor do investimento necessário. Incertezas estas que podem provocar grandes oscilações nos resultados finais, levando, inclusive, à inviabilidade do projeto, caso as ocorrências sejam todas com impacto negativo no resultado líquido trazido a valor presente.

Dessa forma, pode-se realizar a análise de sensibilidade das variáveis do fluxo de caixa e medir seu correspondente impacto na métrica decisória.

Portanto, a análise de sensibilidade é uma técnica que consiste em adotar possíveis variações impostas a uma ou mais variáveis que possuem impacto no fluxo de caixa do projeto, realizando-se uma de cada vez enquanto as demais são mantidas constantes. O resultado é medido por uma das métricas de avaliação, normalmente a técnica do VPL.

Ao término, consegue-se verificar quais variáveis são mais sensíveis, ou seja, produzem maior efeito, e que devem, por si só, ser analisadas com maior rigor.

Para exemplificar essa análise de sensibilidade, na aplicação prática a seguir são apresentadas as possíveis oscilações em cada variável do fluxo de caixa e seus correspondentes impactos no VPL estimado.

APLICAÇÃO PRÁTICA

Utilizando o mesmo projeto anterior, fazendo pequenos ajustes, retomamos o projeto de investimentos com a seguinte estrutura de investimentos:

Capítulo 5 • Análise de Risco em Projetos de Investimentos **267**

Considere um investimento inicial de R$ 200 mil.

As receitas estimadas para cada um dos quatro primeiros anos são descritas na Tabela 5.14.

Tabela 5.14 Dados da receita de vendas

($ mil)	Ano 1	Ano 2	Ano 3	Ano 4
Receita	$ 125	$ 125	$ 125	$ 125

Os custos e as despesas operacionais totais são apresentadas pela Tabela 5.15.

Tabela 5.15 Dados dos custos e despesas operacionais

($ mil)	Ano 1	Ano 2	Ano 3	Ano 4
Custos e despesas operacionais	$ 25	$ 25	$ 25	$ 25

A alíquota do IR é 34% e a depreciação anual de $ 50 mil, indicando que todo o investimento será depreciado no período.

A estrutura do fluxo de caixa operacional pode ser vista na Tabela 5.16.

Tabela 5.16 Fluxo de caixa operacional

	Ano 0	Ano 1	Ano 2	Ano 3	Ano 4
Receita		$ 125,00	$ 125,00	$ 125,00	$ 125,00
(–) Custos e desp. op.		(25,00)	(25,00)	(25,00)	(25,00)
EBITDA		$ 100,00	$ 100,00	$ 100,00	$ 100,00
(–) Depreciação		(50,00)	(50,00)	(50,00)	(50,00)
EBIT		$ 50,00	$ 50,00	$ 50,00	$ 50,00
(–) IR = 34%		(17,00)	(17,00)	(17,00)	(17,00)
NOPAT		$ 33,00	$ 33,00	$ 33,00	$ 33,00
(+) Depreciação		$ 50,00	$ 50,00	$ 50,00	$ 50,00
(–) Investimentos	–$ 200,00				
Fluxo de caixa op.	–$ 200,00	$ 83,00	$ 83,00	$ 83,00	$ 83,00

Assim, o passo seguinte seria avaliar o NPV do projeto. Admita que o projeto mantenha um custo de oportunidade total do capital de 14% a.a. para sua viabilidade. Portanto, o NPV dessas condições será:

$$NPV = \frac{\$\,83,00}{\left(1+0,14\right)^{1}} + \frac{\$\,83,00}{\left(1+0,14\right)^{2}} + \frac{\$\,83,00}{\left(1+0,14\right)^{3}} + \frac{\$\,83,00}{\left(1+0,14\right)^{4}} - \$\,200,00$$

$$NPV = \$\,41,84$$

O valor positivo de $ 41,84 indica que o projeto é viável, ou seja, o projeto gera fluxo de caixa futuro com condições de remunerar o custo de oportunidade e produzir um valor residual de $ 41,84.

Cabe aqui observar que esse projeto apresenta um conjunto de variáveis que podem impactar a decisão final de sua viabilidade, a depender das possíveis mudanças em seus valores. Tais variáveis sensíveis são: Investimento Inicial, o valor das Receitas, dos Custos e Despesas Operacionais e o próprio prazo de ocorrência dos Fluxos de Caixa. E cada uma delas oferece um impacto diferente de acordo com o tamanho da mudança sofrida em cada um deles.

Por exemplo, considere, na análise de sensibilidade[1] dessas variáveis provocadas pelas incertezas existentes em cada uma delas, as seguintes variações.

A título de exemplo inicial, pode-se considerar um aumento de 15% nas seguintes variáveis: Investimento Inicial, Receitas, Prazo e Taxa de desconto:

- O Investimento iria para R$ 200,00 + 15% = R$ 230,00
- A Receita iria para R$ 125,00 + 15% = R$ 143,75
- Os Custos e Despesas Operacionais aumentariam para R$ 25,00 + 15% = R$ 28,75
- A Taxa de desconto iria para 14% + 15% = 16,10%

Cada uma das alterações deve ser considerada isolada das demais.

- No primeiro caso, alterando-se o investimento para R$ 230,00, automaticamente altera-se o valor da depreciação linear passando para:

$$\text{Depreciação} = \frac{R\$\ 230,00}{4} = 57,50$$

Dessa forma, o fluxo de caixa ficaria conforme descrito na Tabela 5.17.

Tabela 5.17 Fluxo de caixa

	Ano 0	Ano 1	Ano 2	Ano 3	Ano 4
Receita		$ 125,00	$ 125,00	$ 125,00	$ 125,00
(–) Custos e desp. op.		(25,00)	(25,00)	(25,00)	(25,00)
EBITDA		$ 100,00	$ 100,00	$ 100,00	$ 100,00
(–) Depreciação		(57,50)	(57,50)	(57,50)	(57,50)
EBIT		$ 42,50	$ 42,50	$ 42,50	$ 42,50
(–) IR = 34%		(14,45)	(14,45)	(14,45)	(14,45)

(continua)

---

[1] Exemplo desenvolvido a partir de TORRES, Oswaldo Fadigas Fontes. *Fundamentos da Engenharia Econômica e da análise econômica de projetos*. São Paulo: Cengage, 2014. p. 94.

Capítulo 5 • Análise de Risco em Projetos de Investimentos | **269**

(continuação)

	Ano 0	Ano 1	Ano 2	Ano 3	Ano 4
NOPAT		$ 28,05	$ 28,05	$ 28,05	$ 28,05
(+) Depreciação		$ 57,50	$ 57,50	$ 57,50	$ 57,50
(–) Investimentos	–$ 230,00				
Fluxo de caixa op.	–$ 230,00	$ 85,55	$ 85,55	$ 85,55	$ 85,55

Dessa forma, o NPV fica:

$$NPV = \frac{\$\,85,55}{\left(1+0,14\right)^1} + \frac{\$\,85,55}{\left(1+0,14\right)^2} + \frac{\$\,85,55}{\left(1+0,14\right)^3} + \frac{\$\,85,55}{\left(1+0,14\right)^4} - \$\,230,00$$

$$NPV = \$\,19,27$$

- Para a alteração nas receitas, no valor de R$ 143,75.

Tabela 5.18 Fluxo de caixa para a receita mencionada

	Ano 0	Ano 1	Ano 2	Ano 3	Ano 4
Receita		$ 143,75	$ 143,75	$ 143,75	$ 143,75
(–) Custos e desp. op.		(25,00)	(25,00)	(25,00)	(25,00)
EBITDA		$ 118,75	$ 118,75	$ 118,75	$ 118,75
(–) Depreciação		(50,00)	(50,00)	(50,00)	(50,00)
EBIT		$ 68,75	$ 68,75	$ 68,75	$ 68,75
(–) IR = 34%		(23,375)	(23,375)	(23,375)	(23,375)
NOPAT		$ 45,375	$ 45,375	$ 45,375	$ 45,375
(+) Depreciação		$ 50,00	$ 50,00	$ 50,00	$ 50,00
(–) Investimentos	–$ 200,00				
Fluxo de caixa op.	–$ 200,00	$ 95,375	$ 95,375	$ 95,375	$ 95,375

E assim, o NPV fica:

$$NPV = \frac{\$\,95,375}{\left(1+0,14\right)^1} + \frac{\$\,95,375}{\left(1+0,14\right)^2} + \frac{\$\,95,375}{\left(1+0,14\right)^3} + \frac{\$\,95,375}{\left(1+0,14\right)^4} - \$\,200,00$$

$$NPV = \$\,77,90$$

- Para a alteração nos custos e despesas operacionais, teríamos que, após um aumento de 15%, esses valores chegariam a R$ 28,75. Ver Tabela 5.19.

270 | ANÁLISE DE RISCOS • *Fabiano Guasti Lima*

Tabela 5.19 Fluxo de caixa na nova condição apresentada

	Ano 0	Ano 1	Ano 2	Ano 3	Ano 4
Receita		$ 125,00	$ 125,00	$ 125,00	$ 125,00
(–) Custos e desp. op.		(28,75)	(28,75)	(28,75)	(28,75)
EBITDA		$ 96,25	$ 96,25	$ 96,25	$ 96,25
(–) Depreciação		(50,00)	(50,00)	(50,00)	(50,00)
EBIT		$ 46,25	$ 46,25	$ 46,25	$ 46,25
(–) IR = 34%		(15,725)	(15,725)	(15,725)	(15,725)
NOPAT		$ 30,525	$ 30,525	$ 30,525	$ 30,525
(+) Depreciação		$ 50,00	$ 50,00	$ 50,00	$ 50,00
(–) Investimentos	–$ 200,00				
Fluxo de caixa op.	–$ 200,00	$ 80,525	$ 80,525	$ 80,525	$ 80,525

E assim, o NPV fica:

$$NPV = \frac{\$\,80,525}{\left(1+0,14\right)^{1}} + \frac{\$\,80,525}{\left(1+0,14\right)^{2}} + \frac{\$\,80,525}{\left(1+0,14\right)^{3}} + \frac{\$\,80,525}{\left(1+0,14\right)^{4}} - \$\,200,00$$

$$NPV = \$\,34,63$$

- Se a alteração for na taxa de desconto, teríamos o mesmo fluxo de caixa inicial, mas descontada a taxa de 16,1%:

$$NPV = \frac{\$\,83,00}{\left(1+0,161\right)^{1}} + \frac{\$\,83,00}{\left(1+0,161\right)^{2}} + \frac{\$\,83,00}{\left(1+0,161\right)^{3}} + \frac{\$\,83,00}{\left(1+0,161\right)^{4}} - \$\,200,00$$

$$NPV = \$\,31,79$$

Dessa forma, é possível simular diferentes variações percentuais nessas variáveis, tanto positivas quanto negativas. Os resultados para o cálculo do NPV em cada uma das situações estão apresentados na Tabela 5.20.

Tabela 5.20 Variações simuladas e os efeitos nas variáveis do fluxo de caixa

Variação simulada	Investimento	Receitas de vendas	Custos e desp. op.	Taxa de desconto
–22%	74,94	–11,05	52,41	57,94
–20%	71,93	–6,24	51,45	56,41
–18%	68,92	–1,43	50,49	54,89

(continua)

(continuação)

Variação simulada	Investimento	Receitas de vendas	Custos e desp. op.	Taxa de desconto
−15%	64,41	5,78	49,05	52,63
−12%	59,89	12,99	47,61	50,41
−10%	56,88	17,80	46,65	48,95
−5%	49,36	29,82	44,24	45,35
−3%	46,35	34,63	43,28	43,94
0%	41,84	41,84	41,84	41,84
3%	37,32	49,05	40,40	39,77
5%	34,31	53,86	39,43	38,41
10%	26,79	65,88	37,03	35,06
12%	23,78	70,68	36,07	33,74
15%	19,27	77,90	34,63	31,79
18%	14,75	85,11	33,18	29,86
20%	11,74	89,91	32,22	28,59
22%	8,74	94,72	31,26	27,33

Note que, para uma variação de 0% nessas variáveis, os valores do NPV permanecem inalterados e idênticos aos valores iniciais, na condição de não se ter sensibilidade nas variáveis.

Como pode ser notado na tabela de valores, para variações nas variáveis dos fluxos de caixa, pode-se melhorar ou piorar o resultado final do NPV do projeto de investimento, dependendo do efeito que a sensibilidade da métrica tem perante o risco do projeto.

Uma análise gráfica pode facilitar a visualização das mudanças ocorridas. Quanto maior for a inclinação da reta que representa o comportamento do NPV, a partir das variações nas métricas, maior o fator de risco.

A Figura 5.6 ilustra esse comportamento, apontando para as maiores variações na sensibilidade do NPV.

Outra forma de auxiliar na demonstração das variáveis mais sensíveis a ocorrências de riscos é por meio do Diagrama de Tornado. Esse diagrama facilita a visualização do potencial de impacto das mudanças nas variáveis que afetam o resultado final do NPV.

Esse gráfico é um tipo particular do gráfico de barras horizontais no qual as variáveis do fluxo de caixa são listadas e ordenadas passando a impressão de uma imagem de um tornado, sendo as maiores variações na parte superior e as menores na parte inferior. Quanto mais alongada estiver a barra, maior será a sensibilidade da variável às mudanças ocorridas. Na análise de riscos, essa sensibilidade da maior barra demonstra o impacto no resultado e a possível priorização das decisões de gestão para controle.

Figura 5.6 Análise da sensibilidade do NPV.

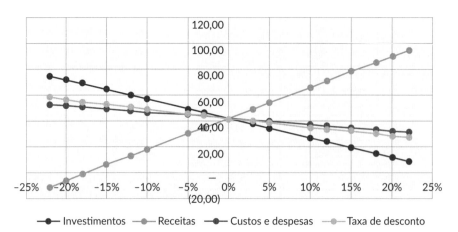

Para visualizar esse diagrama, pode-se escolher uma medida de sensibilidade e apurar os resultados das mudanças no NPV de cada uma das variáveis. Por exemplo, para uma mudança de 3% positiva ou negativa, pode-se medir a variação do resultado no NPV:

NPV original = R$ 41,84
NPV variação da Receita de –3% = R$ 34,63

- Que revela uma redução de 17,24% (34,63/41,84 – 1)
  NPV variação da Receita de + 3% = R$ 49,05
- Que revela um aumento de 17,24% (49,05/41,84 – 1)

Fazendo essa análise para todas as variáveis, chega-se aos resultados da Tabela 5.21.

Tabela 5.21 Simulação da oscilação de -3% e + 3% com os impactos nas variáveis dos fluxo de caixa

Variações simuladas	–3%	3%
Receita	–17,24%	17,24%
Investimento	10,79%	–10,79%
Taxa de desconto	5,01%	–4,94%
Custos e despesas op.	3,45%	–3,45%

Essas informações podem ser representadas por um Diagrama de Tornado, conforme visto na Figura 5.7.

Figura 5.7 Diagrama de Tornado – Sensibilidade do NPV.

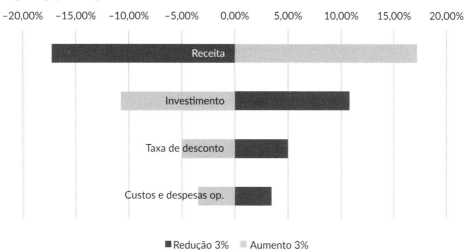

A fim de verificar qual das variáveis dos fluxos de caixa é mais sensível às variações provocadas em cada uma delas, pode-se notar a inviabilidade do projeto de investimentos em caso de algumas variações negativas nas receitas. Pode-se, então, estruturar uma análise de equilíbrio em cada uma das variáveis. Isto é, aquela variação, positiva ou negativa, que provocaria um NPV nulo.

Por exemplo, para se obter o valor da receita de vendas de equilíbrio (R) como demonstrado na Tabela 5.22.

Tabela 5.22 Receita de vendas de equilíbrio (R)

	Ano 0	Ano 1	Ano 2	Ano 3	Ano 4
Receita		R	R	R	R
(–) Custos e desp. op.		(25,00)	(25,00)	(25,00)	(25,00)
EBITDA		R – 25	R – 25	R – 25	R – 25
(–) Depreciação		(50,00)	(50,00)	(50,00)	(50,00)
EBIT		R – 75	R – 75	R – 75	R – 75
(–) IR = 34%		–0,34R + 25,50	–0,34R + 25,50	–0,34R + 25,50	–0,34R + 25,50
NOPAT		0,66R – 49,50	0,66R – 49,50	0,66R – 49,50	0,66R – 49,50
(+) Depreciação		$ 50,00	$ 50,00	$ 50,00	$ 50,00
(–) Investimentos	–$ 200,00				
Fluxo de caixa op.	–$ 200,00	0,66R + 0,50	0,66R + 0,50	0,66R + 0,50	0,66R + 0,50

Fazendo o cálculo do NPV, tem-se:

$$\frac{0,66R+0,50}{\left(1+0,14\right)^{1}}+\frac{0,66R+0,50}{\left(1+0,14\right)^{2}}+\frac{0,66R+0,50}{\left(1+0,14\right)^{3}}+\frac{0,66R+0,50}{\left(1+0,14\right)^{4}}-\$\,200,00=0$$

Ajustando os cálculos do numerador:

$$\frac{0,66R}{\left(1+0,14\right)^{1}}+\frac{0,66R}{\left(1+0,14\right)^{2}}+\frac{0,66R}{\left(1+0,14\right)^{3}}+\frac{0,66R}{\left(1+0,14\right)^{4}}+\frac{0,50}{\left(1+0,14\right)^{1}}+\frac{0,50}{\left(1+0,14\right)^{2}}+$$

$$+\frac{0,50}{\left(1+0,14\right)^{3}}+\frac{0,50}{\left(1+0,14\right)^{4}}-\$\,200,00=0$$

$$0,578947R+0,507849R+0,445481R+0,390773R+0,438597+0,3847338+$$

$$+0,3374858+0,2960401-200,00=0$$

$$1,9230501R+1,4568562-200,00=0$$

$$1,9230501R-198,543144=0$$

$$1,9230501R=198,543144$$

$$R=\frac{198,543144}{1,9230501}$$

$$R=\$\,103,24$$

Assim, se houver uma redução das receitas de vendas de R$ 125,00 para R$ 103,24, que significa uma redução de 17,41% (R$ 103,24/R$ 135,00 – 1), o NPV do projeto de investimentos será nulo, ou seja, remunera apenas o custo de capital.

Do mesmo modo, repetindo esse processo para as demais variáveis com auxílio de uma planilha eletrônica, obtém-se como resultado a Tabela 5.23 para cada uma das variáveis em estudo.

Tabela 5.23 Variáveis e seus respectivos valores para NPV = 0

Variáveis	Valor para NPV = 0	Variação para premissa original
Investimento	R$ 255,61	27,8%
Receita de vendas	R$ 103,24	–17,4%
Custos e desp. operac.	R$ 46,76	87,0%
Taxa de desconto	23,88%	70,5%

Da Tabela 5.23, se ocorrer a variação da premissa original do projeto, mantendo as demais variáveis inalteradas, pode-se concluir que:

- Caso o investimento inicial no projeto de investimentos alcance um valor superior a R$ 255,61, que corresponde a um aumento de 27,8%, o projeto se tornará inviável do ponto de vista econômico e financeiro. Até esse limite, o projeto demonstrará viabilidade. Cabe lembrar que este aumento já está considerando o impacto no fluxo de caixa relativo à depreciação.

- Se a receita de vendas cair abaixo de R$ 103,24 em cada um dos anos, correspondendo a uma queda de 17,4%, o projeto se tornará inviável.
- Em um cenário de aumento dos custos e despesas operacionais superior a R$ 46,76, correspondendo a um aumento de 87%, o projeto se tornará inviável.
- Caso a taxa de desconto chegue em 23,88%, que corresponde a um aumento de 70,5% do custo de capital total com relação aos valores iniciais, o projeto também ficará inviável.

5.7 Análise de sensibilidade conjunta de projetos de investimentos

Até este ponto, foi feita uma análise de riscos para viabilidade de projetos de investimentos, tomando por base as possíveis mudanças que podem ocorrer em várias variáveis, porém analisadas isoladamente, na condição de que as outras variáveis permaneceriam inalteradas, ou seja, uma de cada vez, sempre preservando as demais sem alterações.

Todavia, na prática, pode-se ter duas ou mais variáveis cuja sensibilidade ocorrem todas juntas. E é dentro deste escopo que a análise de riscos se torna mais complexa e rigorosa, demandando, então, o uso de uma modelagem em que todas as premissas possam variar de acordo com sua distribuição de valores. Um modelo pode ser entendido como uma simplificação na tentativa de representar uma situação real que possa ser analisada, podendo trazer o entendimento do resultado futuro.

A tentativa de simular modelos é importante para que se possa incorporar os riscos envolvidos e compreender os possíveis resultados dentro das probabilidades adequadas que servirão para fundamentar a tomada de decisões coerentes.

E dada a complexidade de se simular a ocorrência simultânea de mudanças em variáveis conjuntas, torna-se necessário o apoio computacional. Na linha de pacotes amigáveis para simulações, encontram-se simuladores acoplados em planilhas eletrônicas.

Um dos mais conhecidos é o @RISK, que lê "at risk", que executa análise de riscos por meio da chamada "Simulação de Monte Carlo", para identificar, simular e então analisar os vários resultados possíveis por meio de planilhas eletrônicas, com as respectivas probabilidades de ocorrência. O aplicativo é vendido comercialmente tanto ao público empresarial quanto acadêmico pelo *site* palisade-br.com.[2]

5.7.1 Simulação de Monte Carlo

A simulação de Monte Carlo é uma ferramenta matemática computacional que possibilita cálculos conjuntos de uma grande variedade de informações para análise de riscos e tomada de decisões. É uma técnica empregada para fornecer ao usuário uma variedade de resultados possíveis com suas respectivas probabilidades de ocorrência, utilizando

---

[2] As análises aqui demonstradas foram feitas na versão @Risk e DecisionTools Suite 8 adquirida pelo autor. Não há vinculação deste livro ou da Editora com a comercialização do aplicativo. A Palisade autorizou a divulgação das imagens geradas nas simulações.

diferentes conjuntos aleatórios de dados com suas respectivas distribuições de probabilidades informadas em cada variável.

A simulação funciona por meio da geração das combinações válidas dos possíveis valores que uma variável de entrada pode assumir em um intervalo de valores de uma distribuição de probabilidade. Esses resultados são repetidos inúmeras vezes, cada qual com um conjunto de possíveis valores aleatórios em cada variável de entrada a partir das respectivas características das distribuições de probabilidades informadas.

As repetições, a contar das incertezas e dos intervalos de valores específicos, serão recalculadas a partir do *output* escolhido, gerando uma distribuição de resultados possíveis. O papel das distribuições de probabilidade é representar as incertezas das variáveis que servirão de *inputs* para cada nova rodada (iteração) de modo que seja gerado o resultado esperado de uma distribuição de resultados possíveis.

5.7.2 Passo a passo para análise de risco conjunta com o @RISK

Quando se tem mais de uma fonte de risco de exposições em um fluxo de caixa de um projeto, o controle das variações na análise de riscos se torna mais complexo à medida que aumenta o número de fontes de mudanças possíveis. Dessa forma, a utilização do @RISK acoplado ao Microsoft Excel traz agilidade e praticidade na análise de forma robusta.

APLICAÇÃO PRÁTICA

Considere o projeto de investimentos demonstrado anteriormente, no qual destacam-se as variáveis fontes de riscos que podem ter seus valores alterados conforme a distribuição de probabilidade dos valores. A escolha das variáveis se deve à sua importância na apuração do fluxo de caixa do projeto (valores em R$ mil). Ver Tabela 5.24.

Tabela 5.24 Suposições das distribuições para cada variável do fluxo de caixa

Variável	Distribuição	Mínimo	Mais provável	Máximo
Receita de Vendas	Triangular	R$ 110,00	R$ 125,00	R$ 152,50
Custos e desp. op.	Triangular	R$ 22,00	R$ 25,00	R$ 30,50
Investimento Inicial	Triangular	R$ 176,00	R$ 200,00	R$ 244,00

Os valores mínimo e máximo mais prováveis são obtidos a partir dos cenários possíveis de ocorrência estimados pela empresa que está realizando o projeto. Estudos de mercado, concorrência, tecnologia e experiência dos avaliadores foram utilizados como premissas para a definição dos valores. A escolha da distribuição triangular está relacionada com a utilização de valores no intervalo considerado de análise.

Outra variável de risco do projeto é o custo de capital total, identificado pelas necessidades de financiamento do projeto. Observe a Tabela 5.25.

Tabela 5.25 Custo de capital total

Variável	Distribuição	Média	Desvio-padrão
Custo total de capital (% a.a.)	Normal	14,00%	3,00%

Dessa forma, definidas as premissas das variáveis que representam os fatores de riscos expostos, deve-se inserir cada uma delas no aplicativo da @RISK, escolhendo os *inputs* (variáveis escolhidas), bem como sua distribuição e valores base.

Considera-se um projeto de investimentos de quatro anos, cuja depreciação é linear nos quatro anos de projeção referente a todo valor investido.

A Figura 5.8 demonstra a entrada de valores em planilha eletrônica de cada uma das variáveis na estrutura de projeção do fluxo de caixa operacional necessário à análise de viabilidade econômica do projeto.

Figura 5.8   Fluxo de caixa e as variáveis de risco.

	A	B	C	D	E	F
1	(Valores em R$ mil)			Mínimo	Mais Provável	Máximo
2	Receita de Vendas	R$ 125,00		R$ 110,00	R$ 125,00	R$ 152,50
3	Custos e Despesas Operacionais	R$ 25,00		R$ 22,00	R$ 25,00	R$ 30,50
4	Investimento Inicial	R$ 200,00		R$ 176,00	R$ 200,00	R$ 244,00
5	Taxa Desconto (% a.a)	14%		Média	14%	
6				DP	3%	
7						
8						
9			Ano 0	Ano 1	Ano 2	Ano 3	Ano 4
10	Receita de Vendas			R$ 125,00	R$ 125,00	R$ 125,00	R$ 125,00
11	(-) Custos e Despesas Operacionais			R$ 25,00	R$ 25,00	R$ 25,00	R$ 25,00
12	EBITDA			R$ 100,00	R$ 100,00	R$ 100,00	R$ 100,00
13	(-) Depreciação			R$ 50,00	R$ 50,00	R$ 50,00	R$ 50,00
14	EBIT			R$ 50,00	R$ 50,00	R$ 50,00	R$ 50,00
15	(-) IR - 34%			R$ 17,00	R$ 17,00	R$ 17,00	R$ 17,00
16	NOPAT			R$ 33,00	R$ 33,00	R$ 33,00	R$ 33,00
17	(+) Depreciação			R$ 50,00	R$ 50,00	R$ 50,00	R$ 50,00
18	(-) Investimentos	-R$ 200,00					
19	Fluxo de Caixa Operacionais	-R$ 200,00		R$ 83,00	R$ 83,00	R$ 83,00	R$ 83,00
20							
21	NPV - Valor Presente Líquido	R$ 41,84					
22	IRR - Taxa Interna de Retorno	23,88%					

Deve-se, inicialmente, informar cada um dos *inputs* pelo *menu* do @RISK adicionado às versões mais recentes do Microsoft Excel. A barra de ferramentas do @RISK para a versão do Office 2016 é:

Figura 5.9   *Menu* do @RISK.

No @RISK, a definição da distribuição de probabilidade é feita diretamente nas células da planilha eletrônica que contém os valores a partir das distribuições de probabilidade já customizadas pelo pacote @RISK. Por exemplo, para a variável Receita de Vendas, deve-se fazer como mostra a Figura 5.10.

Figura 5.10 Variável receita de vendas.

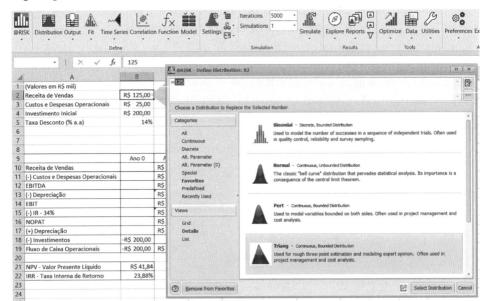

Com a célula B2 ativa clica-se na imagem "Distribution" e a janela se abre para escolha da distribuição, que, no caso, será utilizada a "Triang" Triangular (Figura 5.11).

Figura 5.11 Inserção das variáveis de risco.

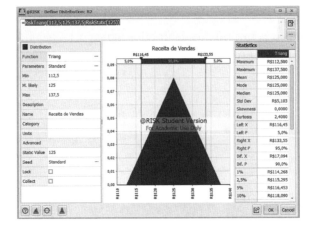

O próprio @RISK irá reconhecer a variável métrica e já sugere possíveis valores para as faixas de variação, podendo ser alterado manualmente, informando-se os valores definidos anteriormente (Figura 5.12).

Figura 5.12 Inserção das variáveis e suas distribuições.

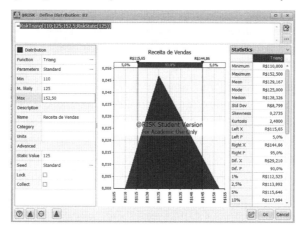

Ao inserir os valores e definir a distribuição, note que na célula B2 que contém o valor esperado da Receita de Vendas aparecerá o comando apresentado na Figura 5.13.

Figura 5.13

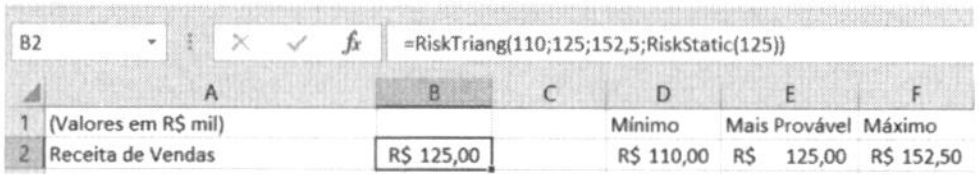

Aparecendo o nome na célula de incerteza associada ao valor da Receita de Vendas com os valores informados.

O mesmo deve se repetir para todas as variáveis de incerteza associadas ao modelo. No caso da variável do custo total de capital, cuja distribuição de probabilidade escolhida é a normal, fica como na Figura 5.14.

Figura 5.14 Distribuição das variáveis.

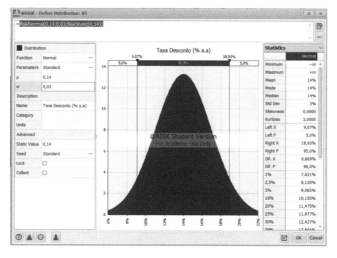

A partir da inserção de todas as distribuições de probabilidade associadas a cada uma das premissas, deve-se definir os *outputs*, ou células que conterão os resultados da simulação.

No caso da análise, serão as células do VPL e da Taxa Interna de Retorno do projeto de investimentos. Para isso, basta clicar em cada uma das células de resultado que queira simular e clicar no ícone "*Output*" no *Menu* do @RISK.

Ao clicar, será solicitado incluir o nome da célula de referência. Observem que o próprio pacote já sugere um nome a ser inserido. Basta concordar ou alterar o nome que se deseja para o comando de saída.

Em versões mais avançadas do @RISK, é possível entrar com um conjunto de dados coletados para que seja definida a distribuição específica de aderência à probabilidade específica.

No caso dessa aplicação, deve-se repetir o processo para as duas variáveis de saída, o VPL e a Taxa Interna de Retorno. Observe que será inserido na célula de saída o código "*RiskOutput*", com o nome dado e a expressão de comando. Observe a Figura 5.15.

Figura 5.15 Preparação da saída da simulação.

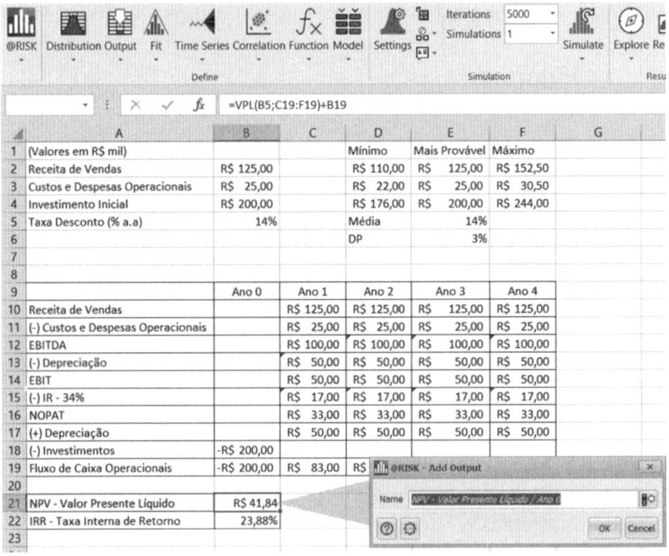

A janela que se observa a saída para as variáveis de *outputs* é como na Figura 5.16.

Figura 5.16 Saída para as variáveis de *outputs*.

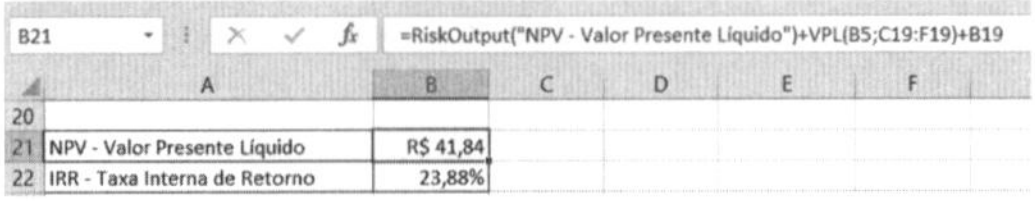

O passo seguinte é a determinação da quantidade de simulações a serem feitas para a rodagem e obtenção dos resultados (Figura 5.17). Pode-se escolher a quantidade que será feita de rodagens lembrando que, quanto maior a quantidade, melhor o refinamento da distribuição.

Figura 5.17 Escolha das simulações.

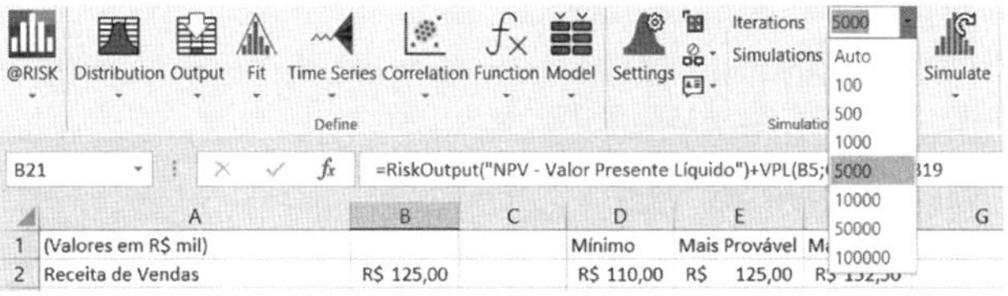

A escolha é feita em um *menu* de opções ou pode-se inserir a quantidade de iterações a ser feita. Posteriormente, pode-se rodar a simulação pelo *menu "Simulate"* – Iniciar Simulação (como na versão que está nas Figuras 5.15, 5.16 e 5.17) ou equivalente, na qual o usuário tiver instalado.

É importante destacar que, quando a simulação é acionada, a planilha é recalculada para cada rodada, sendo cada recálculo uma iteração computada, com um conjunto simultâneo de novos valores imputados para cada variável de cada distribuição.

Com o progresso da simulação, novos valores são obtidos pelas simulações probabilísticas e são informados em um gráfico de saída. É possível ver em uma janela gráfica os valores sendo calculados e as estatísticas sobre como os valores estão calculados e informados para a saída escolhida.

Caso o ícone ressaltado na Figura 5.18 estiver checado, será possível observar os valores das variáveis de entrada e saída se modificando com o avanço da simulação com as iterações feitas computacionalmente.

Figura 5.18 Botão de visualização.

Os resultados finais da simulação são finalmente apresentados em uma distribuição de possíveis resultados para os *outputs* selecionados. Ao lado do gráfico constam as estatísticas da variável escolhida e vista no gráfico. Caso tenham outras variáveis informadas como saídas, basta clicar em cada uma delas para visualizar essas informações.

Com as saídas oferecidas – que incluem a distribuição de frequência dos possíveis valores da variável selecionada, suas probabilidades, curvas de probabilidades acumuladas e diagramas de tornado – será possível avançar com as análises de sensibilidade das variáveis de saída para diferentes variáveis de entrada e produzir relatórios que resumem as mudanças na análise de riscos feita ao longo da simulação.

A imagem a seguir mostra a evolução do processo de simulação e a saída apresentada pelo @RISK ao longo do processo. Pode-se notar que, nas células informadas pelo processo de *inputs*, os valores vão se modificando, bem como as células informadas como *outputs*.

É importante deixar claro que as saídas aqui obtidas não serão necessariamente as mesmas que o leitor irá encontrar quando praticar este exemplo simulado em razão do processo de geração dos efeitos aleatórios no Microsoft Excel. Dessa forma, os resultados finais diferirão dos aqui apresentados em virtude da aleatoriedade, apesar de que as análises tendem a ser bem próximas (Figura 5.19).

Figura 5.19 Execução das simulações.

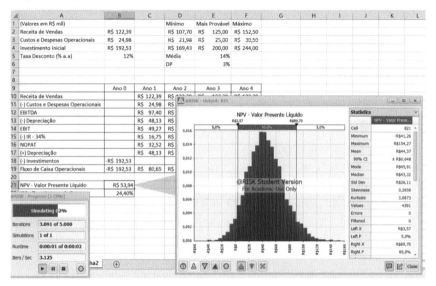

Após o encerramento do processo, o gráfico final é apresentado, isto é, um histograma com os possíveis valores para a variável analisada, bem como as respectivas probabilidades associadas de ocorrência (Figura 5.20).

Figura 5.20 Resultado da simulação do VPL.

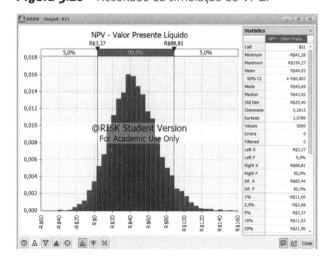

De acordo com os dados, existe uma probabilidade de 90% do NPV ficar entre R$ 3,37 e R$ 88,81, com 5% de probabilidade de se obter um valor maior que R$ 88,81 e mesma probabilidade de se obter um valor inferior a R$ 3,37.

Cabe observar que o gráfico retrata as possíveis variações do VPL para os valores informados. Como já mencionado, certamente esses valores serão diferentes dos valores que o usuário irá obter ao rodar acompanhando a leitura deste tópico. A razão dessa diferença se deve aos valores aleatórios gerados para cada iteração, que serão diferentes para cada vez que se fizer a simulação.

Pode-se arrastar as barras de probabilidade do NPV para cada uma das extremidades em função dos valores desejados. Por exemplo, pode-se querer saber a probabilidade de se ter um NPV negativo. Basta colocar na posição interior o valor de R$ 0,00, como pode ser visto na Figura 5.21.

Figura 5.21   Borda de visualização das probabilidades.

O resultado a ser encontrado do lado esquerdo do valor será a probabilidade desejada. Por exemplo, como na Figura 5.22.

Figura 5.22   Resultado simulado para o NPV nas condições de risco.

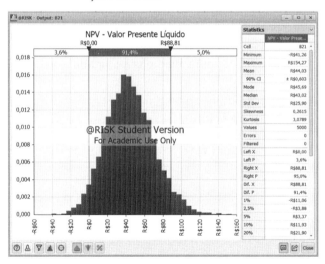

Assim, a probabilidade de o projeto gerar um prejuízo é de 3,6%, e a probabilidade de o NPV ser positivo é de 96,4%, correspondente à soma da probabilidade central e da cauda direta (91,4% + 5,0%).

Figura 5.23 Resultado da simulação da TIR.

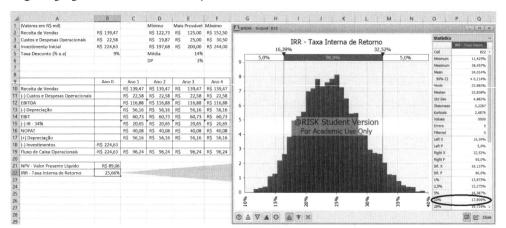

Deve-se ainda clicar na célula B22 que contém a saída da variável da Taxa interna de Retorno (IRR), que demonstra a probabilidade de 90% de ficar entre 16,39% e 32,52%.

Na parte inferior das estatísticas, pode-se localizar os percentis dessa variável. O valor circulado demonstra que existe 10% de chance de o valor da IRR ficar abaixo de 17,81%, ou ainda que existe 99% (100% − 1%) de chance de o valor da IRR ser superior a 13,97% ~14%, que é a taxa mais provável do custo total de capital. Caso a IRR fique abaixo desse valor, iria indicar que o projeto não cobre o custo de capital total, o que inviabilizaria sua implantação.

Dessa forma, os riscos dessas duas medidas de viabilidade ficam demonstrados e devidamente mensurados.

A análise do @RISK permite ainda alterar o tipo de gráfico e escolher o Diagrama de Tornado, como pode ser visto na Figura 5.24.

Figura 5.24 Mudança de imagens dos gráficos da simulação.

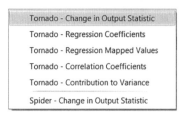

O Diagrama de Tornado irá mostrar um *ranking* das distribuições dos dados das variáveis de entrada de maior impacto o *output*, em que aquelas de maior impacto apresentarão barras mais longas no gráfico (Figura 5.25).

Esse gráfico irá mostrar os impactos de maior e menor valor na média da variável de saída, no caso o NPV para cada uma das premissas de entrada do modelo.

Figura 5.25 NPV ou VPL – Valor Presente Líquido.

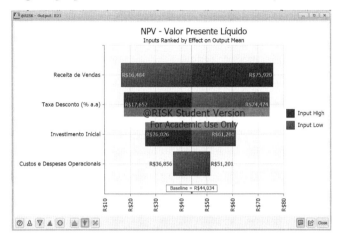

A Figura 5.26 é um gráfico de coeficientes de correlação entre as variáveis de entrada e saída, sendo que as barras representam os valores desses coeficientes, se positivo ou negativo.

Figura 5.26 Sensibilidade das variáveis.

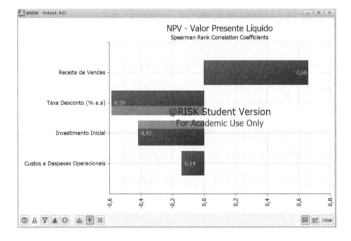

As Figuras 5.26 e 5.27 representam dois lados do tornado, sempre mostrando os impactos nas estatísticas dos *outputs*.

Outra forma de analisar a relação entre os *outputs* simulados e as amostras de uma distribuição dos valores de *inputs* é por meio do gráfico de dispersão. Este gráfico pode ser obtido a partir do gráfico de tornado clicando na barra correspondente à variável que se deseja analisar e arrastando para fora da área do gráfico de tornado. A seguir, a Figura 5.27 apresenta o gráfico de dispersão para a Receita de Vendas e o impacto no NPV.

Figura 5.27 Comparativo das simulações.

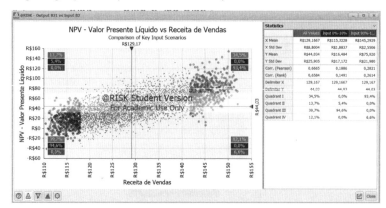

Os pontos demonstram os valores de cada simulação divididos em quatro quadrantes, onde os valores percentuais representam a quantidade percentual de pontos que caíram naquela região.

Pode-se escolher cada uma das variáveis isoladas para verificar os pontos da distribuição por meio do *Menu "Explore"* e opção *"Scatter Plot"* ou gráfico de dispersão, e escolher, por exemplo, o *Output* NPV em conjunto com a variável Receita de Vendas, pressionando a tecla CTRL para selecionar as duas variáveis em conjunto. Na Figura 5.28, seleciona-se as células B21 que contém a saída do NPV e a célula da Receita de Vendas B2.

Figura 5.28 Inserção do *output*.

A saída será o gráfico de dispersão de toda a simulação apenas com os pontos da Receita de Vendas e os percentuais relativos aos quatro quadrantes de posicionamento, como mostra a Figura 5.29.

Figura 5.29 NPV – Valor Presente Líquido *vs.* Receita de vendas.

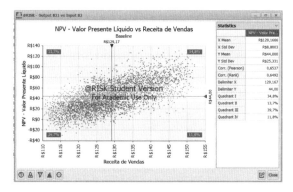

Ainda no *menu "Explore"*, é possível escolher a opção *"Statistics"* e analisar o comportamento de cada uma das variáveis *inputs* e *outputs* do modelo.

Os resultados permitem visualizar todas as formas das distribuições, suas estatísticas descritivas completas, com valores médios, mínimo, máximo, moda, mediana, desvio- padrão, assimetria, curtose variância, além dos percentis, como pode ser observado na Figura 5.30.

Figura 5.30   Variáveis da simulação.

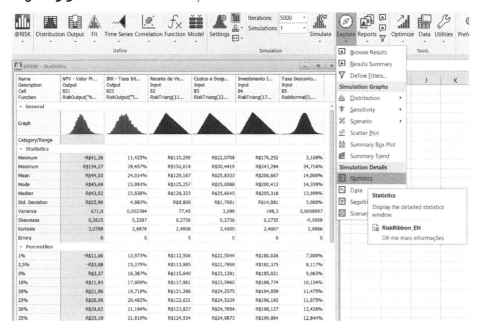

Com os valores pode-se entender o comportamento de cada uma das variáveis e monitorar tais estatísticas, permitindo o entendimento do comportamento dos dados.

Caso queira ainda visualizar cada um dos pontos da simulação em cada uma das iterações, no mesmo *Menu "Explore"*, abrir a opção *"Data"*. Cada passo da iteração será apresentado contendo os valores atribuídos a cada uma das métricas de *inputs* e *outputs*.

Pode-se, ainda, escolher um valor-alvo a ser atingido pela simulação, por exemplo, caso o cenário mais provável ocorra – ou seja, Receita de vendas de R$ 125,00, Custos e despesas operacionais de R$ 25,00, Investimento de R$ 200,00 e Taxa de custo total de capital de 14% –, o NPV a ser obtido é de R$ 41,84, conforme visto anteriormente. Pode-se substituir no histograma e encontrar a probabilidade de ocorrência deste valor como pode ser visto na Figura 5.31, no valor de 48,1%.

Figura 5.31 Saída da simulação do VPL.

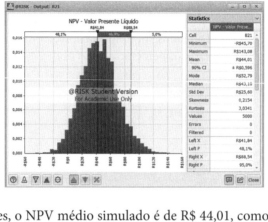

Nessas condições, o NPV médio simulado é de R$ 44,01, como mostra o quadro de estatísticas no lado direito do histograma, que representa as análises das simulações feitas.

5.8 Fluxo de caixa em risco

APLICAÇÃO PRÁTICA

Na mesma linha da análise da seção 5.7, pode-se agora assumir um projeto que possua fatores de riscos mapeados tanto internos quanto de mercado.

Os riscos de mercado estão associados às vendas médias do segmento, o preço médio praticado no mercado, bem como os insumos médios operacionais comprados no mercado.

Dessa forma, a empresa levanta essas informações junto ao mercado e pode-se aplicar métodos de projeção de séries de tempo para obter as projeções para os próximos quatro anos, objeto de projeção deste projeto de investimentos.

Tabela 5.26 Dados históricos para o período analisado

Períodos	Quantidade vendida (un.)	Preço de venda (R$/un.)	Opex por venda (R$/un.)
1	111	1,27	0,30
2	94	1,31	0,22
3	94	1,28	0,29
4	99	1,30	0,22
5	112	1,27	0,23
6	95	1,49	0,22
7	97	1,62	0,25
8	104	1,61	0,25
9	106	1,83	0,22

(continua)

(continuação)

Períodos	Quantidade vendida (un.)	Preço de venda (R$/un.)	Opex por venda (R$/un.)
10	91	1,55	0,24
11	94	1,35	0,25
12	102	1,28	0,26
13	106	1,58	0,24
14	102	1,87	0,20
15	93	1,91	0,25
16	102	1,74	0,20
17	113	1,74	0,22
18	97	1,82	0,45
19	84	1,62	0,49
20	102	1,74	0,28
21	117	1,68	0,22
22	98	1,66	0,25
23	89	1,95	0,30
24	99	1,73	0,40
25	111	1,80	0,30
26	97	1,92	0,40
27	86	1,57	0,45
28	105	1,72	0,50
29	107	1,72	0,60
30	101	1,75	0,30

Tais valores podem ser obtidos a partir de dados da empresa ou do mercado sobre o respectivo produto a ser vendido.

Os valores médios de cada variável são os apresentados pela Tabela 5.27.

Tabela 5.27 Média dos valores das variáveis

	Quantidade vendida (mil/un.)	Preço de venda (R$/un.)	Opex por venda (R$/un.)
Média	100	1,62	0,30

290 | ANÁLISE DE RISCOS • *Fabiano Guasti Lima*

Considere um investimento inicial de R$ 120 mil, totalmente depreciável linearmente nos quatro anos do projeto. Os custos fixos totalizam R$ 27 mil por ano. A alíquota do IR é 40% e o custo total de capital é de 22% ao ano.

Assumindo estes valores como os valores médios a serem usados em cada um dos anos de projeção do fluxo de caixa operacional, a estimativa determinística fica, conforme mostrado na Tabela 5.28:

- Receita: 100 (mil/un.) × R$ 2,62 = 162,00 mil
- Custos e despesas operacionais = 100 (mil/un.) × 0,30 + R$ 27,00 mil = R$ 57,00 mil
- Depreciação = R$ 120,00 mil / 4 anos = R$ 30,00 mil/ano
- IR = 40% × R$ 75,00 mil = R$ 30,00 mil

Tabela 5.28 Fluxo de caixa – determinístico

R$ mil	Ano 0	Ano 1	Ano 2	Ano 3	Ano 4
Receita		162,00	162,00	162,00	162,00
(–) Custos e desp. op.		–57,00	–57,00	–57,00	–57,00
EBITDA		105,00	105,00	105,00	105,00
(–) Depreciação		–30,00	–30,00	–30,00	–30,00
EBIT		75,00	75,00	75,00	75,00
(–) IR – 40%		–30,00	–30,00	–30,00	–30,00
NOPAT		45,00	45,00	45,00	45,00
(+) Depreciação		30,00	30,00	30,00	30,00
(–) Investimentos	120,00				
Fluxo de caixa op.	120,00	75,00	75,00	75,00	75,00

Assim, o passo seguinte seria avaliar o NPV do projeto. Admita que o projeto mantenha um custo de oportunidade total do capital de 22% a.a. para sua viabilidade. Portanto, o NPV dessas condições será:

$$NPV = \frac{\$\,75,00}{\left(1+0,22\right)^1} + \frac{\$\,75,00}{\left(1+0,22\right)^2} + \frac{\$\,75,00}{\left(1+0,22\right)^3} + \frac{\$\,75,00}{\left(1+0,22\right)^4} - \$\,200,00$$

$$NPV = \$\,67,02$$

O valor positivo de $ 67,02, indica que o projeto é viável, ou seja, o projeto gera fluxo de caixa futuro com condições de remunerar o custo de oportunidade e produzir um valor residual de $ 67,02.

Cabe aqui observar que esse projeto apresenta um conjunto de variáveis que podem impactar a decisão final de sua viabilidade, a depender das possíveis mudanças em seus valores. Tais variáveis sensíveis são: Investimento inicial, o preço de venda, a quantidade vendida, Custos e Despesas operacionais. Cada uma delas oferece um impacto diferente de acordo com o tamanho da mudança sofrida.

Dessa forma, pode-se utilizar o @RISK para realizar projeções de séries de tempo para os dados informados anteriormente em cada uma das variáveis. Por exemplo, para a série de quantidade vendida em unidades:

- Na janela "Time Series" do @RISK, pode-se entrar em "Fit" clicando-se em qualquer célula da coluna "Quantidade Vendida (unid)", por exemplo, B2, como mostrado na Figura 5.32.

Figura 5.32 Definindo a série temporal.

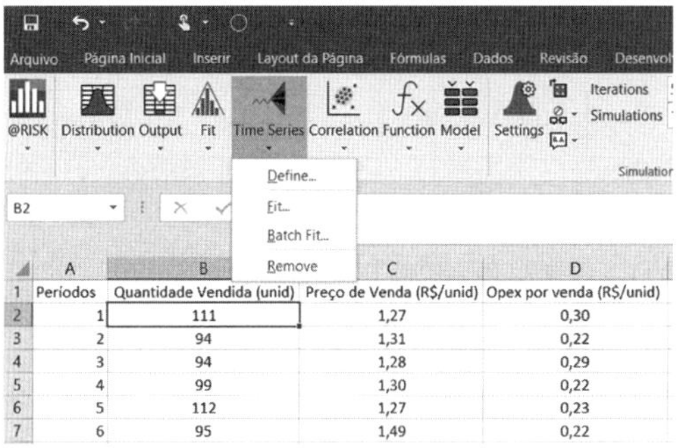

Irá surgir a janela Time Series Fitting, onde será possível escolher o modelo de estimação. Uma maneira de deixar o próprio aplicativo definir o melhor modelo de estimação, é clicar em "Auto Detect", em que o melhor modelo será ajustado, conforme pode ser visto a seguir.

Nessa janela será apresentada a série temporal, as funções de Auto Correlação e Auto Correlação Parcial e o modelo a ser diagnosticado. A partir daí, pode-se pressionar "Fit" (Figura 5.33) e o próprio aplicativo fará a apresentação do modelo escolhido pelo critério AIC. Não serão aqui explicados os métodos de estimação de séries temporais por não ser objetivo deste livro.

Figura 5.33 Escolhendo a previsão.

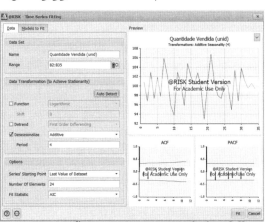

Na sequência, será apresentada a melhor estimativa dos dados, bem como o gráfico com os valores históricos e os respectivos intervalos de confiança das previsões (Figura 5.34).

Figura 5.34   Valores previstos.

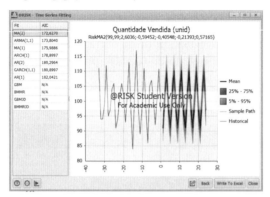

Ao se pressionar "Write to Excel", será possível escolher a quantidade de dados a serem previstos para o modelo, os quais serão apresentados na sequência dos dados históricos, como pode ser visto na Figura 5.35.

Figura 5.35   Dados selecionados.

- Preço de Venda (R$/un.). Processo idêntico é aplicado para a série de previsão do preço de venda, cujos comandos de estimação são encontrados na Figura 5.36.

Figura 5.36   Selecionando os modelos.

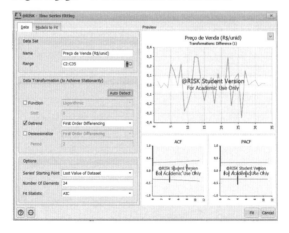

E os valores previstos ficam como na Figura 5.37.

Figura 5.37 Valores previstos.

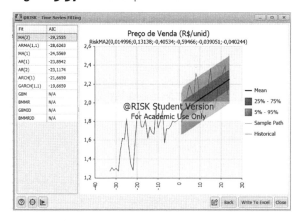

Pressionando posteriormente "Write to Excel", será possível ver os valores previstos para o modelo, os quais serão apresentados na sequência dos dados históricos, como pode ser visto na Figura 5.38.

Figura 5.38 Saídas dos dados.

- Opex por venda (R$/un.). Mesmo procedimento é aplicado para as despesas por unidade vendida (Figura 5.39).

Figura 5.39 Comanos para estimar os valores de OPEX por venda.

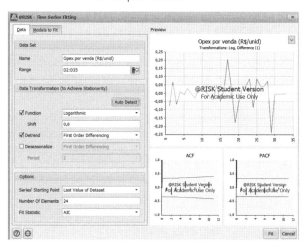

Em que o modelo gerado foi como mostrado na Figura 5.40.

Figura 5.40 Valores previstos.

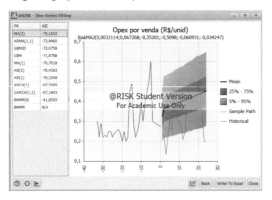

E os valores previstos constam na Figura 5.41.

Figura 5.41 Tela de comando para os valores previstos.

Assim, as previsões dos dados irão alimentar as projeções do fluxo de caixa para as respectivas variáveis. Posteriormente, serão definidas as distribuições de probabilidades para as demais premissas do fluxo de caixa, conforme apresentadas a seguir:

- Custo de capital: média de 22% ao ano e desvio-padrão de 3%, seguindo uma distribuição normal.
- Custo fixo anual: distribuição Pert com valor mínimo de R$ 22,00 mil, mais provável de R$ 27,00 mil, e valor máximo de R$ 32,00 mil.
- O Capex pode ser por meio de uma distribuição triangular com valor mínimo de R$ 100,00 mil, mais provável de R$ 120,00, e valor máximo de R$ 150,00 mil.

A escolha das distribuições pode ser feita a partir dos dados, histograma e conhecimento do analista com relação ao tipo de dado em análise. O estudo de cada uma das distribuições consta do capítulo inicial do livro.

Essas premissas serão inseridas como *inputs* do modelo de análise de riscos e como *outputs* serão escolhidos os Fluxos de Caixa de cada um dos anos, bem como o VPL estimado.

Figura 5.42 Fluxo de caixa em risco.

	A	B	C	D	E	F	G	H	I	J	K
1			FLUXO DE CAIXA EM RISCO								
2											
3	Premissas			Ano 1	Ano 2	Ano 3	Ano 4				
4	Quantidade Vendida (unid)			92	101	111	97				
5	Preço de Venda (R$/unid)			1,80	1,79	1,81	1,83				
6	OPEX por venda (R$/unid)			0,29	0,29	0,28	0,28				
7	Custo de Capital Total		22,00%					Normal	22,00%	3,00%	
8									Mínimo	Mais Provável	Máximo
9	Custos Fixos (R$)			54,00	54,00	54,00	54,00	Pert	22,00	27,00	32,00
10	CAPEX		120,00					Triangular	100,00	120,00	150,00
11	IR		40%								

A Figura 5.42 mostra a planilha com as premissas informadas e nas células de cada uma das premissas já todo o processo de escolha da distribuição de probabilidade, conforme já demonstrado anteriormente e cujas imagens das células são:

- Custo de capital: =RiskNormal(I7;J7;RiskStatic(0,22))
- Custo fixo: =J9+RiskPert(I9;J9;K9)
- Capex: =RiskTriang(I10;J10;K10;RiskStatic(120))

Realizando-se 50 mil simulações, tem-se, para o VPL, o resultado ilustrado na Figura 5.43, em que pode-se ter 3,5% de chance de o VPL do projeto ser negativo e 5% de chance de ser maior que R$ 101,19.

Figura 5.43 Resultado para o VPL.

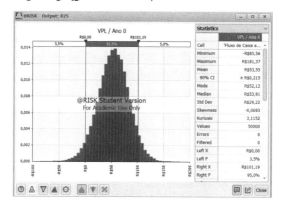

Para os fluxos de caixa, pode-se obter a mesma saída para a estimativa de cada um dos anos. Por exemplo, para o ano 1, tem-se uma probabilidade de 90% de o fluxo de caixa operacional ficar entre R$ 47,3 e R$ 79,70, e uma probabilidade quase que nula de que se tenha fluxo de caixa negativo (Figura 5.44). Os valores demonstrados podem diferir caso uma nova simulação seja gerada.

Figura 5.44 Resultado para o Fluxo de Caixa do ano 1.

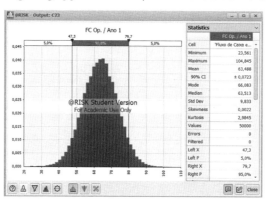

Pode-se ainda obter um mapeamento dos fluxos de caixa ao longo dos anos, selecionando-se todos os fluxos de caixa da planilha como demonstrado na Figura 5.45.

Figura 5.45 Fluxo de caixa do projeto.

13		Ano 0	Ano 1	Ano 2	Ano 3	Ano 4
14	Receita		166,23	181,37	200,41	176,48
15	(-) Custos e Despesas Operacionais		- 80,97	- 82,94	- 85,07	- 80,68
16	EBITDA		85,26	98,43	115,34	95,80
17	(-) Depreciação		- 30,00	- 30,00	- 30,00	- 30,00
18	EBIT		55,26	68,43	85,34	65,80
19	(-) IR - 40%		- 22,10	- 27,37	- 34,14	- 26,32
20	NOPAT		33,15	41,06	51,20	39,48
21	(+) Depreciação		30,00	30,00	30,00	30,00
22	(-) Investimentos	- 120,00				
23	FC Op.	- 120,00	63,15	71,06	81,20	69,48

Na sequência, solicita-se um resumo das tendências dos fluxos de caixa por meio do *Menu* do @RISK (Figura 5.46).

Figura 5.46 *Menu* de comandos.

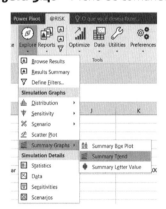

A saída encontrada é representada em um gráfico com o comportamento do resultado de cada ano do fluxo de caixa, incluindo os respectivos valores médios e intervalos de confiança (Figura 5.47).

Figura 5.47 Resultados anuais dos fluxos de caixa previstos.

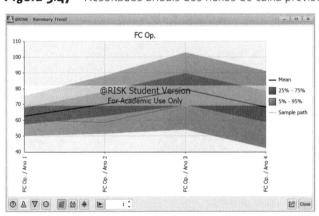

A saída final do VPL com a distribuição de probabilidade fica como na Figura 5.48.

Figura 5.48 Resultado do VPL.

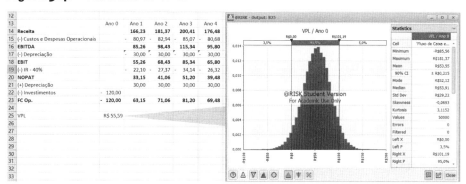

A partir dessa simulação, a empresa pode se planejar e traçar estratégias de mitigação de riscos com a finalidade de melhorar a eficiência do modelo.

Considera a condição de que a empresa estipule uma meta de vendas fixas e também um preço fixo, deixando o restante variar nas condições de mercado. Essa meta pode ser entendida como se planejasse um mecanismo de proteção de suas vendas e, consequentemente, dos fluxos de caixa.

Dessa forma, pode-se definir que 30 mil unidades seriam vendidas via um contrato antecipado com uma empresa multinacional a um preço fixo de R$ 2,00/un., garantindo uma receita de R$ 60 mil anuais. A diferença entre a quantidade prevista pela série temporal e o valor das vendas protegidas pelo contrato ficarão sujeitas às variações dos preços de mercado. Os custos, porém, ficarão todos sujeitos às condições anteriores. A Tabela 5.29 apresenta as premissas para essa nova simulação considerando a mitigação dos riscos.

Tabela 5.29 Premissas anuais para o fluxo de caixa

Premissas	Ano 1	Ano 2	Ano 3	Ano 4
Quantidade fixa de venda	30	30	30	30
Preço fixo de venda	2,00	2,00	2,00	2,00
Quantidade vendida (un.)	62	71	81	67
Preço de venda (R$/un.)	1,80	1,79	1,81	1,83
Opex por venda (R$/un.)	0,29	0,29	0,28	0,28
Custos fixos (R$)	54,00	54,00	54,00	54,00

- Quantidade vendida (un.) no mercado é a diferença entre a quantidade inicial proposta para o projeto de 92 no ano 1 menos 30 que foi fixada, ficando: 62 no ano 1; 71 (101 − 30) no ano 2; 81 (111 − 30) no ano 3; e 67 (97 − 30) no ano 4.

Dessa forma, o novo fluxo de caixa nas condições impostas é apresentado pela Tabela 5.30.

Tabela 5.30 Fluxo de caixa operacional estimado

		Ano 1	Ano 2	Ano 3	Ano 4
Receita		172,12	187,59	206,13	181,69
(-) Custos e desp. op.		-80,97	-82,94	-85,07	-80,68
EBITDA		91,15	104,65	121,05	101,01
(-) Depreciação		-30,00	-30,00	-30,00	-30,00
EBIT		61,15	74,65	91,05	71,01
(-) IR - 40%		-24,46	-29,86	-36,42	-28,40
NOPAT		36,69	44,79	54,63	42,61
(+) Depreciação		30,00	30,00	30,00	30,00
(-) Investimentos	-120,00				
Fluxo de caixa op.	-120,00	66,69	74,79	84,63	72,61

Assim, pode-se rodar novamente a simulação, nas mesmas condições anteriores de premissas e distribuições de probabilidades, e buscar o novo valor do VPL em condições de risco.

Rodando-se novamente as mesmas 50 mil simulações, tem-se que o VPL ficou em R$ 64,29, maior que o VPL anterior de R$ 55,59, antes de se colocar a condição de proteger as vendas com um contrato fixo.

É possível observar que a probabilidade de VPL negativo caiu para 1,3% (Figura 5.49), ao passo que, sem a mitigação do risco, era de 3,5%.

Figura 5.49 Resultados encontrados.

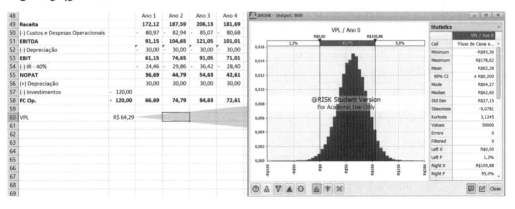

Pode-se ainda unir os dois gráficos do VPL para se observar como esse desempenho muda com a inserção das condições contratuais favoráveis à redução de riscos. No primeiro gráfico do VPL, estendeu-se a probabilidade de VPL positivo até infinito, sendo que, se 3,5% é a probabilidade de prejuízo com o VPL, então a chance de ganho é de 96,5%.

Na base do gráfico, onde se tem a ferramenta de unir os dois perfis de VPL, pode-se adicionar outra saída do VPL com a mitigação do risco fazendo *"Add Overlay"* (Figura 5.50).

Figura 5.50 Imagem do comando apresentado.

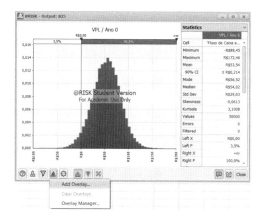

Em seguida, informar a célula que contém a saída da outra simulação com o VPL após a mitigação dos riscos (Figura 5.51).

Figura 5.51 Probabilidades conjuntas.

Nessa condição, os dois gráficos aparecerão na mesma janela, onde pode-se notar a dispersão dos resultados e a redução da probabilidade de VPL negativo, como visto na Figura 5.52.

Figura 5.52 Imagem conjunta das distribuições do VPL.

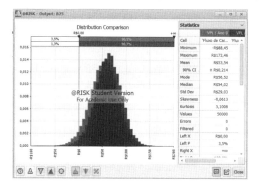

E para as vendas que ficaram a mercado, vamos inserir um possível desconto percentual no preço à vista como forma de viabilizar as transações restantes, uma vez que, na prática, as empresas concedem descontos para agilizar os negócios. Obviamente, não se pode oferecer descontos muito altos para não inviabilizar o projeto. Nesse ponto, vamos verificar qual poderia ser esse **desconto máximo** para que o VPL se torne positivo, fazendo uso do "atingir meta" (*Goal Seek*) probabilístico (Figura 5.53).

Figura 5.53 Legenda do *menu*.

Porém, para atingir a meta, deve-se informar uma condição para o VPL, no caso, assumindo que o risco de VPL negativo é o mesmo da primeira rodada quando se descobriu a probabilidade de 3,5% de VPL negativo como limite máximo. No campo da janela "Statistic", seleciona-se "Percentile", cuja janela será informada a probabilidade de 3,5% como meta e alterando-se a célula B44, que é a célula do desconto máximo. Pressionando-se "Analyse", as simulações começam a ser rodadas (Figura 5.54).

Figura 5.54 Resultado encontrado.

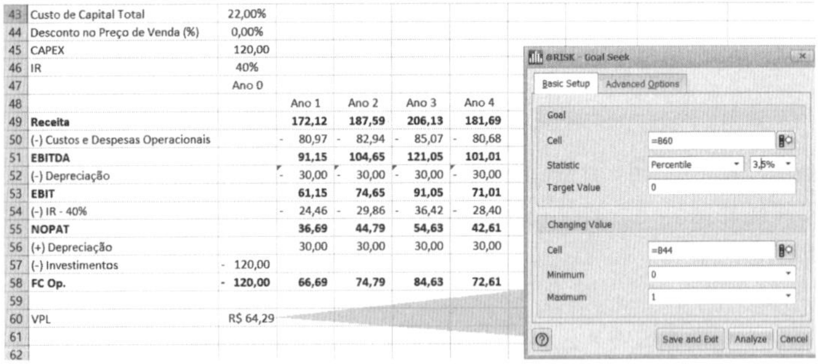

Será aberta uma janela de processamento das simulações até que se encontre o respectivo percentual máximo de desconto para as condições informadas.

Uma mensagem será informada após o processo de simulação encontrar o desconto máximo que descobre o valor do VPL (Figura 5.55).

Figura 5.55 *Goal Seek Status*.

A simulação encontrou que um desconto de 7,07% no preço de venda faz o valor do VPL ser negativo com a mesma probabilidade de 3,5%. Ou seja, com um desconto maior que 7,07%, o projeto não valeria a pena. Até este valor o projeto é aderente às condições de aceitação.

EXERCÍCIOS RESOLVIDOS

1. Admita um projeto de investimentos em que, após estimados os fluxos de caixa, chegou-se a três possíveis cenários de análises: o cenário mais provável é o atual, com 50% de chance de permanecerem as condições econômicas atuais com NPV esperado de R\$ 12.000. Há ainda dois cenários possíveis para a conjuntura econômica do país e o setor sentir eventuais mudanças. A pior delas seria uma recessão com queda nas vendas e redução de margens e custos. O impacto no NPV seria um prejuízo no projeto de R\$ 10.000 e a chance de ocorrer essa recessão é de 20%. Ha ainda o melhor cenário dado como otimista, onde as vendas crescerão elevando o NPV a R\$ 29.000, e esse cenário é aguardado com 30% de probabilidade. Nessas condições, pede-se calcular o NPV esperado médio, o desvio-padrão do NPV e o coeficiente de variação, bem como sua interpretação prática, dado que o último relatório gerencial dos analistas de projetos informou que os projetos da empresa têm, em média, coeficiente de variação de aproximadamente 1,0.

Solução

Pode-se resumir os dados na tabela seguinte:

Cenário	Probabilidade	NPV esperado
Recessão	20%	−R\$ 10.000
Mais provável	50%	R\$ 12.000
Otimista	30%	R\$ 29.000

Nessas condições, o NPV esperado médio será:

$$\text{NPV}_{\text{Médio}} = 20\% \times (-10.000) + 50\% \times 12.000 + 30\% \times 29.000 = R\$\ 12.700$$

O risco do projeto dado pelas variações do NPV esperado para os cenários descritos pode ser calculado do seguinte modo:

$$\sigma_{\text{NPV}} = \sqrt{\begin{array}{l}(-10.000 - 12.700)^2 \times 0,20 + (12.000 - 12.700)^2 \times 0,50 + \\ + (29.000 - 12.700)^2 \times 0,30\end{array}}$$

$$\sigma_{\text{NPV}} = \sqrt{183.010.000} = R\$\ 13.528,12$$

Finalmente, o coeficiente de variação do projeto é:

$$CV = \frac{13.528,12}{12.700,00} = 1,0652$$

Dessa forma, e com base na informação sobre os projetos existentes na empresa que possuem coeficiente de variação em torno de 1,0, a partir dessa medida de risco isolado, os gestores da empresa podem concluir que o projeto em análise é 6,5% mais arriscado do que um projeto "médio" da empresa.

2. Uma empresa está analisando um projeto de investimentos e cenários para determinada variável do fluxo de caixa que se mostra de grande relevância nos resultados finais esperados. Com base nas possíveis flutuações dessa variável, seu valor médio foi de R$ 2.000, com desvio-padrão de R$ 400. Os cenários de estimação que os gestores pretendem elaborar para uma apresentação à diretoria são: resultados médios esperados abaixo de R$ 1.500 para a variável analisada são considerados um cenário pessimista, ao passo que resultados acima de R$ 2.460 são um cenário otimista. E entre esses valores de R$ 1.500 e R$ 2.460, é o cenário atual mais provável. Assume-se que a variável possui uma distribuição normal. Nessas condições, quais seriam as probabilidades associadas a cada cenário?

Solução

Assumindo que a variável em análise tem comportamento normal com média de R$ 2.000 e desvio-padrão de R$ 400, podem-se calcular as probabilidades associadas a cada cenário, levando-se em consideração a distribuição normal padrão de probabilidades, como se segue.

O valor limite para o cenário pessimista é de R$ 1.500, e para o cenário otimista, acima de R$ 2.460, conforme pode ser visto na figura a seguir:

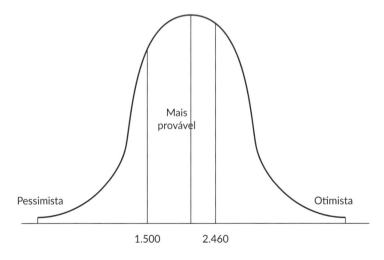

Transformando esses valores em termos de pontos críticos de uma distribuição normal padrão, tem-se:

$$Z = \frac{1.500 - 2.000}{400} = -1,25$$

$$Z = \frac{2.460 - 2.000}{400} = 1,15$$

Assim, a distribuição de probabilidade seria:

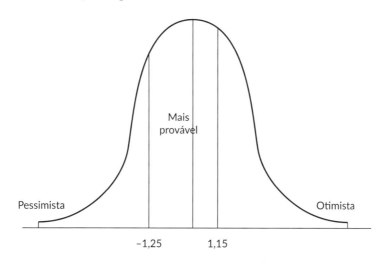

	0	0,01	0,02	0,03	0,04	0,05	0,06	0,07	0,08	0,09
0	–	0,0040	0,0080	0,0120	0,0160	0,0199	0,0239	0,0279	0,0319	0,0359
0,1	0,0398	0,0438	0,0478	0,0517	0,0557	0,0596	0,0636	0,0675	0,0714	0,0753
0,2	0,0793	0,0832	0,0871	0,0910	0,0948	0,0987	0,1026	0,1064	0,1103	0,1141
0,3	0,1179	0,1217	0,1255	0,1293	0,1331	0,1368	0,1406	0,1443	0,1480	0,1517
0,4	0,1554	0,1591	0,1628	0,1664	0,1700	0,1736	0,1772	0,1808	0,1844	0,1879
0,5	0,1915	0,1950	0,1985	0,2019	0,2054	0,2088	0,2123	0,2157	0,2190	0,2224
0,6	0,2257	0,2291	0,2324	0,2357	0,2389	0,2422	0,2454	0,2486	0,2517	0,2549
0,7	0,2580	0,2611	0,2642	0,2673	0,2704	0,2734	0,2764	0,2794	0,2823	0,2852
0,8	0,2881	0,2910	0,2939	0,2967	0,2995	0,3023	0,3051	0,3078	0,3106	0,3133
0,9	0,3159	0,3186	0,3212	0,3238	0,3264	0,3289	0,3315	0,3340	0,3365	0,3389
1	0,3413	0,3438	0,3461	0,3485	0,3508	0,3531	0,3554	0,3577	0,3599	0,3621
1,1	0,3643	0,3665	0,3686	0,3708	0,3729	0,3749	0,3770	0,3790	0,3810	0,3830
1,2	0,3849	0,3869	0,3888	0,3907	0,3925	0,3944	0,3962	0,3980	0,3997	0,4015

Assim, a probabilidade de o valor estar entre 0 e 1,15 é de 37,49% e entre 0 e 1,25 é de 39,44%. Logo, a probabilidade do cenário mais provável, isto é, a probabilidade do valor médio estar entre R$ 1.500 e R$ 2.460, é de 76,93% (37,49% + 39,44%), que corresponde ao valor crítico estar entre –1,25 e 1,15, respectivamente, aos valores limites do intervalo de R$ 1.500 e R$ 2.460.

Para o cenário pessimista, a probabilidade será de 10,56% (50% – 39,44%), e para o cenário otimista, de 12,51% (50% – 37,49%). Resumindo, tem-se:

Cenário	Probabilidade	Variável
Pessimista	10,56%	Abaixo de R$ 1.500
Mais provável	76,93%	Entre R$ 1.500 e R$ 2.460
Otimista	12,51%	Acima de R$ 2.460

EXERCÍCIOS PROPOSTOS

1. Uma empresa apresenta os resultados operacionais anuais de caixa estimados para dois projetos de investimento e suas respectivas probabilidades. A duração dos projetos é de três anos.

Probabilidade	Projeto A	Projeto B
30%	$ 125.000	($ 20.000)
40%	$ 140.000	$ 150.000
30%	$ 152.000	$ 380.000

O investimento exigido para cada projeto é de $ 150.000. O projeto de maior risco é avaliado a uma taxa de 15% a.a., e o menos arriscado a uma taxa de 12% a.a. Pede-se determinar:

a) Fluxo de caixa esperado anual e o risco de cada projeto.

b) NPV de cada projeto ajustado ao risco.

2. (Transpetro – Economista Jr. – 2011 – Cesgranrio) Um certo projeto de investimento tem Valor Presente Líquido (VPL) esperado de R$ 100 milhões. Eventos aleatórios, porém, que influenciam seu fluxo financeiro geram probabilidade de 5% de que, ao fim de um ano, seu VPL caia para R$ 97 milhões ou menos. Para o período de um ano e nível de confiança de 95%, o *Value at Risk* do projeto é de:

a) 5%.

b) 96%.

c) R$ 3 milhões.

Capítulo 5 • Análise de Risco em Projetos de Investimentos | **305**

d) R$ 97 milhões.

e) R$ 100 milhões.

3. Considere o seguinte projeto de investimentos:

- Vendas projetadas: $ 1,5 milhão/ano.

- Despesas operacionais desembolsáveis: $ 900.000/ano.

- Duração do projeto: 5 anos.

- Investimento total: $ 1,4 milhão, sendo $ 400.000 em capital de giro e o resto em capital fixo. O capital fixo será depreciado linearmente em 5 anos, sem valor residual.

- A empresa irá financiar 50% do projeto com um empréstimo à taxa de juros de 12% ao ano, antes do IR. Os juros são pagos anualmente e o principal resgatado ao fim do quinto ano.

- A alíquota de IR a ser considerada para o projeto é de 35%.

- Os proprietários exigem um retorno de 14% ao ano na aplicação de seus recursos.

Pede-se:

a) Calcule os fluxos incrementais operacionais de caixa desse projeto.

b) Calcule o WACC e o Valor Presente Líquido.

c) Pela simulação de Monte Carlo, foram simulados 14 valores da taxa do WACC: 12,88%; 13,00%; 13,37%; 13,58%; 13,70%; 11,71%; 13,24%; 13,68%; 13,96%; 13,36%; 12,74%; 12,52%; 12,09% e 12,61%. Com base nesses valores, calcule o NPV médio e o desvio-padrão amostral dos NPV simulados, bem com o VaR, com 95% de confiança e com base na distribuição normal de probabilidade.

d) Qual o VaR para 90% de confiança?

e) Estime a probabilidade de o NPV do projeto ser no mínimo $ 380,00.

f) Qual a receita de equilíbrio para esse projeto? (Considere a mesma receita para os cinco anos do projeto.)

4. Dois projetos estão sendo avaliados por uma empresa com relação a dois cenários distintos:

Projeto A	
Cenário	NPV
Recessão	−R$ 15.000
Otimista	R$ 30.000

Projeto B	
Cenário	NPV
Recessão	−R$ 10.000
Otimista	R$ 20.000

Para o projeto A, as probabilidades de cada cenário são de 50%, e para o projeto B, o cenário de recessão tem probabilidade de 40% e o otimista de 60%. Pede-se:

a) Calcule o risco de cada projeto.

b) Calcule o VaR com 95% de confiança para cada projeto.

5. Considere um projeto com as seguintes projeções e estimativas de ocorrência dos fluxos de caixa operacionais em cada ano:

Anos	Cenário A	Cenário B	Cenário C
	Probabilidade 20%	Probabilidade 50%	Probabilidade 30%
0	– $100.000	– $150.000	–$ 180.000
1	$ 30.000	$ 70.000	$ 80.000
2	$ 40.000	$ 75.000	$ 90.000
3	$ 40.000	$ 50.000	$ 40.000
4	$ 50.000	$ 50.000	$ 50.000

Se o custo de capital do projeto é de 16% ao ano, pede-se:

a) Indique o NPV esperado do projeto.

b) Encontre o desvio-padrão levando em consideração o NPV esperado de cada cenário.

c) Calcule o VaR com 90% de confiança.

6. Uma empresa revendedora de um certo robô industrial vende cada unidade por R$ 50.000,00, obtendo um lucro de R$ 6.000,00 e oferecendo venda a prazo com 60 dias a clientes cuja capacidade creditícia pode ser considerada uniforme em termos de risco. O negócio da empresa consiste em comprar o robô e assumir a revenda, não havendo vendas consignadas. Historicamente, a empresa apresenta as seguintes condições de recebimento:

- 90% de chance de receber em dia;
- 5% de chance de receber com atraso e cobrança feita pela própria empresa, com custo adicional de $ 500 já descontados os juros de mora por atraso;
- 4% de chance de receber com atraso mediante cobrança feita por escritório terceirizado, que gera um custo adicional de $ 1.200 já descontados os juros de mora por atraso;
- 1% de chance de não receber e arcar com o prejuízo no valor do custo da compra do robô sem vendê-lo.

Nessas condições, pede-se:

a) O valor esperado do lucro da empresa e o seu respectivo risco financeiro.

b) O VaR com 95% de confiança.

7. Uma empresa está avaliando os riscos de um projeto de investimento na compra de uma nova máquina cujo custo é de R$ 420.000,00, com vida útil de sete anos e sem valor residual. A máquina é depreciada pelo método da linha reta. A taxa apropriada de desconto dos fluxos de caixa é de 13%, e a alíquota do imposto de renda da empresa, de 35%. Os dados adicionais desse projeto estão no quadro a seguir em cada um dos cenários propostos:

Cenário	Pessimista	Esperado	Otimista
Vendas em unidades	23.000	25.000	27.000
Preço venda (un.)	R$ 38,00	R$ 40,00	R$ 42,00
Custo variável (un.)	R$ 21,00	R$ 20,00	R$ 19,00
Custos fixos	R$ 320.000	R$ 300.000	R$ 280.000

Capítulo 5 • Análise de Risco em Projetos de Investimentos | **307**

Se existe a probabilidade de que o cenário pessimista seja de 30%, o esperado de 40% e o otimista de 30%, pede-se:

a) O NPV de cada cenário individual.

b) O NPV médio esperado do projeto.

c) Se a empresa aceita projetos com nível de risco avaliado pelo coeficiente de variação de no máximo 2,0, o projeto seria levado adiante? Justifique.

d) Qual a probabilidade de o NPV esperado do projeto ser no mínimo R$ 100.000?

Gabarito

1. a) $FC_{Esperado}$ (A) = $ 139.100; $FC_{Esperado}$ (B) = $ 168.000

$\sigma_A = \$10.482,84$; $\sigma_B = \$155.614,91$

b) NPV_A = $ 184.094,73; NPV_B = $ 233.581,82

2. C

3. a)

Ano 0	Ano 1	Ano 2	Ano 3	Ano 4	Ano 5
−R$ 1.400,00	R$ 460,00	R$ 460,00	R$ 460,00	R$ 460,00	R$ 860,00

b) WACC = 10,9%, NPV = R$ 542,85

c) Média = R$ 433,90, DP = R$ 32,05, VaR (95%) = R$ 52,72

d) VaR (90%) = R$ 41,02 com $Z_{90\%}$ = 1,28

e) Prob = 95,35%

f) R$ 1.274,60

4. a) $Risco_A$ = $ 22.500; $Risco_B$ = $ 14.696,94

b) VaR_A (95%) = $ 37.012,50; VaR_B (95%) = $ 24.176,46

5. a) $ 17.357,94

b) $ 8.372,03

c) $ 10.716,20 (adotou-se Z = 1,28)

6. a) E[Lucro] = $ 5.427,00 Risco = $ 4.974,11

b) VaR = $ 8.182,41

7. a) Pessimista = −$ 123.021,71
Esperado = $ 247.814,18
Otimista = $ 653.146,42

b) $ 258.163,09

c) Sim, com CV = 1,17, inferior ao valor aceito.

d) 69,85%

6

ANÁLISE DE RISCO
DE CRÉDITO

OBJETIVOS DO CAPÍTULO

Este capítulo tem por objetivo demonstrar as aplicações da mensuração do risco de crédito. Apresentam-se os modelos de *credit scoring*, com destaque para aplicação do modelo da agência de *rating* da Moody's, e ainda demonstra como criar um modelo de avaliação de risco de crédito. Calcula-se ainda o *Value at Risk* (VaR) para operações de crédito.

6.1 Risco de crédito

A obtenção de crédito para qualquer pessoa tem por objetivo atender a necessidades de caixa imediatas. E a busca pelo crédito por meio de instituições financeiras passa pela avaliação do crédito, que é feita com base em indicadores de qualidade que a instituição financeira obtém com intuito de conseguir reaver o valor emprestado.

Nesse sentido, o crédito para pessoas físicas ou jurídicas é dado mediante critérios que avaliam diversos fatores tanto qualitativos, como média de atrasos em concessões anteriores, quanto quantitativos, como comprometimento percentual da renda, no caso de pessoas físicas, e capacidade de geração de caixa para empresas.

Atualmente, existem centrais no Brasil com informações de risco de crédito como Serasa Experian e Serviço de Proteção ao Crédito (SPC). Há ainda a Central de Risco de Crédito (CRC), implementada pelo Conselho Monetário Nacional e regida pelo Banco Central do Brasil, também um instrumento de consulta de informações sobre as operações de crédito, avais e limites de crédito concedidos por instituições financeiras a pessoas físicas e jurídicas.

Quando é solicitado um empréstimo a uma instituição financeira, dá-se início a um processo de análise do crédito. O resultado final dessa análise comporá uma opinião acerca da solicitação de crédito. Essa opinião dá uma possível "nota geral" para o solicitante. Essa nota é o *rating* de crédito.

Esse *rating* significa também uma classificação que representa uma expectativa de não pagamento do tomador do crédito, ou seja, de entrar em inadimplência. Para se entender o momento a partir do qual pode-se dizer que o tomador está inadimplente, o Banco Central tornou obrigatório que as instituições financeiras classifiquem as operações de crédito a partir de seus riscos balizadas em uma escala elaborada pelo próprio Bacen, conforme pode ser observado na Tabela 6.1.

Tabela 6.1 Tabela de risco do Banco Central do Brasil

Classe de risco	Percentual de provisionamento	Dias de atraso
AA	0%	–
A	0,5%	–
B	1,0%	15 a 30 dias
C	3,0%	31 a 60 dias
D	10,0%	61 a 90 dias
E	30,0%	91 a 120 dias
F	50,0%	121 a 150 dias
G	70,0%	151 a 180 dias
H	100,0%	Acima de 181 dias

Fonte: Assaf Neto (2021, p. 81).

A Tabela 6.1 ilustra a classificação de risco para os níveis de atrasos, bem como o percentual de provisionamento ou de perda na operação. O estabelecimento do percentual deve ser feito pelo Bacen segundo o modelo de risco desenvolvido para cada banco (ASSAF NETO, 2021, p. 81).

Esses modelos são normalmente probabilísticos medindo as chances de cada evento ocorrer. E nas publicações que acompanham as demonstrações contábeis de cada exercício, os bancos devem atualizar os níveis de classificação de riscos segundo os prazos definidos também nessa tabela.

Os modelos de risco de crédito de classificação são usados também para estabelecerem limites de crédito a serem concedidos. É uma estratégia que as empresas adotam para poder fazer um levantamento de risco de crédito de seus clientes. Para mais informações sobre a legislação atual, sugere-se a consulta à Resolução nº 4.966/2021, que dispõe sobre os critérios contábeis, aplicáveis a instrumentos financeiros, bem como para a designação e reconhecimento das relações de proteção (contabilidade de *Hedge*) por parte das instituições financeiras e demais Instituições autorizadas a funcionar pelo Bacen.

6.2 Direcionadores do risco de crédito

Até aqui se estudou o risco associado à mensuração de ativos no contexto dos riscos de mercado que são decorrentes das movimentações adversas de variáveis financeiras, como taxa de câmbio, de juros, volatilidade de ativos mobiliários ou *commodities*.

Muitas das transações do mercado envolvem contratos de crédito, como empréstimos bancários, títulos de renda fixa, contratos de derivativos etc. E existe nesses contratos o risco de a parte devedora não cumprir suas obrigações contratuais. Esse risco é o crédito.

O risco de crédito é o risco da perda econômica decorrente do não cumprimento das obrigações contratuais por uma das partes contratantes.

O risco da chamada pré-liquidação (*pre-settlement risk*) é o risco de uma das contrapartes não cumprir suas obrigações ao longo do período do contrato, conhecido também como inadimplência.

Pode-se definir os direcionadores do risco de crédito:

- Inadimplência (*default*): uma das contrapartes está ou não em *default*. Envolve neste caso uma probabilidade de *default* (*b*) que assume um valor entre 0 e 1;
- Exposição ao crédito (*EC*): é o valor econômico de um direito de crédito no momento de *default*;
- Perda dada à ocorrência do *default* (*PD*): é a perda proporcional resultante da inadimplência. É calculada como um menos a taxa de recuperação de crédito.

Comparando-se o risco de crédito com o de mercado, tem-se os dados da Tabela 6.2.

Tabela 6.2 Comparação do risco de crédito com o de mercado

Item	Risco de mercado	Risco de crédito
Fontes de risco	Risco de mercado	Risco de *default* Risco de recuperação Risco de mercado
Distribuições	Geralmente simétricas	Assimétricas à esquerda
Horizonte de tempo	Curto prazo (dias)	Longo prazo (anos)
Questões legais	Não aplicável	Muito importante

6.3 Cálculo das perdas de crédito

A perda de crédito devido aos direcionadores do crédito pode ser calculada da seguinte maneira:

$$\text{Perda de crédito} = b \times EC \times PD$$

O evento característico da inadimplência que define a probabilidade de *default* (*b*) é uma variável aleatória com distribuição de probabilidade de Bernoulli, sendo, portanto, uma variável binária, que assume valor 1 com probabilidade p e 0 com probabilidade $q = 1 - p$.

$$E(b) = 1 \times p + 0 \times (1 - p) = p$$
$$V(b) = E(b^2) - \left[E(b)\right]^2 = p - p^2 = p \times (1 - p) = p \times q$$

Após a ocorrência da inadimplência, é comum as empresas recorrerem a uma negociação judicial ou extrajudicial com o devedor com objetivo de recuperar a totalidade do valor devido, ou pelo menos uma parte desse valor.

Atribuindo a esse valor recuperável uma taxa de recuperação que se denota por f, o valor $1 - f$ é a perda percentual condicionada no evento de *default*. Assim:

$$\text{Perda de crédito} = b \times EC \times (1 - f)$$

Assim, a perda de crédito esperada é:

$$E\left[\text{Perda de crédito}\right] = E\left[b \times EC \times \left(1 - f\right)\right]$$
$$E\left[\text{Perda de crédito}\right] = E\left[b\right] \times EC \times \left(1 - f\right)$$
$$E\left[\text{Perda de crédito}\right] = p \times ECX\left(1 - f\right)$$

6.4 VaR de crédito

Pode-se então calcular a pior perda de crédito dentro de um nível de confiança, ou seja, o VaR de Crédito (CVaR), dado como a diferença entre a pior perda e a perda esperada:

$$CVaR = \text{Pior perda} - E[\text{Perda de crédito}]$$

A pior perda, dado um nível de confiança, é determinada por uma distribuição de perdas em que se ordena as perdas com as respectivas probabilidades.

APLICAÇÃO PRÁTICA

Admita uma carteira de crédito no valor de R\$ 100 milhões com três credores A, B e C, juntamente com as respectivas probabilidades de *defaults*, onde todas as exposições são constantes, conforme descritas na Tabela 6.3. Não há taxa de recuperação de crédito.

Tabela 6.3 Dados da carteira de crédito

Credores	Exposições (R\$ milhões)	Probabilidades
A	\$ 25,00	5,00%
B	\$ 30,00	10,00%
C	\$ 45,00	20,00%

Fonte: Exemplo adaptado de Jorion (2009, p. 439).

Para se gerar uma distribuição de perdas, é necessário efetuar os cálculos das probabilidades de *default* para cada cenário de perdas esperadas.

Por exemplo, sejam os seguintes cenários:

- Nenhuma perda

$$P = \left(1 - P_{A\_default}\right) \times \left(1 - P_{B\_default}\right) \times \left(1 - P_{C\_default}\right)$$
$$P = \left(1 - 0,05\right) \times \left(1 - 0,10\right) \times \left(1 - 0,20\right) = 0,6840 = 68,40\%$$

- *Default* apenas em A

$$P = \left(P_{A\_default}\right) \times \left(1 - P_{B\_default}\right) \times \left(1 - P_{C\_default}\right)$$
$$P = \left(0,05\right) \times \left(1 - 0,10\right) \times \left(1 - 0,20\right) = 0,0360 = 3,60\%$$

- *Default* nos credores A e B

$$P = \left(P_{A\_default}\right) \times \left(P_{B\_default}\right) \times \left(1 - P_{C\_default}\right)$$
$$P = \left(0,05\right) \times \left(0,10\right) \times \left(1 - 0,20\right) = 0,0040 = 0,40\%$$

E assim sucessivamente. Após a determinação das probabilidades, deve-se estimar o montante das perdas esperadas em cada cenário:

- Nenhuma perda

  Perda = R$ 0,00

- *Default* nos credores A e B

  Perdas (A e B) = R$ 25,00 + R$ 30,00 = R$ 55,00

Deve-se estimar, dessa maneira, todas as possíveis perdas esperadas. Note que a perda nos credores A e B é a mesma de B e A.

A Tabela 6.4 ilustra todas as possíveis combinações em cada um dos cenários de perdas.

Tabela 6.4 Combinações possíveis

Cenários de perdas	Perdas R$ milhões	Probabilidades	Probabilidade acumulada	Perda esperada
Nenhuma	R$ 0,00	68,40%	68,40%	R$ 0,00
A	R$ 25,00	3,60%	72,00%	R$ 0,90
B	R$ 30,00	7,60%	79,60%	R$ 2,28
C	R$ 45,00	17,10%	96,70%	R$ 7,695
A e B	R$ 55,00	0,40%	97,10%	R$ 0,22
A e C	R$ 70,00	0,90%	98,00%	R$ 0,63
B e C	R$ 75,00	1,90%	99,90%	R$ 1,425
A, B e C	R$ 100,00	0,10%	100,00%	R$ 0,10
TOTAL				**R$ 13,25**

Multiplicando-se as possíveis perdas pelas respectivas probabilidades, tem-se a perda esperada em cada cenário. A soma total das perdas esperadas é a perda média esperada de crédito para os cenários de perdas em cada credor.

Graficamente, tem-se a Figura 6.1.

Figura 6.1 Possíveis perdas e probabilidades.

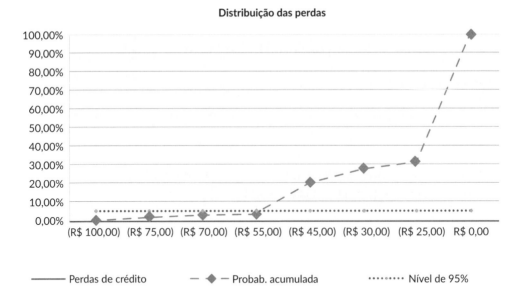

Para 95% de confiança, a pior perda é de R$ 45 milhões, que, na probabilidade acumulada, atinge 96,7%. A perda média esperada é de R$ 13,25 milhões.

Dessa forma, o VaR de Crédito é:

$$\text{VaR de Crédito} = \text{R\$ } 45,00 - \text{R\$ } 13,25 = \text{R\$ } 31,75$$

Assim, atribuem-se a perda esperada e a perda não esperada (Figura 6.2).

Figura 6.2 Distribuição das perdas.

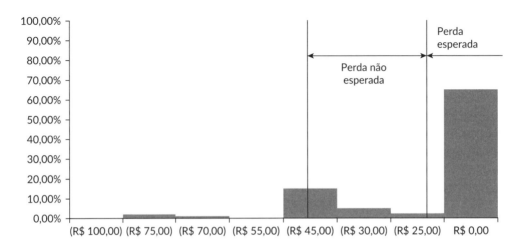

6.5 *Ratings* de crédito

Os *ratings* de crédito procuram classificar os emissores de dívidas pela qualidade do seu crédito. Tais classificações são análogas às notas atribuídas aos diferentes emissores. As principais agências de *rating* são Moody's, Standard & Poor's e Fitch.

São levados em consideração o nível atual e a evolução do endividamento e capital de giro, a lucratividade, as perspectivas de crescimento e concorrência, qualidade da gestão, garantias, tangibilidade dos ativos etc.

APLICAÇÃO PRÁTICA

Considere uma empresa que esteja tentando avaliar a capacidade creditícia de um de seus clientes para um possível aumento de limite de crédito para compras a prazo. Esse cliente é uma empresa que já compra há cerca de três anos e possui contratos de compra de produtos. Essa empresa tem um histórico de atrasos de pagamentos de apenas dez dias e poucas ocorrências, na verdade duas ocorrências em três anos. É uma empresa bem-conceituada no mercado, onde atua há 14 anos, com CNPJ livre de limitações nos órgãos restritivos. Em visita à empresa, notou-se a sua excelente capacidade de atendimento e infraestrutura.

Assim, foi solicitado que a empresa cliente apresentasse os últimos demonstrativos financeiros, que são reproduzidos na Tabela 6.5.

Tabela 6.5 Balanço Patrimonial

Ativo R$ mil	Ano anterior	Ano atual
Caixa	R$ 30,00	R$ 50,00
Contas a receber	R$ 110,00	R$ 210,00
Estoque	R$ 120,00	R$ 340,00
Ativo circulante	*R$ 260,00*	*R$ 600,00*
Imobilizado	R$ 5.000,00	R$ 5.200,00
(–) Depreciação acumulada	R$ 900,00	R$ 1.010,00
Ativo não circulante	*R$ 4.100,00*	*R$ 4.190,00*
Ativo total	**R$ 4.360,00**	**R$ 4.790,00**

Passivo R$ mil	Ano anterior	Ano atual
Fornecedores	R$ 20,00	R$ 30,00
Empréstimos financiamentos CP	R$ 900,00	R$ 1.000,00
Impostos a pagar	R$ 90,00	R$ 110,00
Passivo circulante	*R$ 1.010,00*	*R$ 1.140,00*
Empréstimos financiamentos LP	R$ 1.100,00	R$ 1.300,00
Passivo não circulante	*R$ 1.100,00*	*R$ 1.300,00*
Patrimônio líquido	*R$ 2.250,00*	*R$ 2.350,00*
Passivo total + PL	**R$ 4.360,00**	**R$ 4.790,00**

A Demonstração de Resultado do Exercício (DRE) dos últimos exercícios consta na Tabela 6.6.

Tabela 6.6 DRE.

R$ mil	Ano anterior	Ano atual
Receita líquida de vendas	R$ 2.300,00	R$ 2.856,52
(–) CPV	R$ 1.350,00	R$ 1.700,00
Lucro bruto	R$ 950,00	R$ 1.156,52
(–) Despesas operacionais	R$ 650,00	R$ 780,00
(–) Depreciação	R$ 50,00	R$ 110,00
(–) Despesas financeiras	R$ 100,00	R$ 115,00
Resultado operacional	R$ 150,00	R$ 151,52
(–) IR – 34%	R$ 51,00	R$ 51,52
Lucro líquido	R$ 99,00	R$ 100,00

De posse desses dados quantitativos e dos dados qualitativos informados aqui, o analista de crédito da empresa passa a fazer uma análise mais específica da capacidade creditícia dela.

Aplica, para isso, um modelo de avaliação de crédito baseado em um *rating* elaborado pela própria empresa fundamentado em suas características. O modelo é descrito a seguir e cada item é analisado e pontuado.

O modelo é baseado em dez quesitos, todos com o mesmo peso final de ponderação. Assim, as notas (de 1 a 10) são dadas a cada quesito, totalizando, portanto, cem pontos possíveis. Observe o Quadro 6.1.

Quadro 6.1 Quesito 1 do modelo de análise de crédito – Peso = 10%

Tempo de atuação da empresa no mercado	
Critérios de pontuação:	Pontuação
– se maior ou igual a 10 anos de atividade	10
– atividade no mercado entre 5 e 10 anos	7
– atividade no mercado inferior a 5 anos	3

Conforme relatado, a empresa está no mercado há 14 anos. Assim, a pontuação nesse quesito é de 10 pontos (Quadro 6.2).

Quadro 6.2 Quesito 2 do modelo de análise de crédito – Peso = 10%

Restrições nos órgãos competentes	
Critérios de pontuação:	Pontuação
– sem restrições no período	10
– com restrições no período	0

A empresa apresenta-se sem nenhuma limitação nos órgãos restritivos de crédito no período em questão. Assim, a pontuação nesse quesito é de 10 pontos (Quadro 6.3).

Capítulo 6 • Análise de Risco de Crédito | **317**

Quadro 6.3 Quesito 3 do modelo de análise de crédito – Peso = 10%

Atrasos para com a empresa	
Critérios de pontuação:	Pontuação
– sem atrasos de pagamentos	10
– com atrasos de até 15 dias	6
– com atrasos superiores a 15 dias	3
– em inadimplência com a empresa	0

Pelo histórico da empresa, tem-se conhecimento de que existe um único atraso de dez dias ao longo dos três anos em que a empresa é cliente. Logo, foram atribuídos 6 pontos nesse quesito.

Quadro 6.4 Quesito 4 do modelo de análise de crédito – Peso = 10%

Índice de liquidez corrente	
Critérios de pontuação:	Pontuação
– igual ou superior a 1,0	10
– entre 0,5 inclusive e 1,0	5
– inferior a 0,5	1

A empresa apresenta os seguintes índices de liquidez corrente nos dois últimos exercícios.

$$LC_{2012} = \frac{260}{1.010} = 0,26 \qquad LC_{2013} = \frac{600}{1.140} = 0,53$$

Embora o índice de liquidez corrente da empresa tenha praticamente dobrado do ano anterior para o ano atual, o índice ainda é inferior a 1,0, o que apresenta uma baixa liquidez da empresa em condições de pagamentos de seus passivos de curto prazo. Assim, a nota desse quesito foi 5.

Quadro 6.5 Quesito 5 do modelo de análise de crédito – Peso = 10%

Análise do Fluxo de Caixa Operacional	
Critérios de pontuação:	Pontuação
– superávit no Fluxo de Caixa Operacional	10
– deficiências no Fluxo de Caixa Operacional	3

Nesse quesito, tem-se um critério de análise de um demonstrativo financeiro que muitas empresas de médio e pequeno porte não costumam ter para enviar à empresa. Deve-se, então, a partir dos demonstrativos financeiros do Balanço Patrimonial (BP) e Demonstração de Resultado do Exercício (DRE), construir a Demonstração dos Fluxos de Caixa (DFC) da empresa.

Para isso, utiliza-se o método indireto de montagem do DFC a partir das variações de aumento ou redução nas contas do BP como em uma Demonstração de Origens e Aplicações de Recursos (DOAR).

E para se obter essas variações, toma-se uma a uma as contas do BP, verificando se sofreram aumento ou redução nos seus valores do ano anterior para o ano atual. A classificação deverá proceder ao critério do Quadro 6.6, conforme Assaf Neto e Lima (2014, p. 214).

Quadro 6.6 DOAR

Origens	Aplicações
– Redução em contas de ativos – Aumento em contas de passivos	– Aumento em contas de ativos – Redução em contas de passivos

Outros itens que são também classificados constam no Quadro 6.7.

Quadro 6.7 Demais itens

Origens	Aplicações
– Lucro líquido – Depreciações não desembolsáveis	– Prejuízo líquido – Pagamento de dividendos

Assim, tem-se para as contas do grupo do ativo os dados da Tabela 6.7.

Tabela 6.7 Contas do grupo do ativo

Ativo/passivo	Ano anterior	Ano atual	Origens	Aplicações
Caixa	R$ 30,00	R$ 50,00		R$ 20,00
Contas a receber	R$ 110,00	R$ 210,00		R$ 100,00
Estoque	R$ 120,00	R$ 340,00		R$ 220,00
Imobilizado	R$ 5.000,00	R$ 5.200,00		R$ 200,00
(–) Deprec. acumulada	R$ 900,00	R$ 1.010,00	R$ 110,00	
Fornecedores	R$ 20,00	R$ 30,00	R$ 10,00	
Empréstimos CP	R$ 900,00	R$ 1.000,00	R$ 100,00	
Impostos a pagar	R$ 90,00	R$ 110,00	R$ 20,00	
Empréstimos LP	R$ 1.100,00	R$ 1.300,00	R$ 200,00	
Patrimônio Líquido	R$ 2.250,00	R$ 2.350,00	R$ 100,00	
TOTAL			**R$ 540,00**	**R$ 540,00**

A partir da classificação das contas em Origens e Aplicações de Recursos, tem-se o total das origens igual ao das aplicações. Essa conferência dos resultados é importante para confirmar a classificação correta de todos os itens do BP. Para compor o fluxo de caixa indireto, considera-se as origens como entrada de recursos, com sinal positivo, e as aplicações como saídas de recursos, com sinal negativo.

Pode-se agora construir a DFC a partir destas informações, como demonstrado a seguir:

Lucro líquido	R$ 100,00
(+) Depreciação	R$ 110,00
(+) Aumento fornecedores	R$ 10,00
(+) Aumento impostos	R$ 20,00
(–) Aumentos contas a receber	R$ 100,00
(–) Aumentos de estoque	R$ 220,00
Fluxo de Caixa Operacional	**– R$ 80,00**
(+) Aumento empréstimos CP	R$ 100,00
(+) Aumento empréstimos LP	R$ 200,00
Fluxo de Caixa Financiamentos	**R$ 300,00**
(–) Aumento imobilizado líquido	– R$ 200,00
Fluxo de Caixa Investimentos	**– R$ 200,00**
Fluxo de Caixa do Período	**R$ 20,00**
(+) Caixa Inicial	**R$ 30,00**
CAIXA FINAL	**R$ 50,00**

Nota-se que o Fluxo de Caixa Operacional da empresa apresenta-se com valor negativo pelos excessos de saídas de recursos no período atual. O caixa final está positivo pelas entradas de caixa dos financiamentos. Assim, considerou-se a pontuação de 3 nesse item da análise de riscos, conforme o Quadro 6.8.

Quadro 6.8 Quesito 6 do modelo de análise de crédito – Peso = 10%

Endividamento geral	
Critérios de pontuação:	Pontuação
– índice igual ou abaixo de 35%(*)	10
– índice acima de 35%	5

(*) O valor de 35% foi adotado como padrão de mercado das companhias abertas brasileiras conforme: www.institutoassaf.com.br. Acesso em: jan. 2022.

Outros parâmetros podem ser ajustados para as mais diversas finalidades e empresas.

O índice de endividamento geral é calculado como a soma de todas as contas geradoras de despesas financeiras, ou seja, todos os itens onerosos divididos pelo ativo total da empresa.

Esse índice, para os anos em análise, é:

$$EG_{2012} = \frac{900+1.100}{4.360} = 0,46 \qquad EG_{2013} = \frac{1.000+1.300}{4.790} = 0,48$$

Note-se que a empresa detém em seu BP mais de 35% de seus ativos financiados com empréstimos bancários de curto e longo prazos. A pontuação atribuída foi 5 (Quadro 6.9).

Quadro 6.9 Quesito 7 do modelo de análise de crédito – Peso = 10%

Margem líquida do negócio	
Critérios de pontuação:	Pontuação
– igual ou acima de 7%(*)	10
– abaixo de 7%	5

(*) O valor de 7% foi adotado como padrão de mercado das companhias abertas brasileiras conforme: www.institutoassaf.com.br. Acesso em: jan. 2022.

Outros parâmetros podem ser ajustados para as mais diversas finalidades e empresas.

$$Marg.\ líq\ _{2012} = \frac{99}{2.300} = 4,3\% \qquad Marg.\ líq\ _{2013} = \frac{100}{2.856,52} = 3,50\%$$

Assim, a margem líquida teve uma queda de 0,8% com relação ao ano anterior e ao ano atual. Nesse quesito, a pontuação foi também de 5 (Quadro 6.10).

Quadro 6.10 Quesito 8 do modelo de análise de crédito – Peso = 10%

Retornos dos proprietários (acionistas)	
Critérios de pontuação:	Pontuação
– igual ou acima de 9%(*)	10
– abaixo de 9%	5

(*) O valor de 9% foi adotado como padrão de mercado das companhias abertas brasileiras conforme: www.institutoassaf.com.br. Acesso em: jan. 2022.

Outros parâmetros podem ser ajustados para as mais diversas finalidades e empresas. O retorno sobre o Patrimônio Líquido da empresa é:

$$ROE_{2012} = \frac{99}{2.250} = 4,40\% \qquad ROE_{2013} = \frac{100}{2.350,00} = 4,26\%$$

O retorno dos proprietários do capital teve uma ligeira queda no ano atual, mas encontra-se ainda inferior ao limite mínimo do mercado brasileiro. A nota atribuída foi 5 (Quadro 6.11).

Quadro 6.11 Quesito 9 do modelo de análise de crédito – Peso = 10%

Instalações da empresa	
Critérios de pontuação:	Pontuação
– em boas condições	10
– em condições razoáveis	5

Neste item, são avaliadas por meio de uma visita à empresa as atuais condições de trabalho, atendimento, pontualidade em reuniões, onde se tem a percepção da boa vontade da empresa em realizar o negócio com a empresa que está vendendo o produto. Foi detectado que a empresa está em muito boas condições. Nota do quesito: 10 (Quadro 6.12).

Quadro 6.12 Quesito 10 do modelo de análise de crédito – Peso = 10%

Margem do EBITDA	
Critérios de pontuação:	Pontuação
– igual ou superior a 15%(*)	10
– inferior a 15%	5

(*) O valor de 15% foi adotado como padrão de mercado das companhias abertas brasileiras conforme: www.institutoassaf.com.br. Acesso em: jan. 2022.

Outros parâmetros podem ser ajustados para as mais diversas finalidades e empresas.

Atualmente, o EBITDA tem se consagrado como um indicador de extrema relevância na atividade empresarial e muito usado tanto em avaliações quanto em sistemas de gestão de riscos.

Porém, esse valor também não vem explícito nas demonstrações contábeis. Pode-se calcular o seu resultado a partir da DRE, como mostrado a seguir:

DRE	Ano anterior	Ano atual
Receita líquida de vendas	**R$ 2.300,00**	**R$ 2.856,52**
(–) CPV	R$ 1.350,00	R$ 1.700,00
Lucro bruto	**R$ 950,00**	**R$ 1.156,52**
(–) Despesas operacionais	R$ 650,00	R$ 780,00
EBITDA	**R$ 300,00**	**R$ 376,52**
(–) Depreciação	R$ 50,00	R$ 110,00
EBIT	**R$ 250,00**	**R$ 266,52**
(–) IR	R$ 85,00	R$ 90,62
NOPAT	**R$ 165,00**	**R$ 175,90**
(–) Despesas financeiras	R$ 100,00	R$ 115,00
(+) Benefício fiscal	R$ 34,00	R$ 39,10
Lucro líquido	**R$ 99,00**	**R$ 100,00**

O EBITDA da companhia teve um aumento de 25,51% com relação ao ano anterior e ao ano atual. A margem do EBITDA é:

$$\text{Marg. EBITDA}_{2012} = \frac{300}{2.300} = 13,04\%$$

$$\text{Marg. EBITDA}_{2013} = \frac{376,52}{2.856,52} = 13,18\%$$

Note-se que, mesmo com esse aumento do EBITDA, a sua margem ainda permanece abaixo da média do mercado. Assim, a pontuação concedida foi 5. Observe a Tabela 6.8.

Tabela 6.8   Pontuação obtida na análise de risco de crédito

Quesito	Peso	Pontuação
1. Tempo de atuação da empresa no mercado	10%	10
2. Restrições nos órgãos competentes	10%	10
3. Atrasos para com a empresa	10%	6
4. Índice de liquidez corrente	10%	5
5. Análise do Fluxo de Caixa Operacional	10%	3
6. Endividamento geral	10%	5
7. Margem líquida do negócio	10%	5
8. Retorno dos proprietários	10%	5
9. Instalações da empresa	10%	10
10. Margem do EBITDA	10%	5
		TOTAL = 6,4

Fazendo as devidas ponderações, chega-se a um *rating* de 6,4. Consultando a tabela de risco da empresa, tem-se a Tabela 6.9.

Tabela 6.9   Risco da empresa

Rating	Resultado da análise
Abaixo de 2,0	Crédito NEGADO
Entre 2,0 e 4,0	Crédito Equivalente a 10% do EBITDA da Empresa
Entre 4,1 e 6,0	Crédito Equivalente a 20% do EBITDA da Empresa
Entre 6,1 e 8,0	Crédito Equivalente a 30% do EBITDA da Empresa
Acima de 8,1	Crédito Equivalente a 40% do EBITDA da Empresa

Assim, essa empresa teria crédito para comprar parcelado em até 30% de seu EBITDA, ou seja, um limite de crédito estabelecido de R$ 376,52 × 0,30 = R$ 112,96.

Observação importante

A aplicação prática descrita é apenas um exemplo prático ilustrativo cujos valores de referência em cada quesito podem ser ajustados para diferentes empresas, de acordo com o setor de atividade, com o porte das companhias clientes.

Pode-se ainda construir modelos mais sofisticados de risco de crédito que atendam a demandas específicas de determinado negócio, incluindo Análise do Capital de Giro, Alavancagens Operacional e Financeira, Análise de Valor da Empresa e utilização de quesitos mais específicos de qualidade da empresa.

6.6   *Ratings* de crédito da Moody's

A Moody's define um *rating* como uma opinião sobre a capacidade e vontade de um emissor de fazer pagamentos pontuais num instrumento de dívida, como um título, durante a vida útil do investimento.

Códigos de Classificação da Moody's:

Ratings de longo prazo (vencimentos em um ano ou mais)

Grau de investimento

Aaa (*giltedged*) – o mais alto grau

Aa1, Aa2, Aa3 – grau alto

A1, A2, A3 – grau médio alto

Baa1, Baa2, Baa3 – grau médio

Grau especulativo

Ba1, Ba2, Ba3 – elementos especulativos

B1, B2, B3 – são consideradas especulativas e estão sujeitas a risco de crédito elevado

Caa1, Caa2, Caa3 – papéis de fraca condição

Ca – altamente especulativo

C – o mais baixo *rating*, perspectivas extremamente fracas de atingir qualquer condição real de investimento.

A Tabela 6.10 apresenta os códigos de classificação das principais agências.

Tabela 6.10 *Ratings* das agências

Moody's	Fitch Ratings	Standard & Poor's	Significado
Aaa	AAA	AAA	Grau de investimento com qualidade alta e baixo risco
Aa1	AA+	AA+	
Aa2	AA	AA	
Aa3	AA−	AA−	
A1	A+	A+	
A2	A	A	
A3	A−	A−	
Baa1	BBB+	BBB+	Grau de investimento com qualidade média
Baa2	BBB	BBB	
Baa3	BBB−	BBB−	
Ba1	BB+	BB+	Categoria de especulação com baixa classificação
Ba2	BB	BB	
Ba3	BB−	BB−	
B1	B+	B+	
B2	B	B	
B3	B−	B−	
Caa1	CCC	CCC+	Risco alto de inadimplência e baixo interesse
Caa2	CCC	CCC	
Caa3	CCC	CCC−	
Ca	CCC	CC	
Ca	CCC	C	
C	DDD	D	

Fontes: Fitch Ratings, Standard & Poor's, Moody's.

As Figuras 6.3 e 6.4 ilustram a classificação da Moody's para o Brasil e para a Petrobras.

Figura 6.3 Classificação da Moody's para o Brasil.

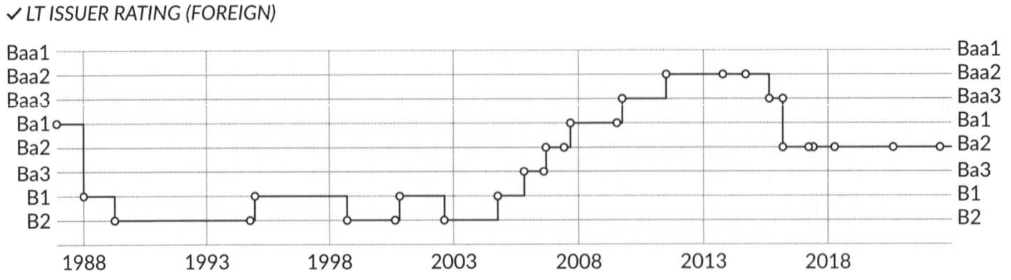

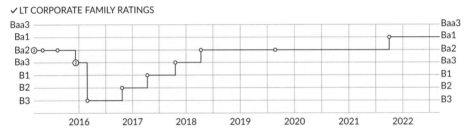

Fonte: Moody's Ratings List Brazil. Disponível em: https://www.moodys.com/credit-ratings/Brazil-Government-of-credit-rating-114650/ratings/view-by-class. Acesso em: 2 set. 2022.

Petrobras

Figura 6.4 Classificação da Moody's para a Petrobras.

Fonte: Moody's. Disponível em: https://www.moodys.com/credit-ratings/Petroleo-Brasileiro-SA-PETROBRAS-credit-rating-603100/ratings/view-by-class. Acesso em: 2 set. 2022.

Conforme pode ser observado, as agências classificam os riscos de curto prazo (CP) e longo prazo (LP). A análise pode ser dada também a partir da Tabela 6.11.

Tabela 6.11 Riscos de curto prazo

Moody's		Fitch Ratings		Standard & Poor's		Significado
LP	CP	LP	CP	LP	CP	
Aaa	P-1	AAA	F1+	AAA	A-1+	Grau de investimento com qualidade alta e baixo risco
Aa1	P-1	AA+	F1+	AA+	A-1+	Grau de investimento com qualidade alta e baixo risco
Aa2	P-1	AA	F1+	AA	A-1+	Grau de investimento com qualidade alta e baixo risco
Aa3	P-1	AA−	F1+	AA−	A-1+	Grau de investimento com qualidade alta e baixo risco
A1	P-1	A+	F1	A+	A-1	Grau de investimento com qualidade alta e baixo risco
A2	P-1	A	F1	A	A-1	Grau de investimento com qualidade alta e baixo risco
A3	P-2	A−	F2	A−	A-2	Grau de investimento com qualidade alta e baixo risco
Baa1	P-2	BBB+	F2	BBB+	A-2	Grau de investimento com qualidade média
Baa2	P-3	BBB	F3	BBB	A-3	Grau de investimento com qualidade média
Baa3	P-3	BBB−	F3	BBB−	A-3	Grau de investimento com qualidade média

(continua)

(continuação)

Moody's		Fitch Ratings		Standard & Poor's		Significado
Ba1		BB+		BB+		
Ba2		BB		BB		
Ba3		BB–	B	BB–	B	Categoria de especulação com baixa classificação
B1		B+		B+		
B2		B		B		
B3	Not Prime	B–		B–		
Caa1		CCC		CCC+		
Caa2		CCC		CCC		
Caa3		CCC	C	CCC–	C	Risco alto de inadimplência e baixo interesse
Ca		CCC		CC		
Ca		CCC		C		
C		DDD	–	D	–	

Fontes: Fitch Ratings, Standard & Poor's e Moody's. Acesso em: jan. 2022.

6.7 Exemplo da metodologia de *rating* para risco de crédito da Moody's[1]

A agência de risco Moody's possui uma publicação onde exemplifica a metodologia de classificação de *rating* de crédito das empresas de diversos setores. Neste tópico será descrita a metodologia da agência para um setor específico – o setor químico global.

O objetivo é divulgar as orientações gerais que ajudem as empresas e quaisquer participantes do mercado a compreender de que modo as principais características de risco qualitativas e quantitativas podem afetar os resultados de *rating* de empresas. A título ilustrativo, descreve-se o processo do setor químico.

O sistema é composto de cinco fatores principais: Escala, Perfil do Negócio, Rentabilidade, Alavancagem e Cobertura e Política Financeira. Esses cinco fatores são desmembrados em nove subfatores. Os pesos de cada um dos fatores e subfatores estão listados na Tabela 6.12.

Tabela 6.12 Fatores para apuração do *rating*

Fatores gerais de *rating*	Ponderação do fator	Subfator do *rating*	Ponderação do subfator
Escala	15%	Receita	7,5%
		Ativo imobilizado líquido	7,5%
Perfil do Negócio	25%	Perfil do Negócio	25%

(continua)

---

[1] Este tópico foi baseado em: MOODY's. *Global Chemical Industry Rating Methodology*. 2013. Technical Document. Versão do Documento de 20 mar. 2019. Disponível em: www.moodys.com. Acesso em: 2 set. 2022, no diretório *Research and Ratings* (Pesquisas e *Ratings*).

(continuação)

Fatores gerais de *rating*	Ponderação do fator	Subfator do *rating*	Ponderação do subfator
Rentabilidade	10%	Margem de EBITDA	5%
		ROA-EBIT/Média dos Ativos	5%
Alavancagem e Cobertura	30%	Dívida/EBITDA	10%
		EBITDA/Despesas com juros	10%
		Fluxo de Caixa Retido/Dívida	10%
Política Financeira	20%	Política Financeira	20%
TOTAL	100%	TOTAL	100%

Fonte: Moody's (2019, p. 3).

Os pesos de cada fator e dos respectivos subfatores são dados de acordo com a importância do indicador dentro do estudo do risco de crédito.

E para cada quesito (subfatores) do *rating* atribui-se um valor numérico conforme a Tabela 6.13.

Tabela 6.13   Pontuação para cada *rating*

Rating	Valor numérico do *rating*
Aaa	1
Aa	3
A	6
Baa	9
Ba	12
B	15
Caa	18
Ca	20

Passa-se, a seguir, a descrever-se detalhadamente cada um dos subfatores e os respectivos critérios para alocação do *rating* em cada quesito.

Escala: o fator escala é um indicativo da força de mercado de uma empresa e da relevância dos mercados atendidos, mostrando sua capacidade de reagir às oscilações dos ciclos econômicos e de capital.

O fator escala é ainda subdividido em dois subfatores: receita e ativo imobilizado líquido. A receita considerada é a receita avaliada (ou estimada, quando de expectativas futuras) anual medida em dólares americanos. O ativo imobilizado líquido é obtido pelas demonstrações financeiras, ou estimado, no caso de expectativas prospectivas.

Esses itens são ranqueados a partir da Tabela 6.14.

Tabela 6.14 Critérios para cada um dos quesitos

Receita anual em US$ bilhões – peso 7,5%		Ativo imobilizado líquido em US$ bilhões – peso 7,5%	
Rating	Variação	*Rating*	Variação
Aaa	Receita ≥ 100	Aaa	Imob. Líq. ≥ US$ 40
Aa	50 ≤ Receita < 100	Aa	20 ≤ Imob. Líq. < 40
A	15 ≤ Receita < 50	A	8 ≤ Imob. Líq. < 20
Baa	5 ≤ Receita < 15	Baa	3 ≤ Imob. Líq. < 8
Ba	1,5 ≤ Receita < 5	Ba	0,6 ≤ Imob. Líq. < 3
B	0,2 ≤ Receita < 1,5	B	0,025 ≤ Imob. Líq. < 0,6
Caa	0,1 ≤ Receita < 0,2	Caa	0,005 ≤ Imob. Líq. < 0,025
Ca	Receita < 0,1	Ca	Imob. Líq. < 0,005

Fonte: Moody's (2019, p. 4).

Para ilustrar o *rating* conforme Moody's (2019, p. 4), tomou-se como exemplo uma empresa brasileira classificada pela agência. As principais informações da empresa são:

- Receita líquida em Reais = R$ 105 bi;
- Imobilizado líquido em Reais = R$ 37 bi;
- EBIT em Reais = R$ 26 bi;
- Depreciação atual em Reais = R$ 2 bi;
- Ativo total médio = R$ 90 bilhões;
- Dívida onerosa bruta total (curto prazo e longo prazo) R$ 51 bilhões
- Despesas financeiras = R$ 6 bilhões;
- Fluxo de Caixa Operacional = R$ 8 bilhões; Dividendos Distribuídos = R$ 5 bilhões;
- Valor do dólar assumido no exemplo: R$ 5,20.

As receitas da empresa totalizaram no exercício atual o valor de R$ 105 bilhões de reais e, a um dólar a R$ 5,20, totalizam US$ 20,2 bilhões. Pela tabela anterior, receitas nesse patamar estariam no *rating* A (receitas entre US$ 15 bilhões e US$ 50 bilhões).

Os ativos imobilizados líquidos da empresa estavam em US$ 7,2 bilhões, o que pela classificação assumiriam *rating* Baa.

Assim, para os itens de escala, a empresa teria *rating* A nos dois quesitos.

Perfil do negócio: a avaliação do perfil do negócio pela Moody's considera a posição competitiva de uma empresa, incluindo sua posição geral de mercado, seus produtos e sua diversificação geográfica, as perspectivas de crescimento esperado e a estabilidade dos fluxos de caixa que podem justificar sua capacidade de se manter competitiva ao longo do tempo.

A pontuação é baseada em uma avaliação qualitativa do negócio da empresa. É levada em consideração a diversidade operacional de fontes de fluxos de caixa para suportar uma maior estabilidade dos resultados operacionais, uma vez que empresas com apenas um local de produção apresentam riscos de crédito maiores.

Do mesmo modo, empresas com um único produto estarão sujeitas a maior volatilidade nos ganhos e fluxos de caixa, enquanto empresas com um portfólio maior de linhas de produtos tendem a apresentar menor volatilidade nas receitas e nos fluxos de caixa, gerando ciclos de negócios ou dinâmica de preços mais seguros.

A diversidade geográfica também é capaz de produzir benefícios, já que uma empresa com maior possibilidade de expansão dos negócios não fica sujeita às sensibilidades da economia local.

Empresas com linhas de produtos de maior valor agregado têm maior estabilidade de fluxos de caixa do que empresas que trabalham com produtos básicos, devendo analisar o ciclo de vida dos produtos da empresa. Lembrando que esta análise é de um setor específico, como o de química básica.

A participação no mercado também é um ponto importante na análise do *rating*, já que uma maior participação efetiva de mercado sugere uma posição de negócio sustentável com maior capacidade de resistência às oscilações dos mercados, assim como produtos com patentes tendem a trazer maior estabilidade ao negócio.

Os custos de matérias-primas também são relevantes, uma vez que preços voláteis – representando uma parcela significativa dos custos das mercadorias vendidas, por exemplo, mais de um terço – podem resultar em oscilações de receitas e/ou fluxos de caixa. Esse fato é especialmente importante em períodos de oscilações de oferta e demanda.

Assim, a pontuação dada pela Moody's apresenta a matriz de identificação do perfil do negócio do Quadro 6.13.

Quadro 6.13 Matriz de identificação do perfil do negócio

Aaa	Expectativa de geração de fluxo de caixa altamente estável ao longo dos ciclos econômicos e do setor apoiada por linhas de produtos especializados altamente diversificadas com posições dominantes no mercado, nenhuma concentração de fontes de fluxo de caixa, mercados finais estáveis, operações de baixo custo com liderança global e vantagens de custo estrutural. A liderança tecnológica limita as ameaças à posição competitiva e apoia a melhoria das posições de mercado existentes e novas oportunidades de mercado.
Aa	Expectativa de geração de fluxo de caixa muito estável ao longo dos ciclos econômicos e do setor apoiada por linhas diversificadas de produtos especializados com posições dominantes no mercado, baixa concentração de fontes de fluxo de caixa, mercados finais estáveis, operações globais de baixo custo e vantagens de custo estrutural. A liderança tecnológica resulta em poucas ameaças à posição competitiva e a novas oportunidades de mercado.

(continua)

(continuação)

A	Expectativa de geração de fluxo de caixa estável ao longo dos ciclos econômicos e do setor apoiada por várias linhas de produtos especializados com amplas posições no mercado, concentração de fontes de fluxo de caixa entre moderada e baixa, mercados finais relativamente estáveis, operações globais predominantemente de baixo custo e vantagens de custo estrutural. A liderança tecnológica resulta em barreiras significativas à entrada.
Baa	Expectativa de volatilidade moderada na geração de fluxo de caixa ao longo dos ciclos do setor apoiada por várias linhas de produtos de *commodities* ou especializadas, com posições significativas de mercado, concentração moderada de fontes de fluxo de caixa, mercados finais cíclicos, custos operacionais competitivos em mais de uma região e vantagens de custo estrutural limitadas. A tecnologia e os conhecimentos operacionais minimizam as ameaças competitivas.
Ba	Expectativa de geração de fluxo de caixa cíclica ao longo dos ciclos do setor apoiada por duas ou mais linhas de produtos, principalmente de *commodities* com posições intermediárias de mercado, concentração moderadamente elevada de fontes de fluxo de caixa, mercados finais cíclicos em uma região, custos operacionais médios focados em uma região e poucas vantagens de custo estrutural. Diferenciação limitada com base em tecnologia e conhecimentos.
B	Expectativa de geração de fluxo de caixa altamente cíclica, elevada dependência de uma única linha de produtos de *commodities* com posições modestas de mercado, alta concentração de fontes de fluxo de caixa, mercados finais cíclicos em uma região, custos operacionais que variam de médios a elevados com diversidade geográfica limitada ou um único local de produção e nenhuma vantagem de custo estrutural. Nenhuma diferenciação efetiva baseada em tecnologia e conhecimentos.
Caa	Expectativa de geração de fluxo de caixa altamente volátil, uma única linha de produtos de *commodities* vendida a poucos clientes para uso limitado, posição insignificante de mercado, exposição concentrada a pequenos mercados cíclicos, nenhum poder de precificação e um único local de operação com estrutura de custos não competitiva. Desvantagens estruturais e tecnológicas substanciais.
Ca	Expectativa de geração de fluxo de caixa altamente volátil, uma única linha de produtos de *commodities* vendida a poucos clientes para um único uso, posição insignificante de mercado com vários concorrentes de porte, exposição concentrada a um pequeno mercado cíclico e demanda incerta, nenhum poder de precificação e um único local de operação com estrutura de custos não competitiva. Desvantagens estruturais e tecnológicas permanentes.

Para efeitos deste tópico e por não ter todas as informações necessárias, optou-se por alocar a pontuação do *rating* totalmente aleatório; no caso desse quesito, foi atribuído à empresa o *rating* Baa.

Rentabilidade: como indicadores de rentabilidade, a Moody's considera a margem do EBITDA e o ROA. A margem do EBITDA é uma medida que indica a rentabilidade da empresa, e pode apontar seu poder de permanência para operar em períodos de instabilidade no mercado.

O EBITDA é um indicador que mostra a geração operacional de caixa de uma empresa, ou seja, são os ganhos da empresa levando em consideração a sua atividade operacional do negócio sem efeitos financeiros e tributários. A margem do EBITDA é esse resultado com relação às receitas líquidas da empresa.

No caso da empresa em análise é, para dados consolidados:

EBITDA Atual = R$ 26 bi + R$ 2 = R$ 28 bi, que em dólares daria US$ 5,38 bi.

As receitas líquidas são de R$ 105 bi, que em dólares seria US$ 20,19. Assim, tem-se:

Margem EBITDA (Atual) = US$ 5,38/US$ 20,19 = 26,7%, performando *rating* A neste quesito.

E a rentabilidade do ativo total é calculada como o EBIT, que é o lucro antes dos impostos e das despesas financeiras dividido pelo ativo total médio. Assim, tem-se:
EBIT (Atual) = R$ 26 bilhões; EBIT (Atual), que em dólares fica US$ 5 bilhões.

AT médio (Atual) = R$ 90 bilhões
AT médio (Atual) = US$ 17,31 bilhões

Assim, tem-se:

ROA (Atual) = US$ 5/US$ 17,31 = 28,9%

Logo, os *ratings* para esses indicadores para a empresa seriam de A para a margem do EBITDA e Aa para o ROA, de acordo com a Tabela 6.15.

Tabela 6.15 Critérios para os quesitos dos *ratings*

Margem do EBITDA – peso 5%		ROA= EBIT/Ativo total médio – peso 5%	
Rating	Variação	Rating	Variação
Aaa	Marg. EBITDA ≥ 60%	Aaa	ROA ≥ 30%
Aa	40% ≤ Marg. EBITDA < 60%	Aa	20% ≤ ROA < 30%
A	25% ≤ Marg. EBITDA < 40%	A	13% ≤ ROA < 20%
Baa	15% ≤ Marg. EBITDA < 25%	Baa	9% ≤ ROA < 13%
Ba	9% ≤ Marg. EBITDA < 15%	Ba	5% ≤ ROA < 9%
B	4% ≤ Marg. EBITDA < 9%	B	2% ≤ ROA < 5%
Caa	1% ≤ Marg. EBITDA < 4%	Caa	0,5% ≤ ROA < 2%
Ca	Marg. EBITDA < 1%	Ca	ROA < 0,5%

Fonte: Moody's (2019).

Alavancagem e cobertura: as medidas de alavancagem e cobertura representam indicadores da flexibilidade financeira e da viabilidade de longo prazo de uma empresa. Indica ainda a maior capacidade em realizar novos investimentos e de lidar com as incertezas do mercado.

A Moody's adota Dívida/EBITDA como indicador de alavancagem e EBITDA/Despesa financeira para medir cobertura de juros.

Para a empresa em seus demonstrativos, as dívidas onerosas, tanto de curto quanto de longo prazo, são:

Dívida Bruta Onerosa (Atual) = R$ 51 bilhões
Dívida Bruta Onerosa (Atual) = US$ 9,81 bilhões

E os valores do EBITDA já calculados anteriormente são:

EBITDA (Atual) = US$ 5,38 bilhões

Assim, o índice é:

$$\frac{\text{Dívida}}{\text{EBITDA (Atual)}} = \frac{US\$\,9,81}{US\$\,5,38} = 1,82 \text{ vez}$$

A Tabela 6.16 demonstra o *rating* desse indicador da Moody's.

Tabela 6.16 Critério para quesito do *rating*

Dívida/EBITDA – peso 10%	
Rating	Variação
Aaa	Dívida/EBITDA < 0,5 X
Aa	0,5 X ≤ Dívida/EBITDA < 1,25 X
A	1,25 X ≤ Dívida/EBITDA < 2 X
Baa	2 X ≤ Dívida/EBITDA < 3 X
Ba	3 X ≤ Dívida/EBITDA < 4 X
B	4 X ≤ Dívida/EBITDA < 6 X
Caa	6 X ≤ Dívida/EBITDA < 8 X
Ca	Dívida/EBITDA ≥ 8 X

Fonte: Moody's (2013).

Logo, o *rating* para esse indicador para a empresa seria de A para a Dívida/EBITDA Atual.

Para o indicador de cobertura EBITDA/Despesas financeiras, tem-se que as despesas financeiras da empresa são:

Despesa financeira (Atual) = R$ 6 bilhões
Despesa financeira (Atual) = US$ 1,15 bilhão

Logo, o índice EBITDA/Despesa financeira seria:

$$\frac{\text{EBITDA}}{\text{Despesas financeiras (Atual)}} = \frac{US\$\,5,38}{US\$\,1,15} = 4,67 \text{ vezes}$$

332 | ANÁLISE DE RISCOS • *Fabiano Guasti Lima*

A tabela da Moody's para o *rating* desse indicador é a Tabela 6.17.

Tabela 6.17 Critério para quesito do *rating*

EBITDA/Desp. Financeira – peso 10%	
Rating	Variação
Aaa	EBITDA/Desp. Fin. ≥ 40 X
Aa	25 X ≤ EBITDA/Desp. Fin. < 40 X
A	15 X ≤ EBITDA/Desp. Fin. < 25 X
Baa	8 X ≤ EBITDA/Desp. Fin. < 15 X
Ba	2 X ≤ EBITDA/Desp. Fin. < 8 X
B	1 X ≤ EBITDA/Desp. Fin. < 2 X
Caa	0,5 X ≤ EBITDA/Desp. Fin. < 1 X
Ca	EBITDA/Desp. Fin. < 0,5 X

Fonte: Moody's (2013).

Logo, o *rating* para esse indicador para a empresa seria de Ba para a EBITDA/Despesa financeira.

Fluxo de Caixa Retido/dívida: o Fluxo de Caixa Retido representa o montante de recursos que a empresa dispõe, que não foi distribuído, para reinvestimentos que foram gerados pelas operações. O quociente desse fluxo de caixa pelas dívidas representa a capacidade de honrar os compromissos financeiros a partir dos fluxos não distribuídos.

Esse fluxo de caixa retido representa o fluxo de caixa das operações, excluídos os pagamentos de dividendos no período. Assim:

Fluxo de Caixa das Operações no DFC (Atual) = R$ 8 bilhões
Fluxo de Caixa das Operações no DFC (Atual) = US$ 1,54 bilhão

Dividendos distribuídos (Atual) = R$ 5 bilhões
Dividendos distribuídos (Atual) = US$ 0,96 bilhão

Fluxo de Caixa Retido (Atual) = US$ 1,54 – US$ 0,96 = US$ 0,58 bilhão
Dívida Bruta Onerosa (Atual) = US$ 9,81 bilhões

Assim, o quociente seria:
Fluxo de Caixa Retido/Dívida (Atual) = US$ 0,58/US$ 9,81 = 5,88%
A tabela da Moody's para o *rating* desse indicador é a Tabela 6.18.

Capítulo 6 • Análise de Risco de Crédito | **333**

Tabela 6.18 Critério para quesito do *rating*

Fluxo de Caixa Retido/Dívida – peso 10%	
Rating	Variação
Aaa	FC Retido/Dívida ≥ 95%
Aa	60% ≤ FC Retido/Dívida < 95%
A	30% ≤ FC Retido/Dívida < 60%
Baa	20% ≤ FC Retido/Dívida < 30%
Ba	10% ≤ FC Retido/Dívida < 20%
B	5% ≤ FC Retido/Dívida < 10%
Caa	1% ≤ FC Retido/Dívida < 5%
Ca	FC Retido/Dívida < 1%

Fonte: Moody's (2013).

Logo, o *rating* para esse indicador para a empresa seria de B para o exercício atual.

Política financeira: a avaliação da política financeira pela Moody's inclui a percepção sobre a tolerância do conselho de administração e da gestão da empresa ao risco financeiro e sobre a direção futura da estrutura de capital da empresa. A agência de classificação avalia a estrutura de capital da empresa ou o perfil de crédito almejado pelo emissor, seu histórico e a observação dos compromissos.

Assim, a pontuação dada pela Moody's acompanha a matriz de identificação do perfil do negócio conforme o Quadro 6.14.

Quadro 6.14

Aaa	Expectativa de políticas financeiras extremamente conservadoras (incluindo gestão de risco e liquidez), indicadores muito estáveis, essencialmente nenhum risco de evento que possa causar uma transição de *rating* e compromisso público com um perfil de crédito muito forte no longo prazo.
Aa	Expectativa de políticas financeiras muito conservadoras (incluindo gestão de risco e liquidez); indicadores estáveis; mínimo risco de eventos que possam vir a causar uma transição de *rating*; e comprometimento público a um perfil forte de crédito no longo prazo.
A	Expectativa de políticas financeiras previsíveis (incluindo gestão de risco e liquidez) que protejam os interesses do credor; embora exista modesto risco de eventos, o efeito sobre a alavancagem deve ser pequeno e temporário; forte comprometimento com um perfil de crédito sólido.
Baa	Expectativa de políticas financeiras (incluindo gestão de risco e liquidez) que equilibrem o interesse dos credores e dos acionistas; alguns riscos de que aquisições financiadas por dívidas ou distribuições aos acionistas poderiam levar a um perfil de crédito mais fraco.
Ba	Expectativa de políticas financeiras (incluindo gestão de risco e liquidez) que tendem a favorecer os acionistas em vez dos credores; risco financeiro acima da média resultante de distribuição a acionistas, aquisições ou outras mudanças significativas na estrutura de capital.

(continua)

(continuação)

B	Expectativa de políticas financeiras (incluindo gestão de risco e liquidez) que favoreçam os acionistas em vez de credores; risco financeiro elevado resultante de distribuição a acionistas, aquisições ou outras mudanças significativas na estrutura de capital.
Caa	Expectativa de políticas financeiras (incluindo gestão de risco e liquidez) que geram risco elevado de reestruturação de dívida em ambientes econômicos variados.
Ca	Expectativa de políticas financeiras (incluindo gestão de risco e liquidez) que geram risco elevado de reestruturação de dívida mesmo em ambientes econômicos saudáveis.

Fonte: Moody's (2019).

Para efeitos deste tópico e por não ter todas as informações necessárias, optou-se por alocar a pontuação do *rating* aleatório; no caso deste quesito, foi atribuído à empresa o *rating* A.

Definição do *rating* indicado na grade: a partir de agora, pode-se atribuir o *rating* final de posse de todos os indicadores obtidos e devidamente ranqueados por quesito. Considerou-se o ano atual com os dados médios do Balanço Patrimonial e do exercício atual para Demonstração de Resultado e Fluxos de Caixa para exemplificação do *rating*.

> ### Observação importante
> Ressalte-se que as definições do *rating* são apenas ilustrativas e obtidas junto à publicação técnica da Moody's. Não espelha a realidade atual da empresa.

Pontuando cada *rating* obtido, tem-se a Tabela 6.20.

Tabela 6.20 *Rating* com pontuações

Fatores gerais de *rating*	Subfator do *rating*	Ponderação do subfator	Rating	Pontuação por *rating*
Escala	Receita	7,5%	A	6
	Ativo imobilizado líquido	7,5%	Baa	9
Perfil do negócio	Perfil do Negócio	25%	Baa	9
Rentabilidade	Margem de EBITDA	5%	A	6
	ROA-EBIT/Média dos Ativos	5%	Aa	3
Alavancagem e cobertura	Dívida/EBITDA	10%	A	6
	EBITDA/Despesas com juros	10%	Ba	12
	Fluxo de Caixa Retido/Dívida	10%	B	15
Política financeira	Política financeira	20%	A	6
TOTAL	TOTAL	100%		

Fonte: Moody's (2013).

Fazendo a média ponderada entre os pesos e a pontuação:

$$Rating \ final = 7,5\% \times 6 + 7,5\% \times 9 + 25\% \times 9 + 5\% \times 3 + 10\% \times 6 + 10\% \times 12 + 10\% \times 15 + 20\% \times 6$$

$$Rating \ final = 8,325$$

A partir do *rating* final obtido pela pontuação acumulada do fator total ponderado, tem-se que o *rating* final será Baa1, de acordo com a Tabela 6.21.

Tabela 6.21 Mapeamento das pontuações totais dos fatores

Mapeamento das pontuações totais dos fatores	
Rating	Pontuação acumulada do fator total ponderado
Aaa	$\times \leq 1,5$
Aa1 Aa2 Aa3	$1,5 < \times \leq 2,5$ $2,5 < \times \leq 3,5$ $3,5 < \times \leq 4,5$
A1 A2 A3	$4,5 < \times \leq 5,5$ $5,5 < \times \leq 6,5$ $6,5 < \times \leq 7,5$
Baa1 Baa2 Baa3	$7,5 < \times \leq 8,5$ $8,5 < \times \leq 9,5$ $9,5 < \times \leq 10,5$
Ba1 Ba2 Ba3	$10,5 < \times \leq 11,5$ $11,5 < \times \leq 12,5$ $12,5 < \times \leq 13,5$
B1 B2 B3	$13,5 < \times \leq 14,5$ $14,5 < \times \leq 15,5$ $15,5 < \times \leq 16,5$
Caa1 Caa2 Caa3	$16,5 < \times \leq 17,5$ $17,5 < \times \leq 18,5$ $18,5 < \times \leq 19,5$
Ca	$19,5 < \times \leq 20,5$
C	$X > 20,5$

Fonte: Moody's (2019, p. 20).

6.8 Monitoramento do risco de crédito e a matriz de transição

O acompanhamento da evolução do risco de crédito é peça-chave para entendimento da mudança nos perfis de crédito em diversas instituições. Esse monitoramento pode ser feito não apenas nos produtos individuais, mas também na carteira de ativos ao longo de um ou mais períodos.

Um dos modelos mais conhecidos é o modelo **CreditMetrics** elaborado pelo JP Morgan, em 1997. Baseia-se na estimativa das mudanças relacionadas com as eventuais migrações na qualidade de crédito dos tomadores, sejam essas mudanças com efeitos positivos, correspondentes à probabilidade de melhora na classificação, ou chance de piora na qualidade por eventual inadimplência.

Dessa forma, todos os *upgrades* (melhora na posição da qualidade do crédito) quanto os *downgrades* (piora na qualidade creditícia) são observados ao longo de determinado período, em cada categoria do seu *rating* e, a partir dessas classificações observadas, transforma-se tais categorias em uma matriz de migração/transição, podendo atribuir probabilidades de mudanças entre todas as categorias de *rating* em determinado horizonte de tempo.

Tais matrizes de transição são úteis para o acompanhamento da evolução do comportamento do risco de crédito pela qualidade dos eventos encenados pelos credores, permitindo que a instituição avalie ajustes em sua política de concessão de crédito e faça os reparos necessários com relação à apuração da perda esperada ao longo do tempo.

APLICAÇÃO PRÁTICA

Admita uma instituição financeira com as seguintes classificações de seus clientes pelo seu próprio modelo de *rating* apresentado ao longo de certo período.

Os valores da Tabela 6.23 demonstram os *ratings* classificados de dez clientes ao longo de 11 anos. Neste exemplo, adotou-se o sistema de classificação hipotético[2] e suas categorias foram:

- Qualidade Alta: Categorias – AAA, AA e A
- Qualidade Média: Categorias – BBB, BB e B
- Qualidade Baixa: Categorias – CCC, CC e C
- Em inadimplência: Categoria – D

Tabela 6.22 *Ratings* classificados de 10 clientes ao longo de 11 anos

Clientes	Rating ao final do ano										
	2010	2011	2012	2013	2014	2015	2016	2017	2018	2019	2020
1	AA	AA	A	BBB	BBB	BBB	A	A	A	A	A
2	CC	CC	CC	CCC	CCC	CCC	B	B	CCC	CCC	CCC
3	C	C	D	–	–	–	–	–	–	–	–
4	BBB	BBB	BBB	A	AA	AA	AAA	AAA	AAA	AA	AA
5	AAA	AAA	AAA	AA	AA	A	A	A	A	A	A
6	CC	C	CC	B	B	B	BB	BB	BBB	BBB	A
7	BBB	BB	B	CCC	CC	C	D	–	–	–	–
8	AA	A	A	A	BBB	BBB	BBB	BBB	BBB	A	A
9	CC	CC	CC	CC	CC	CCC	BB	BB	B	B	B
10	B	B	CCC	CCC	CCC	CC	C	C	D	–	–

---

[2] Exemplo adaptado de https://www.patreon.com/NEDLeducation. Acesso em ago. 2022.

Dentro da amostra selecionada, têm-se clientes que apresentaram melhora na qualidade do crédito, outros apresentaram piora na classificação, mas não chegando a entrar em inadimplência, e três desses clientes entraram em *default* no período. Estes, após estarem na classificação "D", não apresentam mais classificações.

Pode-se agora analisar quantas vezes os *ratings* foram movimentados dentro do período. Essas movimentações devem ser feitas a partir de cada *rating*, permanecendo na mesma classificação, melhorando sua classificação ou deteriorando essa classificação. Dessa forma, têm-se, por exemplo:

- Cliente 4 passou para a classificação AAA em 2016 e permaneceu com essa classificação até 2018, ou seja, por 2 anos.
- O Cliente 5 já entrou em 2010 no *rating* AAA, ficando nessa categoria até 2012, por tanto, 2 anos também.
- Logo, ocorreram 4 permanências de *rating* AAA que entraram e ficaram no *rating* AAA.
- Ocorreram 2 rebaixamentos de *rating* AAA para AA: o Cliente 4 passou do *rating* AAA para o *rating* AA em 2019, ficando até 2020, ou seja, 1 período. E o Cliente 5 passou do *rating* AAA para o *rating* AA em 2013, ficando mais um ano apenas até 2014.

Ao observarmos todas essas mudanças em *upgrade* e *downgrade* no período analisado, tem-se a matriz de transição obtida a partir das frequências de alteração e manutenção dos respectivos *ratings* da Tabela 6.23.

Tabela 6.23 Matriz de transição

	Matriz de transição	*Rating* final do ano										
		AAA	AA	A	BBB	BB	B	CCC	CC	C	D	Total
Rating início do ano	AAA	4	2	0	0	0	0	0	0	0	0	6
	AA	1	4	3	0	0	0	0	0	0	0	8
	A	0	1	12	2	0	0	0	0	0	0	15
	BBB	0	0	4	9	1	0	0	0	0	0	14
	BB	0	0	0	1	2	2	0	0	0	0	5
	B	0	0	0	0	1	6	3	0	0	0	10
	CCC	0	0	0	0	1	1	6	2	0	0	10
	CC	0	0	0	0	0	1	2	6	3	0	12
	C	0	0	0	0	0	0	0	1	2	3	6

Assim, pode-se obter as frequências relativas de mudanças nos *ratings*, por exemplo, do *rating* AAA ficando em AAA, seria de 4/6 = 66,7%; caindo de AAA para AA, seria 2/6 = 33,3%. Do mesmo modo, de AA para AAA seria 1/8 = 12,5% e assim sucessivamente, em cada linha da matriz indicando as mudanças em *upgrade* e *downgrade*.

Portanto, a matriz de transição fica conforme a Tabela 6.24.

Tabela 6.24 Matriz de transição

Matriz de transição	Rating final do ano									
	AAA	AA	A	BBB	BB	B	CCC	CC	C	D
AAA	66,7%	33,3%	0,0%	0,0%	0,0%	0,0%	0,0%	0,0%	0,0%	0,0%
AA	12,5%	50,0%	37,5%	0,0%	0,0%	0,0%	0,0%	0,0%	0,0%	0,0%
A	0,0%	6,7%	80,0%	13,3%	0,0%	0,0%	0,0%	0,0%	0,0%	0,0%
BBB	0,0%	0,0%	28,6%	64,3%	7,1%	0,0%	0,0%	0,0%	0,0%	0,0%
BB	0,0%	0,0%	0,0%	20,0%	40,0%	40,0%	0,0%	0,0%	0,0%	0,0%
B	0,0%	0,0%	0,0%	0,0%	10,0%	60,0%	30,0%	0,0%	0,0%	0,0%
CCC	0,0%	0,0%	0,0%	0,0%	10,0%	10,0%	60,0%	20,0%	0,0%	0,0%
CC	0,0%	0,0%	0,0%	0,0%	0,0%	8,3%	16,7%	50,0%	25,0%	0,0%
C	0,0%	0,0%	0,0%	0,0%	0,0%	0,0%	0,0%	16,7%	33,3%	50,0%

Rating início do ano (rótulo da primeira coluna)

A Tabela 6.25 fornece a probabilidade de migração de qualquer *rating* que reflita a capacidade de crédito dos clientes, uma vez que a exposição ao risco do crédito ocorre não somente quando o devedor fica inadimplente, mas também na mudança de sua categoria de crédito, podendo ser melhorada no caso de um *upgrade*, ou deteriorada no caso de *downgrade*, seja por agências de classificação de risco ou por modelos internos de instituições financeiras.

A Standard & Poor's publicou inicialmente a matriz de transição de um ano utilizando sete categorias de *ratings* para identificar a qualidade do crédito de tomadores, sendo AAA o melhor nível e CCC o pior, e uma categoria a mais representando a categoria de inadimplência (*default*) quando o tomador não mais cumpre os pagamentos pactuados.

A interpretação feita para estas matrizes equivale à probabilidade de migração de um cliente classificado no *rating* inicial (primeira coluna) para um *rating* superior, inferior ou se manter inalterado no tempo analisado. Exemplificando: a probabilidade de um cliente com *rating* BBB se manter no mesmo nível de *rating* após o período analisado é de 64,3%, enquanto a probabilidade de o cliente classificado como C de entrar em *default* é de 50%.

Interessante observar que para todos os *ratings*, não *default*, a maior probabilidade é da manutenção do *rating*, verificada na diagonal principal da matriz. A ocorrência de migrações para as extremidades no período é relativamente baixa. Cabe ressaltar que a matriz poderia conter uma última linha para os clientes com categoria inicial de *default* (D), e as colunas representarem a probabilidade de ocorrência de mudança no *rating*. Todavia, a premissa adotada é que, uma vez entrando em *default*, o *status* dos clientes não se alterará.

Para expandir a matriz de migração para mais de um período, pode-se realizar a multiplicação da própria matriz por ela mesma, até chegar no período desejado. A premissa que envolve essa multiplicação sucessiva da matriz de transição se refere à independência das transições ao longo dos períodos. Ou seja:

$$\text{Matriz transição } (n \text{ períodos}) = \text{Matriz transição } (1 \text{ período})^n$$

APLICAÇÃO PRÁTICA

Dada a matriz de transição de um ano de determinado produto de crédito, nas classificações de A a D, em que A é a melhor classificação e D corresponde ao evento de *default*.

Tabela 6.25 Matriz de transição inicial

Matriz de transição	*Rating* no final do período: Ano 1			
Rating inicial	A	B	C	D
A	93,00%	3,00%	4,00%	0,00%
B	2,00%	86,00%	8,00%	4,00%
C	2,00%	15,00%	73,00%	10,00%
D	0,00%	0,00%	0,00%	100,00%

Pode-se apurar as probabilidades de *default* de cada um dos *ratings* após o período de 2 anos, realizando o produto da matriz de transição por ela mesmo:

$$\text{Matriz de transição} = MT\,(2\text{ anos}) = \begin{pmatrix} 0,93 & 0,03 & 0,04 & 0,00 \\ 0,02 & 0,86 & 0,08 & 0,04 \\ 0,02 & 0,15 & 0,73 & 0,10 \\ 0,00 & 0,00 & 0,00 & 1,00 \end{pmatrix} \times \begin{pmatrix} 0,93 & 0,03 & 0,04 & 0,00 \\ 0,02 & 0,86 & 0,08 & 0,04 \\ 0,02 & 0,15 & 0,73 & 0,10 \\ 0,00 & 0,00 & 0,00 & 1,00 \end{pmatrix}$$

Cabe observar que, para a matriz ficar com igual número de linhas e colunas, foi inserida a última linha correspondente ao *rating* D, com zeros em todas as categorias anteriores e um na categoria D, na última coluna. Realizando-se a multiplicação das matrizes pelas linhas e colunas, para as duas primeiras posições, tem-se:

$$MT\left(2\text{ anos}\right)_{11} = 0,93 \times 0,93 + 0,03 \times 0,03 + 0,04 \times 0,02 + 0,00 \times 0,00 = 0,8663$$
$$MT\left(2\text{ anos}\right)_{12} = 0,93 \times 0,03 + 0,03 \times 0,86 + 0,04 \times 0,15 + 0,00 \times 0,00 = 0,0597$$

E, assim, para as demais posições, ver Tabela 6.26.

Portanto, as probabilidades de *default* para os clientes com ratings iniciais são: A = 0,52%; B = 8,24% e C = 17,90%.

Tabela 6.26 Matriz de transição no segundo período

Matriz de transição	2 anos			
Rating inicial	A	B	C	D
A	86,63%	5,97%	6,88%	0,52%
B	3,74%	75,22%	12,80%	8,24%
C	3,62%	23,91%	54,57%	17,90%
D	0,00%	0,00%	0,00%	100,00%

6.8.1 Risco de crédito pelo modelo CreditMetrics

O modelo proposto pela CreditMetrics pode ser aplicado para avaliação do risco de crédito de um ativo individual, como um título ou um empréstimo, ou ainda aplicado a uma carteira. A metodologia aqui apresentada segue a sequência apresentada em Gupton, Finger e Bhatia (1997, p. 5), cujas etapas são:

- Adotar um sistema de classificação de crédito, com diferentes categorias de *rating*, isto é, definir uma matriz de transição dos *ratings* com as respectivas probabilidades de migração em determinado horizonte de tempo.
- Especificar uma estrutura temporal de taxas de juros (ETTJ) a termo em cada categoria de *rating* e apurar o valor do ativo, nas condições expostas pela qualidade do crédito. Para caso de inadimplência, será necessário informar a taxa de recuperação de crédito.
- Calcular o valor do risco de crédito do ativo em função da exposição e das possíveis migrações pela qualidade do crédito.

No caso de inadimplência, a taxa de recuperação faz referência a um percentual do valor da dívida que é esperado pelo credor conseguir recuperar mediante negociações ou garantias. Agências de classificação definem *ratings* de recuperação baseados nas características de recuperação relativa esperada de uma saída de inadimplência ou de garantias acordadas. Segundo a Fitch Ratings (2020), os *ratings* de recuperação representam uma escala numérica teórica de faixas de recuperação baseadas em comportamento histórico e julgamento analítico, podendo o nível real apresentar desvios dos valores históricos. Suas definições são demonstradas na Tabela 6.27.

Tabela 6.27 Tabela dos *ratings* de recuperação

Rating de recuperação	Descrição da capacidade de recuperação em caso de inadimplência	Faixa de recuperação
RR1	Excepcional	91% a 100%
RR2	Alta	71% a 90%
RR3	Boa	51% a 70%
RR4	Média	31% a 50%
RR5	Abaixo da média	11% a 30%
RR6	Baixa	0% a 10%

APLICAÇÃO PRÁTICA

Admita um título de longo prazo com valor de face de R$ 1.000,00, vencimento em cinco anos e cupom anual de 10%. Utilize a matriz de migração do modelo da Standard & Poor's de 1997 para 1 ano. Considere que a classificação de risco de crédito deste título seja BBB, com taxa de recuperação de 60% sobre o valor nominal.

Tabela 6.28 Matriz de transição (1 ano)

		AAA	AA	A	BBB	BB	B	CCC	Default
Rating inicial	AAA	90,81%	8,33%	0,68%	0,06%	0,12%	0,00%	0,00%	0,00%
	AA	0,70%	90,65%	7,79%	0,64%	0,06%	0,14%	0,02%	0,00%
	A	0,09%	2,27%	91,05%	5,52%	0,74%	0,26%	0,01%	0,06%
	BBB	0,02%	0,33%	5,95%	86,93%	5,30%	1,17%	0,12%	0,18%
	BB	0,03%	0,14%	0,67%	7,73%	80,53%	8,84%	1,00%	1,06%
	B	0,00%	0,11%	0,24%	0,43%	6,48%	83,46%	4,07%	5,20%
	CCC	0,22%	0,00%	0,22%	1,30%	2,38%	11,24%	64,86%	19,79%

Determinar o VaR de Crédito pelo modelo da CreditMetrics.

Na Tabela 6.29 são apresentadas as curvas das taxas de juros a termo em valores anuais para as categorias de risco.

Tabela 6.29 Curva de taxas de juros a termo (% a.a.)

	Ano 1	Ano 2	Ano 3	Ano 4
AAA	3,60%	4,17%	4,73%	5,12%
AA	3,65%	4,22%	4,78%	5,17%
A	3,72%	4,32%	4,93%	5,32%
BBB	4,10%	4,67%	5,25%	5,63%
BB	5,55%	6,02%	6,78%	7,27%
B	6,05%	7,02%	8,03%	8,52%
CCC	15,05%	15,02%	14,03%	13,52%

O fluxo de caixa contratado é:

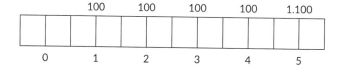

Deve-se avaliar, para cada uma das possíveis mudanças de *rating*, o valor esperado do título em 1 ano pelo método do fluxo de caixa descontado, em que o ano 1 é a data final:

$$\text{Preço}_{AAA} = 100 + \frac{100}{(1+0,036)^1} + \frac{100}{(1+0,0417)^2} + \frac{100}{(1+0,0473)^3} + \frac{1.100}{(1+0,0512)^4}$$
$$= R\$\ 1.276,85$$

$$\text{Preço}_{AA} = 100 + \frac{100}{(1+0,0365)^1} + \frac{100}{(1+0,0422)^2} + \frac{100}{(1+0,0478)^3} + \frac{1.100}{(1+0,0517)^4}$$
$$= R\$\ 1.274,61$$

$$\text{Preço}_A = 100 + \frac{100}{\left(1+0,0372\right)^1} + \frac{100}{\left(1+0,0432\right)^2} + \frac{100}{\left(1+0,0493\right)^3} + \frac{1.100}{\left(1+0,0532\right)^4}$$

$$= R\$\ 1.268,88$$

$$\text{Preço}_{BBB} = 100 + \frac{100}{\left(1+0,0410\right)^1} + \frac{100}{\left(1+0,0467\right)^2} + \frac{100}{\left(1+0,0525\right)^3} + \frac{1.100}{\left(1+0,0563\right)^4}$$

$$= R\$\ 1.256,68$$

$$\text{Preço}_{BB} = 100 + \frac{100}{\left(1+0,0555\right)^1} + \frac{100}{\left(1+0,0602\right)^2} + \frac{100}{\left(1+0,0678\right)^3} + \frac{1.100}{\left(1+0,0727\right)^4}$$

$$= R\$\ 1.196,61$$

$$\text{Preço}_B = 100 + \frac{100}{\left(1+0,1505\right)^1} + \frac{100}{\left(1+0,0702\right)^2} + \frac{100}{\left(1+0,0803\right)^3} + \frac{1.100}{\left(1+0,0852\right)^4}$$

$$= R\$\ 1.154,07$$

$$\text{Preço}_{CCC} = 100 + \frac{100}{\left(1+0,1505\right)^1} + \frac{100}{\left(1+0,1502\right)^2} + \frac{100}{\left(1+0,1403\right)^3} + \frac{1.100}{\left(1+0,1352\right)^4}$$

$$= R\$\ 992,32$$

Caso o título vá para *default*, o valor residual dependerá da taxa de recuperação que, neste exemplo, foi adotada como 60%, dentro da faixa de recuperação RR3, aqui arbitrada.

$$\text{Preço}_{Default} = 1.000,00 \times 60\% = R\$\ 600,00$$

A avaliação do risco de crédito é feita a partir da matriz de transição para cada possível mudança de *rating*, podendo ser valorização do *rating* (melhora), manutenção, rebaixamento (piora) ou mesmo *default* (inadimplência).

Assim, ao final do ano, tem-se os dados da Tabela 6.30.

Tabela 6.30 Matriz de transição para avaliação do risco de crédito

Valor Presente	(A) Preço *Rating* BBB	(B) Prob	(C) Prob_acum.	(D) Retorno – Ret. BBB	(Ret – Média) ^2*Prob
AAA	R$ 1.276,58	0,02%	100,00%	R$ 19,90	R$ 0,12
AA	R$ 1.274,61	0,33%	99,98%	R$ 17,93	R$ 1,75
A	R$ 1.268,88	5,95%	99,65%	R$ 12,20	R$ 17,80
BBB	R$ 1.256,68	86,93%	93,70%	R$ –	R$ 22,56
BB	R$ 1.196,61	5,30%	6,77%	– R$ 60,07	R$ 160,19
B	R$ 1.154,07	1,17%	1,47%	– R$ 102,61	R$ 111,26
CCC	R$ 992,32	0,12%	0,30%	– R$ 264,36	R$ 80,66
Default	R$ 600,00	0,18%	0,18%	– R$ 656,68	R$ 764,22

Capítulo 6 • Análise de Risco de Crédito | **343**

A Tabela 6.30 ilustra as probabilidades de o título estar nas respectivas classificações de risco de crédito a partir da matriz de transição da CreditMetrics ao fim de um ano. A coluna (C) representa a probabilidade acumulada a partir da classificação de *default* até a classificação mais alta. Na coluna (D), tem-se o retorno do título recorrente da mudança de seu *rating* BBB para cada uma das categorias ao fim de 1 ano, obtidos a partir da seguinte forma:

$$\text{Retorno}_i = \text{Preço}_i - \text{Preço}_{BBB}$$

em que i representa as diferentes categorias de *rating* de AAA até o *default*.

Observando a coluna das probabilidades acumuladas, o VaR Não Paramétrico para, digamos 95% de confiança, é – R\$ 60,07. Para 99% de confiança, esse mesmo VaR seria – R\$ 102, 61.

Para o cálculo do VaR Paramétrico, deve-se proceder à determinação da média e desvio-padrão. Admitindo uma distribuição normal, a média μ e o desvio-padrão σ serão:

$$\mu = \sum_{i=1}^{n} \text{prob}_i \times \text{Retorno}_i$$

$$\sigma = \sqrt{\sum_{i=1}^{n} \left(\text{Retorno}_i - \mu\right)^2 \times \text{prob}_i}$$

Assim:

$$\mu = 0,02\% \times 19,90 + 0,33\% \times 17,93 + 5,95\% \times 12,20 + 86,93\% \times 0,00 + 5,30\% \times \left(-60,07\right)$$
$$+1,17\% \times \left(-102,61\right) + 0,12\% \times \left(-264,36\right) + 0,18\% \times \left(-656,68\right) \mu = -5,09$$

Outra forma de obter esse retorno médio seria encontrar o preço médio ponderado pelas respectivas probabilidades dos *ratings* e subtrair o preço do *rating* BBB do título:

$$\text{Preço Médio} = 0,02\% \times 1.276,58 + 0,33\% \times 1.274,61 + 5,95\% \times 1.268,88 + 86,93\%$$
$$\times 1.256,68 + 5,30\% \times 1.196,61 + 1,17\% \times 1,154,07 + 0,12\% \times 992,32 + 0,18\%$$
$$\times 600,00 = R\$1.251,59$$

Logo, o retorno médio com relação ao título com *rating* BBB é:

$$\mu = R\$ 1.251,59 - R\$ 1.256,68 = -R\$ 5,09$$

O risco pode ser obtido:

$$\sigma = \sqrt{\begin{aligned}&\left(19,90 - \left(-5,09\right)\right)^2 \times 0,02\% + \left(17,93 - \left(-5,09\right)\right)^2 \times 0,33\% + \left(12,20 - \left(-5,09\right)\right)^2 \times 5,95\% + \\ &\left(0 - \left(-5,09\right)\right)^2 \times 86,93\% + \left(-60,07 - \left(-5,09\right)\right)^2 \times 5,30\% + \left(-102,61 - \left(-5,09\right)\right)^2 \times 1,17\% + \\ &\left(-264,36 - \left(-5,09\right)\right)^2 \times 0,12\% + \left(-656,69 - \left(-5,09\right)\right)^2 \times 0,18\%\end{aligned}}$$

$$\sigma = \sqrt{0,12 + 1,75 + 17,80 + 22,56 + 160,19 + 111,26 + 80,66 + 764,22}$$

$$\sigma = \sqrt{1.158,57} = R\$ 34,04$$

Assim, podemos calcular o *Value at Risk* (VaR) paramétrico desse título:

$$\text{VaR}_{a\%} = \mu + Z_{a\%} \times \sigma$$

Nesse caso, para distribuições paramétricas, o cálculo do VaR pode ser simplificado de forma considerável com relação à forma da distribuição, como a distribuição normal. A questão, segundo Jorion (2010, p. 99), é saber se a distribuição normal é realista. Enquanto este for o caso, o cálculo do VaR pode ser derivado diretamente do desvio-padrão e multiplicado pelo fator do nível de confiança. Caso contrário, outra distribuição pode se adequar melhor aos dados:

$$\text{VaR}_{99\%} = -5,09 + (-2,33) \times 34,04 = -84,28$$

EXERCÍCIOS RESOLVIDOS

1. Um banco concedeu um empréstimo cobrando uma taxa básica e 15% para o período com ativos dados como garantias. Segundo a área de risco de crédito, há uma probabilidade de inadimplência de 5%. A área de risco também informa que em caso de inadimplência do tomador espera-se recuperar 50% dos recursos emprestados com a venda dos ativos dados em garantia. Qual o retorno esperado desse empréstimo?

Solução

A solução dessa questão pode ser observada no esquema a seguir:

Logo, a taxa de retorno seria:

$$R = 95\%(1+0,15) + 5\% \times 50\%(1+0,15) - 1$$
$$R = 12,125\%$$

2. Um investidor detém uma carteira de $ 100 mil. Essa carteira é composta por dois créditos, um de $ 40 mil e outro de $ 60 mil. As probabilidades de *default* desses títulos são de 2 e 5%, respectivamente, e são independentes. A taxa de recuperação do primeiro

Capítulo 6 • Análise de Risco de Crédito | **345**

título é de 70%, e a do segundo é de 45%. Calcule a perda esperada de crédito dessa carteira.

Solução

Têm-se os seguintes dados:

(A) Valor	(B) Prob. inadimplência	(C) Taxa recuperação	(A) × (B) × (1 − (C))
$ 40.000	2%	70%	$ 240
$ 60.000	5%	45%	$ 1.650
TOTAL			$ 1.890,00

O cálculo da perda esperada é a média ponderada entre o valor, probabilidade de *default* e um menos a taxa de recuperação. Por exemplo, para o primeiro título, tem-se:

$$\text{Perda} = \$\,40.000 \times 0,02 \times (1 - 0,70) = \$\,240$$

Somando-se as perdas de cada um dos créditos, tem-se a perda esperada no valor de $ 1.890,00 para o período.

3. Considere uma carteira de crédito que possui cinco títulos com correlação nula entre eles. As probabilidades de inadimplência (*default*) em um mês desses títulos são 1%, 2%, 5%, 9% e 15%, respectivamente. Qual é a probabilidade de nenhum desses títulos entrar em inadimplência no próximo mês?

Solução

Foram dadas as probabilidades de inadimplência de cada um dos títulos. A probabilidade de não entrarem em inadimplência corresponde às atividades complementares, ou seja, 99%, 98%, 95%, 91% e 85%, respectivamente, calculadas como um menos a probabilidade de inadimplência. Assim, a probabilidade de nenhum entrar em inadimplência é o produto dessas cinco probabilidades:

$$P = 0,99 \times 0,98 \times 0,95 \times 0,91 \times 0,85 = 0,7129 = 71,29\%$$

4. De acordo com a classificação de *rating* de crédito da agência Moody's, qual é o último nível de classificação possível para ser considerado grau de investimento?
   a) Baa1
   b) Ba3
   c) Caa3
   d) C−
   e) Baa3

Solução

Alternativa E

Pela classificação da Moody's, os graus de investimentos são:

Grau de investimento

Aaa (*giltedged*) – o mais alto grau

Aa1, Aa2, Aa3 – grau alto

A1, A2, A3 – grau médio alto

Baa1, Baa2, Baa3 – grau médio

Logo, a última classificação para este grau é Baa3.

EXERCÍCIOS PROPOSTOS

1. (Adaptado de Jorion (2010, p. 439)) Considere uma carteira com exposição total a crédito de R$ 100 milhões investida em três títulos de renda fixa:

   Título A: $ 25 milhões; p = 5%

   Título B: $ 30 milhões; p = 10%

   Título C: $ 45 milhões; p = 20%

   Considerando uma exposição constante com taxa de recuperação de zero e *defaults* independentes:

   a) Calcule a probabilidade de perda de crédito em cada cenário possível.

   b) Calcule o valor monetário da perda de crédito em cada cenário possível.

   c) Calcule o CVaR com nível de confiança de 95%.

2. (Adaptado de Jorion (2010)) Considere uma carteira contendo 4 títulos de crédito A, B, C e D. As probabilidades (independentes) de *default* são, respectivamente, 10%, 15%, 1% e 7%. As exposições esperadas são, respectivamente (em milhões): $ 20, $ 5, $ 30, $ 25. As taxas esperadas de recuperação são, respectivamente, 30%, 25%, 40% e 35%. Calcule:

   a) A perda de crédito esperada da carteira.

   b) CVaR da carteira com nível de confiança de 95%.

3. (Adaptado de Jorion (2010)) Seja uma carteira de crédito composta de dez contratos de empréstimos, todos com *defaults* independentes. Assumindo que a probabilidade de *default* de um ano é de 5%, calcule:

   a) A probabilidade de que ocorra pelo menos um *default* na carteira daqui a 1 ano.

   b) A probabilidade de que apenas os empréstimos 1 e 2 fiquem inadimplentes daqui a 1 ano.

4. Um banco está oferecendo um empréstimo cobrando uma taxa básica de 60,75% para o período com ativos dados como garantias. Segundo a área de risco de crédito do banco, há uma probabilidade de inadimplência de 1%. As garantias podem ser vendidas em caso de inadimplência do tomador e espera-se recuperar 90% dos recursos emprestados. Qual o retorno esperado desse empréstimo?

Capítulo 6 • Análise de Risco de Crédito | **347**

5. Admita que um banco tenha concedido um empréstimo sem garantias a uma empresa. Esse empréstimo será pago em um único pagamento no valor de R$ 50.000,00. Segundo estimativas do banco, a empresa tem uma chance de 3% de entrar em inadimplência ao longo do período de concessão do empréstimo, e os analistas do banco indicam que, caso a empresa não pague o empréstimo, o banco consiga recuperar 70% com uma ação judicial. Se fosse necessário manter uma reserva de capital de crédito igual à perda esperada de crédito, quanto seria esse valor?

6. Uma empresa adota a política de pesos para avaliar solicitações de crédito de seus clientes. Os pesos são determinados baseando-se em um cadastro que o cliente preenche quando da solicitação de crédito e são rebalanceados uma vez por ano. O critério de aceitação para liberar o crédito é o cliente conseguir uma ponderação final acima de 8 pontos, tendo 100% do valor solicitado aprovado. A empresa libera metade do crédito solicitado para clientes cuja pontuação final ponderada fica entre 6 e 7,9, e caso a pontuação fique abaixo de 6, o crédito é negado integralmente.

Os quesitos analisados com os respectivos pesos são demonstrados a seguir:

Itens avaliados	Peso	Pontuações
Tipo de residência	10%	(A) Própria = 10 pontos (B) Alugada = 5 pontos
Nível de escolaridade	10%	(A) Pós-graduação = 10 pontos (B) Superior = 8 pontos (C) Ensino Médio = 5 pontos (D) Outro = 3 pontos
Histórico de renda	20%	(A) Superior a 5 salários mínimos = 10 pontos (B) Entre 3 e 5 salários mínimos = 7 pontos (C) Abaixo de 3 salários mínimos = 3 pontos
Histórico de pagamento na loja	20%	(A) Sem atrasos = 10 pontos (B) Atrasos inferiores a 15 dias = 7 pontos (C) Atrasos constantes = 0 ponto
Prestação/renda	20%	(A) Até 5% (exclusive) = 10 pontos (B) Entre 5% (inclusive) e 10% = 7 pontos (C) Acima de 10% = 3 pontos
Tempo de emprego	20%	(A) Mais de 5 anos = 10 pontos (B) Entre 1 e 5 anos (inclusive) = 7 pontos (C) Menos de 1 ano = 3 pontos (D) Desempregado = 0 ponto

O quadro a seguir apresenta a tabulação referente a quatro solicitações de crédito de acordo com as informações fornecidas pelos clientes.

Itens avaliados	Cliente I	Cliente II	Cliente III	Cliente IV
Tipo de residência	A	B	B	B
Nível de escolaridade	B	C	B	C
Histórico de renda	B	C	B	B
Histórico de pagamento na loja	A	B	A	B
Prestação/renda	A	C	A	B
Tempo de emprego	A	C	A	B

De acordo com os fatores ponderados de cada cliente, pede-se:

a) Qual(is) teria(m) o crédito 100% aprovado?

b) Qual(is) teria(m) o crédito 50% aprovado?

c) Qual(is) teria(m) o crédito reprovado?

7. Segundo as agências de classificação de *ratings* Standard & Poor's e Moody's, os *ratings* de classificação limites para serem considerados graus de investimentos são, respectivamente:

a) B–; Ba1

b) CCC+; B3

c) BBB; Baa2

d) BBB–; Baa3

e) BB+; Ba2

8. Uma agência fictícia de *rating* possui a seguinte escala de classificação para instituições financeiras:

Aa+			Cb+		
Aa			Cb		
Aa–	Grau de investimento com qualidade alta e baixo risco		Cb–	Grau de especulação com baixa classificação	
Ab+			C+		
Ab			C		
Ab–			C–		
BA+	Grau de investimento com qualidade média		D+	Risco alto de inadimplência e baixo interesse	
BA			D		
BA–			D–		

Essa agência está aplicando sua metodologia de *rating* para um banco. Os critérios e ponderações são dados a seguir:

Fatores gerais de *rating*	Ponderação do fator	Subfator de *rating*	Ponderação do subfator
ESCALA	20%	Total dos Ativos	10%
		Receita	10%
DURATION E CONVEXIDADE DOS TÍTULOS	20%	*Duration* de títulos de Renda Fixa	10%
		Convexidade de títulos de Renda Fixa	10%
RISCO DE CRÉDITO	60%	Perda Esperada	20%
		VaR de Crédito de 95%	40%

Os critérios de pontuação são os seguintes em cada item: Aa = 1; Ab = 3; BA = 6; Cb = 9; C = 12; e D = 14.

A metodologia para cada fator é descrita na sequência:

ESCALA: Avalia dois quesitos: Ativos totais do Banco e Receitas de Intermediação Financeira.

Total dos ativos em R$ mi		Receitas em R$ mi	
Aa	Ativos ≥ 50	Aa	Receita ≥ 100
Ab	20 ≤ Ativos < 50	Ab	50 ≤ Receita < 100
BA	10 ≤ Ativos < 20	BA	15 ≤ Receita < 50
Cb	8 ≤ Ativos < 10	Cb	5 ≤ Receita < 15
C	5 ≤ Ativos < 8	C	2 ≤ Receita < 5
D	Ativos < 5	D	Receita < 2

- ♦ *Duration* e **Convexidade**
  - ♦ Avalia dois quesitos: a *duration* e a convexidade da carteira total de Títulos de Renda Fixa em posse do banco.

Duration em anos		Convexidade em anos	
Aa	*Duration* < 1	Aa	Convexidade < 5
Ab	1 ≤ *Duration* < 2	Ab	5 ≤ Convexidade < 10
BA	2 ≤ Receita < 4	BA	10 ≤ Convexidade < 20
Cb	4 ≤ *Duration* < 5	Cb	20 ≤ Convexidade < 30
C	5 ≤ *Duration* < 5,5	C	30 ≤ Convexidade < 40
D	*Duration* ≥ 5,5	D	Convexidade ≥ 40

- ♦ **Risco de crédito**: estudo da carteira de crédito do banco e cálculo do seu VaR.

Perda esperada em R$ mi		VaR crédito de 95% em R$ mi	
Aa	Perda < 10	Aa	VaR 95% < 50
Ab	10 ≤ Perda < 25	Ab	50 ≤ VaR 95% < 100
BA	25 ≤ Perda < 50	BA	100 ≤ VaR 95% < 160
Cb	50 ≤ Perda < 60	Cb	160 ≤ VaR 95% < 250
C	60 ≤ Perda < 85	C	250 ≤ VaR 95% < 400
D	Perda ≥ 85	D	VaR 95% ≥ 400

♦ **Rating final:** o *rating* final é obtido pela média ponderada de cada quesito pelas respectivas pontuações. O mapeamento das pontuações finais para obter o *rating* final é:

Rating final	Pontuação acumulada do fator ponderado
Aa+	$x < 1{,}5$
Aa	$1{,}5 \leq x < 2{,}5$
Aa–	$2{,}5 \leq x < 3{,}5$
Ab+	$3{,}5 \leq x < 4{,}5$
Ab	$4{,}5 \leq x < 5{,}5$
Ab–	$5{,}5 \leq x < 6{,}5$
BA+	$6{,}5 \leq x < 7{,}5$
BA	$7{,}5 \leq x < 8{,}5$
BA–	$8{,}5 \leq x < 9{,}5$
Cb+	$9{,}5 \leq x < 10{,}5$
Cb	$10{,}5 \leq x < 11{,}5$
Cb–	$11{,}5 \leq x < 12{,}5$
C+	$12{,}5 \leq x < 13{,}5$
C	$13{,}5 \leq x < 14{,}5$
C-	$14{,}5 \leq x < 15{,}5$
D+	$15{,}5 \leq x < 16{,}5$
D	$16{,}5 \leq x < 17{,}5$
D–	$x \geq 17{,}5$

Assim, o Banco ALFA solicita que seja obtido seu *rating* e fornece as seguintes informações referentes aos dados mais atuais:

I. Possui ativos totais no valor de R$ 55 milhões e Receita de Intermediação Financeira de R$ 60 milhões.

II. Possui uma carteira de títulos de renda fixa com prazo de vencimento de 6 anos com títulos de valor de face R$ 1.000,00 cotados ao par com *yield* de mercado de 10% ao ano e juros pagos semestralmente de forma linear.

III. Tem uma carteira de crédito que pode ser resumida nas seguintes informações:

Credores	Exposições em R$ mi	Probabilidade *default*	Taxa de recuperação
A	R$ 100	10,0%	30%
B	R$ 150	16,5%	40%
C	R$ 250	20,0%	50%

Dessa forma, pede-se:

a) Calcule o VaR de crédito da carteira de crédito do Banco com 95%.

b) Qual o *rating* desse banco?

9. Admita a seguinte matriz de transição dos *ratings* de risco de crédito para 1 ano, em que o melhor *rating* é A e o *rating* D é *default*. Calcule a probabilidade de *default* do crédito B para 2 anos.

Matriz de transição	*Rating* no final do período: Ano 1			
Rating inicial	A	B	C	D
A	94,00%	4,00%	2,00%	0,00%
B	2,00%	90,00%	5,00%	3,00%
C	1,00%	8,00%	80,00%	11,00%
D	0,00%	0,00%	0,00%	100,00%

Gabarito

1. a) e b)

Default	Perda	Probabilidade	Perda esperada
Nenhum	–	68,40%	–
A	25.000,00	3,60%	900
B	30.000,00	7,60%	2.280
C	45.000,00	17,10%	7.695
A,B	55.000,00	0,40%	220
A,C	70.000,00	0,90%	630
B,C	75.000,00	1,90%	1.425
A,B,C	100.000,00	0,10%	100
	TOTAL	100,00%	13.250

c) $ 31.750,00

2. a) $ 3.280,00

b) $ 12.970,00

3. a) 40,13%

b) 0,17%

4. 60,59%

5. $ 450,00

6. a) Clientes I e III

b) Cliente IV

c) Cliente II

7. D

8. a) $ 113,15

b) Ab–

9. 6,25%

7

ANÁLISE DE RISCO OPERACIONAL

OBJETIVOS DO CAPÍTULO

O objetivo deste capítulo é explicar o risco operacional e demonstrar como medir o VaR operacional de uma exposição a riscos operacionais. Esse assunto tem especial importância, uma vez que muitos eventos relacionados com perdas são expostos indiretamente pelo surgimento de riscos de natureza operacional.

7.1 Natureza do risco operacional

Uma das formas mais preocupantes de risco nas empresas, que tem sido trabalhada de forma crescente e, é a mensuração e o controle de riscos operacionais.

A história revela grandes crises provocadas por fatores de risco operacional, de acordo com Jorion (2010):

- Banco Barings (fev./1995):
  - Falência provocada por operações irregulares de um *trader* de derivativos (Nick Leeson).
  - Prejuízo: US$ 1,3 bilhão.
- Daiwa Bank (set./1995):
  - Insolvência ocasionada por transações ilegais de um operador de títulos de renda fixa (Toshihide Iguchi).
  - Prejuízo: US$ 1,1 bilhão.
- Sumitomo (jun./1996):
  - Grandes perdas em operações no mercado motivadas por fraude de um operador (Yasuo Hamanaka).
  - Prejuízo: US$ 2,6 bilhões.

- Morgan Grenfell Asset Management (set./1996):
  - Perdas ocasionadas por operações irregulares (não autorizadas) de um gestor de recursos (Peter Young).
  - Prejuízo: US$ 720 milhões.
- Allied Irish Bank (fev./2002):
  - Perdas com operações cambiais irregulares de um *trader* (John Rusnack).
  - Prejuízo: US$ 691 milhões.
- Societé Générale (jan./2008):
  - As maiores perdas ocasionadas por operações irregulares com derivativos na história (Jérôme Kerviel).
  - Prejuízo: US$ 7,6 bilhões.

Grande parte dos desastres financeiros pode ser atribuída a uma exposição a riscos de mercado e de crédito, aliada a algum tipo de falha nos controles internos. Esses problemas são característicos de risco operacional.

O risco operacional é o risco decorrente da perda de inadequações ou falhas em processos internos, pessoas e sistemas, bem como eventos externos. Isso inclui falhas em sistemas, fraudes internas e externas, desastres naturais etc.

Os métodos mais modernos de mensuração e análise de risco operacional baseiam-se na construção da distribuição de perdas.

A distribuição de perdas é normalmente tratada como uma combinação de duas distribuições: uma de frequência e outra de severidade (magnitude) das perdas. Realiza-se a partir desses dados tabulando-se todas as combinações possíveis de frequência e severidade.

A reportagem a seguir ilustra um erro operacional não intencional ocorrido que exemplifica as consequências do risco operacional.

Erro humano pode ter causado pânico
Operador queria vender milhões de ações; vendeu bilhões

Tiago Lethbridge

Nova York – Um erro de digitação pode ter causado uma das piores quedas em pontos da história do índice Dow Jones, da Bolsa de Valores de Nova York. Segundo a rede de TV americana CNBC, um operador do Citi, um dos maiores bancos americanos, teria sido responsável pelo erro. Após a montanha-russa do meio da tarde, o índice Dow Jones fechou em baixa de 3,2%, quase 700 pontos acima da mínima do dia.

Ainda de acordo com a rede de TV, o operador queria vender alguns "milhões" de ações no meio da tarde desta quinta-feira, mas apertou, por engano, a tecla que ordena a venda de "bilhões" de ações.

Em poucos minutos, o índice, que caía cerca de 300 pontos, começou a despencar em altíssima velocidade, até cair quase 1.000 pontos, ou quase 10% – um recorde histórico.

[...]

Disponível em: https://exame.com/invest/mercados/erro-humano-pode-ter-causado-panico-556982/.
Acesso em: 14 fev. 2023.

7.2 Cálculo do VaR operacional

O VaR operacional é a pior perda operacional dentro de um nível de confiança menos a perda esperada.

O que se usa atualmente é a junção combinada entre o VaR e o nível de capital empregado para suportar as operações de uma organização. Tais reservas financeiras que cobrem as perdas não operacionais são denominadas "capital de risco" ou "capital econômico".

O capital de risco pode ser visto como o próprio VaR, sendo interpretado como o montante de recursos que deve separar para cobrir a maior parte das perdas potenciais para um dado nível de confiança, funcionando como um autosseguro da empresa.

APLICAÇÃO PRÁTICA[1]

Uma empresa levantou as fontes de riscos operacionais que poderiam provocar perdas consideráveis e, com base nos dados históricos, levantou os valores de perdas semelhantes, bem como o número de perdas.

A partir das frequências de ocorrências, estimou as respectivas probabilidades de ocorrência, bem como das magnitudes de cada perda.

Os dados podem ser vistos na Tabela 7.1.

Tabela 7.1   Dados das distribuições

Distribuição de frequências		Distribuição da severidade da perda	
Probabilidade	Frequência	Probabilidade	Magnitude
60,00%	0	50,00%	$ 1.000
30,00%	1	30,00%	$ 10.000
10,00%	2	20,00%	$ 100.000

As duas distribuições, de frequência e severidade (magnitude das perdas), devem ser cruzadas para gerar a distribuição empírica das perdas operacionais.

Esse cruzamento é feito realizando-se as possíveis combinações entre as frequências e as magnitudes. E, posteriormente, calculadas as respectivas probabilidades dessas combinações.

Tabela 7.2   Distribuição das perdas

Frequência	Perda 1	Perda 2	Perda Total
0	–	–	–
1	$ 1.000	–	$ 1.000
1	$ 10.000	–	$ 10.000
1	$ 100.000	–	$ 100.000

(continua)

---

[1]   Exemplo adaptado de: JORION, Philipe. *Financial risk manager handbook*. 5. ed. New Jersey: Wiley, 2009. p. 594.

(continuação)

Frequência	Perda 1	Perda 2	Perda Total
2	$ 1.000	$ 1.000	$ 2.000
2	$ 1.000	$ 10.000	$ 11.000
2	$ 1.000	$ 100.000	$ 101.000
2	$ 10.000	$ 1.000	$ 11.000
2	$ 10.000	$ 10.000	$ 20.000
2	$ 10.000	$ 100.000	$ 110.000
2	$ 100.000	$ 1.000	$ 101.000
2	$ 100.000	$ 10.000	$ 110.000
2	$ 100.000	$ 100.000	$ 200.000

Após os cálculos das perdas em cada um dos cenários das frequências, deve-se calcular as respectivas probabilidades combinadas. Por exemplo:

- Nenhuma perda

    $P = P(\text{freq. perda})$

    $P = (60,00\%)$

- *Default* de apenas uma perda, de $ 1.000

    $P = P(\text{freq. perda}) \times P(\text{perda}_1)$

    $P = 30\% \times 50\% = 15,00\%$

- *Default* de apenas uma perda, de $ 10.000

    $P = P(\text{freq. perda}) \times P(\text{perda}_2)$

    $P = 30\% \times 30\% = 9,00\%$

- *Default* de apenas uma perda, de $ 100.000

    $P = P(\text{freq. perda}) \times P(\text{perda}_3)$

    $P = 30\% \times 20\% = 6,00\%$

- *Default* de duas perdas, sendo as duas de $ 1.000

    $P = P(\text{freq. perda}) \times P(\text{perda}_1) \times P(\text{perda}_1)$

    $P = 10\% \times 50\% \times 50\% = 2,50\%$

- *Default* de duas perdas, sendo uma de $ 1.000 e a outra de $ 10.000

    $P = P(\text{freq. perda}) \times P(\text{perda}_1) \times P(\text{perda}_2)$

    $P = 10\% \times 50\% \times 30\% = 1,50\%$

E assim sucessivamente. Atribuindo-se as perdas às respectivas probabilidades calculadas e ordenando pelas perdas menores até as maiores, tem-se os dados da Tabela 7.3.

Tabela 7.3 Probabilidades acumuladas

Perdas possíveis	Probabilidade	Probabilidade acumulada
–	60,00%	60,00%
$ 1.000	15,00%	75,00%
$ 2.000	2,50%	77,50%
$ 10.000	9,00%	86,50%
$ 11.000	1,50%	88,00%
$ 11.000	1,50%	89,50%
$ 20.000	0,90%	90,40%
$ 100.000	6,00%	96,40%
$ 101.000	1,00%	97,40%
$ 101.000	1,00%	98,40%
$ 110.000	0,60%	99,00%
$ 110.000	0,60%	99,60%
$ 200.000	0,40%	100,00%

A partir da distribuição das perdas, pode-se calcular a perda média esperada multiplicando-se as respectivas probabilidades pelas perdas, como feito na Tabela 7.4.

Tabela 7.4 Cálculo da perda esperada

Perdas possíveis	Probabilidade	Perdas × Probabilidades
–	60,00%	$ 0,00
$ 1.000	15,00%	$ 150,00
$ 2.000	2,50%	$ 50,00
$ 10.000	9,00%	$ 900,00
$ 11.000	1,50%	$ 165,00
$ 11.000	1,50%	$ 165,00
$ 20.000	0,90%	$ 180,00
$ 100.000	6,00%	$ 6.000,00
$ 101.000	1,00%	$ 1.010,00
$ 101.000	1,00%	$ 1.010,00
$ 110.000	0,60%	$ 660,00
$ 110.000	0,60%	$ 660,00
$ 200.000	0,40%	$ 800,00
Total		$ 11.750,00

Para 95% de confiança, a pior perda é de R$ 100.000, que na probabilidade acumulada atinge 96,4%. A perda média esperada é de R$ 11.750,00.

Dessa forma, o VaR operacional é:

VaR operacional = R$ 100.000,00 − R$ 11.750,00 = R$ 88.250,00

Assim, as duas distribuições combinadas geram a distribuição empírica das perdas como pode ser visto na Figura 7.1.

Figura 7.1 Distribuição empírica das perdas.

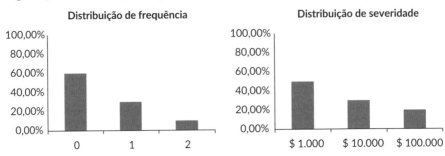

Fonte: adaptada de Jorion (2009).

7.3 Distribuição de perdas

Na avaliação das perdas em eventos operacionais não há uma solução quantitativa pronta para a mensuração das perdas agregadas. É necessário o uso de um método de determinação para a modelagem das perdas.

O método mais comum é o de frequência. Esse método emprega a contagem dos eventos das perdas em determinada janela de tempo (seja hora, dia, mês, ano etc.). E é preciso, então, atribuir a essa contagem um modelo de distribuição para esses processos de determinação de frequência.

As distribuições mais utilizadas para modelar esses processos são a Poisson e a Binomial, sendo a de Poisson a mais comumente empregada.

A distribuição de Poisson[2] é mais simples e utiliza apenas um parâmetro para sua estimação, o lambda (λ), que é a média da distribuição. Assim, se uma variável segue uma distribuição de Poisson com média λ, a probabilidade de um evento X é:

$$P(X) = \frac{e^{-\lambda} \lambda^X}{X!}$$

APLICAÇÃO PRÁTICA

Admita que em uma empresa de cartões de vale-alimentação ocorrem, em média, seis fraudes por mês. Cada fraude tem gerado um prejuízo médio de $ 1.500. A alta administração quer saber a probabilidade de se incorrer em uma perda mensal em virtude de fraudes superiores a $ 15.000 para poder tomar providências legais cabíveis.

A solução para esse tipo de cálculo é usar uma distribuição de Poisson em que o número de fraudes para se chegar a uma perda de $ 15.000 mensais a partir de perdas médias de $ 1.500 é 10. Ou seja, quer-se saber a probabilidade de se ter mais de dez perdas no mês. Porém, como esse número poderia chegar a inúmeras perdas, pode-se utilizar o cálculo do complementar de mais de dez perdas, que seria o total (100%) menos a probabilidade de ser menos de dez perdas.

Assim, deve-se calcular a probabilidade, pela distribuição de Poisson, de se ter de zero a dez perdas, ou seja, probabilidades de $x = 1, 2, ..., 9, 10$, com média $\lambda = 5$ perdas.

$$P(0) = \frac{e^{-5} 5^0}{0!} = e^{-5} = 0,006738 = 0,6738\%$$

$$P(1) = \frac{e^{-5} 5^1}{1!} = 0,03369 = 3,369\%$$

$$P(2) = \frac{e^{-5} 5^2}{2!} = 0,084224 = 8,422\%$$

$$P(3) = \frac{e^{-5} 5^3}{3!} = 0,140374 = 14,037\%$$

$$P(4) = \frac{e^{-5} 5^4}{4!} = 0,17547 = 17,547\%$$

$$P(5) = \frac{e^{-5} 5^5}{5!} = 0,17547 = 17,547\%$$

---

[2] Para estudos de outras formas de distribuição, recomenda-se o livro: MARSHALL, Christopher. *Medindo e gerenciando riscos operacionais em instituições financeiras*. Rio de Janeiro: Qualitymark, 2002. p. 147.

$$P(6) = \frac{e^{-5}5^6}{6!} = 0,14622 = 14,622\%$$

$$P(7) = \frac{e^{-5}5^7}{7!} = 0,10445 = 10,445\%$$

$$P(8) = \frac{e^{-5}5^8}{8!} = 0,06528 = 6,528\%$$

$$P(9) = \frac{e^{-5}5^9}{9!} = 0,03627 = 3,627\%$$

$$P(10) = \frac{e^{-5}5^{10}}{10!} = 0,01813 = 1,813\%$$

Assim, somando-se as probabilidades de $P(0)$ até $P(10)$, tem-se 98,631%. A probabilidade de se ter mais de dez fraudes por mês pode ser calculada como:

$$P(x > 10) = 1 - \left[P(0) + P(1) + P(2) + P(3) + \cdots + P(9) + P(10) \right]$$
$$P(x > 10) = 1 - 0,98631 = 0,01369$$
$$P(x > 10) = 1,369\%$$

EXERCÍCIOS RESOLVIDOS

1. Uma agência bancária sofreu nos últimos 252 dias 415 tentativas de fraudes. Admitindo que o número de fraudes segue uma distribuição de Poisson, pede-se:
   a) Qual a estimativa do parâmetro λ do modelo?
   b) Qual a probabilidade de que não ocorra nenhuma tentativa de fraude?

Solução
   a) O parâmetro λ da distribuição de Poisson representa a média da distribuição. Logo, no caso, seria 415/252 = 1,6468.
   b) Para o cálculo da probabilidade usa-se a distribuição de Poisson:

$$P(0) = \frac{e^{-1,6468}(1,6468)^0}{0!} = 0,1927 = 19,27\%$$

2. Se uma agência bancária tem 500 clientes e a probabilidade de inadimplência de cada um deles é de 1%, calcule a probabilidade de não ocorrer nenhuma inadimplência. Calcule ainda a probabilidade de ocorrer um número de inadimplentes igual à média esperada de *defaults*.

Capítulo 7 • Análise de Risco Operacional | **361**

Solução

A média será de 1% × 500 = 5. A probabilidade de nenhuma inadimplência é $P(0)$ em uma distribuição de Poisson:

$$P\left(0\right) = \frac{e^{-5}\left(5\right)^{0}}{0!} = 0,67\%$$

A probabilidade de se ter exatamente 5 *defaults* é:

$$P\left(5\right) = \frac{e^{-5}\left(5\right)^{5}}{5!} = 17,55\%$$

EXERCÍCIOS PROPOSTOS

1. Considere as informações da tabela a seguir sobre a frequência e a severidade das perdas de natureza operacional de uma empresa. Calcule a perda esperada e o VaR operacional da empresa para 95% de confiança e para 99%.

Distribuição de frequências		Distribuição de severidade	
Probabilidade	Frequência	Probabilidade	Magnitude
0,40	0	0,40	R$ 1.000
0,25	1	0,35	R$ 8.000
0,20	2	0,25	R$ 50.000
0,15	3	–	–

2. Uma agência bancária tem 200 clientes e a probabilidade de inadimplência de cada um deles é de 1%. Calcule:
   a) a probabilidade de não ocorrer nenhuma inadimplência;
   b) a probabilidade de ocorrer um número de inadimplentes igual à média esperada de *defaults*.

3. Considere os dados da tabela para uma distribuição de perdas operacionais:

Distribuição de frequências		Distribuição da severidade da perda	
Probabilidade	Frequência	Probabilidade	Magnitude
70,00%	0	50,00%	$ 500
20,00%	1	40,00%	$ 15.000
10,00%	2	10,00%	$ 120.000

Calcule:

a)   a perda média esperada;

b)   o VaR de 99% de confiança.

4.   Uma agência bancária realizou um levantamento da frequência e da magnitude das últimas perdas operacionais:

Distribuição de frequências		Distribuição da severidade da perda	
Probabilidade	Frequência	Probabilidade	Magnitude
45,00%	0	30,00%	$ 500
10,00%	1	20,00%	$ 1.000
9,00%	2	15,00%	$ 2.000
8,00%	3	12,00%	$ 3.000
7,00%	4	10,00%	$ 5.000
6,00%	5	8,00%	$ 6.500
5,00%	6	3,00%	$ 7.000
4,00%	7	1,00%	$ 10.000
3,00%	8	0,50%	$ 15.000
2,00%	9	0,40%	$ 20.000
1,00%	10	0,10%	$ 50.000

Calcule a perda média esperada.

Gabarito

1.   Perda esperada = R$ 17.270,00

VaR Op (95%) = R$ 41.730,00

VaR Op (99%) = R$ 90.730,00

2.   a)   13,53%

b)   27,07%

3.   a) $ 7.300,00

b)   Pela ordem de ocorrência = $ 127.700

Pela ordem de magnitude = $ 113.200

4. $ 5.599,00

8

MODELOS AVANÇADOS DE ESTIMAÇÃO DO *VALUE AT RISK*

OBJETIVOS DO CAPÍTULO

O objetivo deste capítulo é mostrar a importância de se modelar a variação do risco ao longo do tempo para a mensuração do *Value at Risk* (VaR). O foco aqui é a modelagem a partir de modelos de séries temporais, como os modelos GARCH, que podem ser usados para previsão futura.

8.1 Introdução

O cálculo do VaR, conforme demonstrado nos capítulos iniciais para ativos de renda variável, parte da estimação da volatilidade de um ativo financeiro de renda variável.

A mensuração da volatilidade é muitas vezes feita com base na volatilidade passada, ou seja, na volatilidade histórica do ativo. Conforme foi visto, o VaR fornece uma medida de risco financeiro de mercado e do grau de incerteza sobre a rentabilidade futura do ativo. Mas acaba-se calculando a volatilidade como uma estimativa da volatilidade futura.

E é com esse intuito que este capítulo se apresenta para a estimação da volatilidade futura do ativo. Nesse caso, parte-se da série temporal dos retornos passados. Uma característica marcante das séries temporais de ativos financeiros é a presença de *clusters* (agrupamentos) de volatilidade, podendo enviesar o cálculo do desvio-padrão como estimativa da volatilidade futura.

Nesses casos, é necessário recorrer a modelos em que a variância (volatilidade) de um retorno em certo período de tempo depende dos retornos passados e de outras informações disponíveis até o instante da estimação. Essa medida é a variância condicionada dos retornos do ativo (MORETTIN, 2008).

Uma das maneiras de se prever essa volatilidade é a metodologia do RiskMetrics por meio do modelo EWMA, conforme já mencionamos no Capítulo 2. A outra é a partir dos modelos heterocedásticos condicionais que serão descritos a seguir.

A utilidade prática deste capítulo está em demonstrar que, ao se conseguir fazer uma boa estimativa da volatilidade futura, o investidor poderá realizar a análise de riscos de seu investimento ou de sua carteira e posicionar-se melhor no mercado diante desse fator, reduzindo, consequentemente, sua exposição ao risco do mercado.

8.2 Modelos ARCH

Conforme comentado, há uma variedade muito rica em modelos não lineares disponíveis na literatura de séries temporais. Todavia, o presente capítulo concentra-se mais especificamente na classe dos modelos ARCH (*Autoregressive Conditional Heterocedasticity*), desenvolvidos originalmente por Engle (1982, p. 991) e suas extensões.

O objetivo dessa classe de modelos é moldar a medida que se chama "volatilidade", que nada mais é do que a variância condicional da série dos log retornos, ou seja, dos retornos contínuos, conforme descrito nos capítulos iniciais. A volatilidade manifesta-se em uma série de log retornos em grupos de maior ou menor variações no seu comportamento, evoluindo continuamente no tempo, chegando até a ser considerada estacionária (MORETTIN; TOLOI, 2004, p. 313).

Esses modelos usam uma notação matemática fortemente carregada. Com o intuito de homogeneizar as notações e ajustá-las na linguagem dos modelos com a linguagem da análise de riscos, tem-se, conforme já definido, o retorno R_t de um ativo de renda variável:

$$R_t = \ln\left(\frac{P_t}{P_{t-1}}\right) = \ln\left(P_t\right) - \ln\left(P_{t-1}\right)$$

Considere então os seguintes valores estatísticos, calculados a partir da série dos retornos contínuos, que se referem à média e à variância condicionada, em que F_{t-1} é a informação dada pela série até o instante $t-1$, que se considera ser $F_{t-1} = \{R_{t-1}, ..., R_1\}$:

$$\text{Média condicionada} = \mu_t = E\left[R_t \mid F_{t-1}\right] = 0$$
$$\text{Variância condicionada} = h_t = \text{variância}\left[R_t \mid F_{t-1}\right]$$

Assume-se, por conseguinte, que $\mu_c = 0$ e que $h_t = E\left(R_t^2 \mid F_{t-1}\right)$.

A ideia básica do modelo é assumir que os retornos são não correlacionados serialmente, mas a variância condicional depende dos retornos passados por meio de uma função quadrática que pode ser escrita pela seguinte equação para o modelo ARCH(r) (MORETTIN; TOLOI, 2004, p. 315):

$$R_t = \sqrt{h_t}\varepsilon_t$$
$$h_t = \alpha_0 + \alpha_1 R_t^2 + ... + \alpha_r R_{t-r}^2$$

em que ε_t é uma sequência de variáveis aleatórias independentes e identicamente distribuídas (i.i.d.) com média 0 e variância um, $\alpha_0 > 0$, $\alpha_i \geq 0$, $i > 0$.

A estimação desse modelo passa inicialmente pelo ajuste de um modelo ARIMA, cujo objetivo é remover a correlação serial da série, caso exista, obtendo dessa forma o seu resíduo mediante a aplicação desse modelo. Se for o caso, tem-se:

$$\phi(B)R_t = \theta_0 + \theta(B)a_t$$

em que a_t segue um modelo ARCH(r).

Tais parâmetros são obtidos pelo método de máxima verossimilhança condicional, que é dada pela equação a seguir, na hipótese de os ε_t serem normais:

$$L(\alpha \mid R_1, ..., R_n) = f(R_n \mid F_{n-1})f(R_{n-1} \mid F_{n-2})...f(R_{n+1} \mid F_t)(R_1, ..., R_t \mid \alpha)$$

A maximização dessa função pode ser obtida por algoritmos numéricos, como Newton, Raphson e outros. As previsões para a volatilidade pelo modelo ARCH(r) são obtidas recursivamente pela equação:

$$\hat{h}_t = \alpha_0 + \alpha_1 R_t^2 + ... + \alpha_r R_{t-r}^2$$
$$\hat{R}_t = \sqrt{\hat{h}_t}\, \varepsilon_t$$

Segundo Tsay (2005, p. 167), os modelos da série ARCH dão o mesmo tratamento para valores positivos e negativos para os log retornos à medida que os quadrados dos retornos entram na forma da volatilidade. Todavia, na prática, sabe-se que a volatilidade reage de forma diferenciada a retornos positivos e negativos.

Outra característica desses modelos é que, ao trabalhar com retornos ao quadrado, alguns valores grandes e isolados podem levar a previsões errôneas, além de usar um número relativamente grande de parâmetros para redução do erro no processo de geração do modelo.

Uma tentativa de redução dos parâmetros é encontrada nos modelos GARCH, que serão descritos a seguir.

8.3 Modelos GARCH

Os modelos da família GARCH (*Generalized ARCH*) representam uma generalização dos modelos ARCH (*Autoregressive Conditional Heteroskedasticity*), isto é, de heterocedasticidade autorregressiva condicionada, e foram desenvolvidos por Bollerslev (1986, p. 308) para descrever a volatilidade com um número menor de parâmetros do que os usados em um modelo ARCH.

O termo **heterocedástico** refere-se às mudanças que ocorrem na variância ao longo da série dos retornos, como se poderá observar no comportamento dos preços dos ativos por apresentarem movimentos de altas e baixas em diferentes proporções relativas às reações do mercado. Em outras palavras, heterocedasticidade significa variância não constante. Já o termo condicional no modelo GARCH quer dizer que a previsão como modelo é feita baseada nas informações disponíveis até o período anterior, o que, na prática, significa a estimativa condicional da volatilidade e reflete o nível corrente da incerteza gerada a partir dos choques passados.

Dessa forma, um modelo GARCH(p,q), pode ser definido a partir das seguintes expressões:

$$R_t = \sqrt{h_t}\varepsilon_t$$

$$h_t = \alpha_0 + \sum_{i=1}^{p}\alpha_i R_{t-1}^2 + \ldots + \sum_{j=1}^{q}\beta_j h_{t-j}$$

em que ε_t é uma sequência de variáveis aleatórias independentes e identicamente distribuídas (i.i.d.) com média zero e variância um, $\alpha_0 > 0, \alpha_i \geq 0, \beta_j \geq 0$ e ainda $\sum_{i=1}^{s}(\alpha_i + \beta_i) < 1$ e $s = \text{máx}(p,q)$.

Segundo Morettin (2008, p. 131), a identificação da ordem do modelo GARCH a ser ajustado para uma série temporal financeira é usualmente trabalhosa. Por isso, o autor recomenda o uso de modelos de ordem baixa. Um modelo bastante utilizado na prática é o GARCH(1,1), conforme comenta Jorion (2010), para o qual a volatilidade é expressa como:

$$h_t = \alpha_0 + \alpha_1 R_{t-1}^2 + \beta_1 h_{t-1}$$

O modelo GARCH pressupõe que a variância condicional dependerá da informação mais recente e também da variância condicional anterior. A equação $h_t = \alpha_0 + \alpha_1 R_{t-1}^2 + \beta_1 h_{t-1}$ define a variância condicional usando as informações até o termo $t - 1$ e do retorno do período imediatamente anterior.

Jorion (2010) destaca que a média, ou variância incondicional, é encontrada estabelecendo-se $E(R_{t-1}^2) = h_t = h_{t-1} = h$. Colocando essa informação na fórmula do modelo GARCH(1,1), tem-se:

$$h_t = \alpha_0 + \alpha_1 R_{t-1}^2 + \beta_1 h_{t-1}$$

$$h_t = \alpha_0 + \alpha_1 h + \beta_1 h$$

$$h - \alpha_1 h - \beta_1 h = \alpha_0$$

$$h(1 - \alpha_1 - \beta_1) = \alpha_0$$

$$h = \frac{\alpha_0}{1 - \alpha_1 - \beta_1}$$

E de acordo com essa última equação, o modelo será considerado estacionário se a soma dos parâmetros $\alpha_1 + \beta_1$ for menor do que um.

As previsões de volatilidade utilizando um modelo GARCH são feitas da mesma maneira que para o modelo ARCH descritas anteriormente.

Note que, usando o modelo GARCH(1,1) com os parâmetros fixos, chega-se ao modelo EWMA:

$$h_t = \alpha_0 + \alpha_1 R_{t-1}^2 + \beta_1 h_{t-1} \rightarrow \text{Modelo Garch}$$

$$\sigma_{t+1}^2 = \alpha_1 R_t^2 + \beta_1 \sigma_t^2 \rightarrow \text{Modelo EWMA}$$

quando se assumem os parâmetros $\alpha_1 = 1 - \lambda$ e $\beta_1 = \lambda$; no modelo GARCH, o h_t corresponde ao σ^2.

8.4 Estimando o VaR pelos modelos GARCH

A estimação da volatilidade pelos modelos GARCH é um processo um pouco mais delicado e trabalhoso. Exige o conhecimento prévio de econometria e uso de um *software* que possa gerar tais modelos com precisão.

Neste tópico, será utilizado o *software* EViews[1] para demonstrar como se gera esse modelo e como se faz a previsão da volatilidade futura. A escolha pelo programa deve-se à sua ampla aceitação no mercado profissional e acadêmico. As janelas aqui demonstradas fazem referência ao uso da versão 7 do programa.

A identificação do modelo passa primeiramente pela detecção de alguns testes estatísticos de estacionariedade da série temporal que se fazem necessários. Demonstra-se aqui, de forma resumida, o passo a passo para sua identificação.

APLICAÇÃO PRÁTICA

Demonstra-se a seguir uma série de retornos discretos e dos preços da ação da Petrobras no período de 20-4-2010 a 2-5-2014, ajustados para proventos obtidos junto à Economática, totalizando 1.000 observações de preços. O gráfico dessas observações é demonstrado na Figura 8.1.

Figura 8.1 Cotação da Petrobras preferencial no período de abr./2010 a maio/2014.

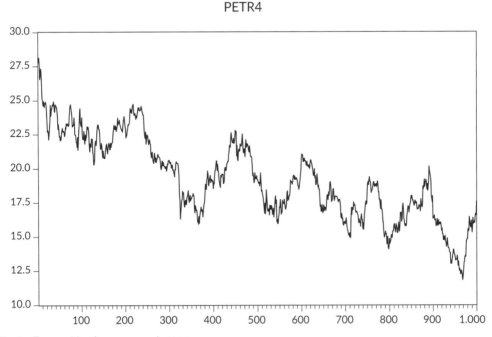

Fonte: Economática. Acesso em: maio 2014.

---

1 Disponível em: http://www.eviews.com. Ressalta-se que esse programa exige licença para sua utilização.

Posteriormente, devem-se calcular os retornos contínuos, que totalizarão 329 log retornos. Para obter esses valores, pode-se criar um grupo de séries no programa e calcular a série dos retornos, conforme o comando da Figura 8.2.

Figura 8.2 Comando para obter a série de retornos.

```
plot petr4
retorno=log(petr4/petr4(-1))
```

A visualização no grupo fica como demonstrado na Figura 8.3. A estação de trabalho foi denominada "GRUPOLIVRO". As séries demonstradas são da PETR4 dos seus preços e do RETORNO dos retornos contínuos.

Figura 8.3 Visualização do grupo.

obs	RETORNO	PETR4
1	0.022108	28.17165
2	-0.012911	27.81027
3	0.011635	28.13573
4	-0.020503	27.56474
5	-0.037002	26.56344
6	0.008994	26.80342
7	0.019264	27.32476
8	-0.006685	27.14270
9	-0.040441	26.06693
10	-0.034230	25.18975
11	-0.007585	24.99942
12	-0.013329	24.66842
13	-0.002015	24.61876
14	0.013356	24.94977
15	-0.017735	24.51119
16	0.009409	24.74289
17	0.003339	24.82564
18	0.002996	24.90012
19	-0.008008	24.70152
20	-0.021331	24.18018
21	-0.023196	23.62574

Fonte: elaborada pelo autor no EViews.

O gráfico dos retornos contínuos demonstrado na Figura 8.4 pode ser obtido pelo comando **plot retorno**.

Figura 8.4 Retornos da Petrobras preferencial no período de abr./2010 a maio/2014.

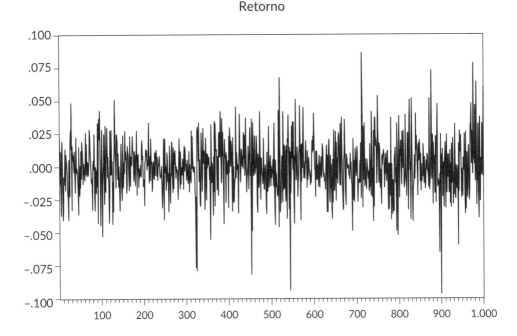

Observa-se que os retornos diários oscilam ao redor de zero, apresentando uma variabilidade que depende do tempo, chamada "volatilidade", com períodos de alta e de baixa variabilidade e dias em que o retorno é um valor anormal, chamado *outlier*.

Além disso, notam-se diversos *clusters* de volatilidade (oscilações mais próximas umas das outras no gráfico), que acontecem em função de incertezas do mercado causadas por fenômenos econômicos e sociais. Tais fatos são comumente chamados de estilizados, que provocam na série um comportamento não linear, já que respondem de maneira diferente a impactos grandes e pequenos, ou negativos e positivos.

A Figura 8.5 demonstra a série dos retornos onde se observa que a sua parte central é mais alta e há presença de valores bem afastados da tendência central dos dados. Essas informações são características das séries temporais financeiras e são descritas por comportamento leptocúrtico, com caudas mais pesadas que a normal, pelo fato de os valores se afastarem da média a vários múltiplos do desvio-padrão.

O passo seguinte é o teste de normalidade, também observado no quadro à direita do histograma da Figura 8.5, que descreve o teste de normalidade de Jarque-Bera (1987). As hipóteses para esse teste são definidas como:

H_0: a série segue uma distribuição normal
H_1: a série não segue uma distribuição normal

Figura 8.5 Histograma dos retornos.

Series: RETORNO	
Sample 1 1000	
Observations 1000	
Mean	−0.000448
Median	0.000000
Maximum	0.086156
Minimum	−0.096566
Std. Dev.	0.020692
Skewness	−0.081932
Kurtosis	4.713640
Jarque-Bera	123.4755
Probability	0.000000

Fonte: elaborada pelo autor no EViews.

A estatística de teste indica o valor de JB = 123,4755 com *p*-valor igual a zero. O nível de confiança adotado foi de 95%, sendo sua probabilidade de significância inferior a 5%, indicando a rejeição da hipótese nula que revela que a série não segue uma distribuição normal. Ressalta-se que a mesma hipótese também seria rejeitada ao nível de significância de 1%.

Graficamente, também é possível analisar o histograma dos retornos com a sobreposição da curva normal, conforme pode ser visto na Figura 8.6.

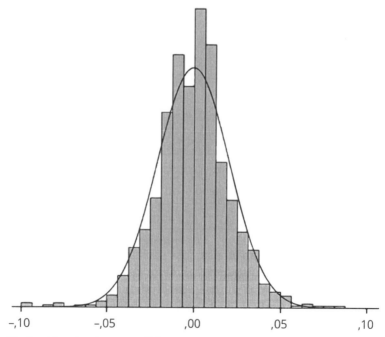

Figura 8.6 Histograma dos dados.

Fonte: elaborada pelo autor no EViews.

Verificando a curva normal ajustada aos dados, nota-se que os dados reais (histograma) mostram mais dados na parte central e alguns pontos a mais nas caudas, efeito conhecido como caudas pesadas.

Assim, certamente a medida de risco não foi constante ao longo do tempo.

As estatísticas descritivas para a série dos retornos da PETR4 apontam para uma média próxima de zero (–0,000448), de acordo com a teoria financeira clássica de que a média dos retornos de um ativo financeiro é sempre zero. O desvio-padrão incondicional retrata as oscilações médias dos log retornos. O excesso de curtose (*kurtosis*) com valor acima de 3 é um dos principais fatores que pode ter levado à rejeição da hipótese nula de normalidade.

Segundo Christoffersen e Diebold (2000, p. 15), uma vez que a distribuição incondicional dos retornos não segue uma distribuição normal de probabilidade, a estimação dos retornos médios por máxima verossimilhança fornece os parâmetros para a média e a variância que convergirão para os verdadeiros parâmetros, quanto mais elementos contiver a amostra de dados.

A não normalidade da série histórica dos log retornos da série é um possível indicativo de que modelos como CAPM e Black & Scholes, que exigem a normalidade dos retornos, podem provocar resultados não confiáveis para as variáveis de retorno de mercado. Para melhorar a análise dos dados, deve-se verificar a estacionariedade dos dados.

Optou-se por aplicar o teste de Dickey-Fuller Aumentado (ADF), por ser o mais indicado e utilizado na literatura. O acesso ao teste no programa é demonstrado na Figura 8.7.

Figura 8.7 Aplicação do teste de Dickey-Fuller.

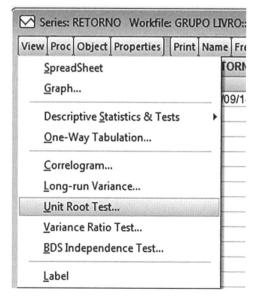

Ao abrir a janela do teste, demonstrada na Figura 8.8, tem-se o teste de Dickey-Fuller Aumentado. Escolha a opção de verificação da estacionariedade **no nível**, ou seja, ela própria, sem nenhuma diferenciação na série. Em **Include in test equation**, pode-se escolher fazer a regressão com ou sem intercepto. Recomenda-se a realização do teste de maneira separada com e sem intercepto e a verificação de sua significância. Por simplificação, mostra-se a seguir somente o teste com intercepto.

Figura 8.8 Janela do teste.

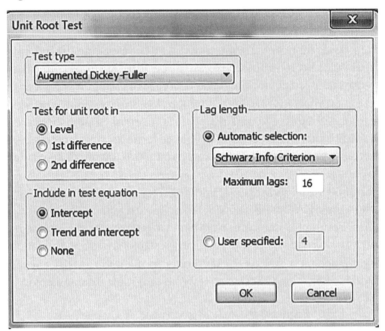

A saída do teste é demonstrada na Tabela 8.1. As hipóteses do teste são:

H_0: existe raiz unitária, isto é, a série é não estacionária
H_1: não existe raiz unitária, isto é, série estacionária

Tabela 8.1 Saída do software para o teste de hipótese

Null Hypothesis: RETORNO has a unit root				
Exogenous: Constant				
Lag Length: 0 (Automatic – based on SIC, maxlag = 21)				
			t-Statistic	Prob.*
Augmented Dickey-Fuller test statistic			-31.59486	0.0000
Test critical values:	1% level		-3.436676	
	5% level		-2.864222	
	10% level		-2.568250	
*MacKinnon (1996) one-sided p-values.				
Augmented Dickey-Fuller Test Equation				

(continua)

(continuação)

Dependent Variable: D(RETORNO)				
Method: Least Squares				
Date: 05/09/14 Time: 12:48				
Sample (adjusted): 2 1000				
Included observations: 999 after adjustments				
Variable	Coefficient	Std. Error	t-Statistic	Prob.
RETORNO(-1)	-1.004361	0.031789	-31.59486	0.0000
C	-0.000473	0.000655	-0.722177	0.4704
R-squared	0.500310	Mean dependent var		3.82E-05
Adjusted R-squared	0.499808	S.D. dependent var		0.029268
S.E. of regression	0.020700	Akaike info criterion		-4.915378
Sum squared resid	0.427199	Schwarz criterion		-4.905555
Log likelihood	2457.231	Hannan-Quinn criter.		-4.911645
F-statistic	998.2354	Durbin-Watson stat		1.989761
Prob(F-statistic)	0.000000			

Fonte: elaborada pelo autor no EViews.

Assim, chega-se à rejeição da hipótese nula pela estatística de o teste de estacionariedade ser superior aos pontos críticos para os níveis de confiança de 1, 5 e 10%, conforme trecho da Tabela 8.1. Observe a Tabela 8.2.

Tabela 8.2 Estatísticas do teste de hipótese

			t-Statistic	Prob.*
Augmented Dickey-Fuller test statistic			−31.59486	0.0000
Test critical values:	1% level		−3.436676	
	5% level		−2.864222	
	10% level		−2.568250	

Fonte: elaborada pelo autor no EViews.

Um fato estilizado e bem conhecido das séries temporais de retornos financeiros é o comportamento heterocedástico, ou seja, se a variância dos dados não é constante para diferentes intervalos de tempo. Resumidamente, esse efeito é caracterizado pelas fortes oscilações do mercado que ocorrem quando este se comporta de forma inesperada e inconstante.

Pode-se ainda verificar pelo correlograma da série dos retornos, conforme podemos ver na Figura 8.9.

Figura 8.9 Correlograma da série dos retornos.

			AC	PAC	Q-Stat	Prob
Correlogram of RETORNO						
Date: 05/09/14 Time: 13:25						
Sample: 1 1000						
Included observations: 1000						
Autocorrelation	Partial Correlation	1	-0.004	-0.004	0.0187	0.891
		2	-0.007	-0.007	0.0657	0.968
		3	-0.014	-0.014	0.2542	0.968
		4	-0.001	-0.002	0.2561	0.992
		5	0.029	0.029	1.1319	0.951
		6	-0.064	-0.064	5.2029	0.518
		7	0.011	0.011	5.3160	0.621
		8	-0.004	-0.004	5.3298	0.722
		9	-0.007	-0.009	5.3865	0.799
		10	0.041	0.040	7.0909	0.717
		11	0.040	0.044	8.7258	0.647
		12	0.005	0.000	8.7473	0.724
		13	-0.055	-0.052	11.802	0.544
		14	-0.021	-0.021	12.264	0.585
		15	0.040	0.037	13.903	0.533
		16	-0.010	-0.008	13.997	0.599
		17	-0.049	-0.045	16.415	0.495
		18	-0.031	-0.028	17.406	0.495
		19	0.039	0.034	18.925	0.462
		20	0.025	0.020	19.576	0.485
		21	-0.009	-0.007	19.653	0.543
		22	0.013	0.012	19.840	0.593
		23	0.003	0.004	19.847	0.651

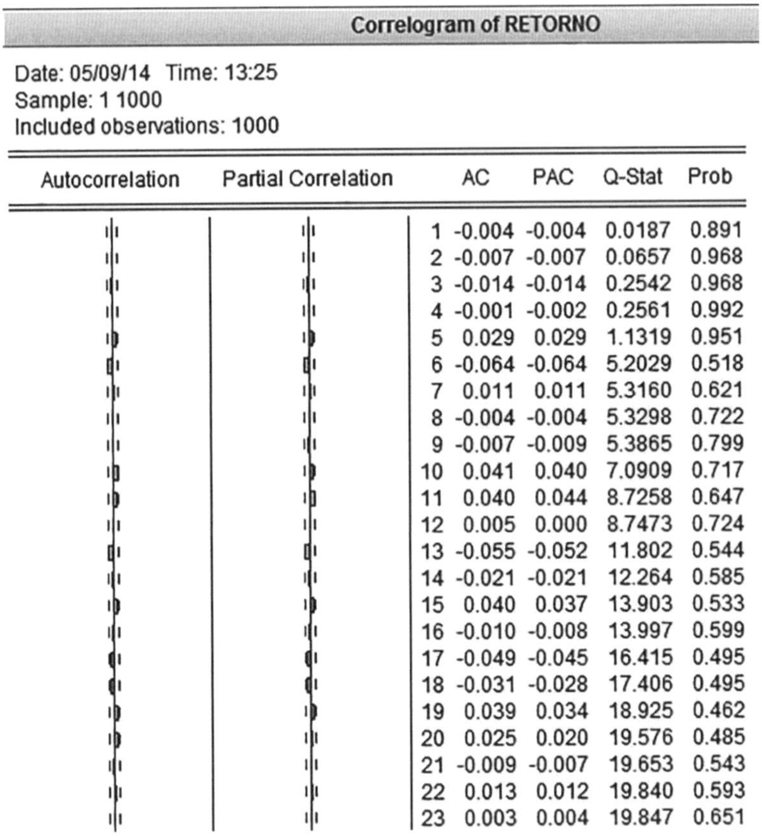

Assim, pode-se gerar um modelo GARCH para a série dos retornos da PETR4. Sua estimação também é feita pelo programa , conforme a Figura 8.10.

Figura 8.10 Caminho para executar comando.

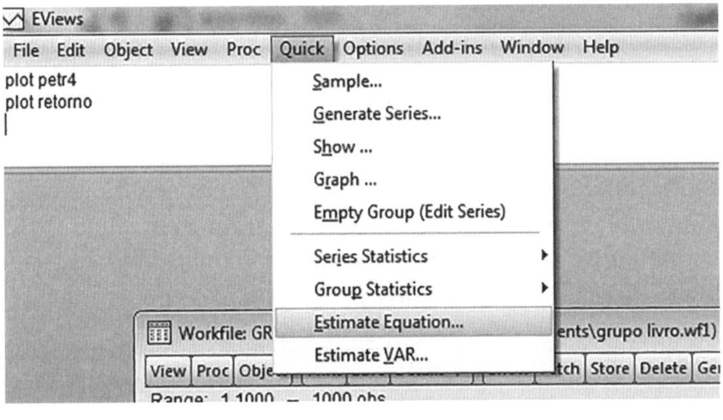

Em seguida, na janela da equação (**Equation Estimation**), informam-se os dados necessários para geração do modelo. Na aba **Specification**, inclui-se o nome da série, que no caso é o "retorno" da ação. Em **Sample**, dá-se a quantidade de dados que serão usados para geração do modelo. No exemplo, são 1.000 retornos, dos quais 999 serão usados para gerar o modelo e um para prever. Observe a Figura 8.11.

Figura 8.11 Especificação do modelo.

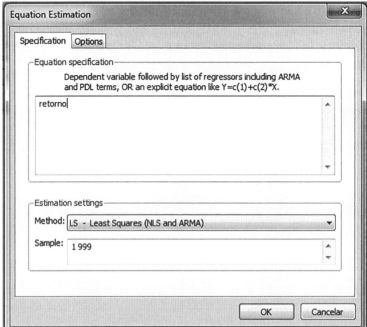

Em **Method**, deve-se selecionar **ARCH – Autoregressive Conditional Heteroskedasticity**, que abrirá as opções de informação do modelo GARCH. A Figura 8.12 ilustra este passo.

Figura 8.12 Campo **Method**.

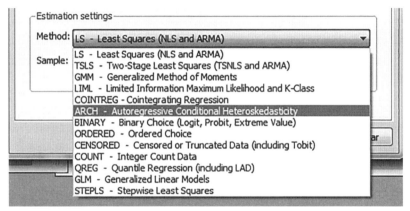

Posteriormente, informam-se os parâmetros p e q do modelo GARCH, sendo que o mais usual é GARCH(1,1), como demonstrado na Figura 8.13.

Figura 8.13 Escolha do método.

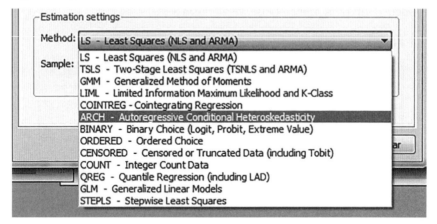

A saída do modelo consta na Tabela 8.3.

Tabela 8.3 Saída do modelo

Dependent Variable: RETORNO				
Method: ML - ARCH (Marquardt) - Normal distribution				
Date: 05/09/14 Time: 12:50				
Sample: 1 999				
Included observations: 999				
Convergence achieved after 10 iterations				
Presample variance: backcast (parameter = 0.7)				
GARCH = C(1) + C(2)*RESID(-1)^2 + C(3)*GARCH(-1)				
Variable	Coefficient	Std. Error	z-Statistic	Prob.
	Variance Equation			
C	3.35E-05	1.01E-05	3.323438	0.0009
RESID(-1)^2	0.093636	0.021410	4.373414	0.0000
GARCH(-1)	0.831017	0.038763	21.43826	0.0000
R-squared	-0.000611	Mean dependent var		-0.000509
Adjusted R-squared	0.000391	S.D. dependent var		0.020612
S.E. of regression	0.020608	Akaike info criterion		-4.959742
Sum squared resid	0.424281	Schwarz criterion		-4.945007
Log likelihood	2480.391	Hannan-Quinn criter.		-4.954142
Durbin-Watson stat	2.004262			

Fonte: elaborada pelo autor no EViews.

A equação de previsão para a volatilidade ficaria:

$$h_t = \alpha_0 + \alpha_1 R_{t-1}^2 + \beta_1 h_{t-1}$$
$$h_t = 0,0000335 + 0,093636 R_{t-1}^2 + 0,831017 h_{t-1}$$

Assim, para prever a volatilidade (variância) da posição 1.000 ($h_{1.000}$), tem-se:

$$h_{1.000} = 0,0000335 + 0,093636 R_{999}^2 + 0,831017 h_{999}$$

Note que R_{999} será o retorno do período anterior à previsão que, nesse caso, corresponde ao retorno de 30 de abril de 2014, com valor de −0,7216%. Na estimação da volatilidade, utiliza-se o retorno quadrático. Já h_{999} corresponde à volatilidade (variância) ajustada do período anterior pelo modelo GARCH, com valor de 0,0498%.

Esses valores podem ser obtidos por meio do comando da previsão da volatilidade do próprio programa a partir da previsão estática no *menu* **Forecast** da janela de estimação da equação do modelo GARCH (Figura 8.14).

Figura 8.14 *Menu* **Forecast**.

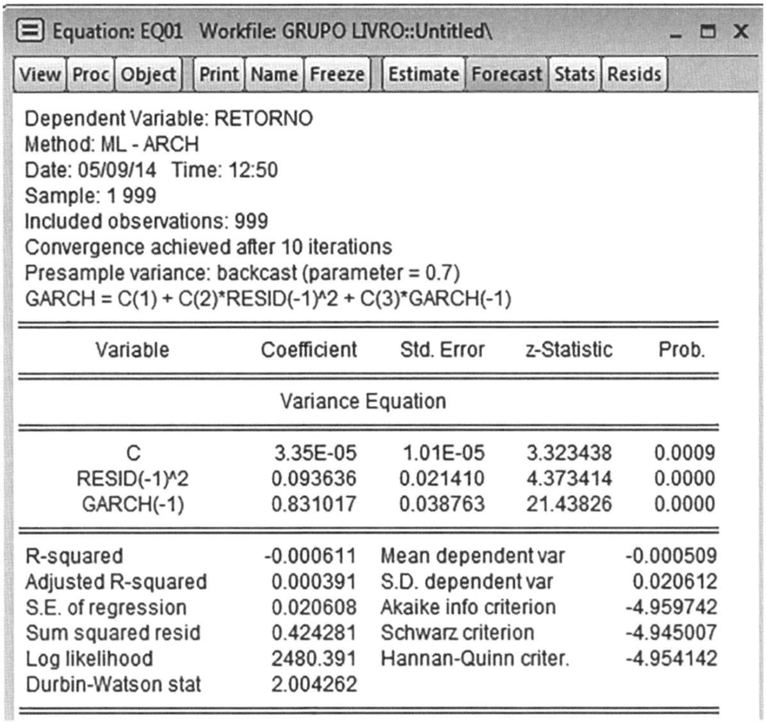

```
Equation: EQ01   Workfile: GRUPO LIVRO::Untitled\         _ □ X

View  Proc  Object    Print  Name  Freeze    Estimate  Forecast  Stats  Resids

Dependent Variable: RETORNO
Method: ML - ARCH
Date: 05/09/14   Time: 12:50
Sample: 1 999
Included observations: 999
Convergence achieved after 10 iterations
Presample variance: backcast (parameter = 0.7)
GARCH = C(1) + C(2)*RESID(-1)^2 + C(3)*GARCH(-1)
```

Variable	Coefficient	Std. Error	z-Statistic	Prob.
	Variance Equation			
C	3.35E-05	1.01E-05	3.323438	0.0009
RESID(-1)^2	0.093636	0.021410	4.373414	0.0000
GARCH(-1)	0.831017	0.038763	21.43826	0.0000

R-squared	-0.000611	Mean dependent var	-0.000509
Adjusted R-squared	0.000391	S.D. dependent var	0.020612
S.E. of regression	0.020608	Akaike info criterion	-4.959742
Sum squared resid	0.424281	Schwarz criterion	-4.945007
Log likelihood	2480.391	Hannan-Quinn criter.	-4.954142
Durbin-Watson stat	2.004262		

E na janela **Forecast**, tem-se os nomes das séries que conterão as saídas dos valores previstos. Pode-se atribuir a saída do desvio-padrão (*dpretornof*) na saída S.E. (*optional*) e da variância (*varretorno*) na saída GARCH (*optional*). Em **Forecast sample** (Figura 8.15), pode-se realizar a previsão para toda a série ou para um período desejado.

Figura 8.15 Opção **Forecast sample**.

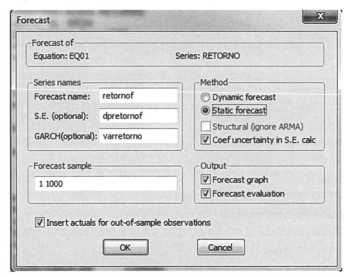

A série da variância prevista com seus últimos valores é demonstrada na Figura 8.16. Observe o valor 999 que será utilizado na previsão dos 1.000 retornos.

Figura 8.16 Série da variância.

Series: VARRETORNO Workfile: GRUPO LIVRO::Untitled\

View | Proc | Object | Properties | Print | Name | Freeze | Default | Sort | Edit+/- | Smpl+

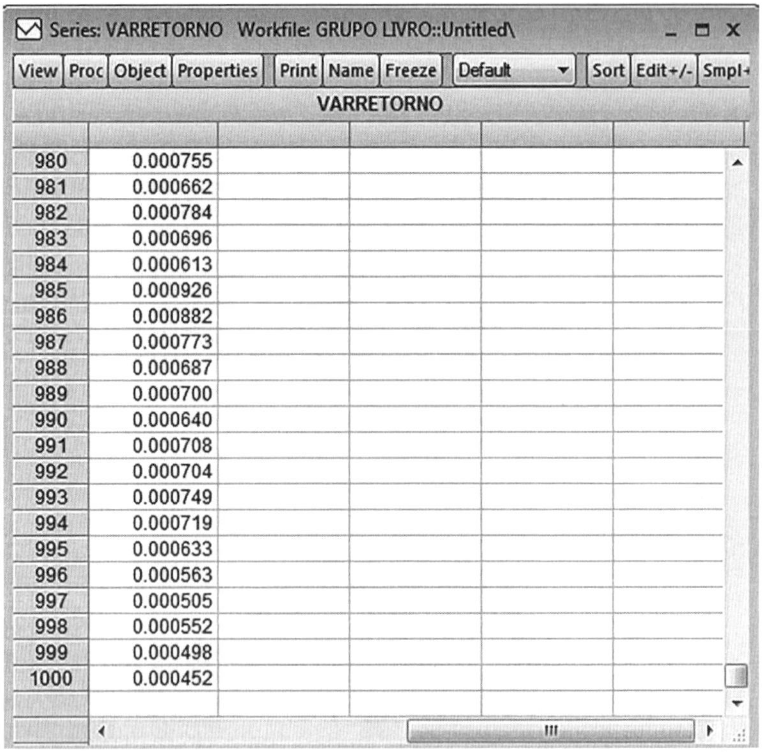

	VARRETORNO
980	0.000755
981	0.000662
982	0.000784
983	0.000696
984	0.000613
985	0.000926
986	0.000882
987	0.000773
988	0.000687
989	0.000700
990	0.000640
991	0.000708
992	0.000704
993	0.000749
994	0.000719
995	0.000633
996	0.000563
997	0.000505
998	0.000552
999	0.000498
1000	0.000452

Substituindo os valores de equação anterior, teremos a previsão da variância de:

$$h_{1.000} = 0,0000335 + 0,093636 \times \left(-0,007216^2\right) + 0,831017 \times 0,000498$$
$$h_{1.000} = 0,0452222\%$$

Esse valor é a variância do 1.000/dia. Para se ter o desvio-padrão, bastaria tirar a raiz quadrada desse valor, como se segue:

$$\sigma_{1.000} = \sqrt{0,000452222} = 0,021265 = 2,1265\%$$

Esse mesmo valor pode ser visto no arquivo DPRETORNOF previsto pelo programa, conforme verificado na Figura 8.17.

Figura 8.17 Arquivo DPRETORNOF.

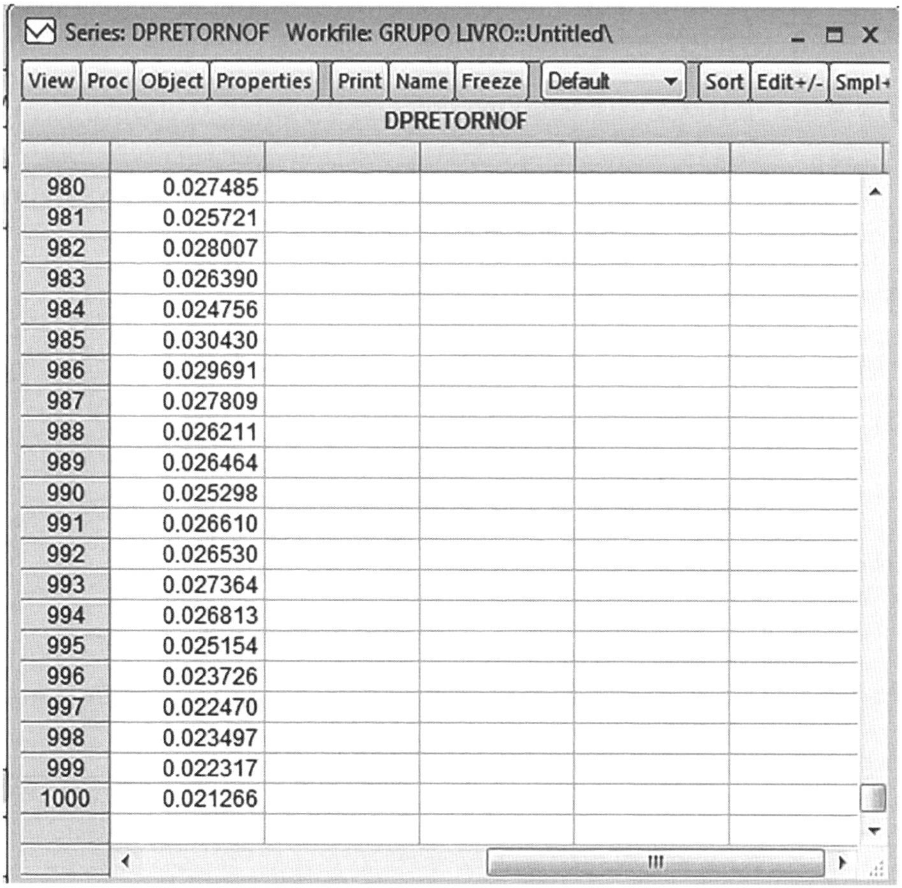

	DPRETORNOF
980	0.027485
981	0.025721
982	0.028007
983	0.026390
984	0.024756
985	0.030430
986	0.029691
987	0.027809
988	0.026211
989	0.026464
990	0.025298
991	0.026610
992	0.026530
993	0.027364
994	0.026813
995	0.025154
996	0.023726
997	0.022470
998	0.023497
999	0.022317
1000	0.021266

Pode-se, dessa forma, estimar o VaR para todo o período a partir dos desvios estimados pelo modelo GARCH e também fazer a previsão do VaR para o período seguinte.

O VaR para todo o período é calculado multiplicando-se o desvio-padrão estimado diário pelo $Z_{\alpha\%}$ estimado, como o nível de confiança. Assim, para 95% de confiança, bastaria multiplicar os valores previstos pelo modelo GARCH do desvio-padrão por 1,645, que é o valor-padrão para estimativa do VaR, conforme já demonstrado nos capítulos anteriores.

A Figura 8.18 ilustra o retorno da ação (série mais clara) e o respectivo VaR diário (série mais escura). Nota-se que, na maioria, os retornos estão abaixo do VaR, ou seja, dentro do nível de confiança estabelecido.

Se o modelo estiver bem calibrado, os valores que superam o VaR devem corresponder a apenas 5% de seu total. Como tem-se 1.000 retornos, 50 apenas poderiam estar fora do limite do VaR. Examinando-se as séries dos retornos e dos VaRs, observa-se que dos 1.000 retornos, apenas 51 estavam acima do VaR, ou seja, com perdas superiores ao estabelecido pelo VaR.

Numericamente, esses dados foram obtidos, conforme descrito anteriormente. Apenas para ilustrar, segue, na Figura 8.19, a imagem do arquivo já calculado, bem como os comandos usados para gerar o VaR no programa. Criou-se para o VaR a série denominada "var", construída dentro do grupo de trabalho.

Figura 8.18 Retornos e *Value at Risk* com 95% de confiança.

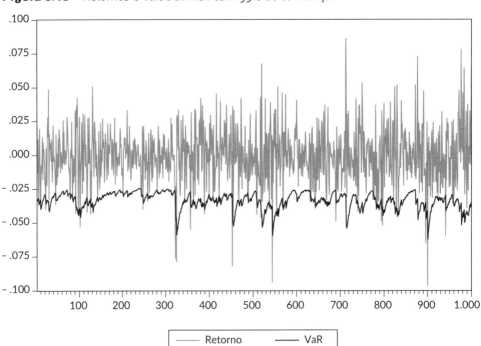

Fonte: elaborada pelo autor no EViews.

Figura 8.19 Arquivo calculado.

Para a observação 1, o VaR seria $-1{,}645 \times 0{,}02061 = -0{,}033329$, conforme pode ser verificado na linha 1. A série *dpretornof* é a série do desvio-padrão prevista pelo modelo GARCH, visualizada no grupo de trabalho do programa.

EXERCÍCIOS RESOLVIDOS

1. Considere as 101 últimas cotações da PETR4 de 29-11-2013 a 30-4-2014, ajustadas para proventos. Pede-se:
   a) Ajuste um modelo GARCH(1,1) para a série dos retornos contínuos.
   b) Realize o cálculo do VaR para cada dia e represente graficamente utilizando previsão estática do desvio-padrão.
   c) Calcule a previsão do retorno para o 101º dia.
   A seguir, têm-se as cotações utilizadas:

29-11-2013	R$ 17,98	9-1-2014	R$ 14,76	13-2-2014	R$ 13,74	24-3-2014	R$ 13,54
2-12-2013	R$ 16,32	10-1-2014	R$ 15,01	14-2-2014	R$ 13,71	25-3-2014	R$ 13,61
3-12-2013	R$ 16,46	13-1-2014	R$ 14,83	17-2-2014	R$ 13,57	26-3-2014	R$ 13,54
4-12-2013	R$ 16,36	14-1-2014	R$ 14,76	18-2-2014	R$ 13,27	27-3-2014	R$ 14,64
5-12-2013	R$ 16,57	15-1-2014	R$ 15,08	19-2-2014	R$ 13,35	28-3-2014	R$ 14,72
6-12-2013	R$ 16,20	16-1-2014	R$ 14,66	20-2-2014	R$ 13,31	31-3-2014	R$ 14,84
9-12-2013	R$ 16,22	17-1-2014	R$ 14,58	21-2-2014	R$ 13,30	1-4-2014	R$ 14,86
10-12-2013	R$ 16,26	20-1-2014	R$ 14,27	24-2-2014	R$ 13,63	2-4-2014	R$ 15,57
11-12-2013	R$ 15,78	21-1-2014	R$ 14,42	25-2-2014	R$ 13,33	3-4-2014	R$ 15,40
12-12-2013	R$ 15,85	22-1-2014	R$ 14,89	26-2-2014	R$ 12,86	4-4-2014	R$ 15,44
13-12-2013	R$ 16,01	23-1-2014	R$ 14,54	27-2-2014	R$ 13,20	7-4-2014	R$ 16,46
16-12-2013	R$ 16,30	24-1-2014	R$ 14,20	28-2-2014	R$ 12,78	8-4-2014	R$ 15,99
17-12-2013	R$ 15,79	27-1-2014	R$ 14,21	5-3-2014	R$ 12,49	9-4-2014	R$ 15,85
18-12-2013	R$ 15,83	28-1-2014	R$ 14,15	6-3-2014	R$ 12,63	10-4-2014	R$ 15,68
19-12-2013	R$ 16,22	29-1-2014	R$ 13,91	7-3-2014	R$ 12,52	11-4-2014	R$ 16,19
20-12-2013	R$ 15,90	30-1-2014	R$ 13,82	10-3-2014	R$ 12,23	14-4-2014	R$ 15,93
23-12-2013	R$ 16,04	31-1-2014	R$ 13,82	11-3-2014	R$ 12,33	15-4-2014	R$ 15,32
26-12-2013	R$ 15,91	3-2-2014	R$ 13,02	12-3-2014	R$ 12,52	16-4-2014	R$ 15,78
27-12-2013	R$ 15,92	4-2-2014	R$ 13,25	13-3-2014	R$ 12,33	17-4-2014	R$ 16,38
30-12-2013	R$ 16,06	5-2-2014	R$ 13,00	14-3-2014	R$ 12,01	22-4-2014	R$ 15,96
2-1-2014	R$ 15,75	6-2-2014	R$ 13,36	17-3-2014	R$ 11,82	23-4-2014	R$ 16,03
3-1-2014	R$ 15,44	7-2-2014	R$ 13,58	18-3-2014	R$ 12,19	24-4-2014	R$ 16,13
6-1-2014	R$ 15,63	10-2-2014	R$ 13,74	19-3-2014	R$ 12,54	25-4-2014	R$ 16,03
7-1-2014	R$ 15,19	11-2-2014	R$ 14,06	20-3-2014	R$ 13,15	28-4-2014	R$ 16,56
8-1-2014	R$ 15,22	12-2-2014	R$ 14,06	21-3-2014	R$ 13,18	29-4-2014	R$ 16,69
						30-4-2014	R$ 16,57

Fonte: Economática. Acesso em: dez. 2014.

Fazendo-se o gráfico dos log retornos (retornos contínuos), tem-se:

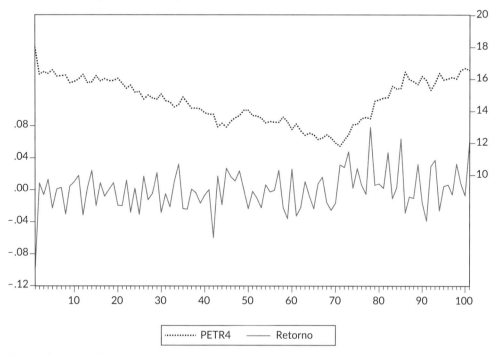

Fonte: elaborada pelo autor no EViews.

Analisando-se a estacionariedade da série, verifica-se que ela é estacionária, conforme pode ser observado a estatística de Dickey-Fuller Aumentado.

Null Hypothesis: RETORNO has a unit root				
Exogenous: Constant				
Lag Length: 0 (Automatic – based on SIC, maxlag=12)				
			t-Statistic	Prob.*
Augmented Dickey-Fuller test statistic			-11.65672	0.0001
Test critical values:		1% level	-3.497029	
		5% level	-2.890623	
		10% level	-2.582353	
*MacKinnon (1996) one-sided p-values.				
Augmented Dickey-Fuller Test Equation				
Dependent Variable: D(RETORNO)				
Method: Least Squares				
Date: 05/08/14 Time: 22:28				

(continua)

384 | ANÁLISE DE RISCOS • *Fabiano Guasti Lima*

(continuação)

Sample (adjusted): 2 101				
Included observations: 100 after adjustments				
Variable	Coefficient	Std. Error	t-Statistic	Prob.
RETORNO(−1)	-1.113013	0.095482	-11.65672	0.0000
C	0.000663	0.002351	0.281850	0.7787
R-squared	0.580980	Mean dependent var		0.001569
Adjusted R-squared	0.576705	S.D. dependent var		0.036116
S.E. of regression	0.023498	Akaike info criterion		-4.644038
Sum squared resid	0.054110	Schwarz criterion		-4.591935
Log likelihood	234.2019	Hannan-Quinn criter.		-4.622951
F-statistic	135.8792	Durbin-Watson stat		1.957455
Prob(F-statistic)	0.000000			

Fonte: elaborada pelo autor no EViews.

O correlograma dos dados fica:

Sample: 1 101
Included observations: 101

Autocorrelation	Partial Correlation		AC	PAC	Q-Stat	Prob
		1	-0.107	-0.107	1.2003	0.273
		2	-0.030	-0.042	1.2944	0.524
		3	0.180	0.174	4.7227	0.193
		4	0.083	0.126	5.4676	0.243
		5	0.031	0.068	5.5722	0.350
		6	-0.014	-0.032	5.5943	0.470
		7	0.201	0.169	10.049	0.186
		8	-0.006	0.011	10.054	0.261
		9	-0.002	0.008	10.054	0.346
		10	-0.055	-0.131	10.404	0.406
		11	0.123	0.075	12.161	0.352
		12	0.060	0.067	12.588	0.400
		13	-0.166	-0.122	15.862	0.257
		14	0.032	-0.065	15.986	0.314
		15	0.022	-0.019	16.045	0.379
		16	-0.022	0.015	16.105	0.446
		17	0.026	0.088	16.188	0.511
		18	0.013	-0.002	16.208	0.578
		19	0.075	0.067	16.924	0.595
		20	0.040	0.106	17.132	0.644
		21	-0.038	-0.003	17.315	0.692
		22	0.088	0.057	18.328	0.686
		23	0.049	-0.005	18.645	0.722
		24	-0.019	-0.013	18.693	0.768
		25	0.016	0.005	18.726	0.810

A equação gerada para estes dados fica:

Dependent Variable: RETORNO				
Method: ML – ARCH				
Date: 05/08/14 Time: 22:32				
Sample: 1 100				
Included observations: 100				
Convergence achieved after 38 iterations				
Presample variance: backcast (parameter = 0.7)				
GARCH = C(1) + C(2)*RESID(-1)^2 + C(3)*GARCH(-1)				
Variable	Coefficient	Std. Error	z-Statistic	Prob.
	Variance Equation			
C	0.000334	0.000102	3.269043	0.0011
RESID(-1)^2	-0.097477	0.038383	-2.539611	0.0111
GARCH(-1)	0.480417	0.191035	2.514807	0.0119
R-squared	-0.001094	Mean dependent var		-0.000814
Adjusted R-squared	0.008917	S.D. dependent var		0.024733
S.E. of regression	0.024623	Akaike info criterion		-4.639652
Sum squared resid	0.060628	Schwarz criterion		-4.561497
Log likelihood	234.9826	Hannan-Quinn criter.		-4.608021
Durbin-Watson stat	2.058784			

Fonte: elaborada pelo autor no EViews.

Realizadas as previsões do desvio-padrão de cada dia pelo programa, têm-se os seguintes valores:

obs	PETR4	RETORNO	DPRETORNO	VAR
obs	PETR4	RETORNO	DPRETORNO	VAR
1	17.97534	-0.096566	0.038070	-0.062625
2	16.32071	0.008603	0.011033	-0.018149
3	16.46173	-0.006302	0.019639	-0.032306
4	16.35831	0.013132	0.022712	-0.037362
5	16.57454	-0.022950	0.023779	-0.039117
6	16.19849	0.001160	0.023553	-0.038744
7	16.21729	0.002894	0.024511	-0.040321
8	16.26430	-0.030519	0.024945	-0.041034
9	15.77543	0.004756	0.023293	-0.038318
10	15.85064	0.010033	0.024349	-0.040055
11	16.01046	0.018039	0.024687	-0.040610
12	16.30190	-0.031637	0.024403	-0.040143
13	15.79423	0.002378	0.022868	-0.037618
14	15.83184	0.024055	0.024189	-0.039791
15	16.21729	-0.019907	0.023646	-0.038897
16	15.89765	0.008831	0.023757	-0.039081
17	16.03867	-0.008240	0.024454	-0.040226
18	15.90705	0.000591	0.024801	-0.040798
19	15.91645	0.008821	0.025098	-0.041286
20	16.05747	-0.019510	0.025089	-0.041271
21	15.74723	-0.019898	0.024489	-0.040285
22	15.43698	0.012107	0.024165	-0.039752
23	15.62501	-0.028068	0.024509	-0.040317
24	15.19255	0.001855	0.023371	-0.038446
25	15.22075	-0.030733	0.024423	-0.040177
26	14.76009	0.017051	0.022999	-0.037833

A quarta coluna se refere ao VaR de 95%.

Observe que, com exceção da constante, os coeficientes estimados são superiores a 1%, mas inferiores a 5%, logo, são significativos a 95% de confiança.

$$h_t = \alpha_0 + \alpha_1 R_{t-1}^2 + \beta_1 h_{t-1}$$
$$h_t = 0,000334 - 0,097477 R_{t-1}^2 + 0,480417 h_{t-1}$$

Assim, para prever a volatilidade (variância) da posição 101 (h_{101}), tem-se:

Note que R_{100} será o retorno do período anterior à previsão, que, nesse caso, corresponde ao retorno de 30 de abril de 2014 com valor de $-0,7216\%$. Na estimação da volatilidade, utiliza-se o retorno quadrático. Já h_{100} corresponde à volatilidade (variância) ajustada do período anterior pelo modelo GARCH, com valor de 0,0582%.

$$h_{101} = 0,000334 - 0,97477 R_{100}^2 + 0,480417 h_{100}$$

$$h_{101} = 0,000334 - 0,097477 \left(-0,007216\right)^2 + 0,480417 \left(0,000582\right)$$

$$h_{101} = 0,000334 - 0,097477 \left(-0,007216\right)^2 + 0,480417 \left(0,000582\right)$$

$$h_{101} = 0,00060853$$

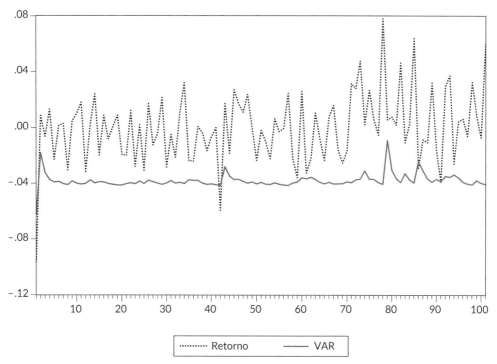

Fonte: elaborada pelo autor no EViews.

Esse valor é a variância estimada. A volatilidade é dada pelo desvio-padrão:

$$\sigma_{101} = \sqrt{0,00060853} = 2,4668\%$$

2. Considere que uma corretora usa um modelo EWMA com parâmetro lambda de 0,94 para modelar a volatilidade diária de certo ativo. A volatilidade estimada de ontem é de 1,0%. O preço de fechamento de ontem do ativo foi de $ 19 e o de hoje, de $ 18. Usando retornos contínuos, calcule a previsão mais a volatilidade atualizada para o período mais atual.

Solução

De acordo com o modelo EWMA, a volatilidade pode ser modelada da seguinte forma:

$$\sigma^2_{t+1} = (1-\lambda)R^2_t + \lambda\sigma^2_t$$

Usando o parâmetro de 0,90, tem-se:

$$\sigma^2_{t+1} = (1-0,94)R^2_t + 0,94\sigma^2_t$$

Atualizando o retorno do ativo, tem-se: $R_t = \ln\left(\dfrac{18}{19}\right) = -0,054067$

Assim: $R_t^2 = \left(-0,054067\right)^2 = 0,00292326$.

Como a volatilidade do dia anterior é de 1,0%, tem-se:

$$\sigma_{t+1}^2 = \left(1-0,94\right)0,00292326 + 0,94\left(0,010\right)^2 = 0,000269396$$
$$\sigma_{t+1} = \sqrt{0,000269396} = 0,0164 = 1,64\%$$

Recomenda-se a utilização de mais de seis casas decimais para obtenção de resultados mais precisos, uma vez que os valores, por estarem em unidades quadradas, possuem várias casas decimais com zeros.

EXERCÍCIOS PROPOSTOS

1. A partir dos dados do Ibovespa de 1º-7-2013 a 23-4-2014, pede-se:
   a) Ajuste um modelo GARCH(1,1) para a série dos retornos contínuos.
   b) Realize o cálculo do VaR para cada dia e represente graficamente para 95% de confiança, utilizando previsão estática do desvio-padrão.

1-7-2013	47229	10-9-2013	53979	21-11-2013	52688	5-2-2014	46624
2-7-2013	45228	11-9-2013	53570	22-11-2013	52800	6-2-2014	47738
3-7-2013	45044	12-9-2013	53307	25-11-2013	52263	7-2-2014	48073
4-7-2013	45763	13-9-2013	53797	26-11-2013	51446	10-2-2014	47710
5-7-2013	45210	16-9-2013	53821	27-11-2013	51861	11-2-2014	48462
8-7-2013	45075	17-9-2013	54271	28-11-2013	51846	12-2-2014	48216
10-7-2013	45483	18-9-2013	55702	29-11-2013	52482	13-2-2014	47812
11-7-2013	46626	19-9-2013	55095	2-12-2013	51244	14-2-2014	48201
12-7-2013	45533	20-9-2013	54110	3-12-2013	50348	17-2-2014	47576
15-7-2013	46738	23-9-2013	54602	4-12-2013	50215	18-2-2014	46599
16-7-2013	46869	24-9-2013	54431	5-12-2013	50787	19-2-2014	47150
17-7-2013	47407	25-9-2013	54261	6-12-2013	50944	20-2-2014	47288
18-7-2013	47656	26-9-2013	53782	9-12-2013	51165	21-2-2014	47380
19-7-2013	47400	27-9-2013	53738	10-12-2013	50993	24-2-2014	47393
22-7-2013	48574	30-9-2013	52338	11-12-2013	50067	25-2-2014	46715
23-7-2013	48819	1-10-2013	53179	12-12-2013	50121	26-2-2014	46599
24-7-2013	48374	2-10-2013	53100	13-12-2013	50051	27-2-2014	47606
25-7-2013	49066	3-10-2013	52489	16-12-2013	50279	28-2-2014	47094
26-7-2013	49422	4-10-2013	52848	17-12-2013	50090	5-3-2014	46589
29-7-2013	49212	7-10-2013	52417	18-12-2013	50563	6-3-2014	47093

(continua)

Capítulo 8 • Modelos Avançados de Estimação do *Value at Risk* | **389**

(continuação)

30-7-2013	48561	8-10-2013	52312	19-12-2013	51633	7-3-2014	46244
31-7-2013	48234	9-10-2013	52547	20-12-2013	51185	10-3-2014	45533
1-8-2013	49140	10-10-2013	52996	23-12-2013	51356	11-3-2014	45697
2-8-2013	48474	11-10-2013	53149	26-12-2013	51221	12-3-2014	45861
5-8-2013	48436	14-10-2013	54170	27-12-2013	51266	13-3-2014	45443
6-8-2013	47421	15-10-2013	54980	30-12-2013	51507	14-3-2014	44965
7-8-2013	47446	16-10-2013	55973	2-1-2014	50341	17-3-2014	45117
8-8-2013	48928	17-10-2013	55358	3-1-2014	50981	18-3-2014	46150
9-8-2013	49874	18-10-2013	55378	6-1-2014	50973	19-3-2014	46567
12-8-2013	50299	21-10-2013	56077	7-1-2014	50430	20-3-2014	47278
13-8-2013	50600	22-10-2013	56460	8-1-2014	50576	21-3-2014	47380
14-8-2013	50895	23-10-2013	55440	9-1-2014	49321	24-3-2014	47993
15-8-2013	50908	24-10-2013	54877	10-1-2014	49696	25-3-2014	48180
16-8-2013	51538	25-10-2013	54154	13-1-2014	49426	26-3-2014	47965
19-8-2013	51574	28-10-2013	55073	14-1-2014	49703	27-3-2014	49646
20-8-2013	50507	29-10-2013	54538	15-1-2014	50105	28-3-2014	49768
21-8-2013	50405	30-10-2013	54172	16-1-2014	49696	31-3-2014	50414
22-8-2013	51397	31-10-2013	54256	17-1-2014	49181	1-4-2014	50270
23-8-2013	52197	1-11-2013	54013	20-1-2014	48708	2-4-2014	51701
26-8-2013	51429	4-11-2013	54436	21-1-2014	48542	3-4-2014	51408
27-8-2013	50091	5-11-2013	53831	22-1-2014	49299	4-4-2014	51081
28-8-2013	49866	6-11-2013	53384	23-1-2014	48320	7-4-2014	52155
29-8-2013	49921	7-11-2013	52740	24-1-2014	47787	8-4-2014	51629
30-8-2013	50011	8-11-2013	52248	27-1-2014	47701	9-4-2014	51185
2-9-2013	51835	11-11-2013	52623	28-1-2014	47840	10-4-2014	51127
3-9-2013	51625	12-11-2013	51804	29-1-2014	47556	11-4-2014	51867
4-9-2013	51716	13-11-2013	52230	30-1-2014	47244	14-4-2014	51596
5-9-2013	52351	14-11-2013	53451	31-1-2014	47638	15-4-2014	50454
6-9-2013	53749	18-11-2013	54307	3-2-2014	46147	16-4-2014	51200
9-9-2013	54251	19-11-2013	53032	4-2-2014	46964	17-4-2014	52111
						22-4-2014	51976
						23-4-2014	51569

Fonte: Economática. Acesso em: dez. 2014.

2. A partir dos dados do Café Arábica de 27-9-2013 a 9-5-2014, pede-se:
   a) Ajuste um modelo GARCH(1,1) para a série dos retornos contínuos.
   b) Realize o cálculo do VaR para cada dia e represente graficamente para 99% de confiança, utilizando previsão estática do desvio-padrão.

Data	Valor	Data	Valor	Data	Valor	Data	Valor	Data	Valor	Data	Valor
27-9-2013	R$ 261,87	8-11-2013	R$ 241,99	23-12-2013	R$ 282,81	7-2-2014	R$ 344,69	25-3-2014	R$ 393,57		
30-9-2013	R$ 261,95	11-11-2013	R$ 247,36	26-12-2013	R$ 283,17	10-2-2014	R$ 341,16	26-3-2014	R$ 393,91		
1-10-2013	R$ 258,78	12-11-2013	R$ 249,55	27-12-2013	R$ 289,66	11-2-2014	R$ 341,96	27-3-2014	R$ 397,58		
2-10-2013	R$ 258,53	13-11-2013	R$ 246,05	30-12-2013	R$ 286,81	12-2-2014	R$ 344,38	28-3-2014	R$ 399,40		
3-10-2013	R$ 261,71	14-11-2013	R$ 248,71	2-1-2014	R$ 281,71	13-2-2014	R$ 338,85	31-3-2014	R$ 396,35		
4-10-2013	R$ 255,10	18-11-2013	R$ 245,96	3-1-2014	R$ 288,81	14-2-2014	R$ 341,38	1-4-2014	R$ 393,32		
7-10-2013	R$ 256,14	19-11-2013	R$ 245,97	6-1-2014	R$ 292,39	17-2-2014	R$ 340,42	2-4-2014	R$ 391,08		
8-10-2013	R$ 256,37	20-11-2013	R$ 248,64	7-1-2014	R$ 291,20	18-2-2014	R$ 369,78	3-4-2014	R$ 392,33		
9-10-2013	R$ 256,75	21-11-2013	R$ 254,10	8-1-2014	R$ 298,69	19-2-2014	R$ 387,99	4-4-2014	R$ 415,34		
10-10-2013	R$ 257,13	22-11-2013	R$ 246,65	9-1-2014	R$ 293,06	20-2-2014	R$ 386,19	7-4-2014	R$ 424,29		
11-10-2013	R$ 259,24	25-11-2013	R$ 249,15	10-1-2014	R$ 292,01	21-2-2014	R$ 388,45	8-4-2014	R$ 442,29		
14-10-2013	R$ 258,99	26-11-2013	R$ 252,26	13-1-2014	R$ 290,60	24-2-2014	R$ 410,08	9-4-2014	R$ 447,57		
15-10-2013	R$ 257,54	27-11-2013	R$ 254,87	14-1-2014	R$ 289,07	25-2-2014	R$ 405,46	10-4-2014	R$ 463,25		
16-10-2013	R$ 257,09	28-11-2013	R$ 252,93	15-1-2014	R$ 286,32	26-2-2014	R$ 404,16	11-4-2014	R$ 458,44		
17-10-2013	R$ 258,22	29-11-2013	R$ 257,61	16-1-2014	R$ 290,75	27-2-2014	R$ 406,28	14-4-2014	R$ 457,27		
18-10-2013	R$ 257,92	2-12-2013	R$ 256,02	17-1-2014	R$ 288,66	28-2-2014	R$ 412,67	15-4-2014	R$ 438,77		
21-10-2013	R$ 255,49	3-12-2013	R$ 260,79	20-1-2014	R$ 285,86	5-3-2014	R$ 447,63	16-4-2014	R$ 444,12		
22-10-2013	R$ 254,14	4-12-2013	R$ 260,75	21-1-2014	R$ 286,59	6-3-2014	R$ 441,77	17-4-2014	R$ 473,80		
23-10-2013	R$ 251,98	5-12-2013	R$ 261,56	22-1-2014	R$ 284,89	7-3-2014	R$ 447,24	22-4-2014	R$ 491,28		
24-10-2013	R$ 249,43	6-12-2013	R$ 259,95	23-1-2014	R$ 287,14	10-3-2014	R$ 472,22	23-4-2014	R$ 494,95		
25-10-2013	R$ 249,08	9-12-2013	R$ 259,69	24-1-2014	R$ 285,03	11-3-2014	R$ 485,01	24-4-2014	R$ 488,05		
28-10-2013	R$ 242,34	10-12-2013	R$ 269,86	27-1-2014	R$ 284,22	12-3-2014	R$ 483,97	25-4-2014	R$ 464,33		
29-10-2013	R$ 244,15	11-12-2013	R$ 263,96	28-1-2014	R$ 284,06	13-3-2014	R$ 485,62	28-4-2014	R$ 466,13		
30-10-2013	R$ 242,40	12-12-2013	R$ 263,57	29-1-2014	R$ 288,49	14-3-2014	R$ 476,82	29-4-2014	R$ 471,84		
31-10-2013	R$ 242,03	13-12-2013	R$ 278,77	30-1-2014	R$ 294,70	17-3-2014	R$ 469,91	30-4-2014	R$ 470,59		
1-11-2013	R$ 243,30	16-12-2013	R$ 275,84	31-1-2014	R$ 303,32	18-3-2014	R$ 464,75	2-5-2014	R$ 465,84		
4-11-2013	R$ 241,50	17-12-2013	R$ 277,77	3-2-2014	R$ 324,65	19-3-2014	R$ 455,77	5-5-2014	R$ 469,72		
5-11-2013	R$ 242,68	18-12-2013	R$ 277,65	4-2-2014	R$ 339,41	20-3-2014	R$ 411,42	6-5-2014	R$ 464,03		
6-11-2013	R$ 240,97	19-12-2013	R$ 277,63	5-2-2014	R$ 351,97	21-3-2014	R$ 387,29	7-5-2014	R$ 467,19		
7-11-2013	R$ 244,33	20-12-2013	R$ 283,55	6-2-2014	R$ 346,52	24-3-2014	R$ 397,27	8-5-2014	R$ 457,59		
								9-5-2014	R$ 428,42		

3. Considere que uma corretora usa um modelo EWMA com parâmetro lambda de 0,94 para modelar a volatilidade diária de um certo Ativo. A volatilidade estimada de ontem é de 2,0%. O preço de fechamento de ontem do Ativo foi de $ 34 e o de hoje, de $ 34,99. Usando retornos contínuos, calcule a previsão mais a volatilidade atualizada para o período mais atual.

Gabarito

1. a)

Dependent Variable: IBOVESPA				
Method: ML – ARCH (Marquardt) – Normal distribution				
Date: 05/11/14 Time: 23:36				
Sample: 1 200				
Included observations: 200				
Convergence achieved after 16 iterations				
Presample variance: backcast (parameter = 0.7)				
GARCH = C(1) + C(2)*RESID(-1)^2 + C(3)*GARCH(-1)				
Variable	Coefficient	Std. Error	z-Statistic	Prob.
	Variance Equation			
C	4.05E-05	1.18E-05	3.436261	0.0006
RESID(-1)^2	-0.106510	0.036813	-2.893311	0.0038
GARCH(-1)	0.862260	0.065665	13.13125	0.0000
R-squared	-0.001294	Mean dependent var		0.000479
Adjusted R-squared	0.003712	S.D. dependent var		0.013345
S.E. of regression	0.013320	Akaike info criterion		-5.827126
Sum squared resid	0.035486	Schwarz criterion		-5.777651
Log likelihood	585.7126	Hannan-Quinn criter.		-5.807104
Durbin-Watson stat	2.025740			

b)

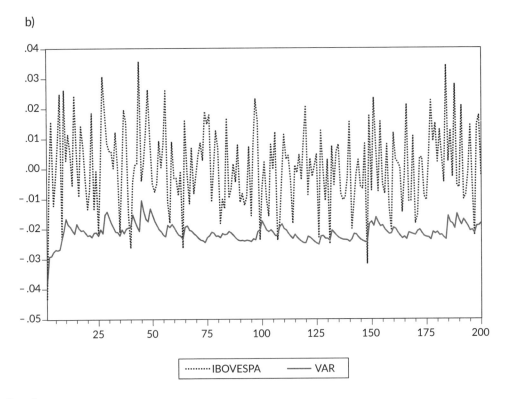

2. a)

Dependent Variable: CAFE			
Method: ML – ARCH (Marquardt) – Normal distribution			
Date: 05/12/14 Time: 16:20			
Sample (adjusted): 1 150			
Included observations: 150 after adjustments			
Convergence achieved after 13 iterations			
Presample variance: backcast (parameter = 0.7)			
GARCH = C(1) + C(2)*RESID(-1)^2 + C(3)*GARCH(-1)			
Variable	Coefficient	Std. Error	z-Statistic	Prob.
	Variance Equation			
C	-9.68E-07	2.28E-06	-0.425020	0.6708
RESID(-1)^2	-0.042986	0.016404	-2.620409	0.0088
GARCH(-1)	1.064317	0.028351	37.540-55	0.0000
R-squared	-0.018846	Mean dependent var		0.003282
Adjusted R-squared	-0.012053	S.D. dependent var		0.023985
S.E. of regression	0.024129	Akaike info criterion		-4.967325
Sum squared resid	0.087335	Schwarz criterion		-4.907113
Log likelihood	375.5494	Hannan-Quinn criter.		-4.942863
Durbin-Watson stat	1.449614			

b)

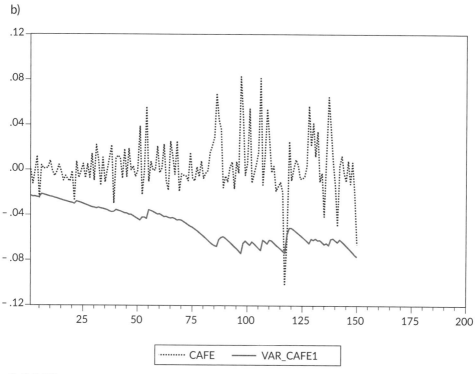

3. 2,06%

9

RISCOS DE BANCOS

OBJETIVOS DO CAPÍTULO

Este capítulo tem por objetivo trabalhar com os riscos na atividade bancária. Serão identificados os principais riscos de bancos e sua mensuração nos impactos do capital da instituição. Explora, inicialmente, os riscos de variação de taxas de juros e o consequente impacto no patrimônio líquido do banco. Apresenta ainda o modelo de RAROC para retorno mínimo de empréstimos ajustados ao risco.

9.1 Mapeamento de riscos de bancos

Risco para uma instituição financeira está no cerne da atividade bancária, ou seja, para o banco, risco compreende todo evento que tenha impacto no valor do capital da instituição, podendo ser ou não esperado.

Os bancos, por meio de sua complexa variedade de serviços e produtos oferecidos no mercado, estão expostos a vários tipos de riscos, provenientes de fatores internos ou externos.

Pode-se agrupar os tipos de riscos de bancos em financeiros, não financeiros e emergentes. A Figura 9.1 resume tais riscos e subtipos de riscos.

Os riscos financeiros são aqueles diretamente ligados aos ativos e passivos monetários do banco.

O risco de variação de taxas de juros surge da atividade básica do banco de intermediação financeira no descasamento entre as captações e aplicações de recursos. Qualquer variação nas taxas de juros irá provocar impactos no capital da instituição.

O risco de crédito é oriundo da possibilidade de não cumprimento pelo tomador de recursos de suas obrigações financeiras nos termos contratados. Pode ainda representar a deterioração na classificação de riscos do tomador, a redução de ganhos ou remunerações, os custos de recuperação e o não cumprimento, por uma contraparte, das obrigações relativas à liquidação de operações envolvendo a negociação de ativos financeiros e mobiliários.

O risco de concentração deve-se à possibilidade de perdas em razão de exposições significativas em determinado setor econômico, produto financeiro, fatores específicos de riscos ou região geográfica.

Já o risco de mercado é representado pela possibilidade de ocorrer perdas em razão das oscilações de taxas de juros, preços, uma vez que as operações ativas e passivas podem apresentar descasamento de prazos, moedas e indexadores.

O risco de liquidez refere-se à possibilidade de o banco não conseguir honrar suas obrigações, sem afetar suas operações diárias e sem incorrer em perdas significativas.

Já os riscos não financeiros são aqueles resultantes de eventos internos (humanos, tecnológicos, processos etc.) e externos (eventos sociais, políticos e econômicos).

O risco operacional é aquele representado pela possibilidade de perdas resultantes de falhas, deficiência ou inadequações de pessoas, sistemas ou processos internos.

O risco do negócio ou estratégico é oriundo da chance de insucesso dos objetivos e metas estabelecidos provenientes de situações adversas no ambiente de negócios, ou ainda de erros estratégicos de planejamento ou tomada de decisões.

O risco legal ou de *compliance* é representado pela não observância, durante a condução dos negócios, das leis, regulamentos ou códigos de processos aplicáveis às atividades da instituição, acarretando penalidades de ordem financeira e judiciais.

Risco regulatório surge diante de mudanças legais impostas por autoridades legais que alterem ou modifiquem as posições ativas e passivas assumidas anteriormente e provoquem perdas financeiras.

O risco de reputação é aquele resultante da perda de credibilidade diante de clientes, órgãos reguladores e de toda a comunidade, em função de atitudes indevidas no mercado.

O risco socioambiental é representado por perda econômica causada por danos ao meio ambiente e/ou sociedade na qual está inserido.

Os riscos emergentes são assim chamados por representarem riscos iminentes oriundos de situações do país no qual estabelecem suas atividades locais ou globais que podem emergir repentinamente e trazer impactos adversos ao ambiente de negócios do banco.

O risco de deterioração econômica e fiscal do Brasil está ligado às situações de crises internas, como retração do PIB brasileiro por um período prolongado, dificultando os ajustes fiscais necessários aos acertos nas contas públicas, eventos relativos à corrupção no país.

Os riscos de preços de *commodities* estão relacionados com o enfraquecimento do setor com efeitos de contágio no sistema financeiro e, consequentemente, nos bancos.

Por fim, o risco de desaceleração econômica global surge da possibilidade de um enfraquecimento global do comércio, da indústria e de serviços em países desenvolvidos, provocando choques negativos em diversas economias e com consequências nos mercados financeiros. Observe a Figura 9.1.

Figura 9.1 Diagrama com alguns tipos de riscos.

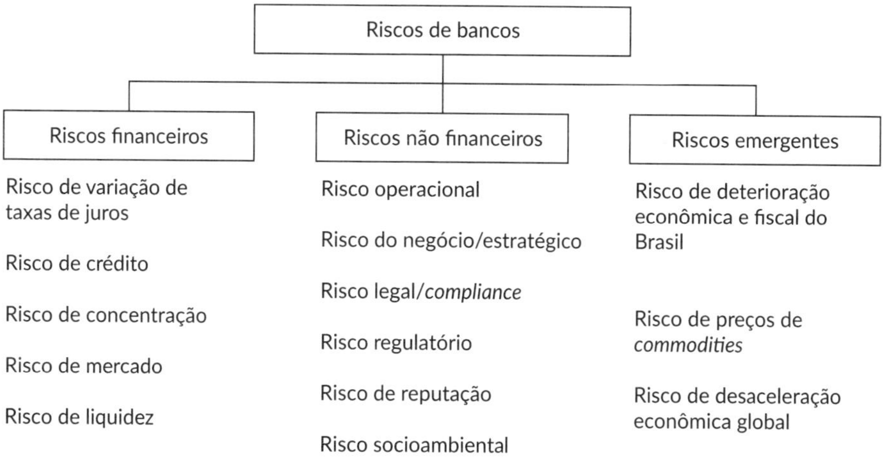

Riscos de bancos

Riscos financeiros

Risco de variação de taxas de juros

Risco de crédito

Risco de concentração

Risco de mercado

Risco de liquidez

Riscos não financeiros

Risco operacional

Risco do negócio/estratégico

Risco legal/*compliance*

Risco regulatório

Risco de reputação

Risco socioambiental

Riscos emergentes

Risco de deterioração econômica e fiscal do Brasil

Risco de preços de *commodities*

Risco de desaceleração econômica global

Fonte: elaborada pelo autor a partir dos relatórios de gerenciamento de riscos dos bancos.

APLICAÇÃO PRÁTICA

Para entender melhor essas exposições aos riscos dos bancos, a Tabela 9.1 mostra o total dos ativos do sistema bancário brasileiro expostos aos tipos de riscos e também segregados pelos tipos de controle acionários dos bancos.

Tabela 9.1 Valores das exposições aos riscos no período

R$ bilhões	dez./2019		dez./2020		dez./2021	
Risco de crédito	4.414,1	83,9%	5.055,5	85,8%	5.785,4	86,2%
Risco operacional	549,0	5,6%	564,8	9,6%	657,0	9,8%
Risco de mercado	295,7	10,4%	270,6	4,6%	267,7	4,0%

R$ mil

Risco de crédito	dez./2019		dez./2020		dez./2021	
1. Público	1.632,4	37,0%	1.731,2	34,2%	1.911,4	33,0%
2. Privado nacional	2.062,8	46,7%	2.477,0	49,0%	2.941,9	50,9%
3. Privado estrangeiro	718,9	16,3%	847,3	16,8%	932,1	16,1%
TOTAL	4.414,1		5.055,5		5.785,4	
Risco operacional						
1. Público	232,9	42,4%	215,2	38,1%	276,9	42,1%
2. Privado nacional	221,7	40,4%	240,8	42,6%	264,6	40,3%
3. Privado estrangeiro	94,4	17,2%	108,8	19,3%	115,5	17,6%
TOTAL	549,0		564,8		657,0	

(continua)

(continuação)

Risco de crédito	dez./2019		dez./2020		dez./2021	
Risco de mercado						
1. Público	56,1	19,0%	71,6	26,5%	69,0	25,8%
2. Privado nacional	146,6	49,6%	111,6	41,2%	100,9	37,7%
3. Privado estrangeiro	93,1	31,5%	87,4	32,3%	97,8	36,5%
TOTAL	295,7		270,6		267,7	

Fonte: IF.DATA BACEN. Disponível em: **https://www3.bcb.gov.br/ifdata/**. Acesso em: out. 2022.

As informações da tabela foram obtidas junto ao Banco Central do Brasil, que faz a divulgação trimestralmente das informações contábeis dos conglomerados financeiros que detenham bancos em sua composição e dos bancos não integrantes de conglomerados que estejam em funcionamento normal.

Os valores foram obtidos pelas parcelas de ativos ponderados e expostos aos riscos. O risco de crédito corresponde aos ativos de crédito ponderados pelos respectivos riscos. O risco operacional assume a exigência de capital resultado da exposição ao risco operacional, e o risco de mercado é a soma das exigências de capital resultantes das exposições aos riscos de ações, ao risco cambial, risco de *commodities*, risco de juros, cupons e índices de preços.

Os dados mostram que o risco de crédito é o principal risco assumido pelos bancos. No fim dos anos 2019 e 2020, tal risco representava aproximadamente 86% do total dos riscos assumidos, anos estes da pandemia da Covid-19. Os bancos públicos carregam cerca de um terço do risco de crédito, ao passo que os bancos privados (com controle de capital nacional e com controle estrangeiro) assumem o restante do crédito.

O risco operacional vem em segundo lugar, pela preocupação que tem causado desde o Acordo de Basileia II e pelos avanços que as instituições têm promovido em sistemas de modelagem e mensuração do risco operacional.

O risco de mercado, embora tenha um peso menor na composição dos riscos, representa uma das principais preocupações dos bancos na gestão conjunta de ativos a passivos.

O risco de liquidez não é mostrado por não haver alocação de capital para este fator de risco, apesar de a liquidez ser fortemente controlada pelos bancos por seu índice de liquidez.

O índice de liquidez mensura se os bancos possuem ativos líquidos suficientes para cobrir suas necessidades de caixa de curto prazo em cenário de estresse hipotético definido. Se o índice de liquidez for superior a 1, o banco possui ativos líquidos suficientes para esse cenário.

A Tabela 9.2 apresenta os índices de liquidez médios dos bancos brasileiros obtidos pelo Relatório de Estabilidade Financeira do BACEN.

Tabela 9.2 Índices de liquidez médios dos bancos brasileiros

Ano	Índice de liquidez
dez./2012	1,92
dez./2013	1,83
dez./2014	2,02
dez./2015	1,90
dez./2016	2,36
dez./2017	2,38
dez./2018	2,42
dez./2019	2,43
dez./2020	2,86
dez./2021	2,34

Fonte: Relatório de Estabilidade Financeira – BACEN. Disponível em: https://www.bcb.gov. br/publicacoes/ref. Acesso em: 24 fev. 2023.

9.2 Mensuração dos riscos de bancos

Nesta seção, será destacado o impacto que a gestão de riscos impõe sobre o capital do banco, ou seja, mensurar o montante de capital em risco absorvido pelo banco para os devidos fatores de riscos.

Para exemplificar, apresenta-se a seguir um exemplo simples da aplicação dos riscos de variação de taxas de juros conforme adaptado de Saunders (2000) e Mishkin (2016).

Considere uma instituição financeira que apresenta a seguinte disposição do balanço patrimonial com captação via depósitos pelo prazo de um ano a juros de 10% e aplicados em um título de longo prazo a juros de 10% ao ano pelo prazo de três anos, conforme pode ser observado na Tabela 9.3 em forma de um demonstrativo contábil.

Tabela 9.3 Demonstrativo contábil

			R$ MIL
ATIVO		**PASSIVO/PATRIMÔNIO LÍQUIDO**	
Título de longo prazo (10% a.a., prazo de 3 anos)	R$ 100,00	Depósitos (10% a.a., prazo de 1 ano)	R$ 90,00
		PL	R$ 10,00
TOTAL DO ATIVO	R$ 100,00	TOTAL DO PASSIVO	R$ 100,00

Quando ocorre uma mudança na taxa de juros, os valores são reavaliados a valor de mercado, visando refletir as condições atuais do mercado.

Assim, ao se assumir um aumento na taxa de juros de mercado de 1%, ou seja, saindo de 10 para 11%, têm-se os seguintes efetivos na reavaliação dos ativos e passivos:

Fluxo de caixa dos ativos:

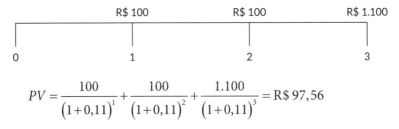

$$PV = \frac{100}{(1+0,11)^1} + \frac{100}{(1+0,11)^2} + \frac{1.100}{(1+0,11)^3} = R\$ \ 97,56$$

Fluxo de caixa dos passivos:

$$PV = \frac{99}{(1+0,11)^1} = R\$ \ 89,19$$

Dessa forma, a partir das atividades simplificadas do banco e trazidas a valor de mercado, tem-se uma variação no Patrimônio Líquido (ΔPL) do banco:

$$\Delta PL = (R\$ \ 97,56 - R\$ \ 100) - (R\$ \ 89,19 - R\$ \ 90)$$

$$\Delta PL = R\$ \ 2,44 - (-R\$ \ 0,81) = R\$ - 2,44 + R\$ \ 0,81 = -R\$ \ 1,63$$

Assim, o *PL* fica:

$$PL = R\$ \ 10 - R\$ \ 1,63 = R\$ \ 8,37$$

Esse é o valor econômico do capital do banco. Dessa forma, tem-se o balanço a valor de mercado após a elevação de 1% na taxa de juros conforme a Tabela 9.4.

Tabela 9.4 Balanço a valor de mercado

			R$ MIL
ATIVO		**PASSIVO/PATRIMÔNIO LÍQUIDO**	
Título de longo prazo (10% a.a., prazo de 3 anos)	R$ 97,56	Depósitos (10% a.a., prazo de 1 ano)	R$ 89,19
		PL	R$ 8,37
TOTAL DO ATIVO	R$ 97,56	TOTAL DO PASSIVO	R$ 97,56

Em outras palavras, a queda no valor dos ativos e passivos terá um impacto no valor de mercado do Patrimônio Líquido do banco. Como os ativos ainda têm prazos mais longos (3 anos) do que os passivos (1 ano), a variação do valor do ativo é maior do que a dos passivos, ocorrendo no caso um **hiato de prazo** de 2 anos.

Nota-se que um aumento de 1% na taxa de juros de mercado provoca uma redução de 16,3% no *PL* do banco, que era de R$ 10 passando a R$ 8,37.

Caso o aumento fosse de 7%, por exemplo, poder-se-ia medir o impacto no *PL* ao passar a taxa de 10% para 17%:

Fluxo de caixa dos ativos:

$$PV = \frac{100}{\left(1+0,17\right)^1} + \frac{100}{\left(1+0,17\right)^2} + \frac{1.100}{\left(1+0,17\right)^3} = R\$\,84,53$$

Fluxo de caixa dos passivos:

$$PV = \frac{99}{\left(1+0,17\right)^1} = R\$\,84,62$$

Assim, tem-se:

$$\Delta PL = (R\$\,84,53 - R\$\,100) - (R\$\,84,62 - R\$\,90)$$

$$\Delta PL = R\$\,15,47 - (-R\$\,5,38) = R\$ - 15,47 + R\$\,5,38 = -\,R\$\,10,09$$

Assim, o *PL* fica:

$$PL = R\$\,10 - R\$\,10,09 = -\,R\$\,0,09$$

Com esse aumento de 7% pode-se observar que o banco estaria insolvente, ou seja, seu *PL* não suportaria cobrir a diferença perdida nas variações a valor de mercado.

9.2.1 Imunização de um balanço

$$\Delta PL = \Delta AT - \Delta P$$

Precisa-se determinar a variação do *PL* (ΔPL) a partir das variações dos Ativos Totais (*AT*) e dos Passivos (*P*).

$$PV = \frac{FV}{\left(1+i\right)^D} = FV\left(1+i\right)^{-D}$$

$$\Delta PV = -D\frac{FV}{\left(1+i\right)^{D+1}}\Delta i = -D\frac{PV\left(1+i\right)^D}{\left(1+i\right)^{D+1}}\cdot\Delta i =$$

$$\Delta PV = -D\frac{PV}{\left(1+i\right)}\Delta i$$

Dessa forma, associando-se a expressão acima aos Ativos Totais (*AT*) e Passivos (*P*), tem-se:

$$\Delta AT = -D_{AT}\frac{AT}{\left(1+i\right)}\Delta i$$

$$P = -D_P\frac{P}{\left(1+i\right)}\Delta i$$

em que:

ΔAT = Variação dos Ativos Totais

ΔP = Variação dos Passivos Totais

D_{AT} = Duração (*duration*) dos Ativos Totais

D_P = Duração (*duration*) dos Passivos Totais

P = Passivos Totais

AT = Ativos Totais

Δ_i = Variação da taxa de juros

E, assim, a variação do Patrimônio Líquido do banco será:

$$\Delta PL = \Delta AT - \Delta P$$

$$\Delta PL = \left[-D_{AT} \frac{AT}{(1+i)} \Delta i \right] - \left[-D_P \frac{P}{(1+i)} \Delta i \right]$$

Admitindo que as variações nas taxas de juros sejam as mesmas para Ativos Totais e Passivos, tem-se:

$$\Delta PL = \left(\frac{\Delta i}{(1+i)} \right) \left[-D_{AT} AT \right] - \left[-D_P P \right]$$

$$\Delta PL = \left(\frac{\Delta i}{(1+i)} \right) \left[-D_{AT} AT + D_P P \right]$$

Multiplicando e dividindo o segundo membro da expressão anterior por AT, tem-se:

$$\Delta PL = \left(\frac{\Delta i}{(1+i)} \right) \left[-D_{AT} AT + D_P P \right] \left(\frac{AT}{AT} \right)$$

$$\Delta PL = \left(\frac{\Delta i}{(1+i)} \right) \left[-D_{AT} AT \frac{AT}{AT} + D_P P \frac{AT}{AT} \right]$$

Fazendo as devidas simplificações:

$$\Delta PL = \left(\frac{\Delta i}{(1+i)} \right) \left[-D_{AT} AT + D_P \frac{P}{AT} AT \right]$$

Ou ainda:

$$\Delta PL = \left[-D_{AT} AT + D_P \frac{P}{AT} AT \right] \left(\frac{\Delta i}{(1+i)} \right)$$

$$\Delta PL = -\left[D_{AT} AT - D_P \frac{P}{AT} AT \right] \left(\frac{\Delta i}{(1+i)} \right)$$

Colocando AT em evidência e assumindo $k = \dfrac{P}{AT}$, em que k é o grau de endividamento, tem-se:

$$\Delta PL = -\left[D_{AT} - k \cdot D_P \right] \cdot AT \cdot \left(\frac{\Delta i}{(1+i)} \right)$$

Essa medida ΔPL é também conhecida como Valor Econômico do Patrimônio Líquido (ou EVE, em inglês *Economic Value of Equity*).

$$EVE = \Delta PL = -\left[D_{AT} - k \cdot D_P \right] \cdot AT \cdot \left(\frac{\Delta i}{(1+i)} \right)$$

O efeito das variações de taxas de juros sobre o PL de um banco pode ser decomposto em três partes:

1. $[D_{AT} - k \cdot Dp]$, chamado **hiato ajustado de *duration***, ou, ainda, **GAP de *duration* (DGAP)**, medido em anos e significa o grau de descasamento de *durations* no Balanço. Quanto maior for esse hiato (GAP – descasamento) em termos absolutos, mais exposto estará o banco às variações de taxas de juros; o GAP positivo indicará excesso de ativos, ao passo que um GAP negativo mostrará excesso de depósitos.

2. AT, **Tamanho do banco**, representado pelos Ativos Totais e mede a magnitude dos ativos. Quanto maior for essa medida, maior será a exposição absoluta em potencial do PL do banco.

3. $\left(\dfrac{\Delta i}{(1+i)} \right)$, **tamanho da variação da taxa de juros**; quanto maior esta variação, maior o efeito no PL.

Pode-se então observar que o impacto no PL de um banco a partir das variações das taxas de juros é resultado da combinação de três fatores importantes: o descasamento dos prazos (*durations*) entre aplicações e as captações de recursos, a variação da taxa de juros e de sua alavancagem.

Exemplo:

Considere um banco com o balanço patrimonial apresentado na Tabela 9.5.

Tabela 9.5 Balanço patrimonial

			R$ MIL
ATIVO		**PASSIVO/PATRIMÔNIO LÍQUIDO**	
Título de longo prazo (10% a.a., *Duration* = 5 anos)	R$ 100,00	Depósitos (10% a.a., *Duration* = 3 anos)	R$ 90,00
		PL	R$ 10,00
TOTAL DO ATIVO	R$ 100,00	TOTAL DO PASSIVO	R$ 100,00

Se a taxa de juros subir de 10% a.a. para 11% a.a., pode-se apurar o impacto sobre o *PL* a partir da expressão do *EVE*.

$$\Delta i = 11\% - 10\% = 1\%$$

$$EVE = \Delta PL = -\left[5 - \frac{90}{100}3\right] \cdot 100 \cdot \left(\frac{0,01}{1+0,10}\right) = -R\$ 2,09$$

Pode-se obter o valor desse impacto no *PL* do banco apurando-se, separadamente, o valor de mercado dos ativos e passivos, conforme a seguir:

$$\Delta AT = -5\frac{100}{\left(1+0,10\right)}0,01 = -R\$ 4,55$$

$$AT = R\$ 100,00 - R\$ 4,55 = R\$ 95,45$$

$$\Delta P = -3\frac{90}{\left(1+0,10\right)}0,01 = -R\$ 2,46$$

$$P = R\$ 90,00 - R\$ 2,46 = R\$ 87,54$$

Assim, a variação do *PL* pode ser calculada:

$$\Delta PL = \Delta AT - \Delta P = -R\$ 4,55 - \left(R\$ -2,46\right)$$

$$\Delta PL = -R\$ 4,55 + R\$ 2,46 = -R\$ 2,09$$

$$PL = R\$ 10,00 - R\$ 2,09 = R\$ 7,91$$

O novo balanço a valor de mercado ficaria conforme apresentado na Tabela 9.6.

Tabela 9.6 Novo balanço

ATIVO		**PASSIVO/PATRIMÔNIO LÍQUIDO**	
Ativos	R$ 95,45	Passivos	R$ 87,54
		PL	R$ 7,91
TOTAL DO ATIVO	R$ 95,45	TOTAL DO PASSIVO	R$ 95,45

Dessa forma, a alta dos juros de 10 para 11% não levou o banco à insolvência econômica. Reduziu o quociente *PL/AT* de 10% (R$ 10,00/R$ 100,00) para 8,29% (R$ 7,91/R$ 95,45).

O hiato ajustado de *duration* para essa medida de impacto no *PL* foi:

$$\left[5 - \frac{90}{100}3\right] = 2,30$$

Para reduzir o hiato ajustado de *duration*, pode-se ter as seguintes hipóteses:

1ª hipótese: aumentar a *duration* dos passivos para 5 anos: $D_{AT} = D_p$.

$$EVE = \Delta PL = -\left[5 - \frac{90}{100}5\right]\cdot 100 \cdot \left(\frac{0,01}{1+0,10}\right) = -R\$\,0,45$$

2ª hipótese: equalizar $D_{AT} = k \cdot D_p$ para zerar o hiato ajustado de *duration*, ou seja, deve-se obter uma *duration* dos passivos que, quando ponderada pelo quociente k, chegue no valor da *duration* dos ativos:

$$5 = \frac{90}{100}D_P$$

$$D_P = 5\frac{100}{90} = 5,5556\text{ anos}$$

E assim: $EVE = \Delta PL = -\left[5 - \frac{90}{100}5,5556\right]\cdot 100 \cdot \left(\frac{0,01}{1+0,10}\right) = R\$\,0,00$

3ª hipótese: reduzir a D_{AT} para equalizar com o valor de $k \cdot D_p$

$$D_{AT} = \frac{90}{100}3 = 2,70\text{ anos}$$

Logo: $EVE = \Delta PL = -\left[3 - \frac{90}{100}2,70\right]\cdot 100 \cdot \left(\frac{0,01}{1+0,10}\right) = R\$\,0,00$

4ª hipótese: encurtar a *duration* dos ativos D_{AT} e ao mesmo tempo aumentar a *duration* dos passivos para equalizar com o valor de $k \cdot D_p$. A título de exemplo, poderia ser $D_{AT} = 4$ anos e, assim:

$$D_P = 4\frac{100}{90} = 4,444\text{ anos}$$

Logo: $EVE = \Delta PL = -\left[4 - \frac{90}{100}4,444\right]\cdot 100 \cdot \left(\frac{0,01}{1+0,10}\right) = R\$\,0,00$

ANÁLISE DE RISCOS • Fabiano Guasti Lima

5ª hipótese: Aumentar o valor do k (grau de endividamento) e consequente ajuste na *duration* dos passivos para equalizar com o valor de $k \cdot D_p$. A título de exemplo, poderia ser $k = \dfrac{95}{100}$, mantendo a *duration* dos ativos em 5 anos e, assim:

$$D_p = 5\frac{100}{95} = 5,263 \text{ anos}$$

$$\text{Logo: } EVE = \Delta PL = -\left[5 - \frac{95}{100}5,263\right] \cdot 100 \cdot \left(\frac{0,01}{1+0,10}\right) = R\$\ 0,00$$

Embora as mudanças nas taxas de juros sejam, em grande parte, externas ao controle do banco e geralmente resultantes das políticas econômicas do BACEN, a magnitude do hiato de *duration* e a escala do banco devem estar sempre em controle da administração.

A aplicação prática a seguir ilustra como se pode utilizar o hiato de *duration* para reestruturar o balanço de um banco visando seu equilíbrio de riscos.

APLICAÇÃO PRÁTICA

Considere um banco com as informações da Tabela 9.7 e seu Balanço atualizado.

Tabela 9.7 Informações do banco

ATIVO		PASSIVO/PATRIMÔNIO LÍQUIDO	
Caixa	R$ 100,00	Depósitos a prazo	R$ 620,00
Aplic. Financ. de Liq.		Obrigações por Emprést.	R$ 300,00
Títulos Comerciais	R$ 700,00	TOTAL DO PASSIVO – P	R$ 920,00
Notas do Tesouro	R$ 200,00		
		PL	R$ 80,00
TOTAL DO ATIVO	R$ 1.000,00	TOTAL DO PASSIVO + PL	R$ 1.000,00

- os títulos comerciais pagam juros anuais de 12% e são negociados ao par com vencimento em 3 anos;
- as notas do tesouro pagam juros anuais de 8% e são negociadas ao par com vencimento em 6 anos;
- os depósitos a prazo vencem em 1 ano e remuneram a juros de 5% ao ano;
- as obrigações por empréstimos estão cotadas ao par e pagam juros anuais de 7%, com vencimento em 3 anos.

Pode-se então apurar as *durations* de cada uma das informações do ativo e passivo do banco.

ATIVOS
Títulos Comerciais:
Juros anuais = 12% × R$ 700,00 = R$ 84 e pagamento dos R$ 700,00 realizado no fim.

A *duration* fica:

$$D = \frac{1 \times \dfrac{84}{(1+0,12)^1} + 2 \times \dfrac{84}{(1+0,12)^2} + 3 \times \dfrac{784}{(1+0,12)^3}}{\dfrac{84}{(1+0,12)^1} + \dfrac{84}{(1+0,12)^2} + \dfrac{784}{(1+0,12)^3}} = 2,69 \text{ anos}$$

Notas do Tesouro:
Juros anuais = 8% × R$ 200,00 = R$ 16 e pagamento de R$ 200,00 realizado no fim.

A *duration* fica:

$$D = \frac{1 \times \dfrac{16}{(1+0,08)^1} + 2 \times \dfrac{16}{(1+0,08)^2} + 3 \times \dfrac{16}{(1+0,08)^3} + \cdots + 6 \times \dfrac{216}{(1+0,08)^6}}{\dfrac{16}{(1+0,08)^1} + \dfrac{16}{(1+0,08)^2} + \dfrac{16}{(1+0,08)^3} + \cdots + \dfrac{216}{(1+0,08)^6}} = 4,99 \text{ anos}$$

Caixa
A *duration* do Caixa é zero.

PASSIVO
Depósitos
Como o prazo dos depósitos é de 1 ano, sua *duration* é de 1 ano.

Obrigações por empréstimos:
Juros anuais = 7% × R$ 300,00 = R$ 21 e pagamento de R$ 300,00 realizado no fim.

A *duration* fica:

$$D = \frac{1 \times \dfrac{21}{(1+0,07)^1} + 2 \times \dfrac{21}{(1+0,07)^2} + 3 \times \dfrac{321}{(1+0,07)^3}}{\dfrac{21}{(1+0,07)^1} + \dfrac{21}{(1+0,07)^2} + \dfrac{321}{(1+0,07)^3}} = 2,81 \text{ anos}$$

A partir dessas informações, pode-se apurar a *duration* dos ativos e passivos do banco:

$$D_{AT} = \left(\frac{100}{1.000}\right) \times 0 + \left(\frac{700}{1.000}\right) \times 2,69 + \left(\frac{200}{1.000}\right) \times 4,99 = 2,881 \text{ anos}$$

$$D_P = \left(\frac{620}{920}\right) \times 1 + \left(\frac{300}{920}\right) \times 2,81 = 1,5902 \text{ ano}$$

Assim, o Ganho Líquido será:

Ganho Líquido = 12% × 700,00 + 8% × 200,00 − 5% × 620,00 − 7% × 300,00

Ganho Líquido = 84,00 + 16,00 − 31,00 − 21,00 = R$ 48,00

A medida do GAP de *duration* fica:

$$DGAP = \left[2,881 - 1,5902 \times \frac{920,00}{1.000} \right] = 1,4180 \text{ ano}$$

Essa medida indica que o banco apresenta uma incompatibilidade substancial nos tempos médios da *duration* de ativos e passivos.

Se a taxa de juros subir 1%, tem-se:

ATIVOS

Títulos Comerciais: Taxa subindo de 12 para 13%:

O valor presente ficaria:

$$PV = \frac{84}{(1+0,13)^1} + \frac{84}{(1+0,13)^2} + \frac{784}{(1+0,13)^3} = R\$ \ 683,47$$

A *duration* fica:

$$D = \frac{1\times\dfrac{84}{(1+0,13)^1}+2\times\dfrac{84}{(1+0,13)^2}+3\times\dfrac{784}{(1+0,13)^3}}{\dfrac{84}{(1+0,13)^1}+\dfrac{84}{(1+0,13)^2}+\dfrac{784}{(1+0,13)^3}} = 2,686 \text{ anos}$$

Notas do Tesouro: Taxa passando de 8 para 9%:

$$PV = \frac{16}{(1+0,09)^1}+\frac{16}{(1+0,09)^2}+\frac{16}{(1+0,09)^3}+\cdots+\frac{216}{(1+0,09)^6} = R\$\,191,03$$

A *duration* fica:

$$D = \frac{1\times\dfrac{16}{(1+0,09)^1}+2\times\dfrac{16}{(1+0,09)^2}+3\times\dfrac{16}{(1+0,09)^3}+\cdots+6\times\dfrac{216}{(1+0,09)^6}}{\dfrac{16}{(1+0,09)^1}+\dfrac{16}{(1+0,09)^2}+\dfrac{16}{(1+0,09)^3}+\cdots+\dfrac{216}{(1+0,09)^6}} = 4,9666 \text{ anos}$$

PASSIVO

Depósitos: juros subindo de 5 para 6%:

Os juros pagos nos depósitos no valor de 5% do total de R$ 620,00 também deverão ser trazidos a valor presente:

$$PV = \frac{620}{(1+0,06)^1}+\frac{5\%\times 620}{(1+0,06)^2} = R\$\,584,91 + R\$\,29,25 = R\$\,614,16$$

Obrigações por empréstimos: juros subindo de 7 para 8%:

A *duration* fica:

$$PV = \frac{21}{\left(1+0,08\right)^1} + \frac{21}{\left(1+0,08\right)^2} + \frac{321}{\left(1+0,08\right)^3} = R\$\ 292,27$$

$$D = \frac{1 \times \dfrac{21}{\left(1+0,08\right)^1} + 2 \times \dfrac{21}{\left(1+0,08\right)^2} + 3 \times \dfrac{321}{\left(1+0,08\right)^3}}{\dfrac{21}{\left(1+0,08\right)^1} + \dfrac{21}{\left(1+0,08\right)^2} + \dfrac{321}{\left(1+0,08\right)^3}} = 2,8053 \text{ anos}$$

Assim, o novo balanço a valor de mercado ficaria conforme a Tabela 9.8.

Tabela 9.8   Novo balanço a valor de mercado

ATIVO		PASSIVO/PATRIMÔNIO LÍQUIDO	
Caixa	R$ 100,00	Depósitos a prazo	R$ 614,20
Aplic. Financ. de Liq.		Obrigações por Emprést.	R$ 293,30
Títulos Comerciais	R$ 683,47	TOTAL DO PASSIVO – P	R$ 906,50
Notas do Tesouro	R$ 191,03		
		PL	R$ 68,00
TOTAL DO ATIVO	R$ 974,50	TOTAL DO PASSIVO + PL	R$ 974,50

O valor do *PL* é obtido pela diferença entre o total do AT = R$ 974,50 com o total do Passivo P = R$ 906,50, totalizando R$ 68,00.

Com essa nova configuração, têm-se as novas *durations* dos AT e P:

$$D_{AT} = \left(\frac{100}{974,50}\right) \times 0 + \left(\frac{683,47}{974,50}\right) \times 2,686 + \left(\frac{191,03}{974,50}\right) \times 4,9666 = 2,857 \text{ anos}$$

$$D_P = \left(\frac{614,20}{906,50}\right) \times 1 + \left(\frac{292,30}{906,50}\right) \times 2,8053 = 1,582 \text{ ano}$$

Assim, o Ganho Líquido será:

Ganho Líquido = 13% × 683,47 + 9% × 191,03 – 6% × 614,20 – 8% × 292,30

Ganho Líquido = 88,85 + 17,19 – 36,85 – 23,38 = R$ 45,81

A medida do GAP de *duration* fica:

$$DGAP = \left[2,857 - 1,582 \times \frac{906,50}{974,50}\right] = 1,38539 \text{ ano}$$

Onde se calcula uma taxa média dos Ativos Totais a partir das taxas originais de:

$$\text{Taxa Média}\left(AT\right) = i\left(AT\right) = \left(\frac{700}{900}\right) \times 12\% + \left(\frac{200}{900}\right) \times 8\% = 11,11\%$$

Com essa taxa, pode-se apurar o Valor Econômico do $PL = EVE$:

$$EVE = \Delta PL = -1,4180 \times 1.000,00 \times \frac{0,01}{1+0,1111} = -R\$ 12,76$$

Logo, o valor do PL será:

$$PL = R\$ 80,00 - R\$ 12,76 = R\$ 67,24$$

Outro modo de calcular o EVE seria:

$$\Delta AT = -2,881 \frac{1.000}{(1+0,1111)} 0,01 = -R\$ 25,93$$

$$\text{Taxa Média}(P) = i(P) = \left(\frac{620}{920}\right) \times 5\% + \left(\frac{300}{920}\right) \times 7\% = 5,652\%$$

$$\Delta P = -1,5902 \frac{920}{(1+0,05652)} 0,01 = -R\$ 13,85$$

$$EVE = -R\$ 25,93 - (-R\$ 13,85) = -R\$ 12,08$$

$$PL = R\$ 80,00 - R\$ 12,08 = R\$ 67,92$$

9.2.2   Modelo de RAROC[1]

O *Risk Adjusted Return On Capital* (RAROC), ou Retorno Ajustado por Risco sobre o Capital, é uma técnica utilizada por bancos para avaliar a liberação ou não de créditos.

A intenção de usar o RAROC como critério de concessão é pela sua capacidade de avaliar o rendimento esperado do empréstimo com o seu risco.

$$\text{RAROC} = \frac{\text{Rendimento do Empréstimo}}{\text{Capital Exposto ao Risco}}$$

Um financiamento somente é concedido se o RAROC for superior a um padrão mínimo aceitável pelo banco. Caso não seja, e o gerente não conseguir ajustar os termos pactuados no empréstimo, o mesmo é negado.

A principal dificuldade na estimação RAROC está no denominador da equação. Saunders (2000) apresenta uma metodologia de apuração do Capital Exposto ao Risco a partir da variação do valor do empréstimo a mercado utilizando o impacto da qualidade ou risco do crédito.

Assim, o Capital Exposto ao Risco (CER), ou seja, a perda em potencial, é obtido:

$$\text{CER} = -D_{\text{Empréstimo}} \times \text{Valor}_{\text{Empréstimo}} \times \frac{\Delta i}{1+i}$$

A *duration* é facilmente estimada, porém, a variação do prêmio pelo risco de crédito é restrita aos bancos.

---

[1]   Baseado em Saunders (2000) e Mishkin (2016).

APLICAÇÃO PRÁTICA

Um banco está avaliando um empréstimo de R$ 300.000,00 a uma empresa. O banco informa que cobra uma taxa de 0,5% de custas operacionais. O empréstimo terá prazo de 5 anos com *duration* de 4,5 anos. A taxa mínima de RAROC do banco é de 10%. Admita que o banco tenha estimado um prêmio pelo risco de crédito para esta empresa de 5% com base em seu histórico de crédito com o banco. A taxa corrente de juros de mercado é de 11% para empréstimos nessa faixa de riscos.

a) Pelo critério do RAROC, esse empréstimo seria aprovado?
b) Qual a taxa corrente de juros que tornaria esse empréstimo aprovado?

Para o item (a) temos:
Pelas informações, tem-se o capital exposto ao risco:

$$CER = -4,5 \times \$\, 300.000,00 \times \frac{0,05}{1+0,11} = \$\, 60.810,81$$

O rendimento do empréstimo pode ser obtido:

Juros Recebidos: 11% × $ 300.000,00	R$ 33.000,00
(+) Custas Operacionais: 0,5% × $ 300.000,00	R$ 1.500,00
(−) Retorno Mínimo: R$ 10% × $ 300.000,00	R$ 30.000,00
Retorno Líquido:	R$ 4.500,00

$$RAROC = \frac{4.500,00}{60.810,81} = 7,4\% \left(\text{crédito negado}\right)$$

Tal empréstimo seria negado, uma vez que o RAROC não atingiu o valor mínimo exigido pelo banco.

Para o item (b) temos que determinar a taxa mínima $x\%$ que deveria ser aplicada para que o empréstimo fosse aprovado:

Pelas informações, tem-se o capital exposto ao risco:

$$CER = -4,5 \times \$\, 300.000,00 \times \frac{0,05}{1+\dfrac{x}{100}} = \frac{67.500,00}{1+\dfrac{x}{100}}$$

O rendimento do empréstimo pode ser obtido:

Juros Recebidos: $x\%$ × $ 300.000,00	R$ 3.000 × x
(+) Custos Operacionais: 0,5% × $ 300.000,00	R$ 1.500,00
(−) Retorno Mínimo: R$ 10% × $ 300.000,00	R$ 30.000,00
Retorno Líquido:	R$ 1.500,00 + 3.000x − R$ 30.000,00

$$\text{RAROC} = \frac{1.500,00 + 3.000x - 30.000,00}{\dfrac{67.500,00}{1 + \dfrac{x}{100}}} = 10\%$$

Multiplicando-se:

$$-28.500,00 + 3.000x = 0,10 \times \frac{67.500,00}{1 + \dfrac{x}{100}}$$

$$-28.500,00 + 3.000x = \frac{6.750,00}{1 + \dfrac{x}{100}}$$

$$-28.500,00\left(1 + \frac{x}{100}\right) + 3.000x\left(1 + \frac{x}{100}\right) = 6.750,00$$

$$-28.500,00 - 285,00x + 3.000x + 30x^2 = 6.750,00$$

$$30x^2 + 2.715,00x - 35.250,00 = 0$$

Resolvendo a expressão, chega-se em 11,518%, que deverá ser a taxa mínima necessária para que o empréstimo possa ser viável ao banco.

EXERCÍCIOS PROPOSTOS

1. Uma empresa solicita um empréstimo ao Banco A no valor de R$ 2 milhões pelo prazo de 8 anos, com *duration* de 7,5 anos. O padrão mínimo de RAROC adotado pelo banco é de 13%, o seu prêmio pelo risco é de 5% e o banco cobra ainda uma taxa de 1% sobre os recursos. Admita uma taxa de captação igual ao retorno mínimo de 13%. Nessas condições, determine a taxa mínima que o banco deveria cobrar para que o empréstimo seja aprovado.

2. Na tabela a seguir, é apresentado o Balanço Patrimonial do Banco Boa-Fé em milhões de Reais.

ATIVO	R$ milhões	PASSIVO	R$ milhões
Caixa	R$ 30	Depósitos a prazo	R$ 20
Aplicações interfinanceiras	R$ 20	Depósitos Interfinanceiros	R$ 50
Operações de empréstimos	R$ 105	Títulos Emitidos	R$ 130
Operações de arrendamento	R$ 65	Patrimônio Líquido	R$ 20
TOTAL ATIVOS	R$ 220	TOTAL PASSIVO + PL	R$ 220

ANÁLISE DE RISCOS • *Fabiano Guasti Lima*

Atualmente, a taxa de juros das aplicações interfinanceiras e dos depósitos interfinanceiros é de 8,5%. As operações de Empréstimos são precificadas a 4% mais CDI (atualmente, em 11% a.a.). As operações de arrendamento têm prazo de cinco anos com juros de 12% a.a., pagos anualmente e o principal no final. Os depósitos a prazo são para dois anos e rendem 8% ao ano de juros pagos anualmente e o principal ao término. Os títulos emitidos rendem atualmente 9%.

a) Qual é a *duration* da carteira de operações de arrendamento do banco, supondo que os arrendamentos estejam cotados ao par?

b) Se o prazo médio das operações de empréstimos do banco incluindo as aplicações interfinanceiras é de 0,36 ano, qual é a *duration* dos ativos do banco?

c) Qual é a *duration* dos depósitos a prazo do banco supondo que eles estejam cotados ao par?

d) Se o prazo médio dos depósitos interfinanceiros e dos títulos emitidos é de 0,401 ano, qual é a *duration* dos passivos do banco?

e) Qual é o valor do hiato de *duration* do banco? Qual é a exposição ao risco de variação de taxas de juros do banco?

f) Se todas as taxas aumentarem 1%, qual será o impacto no valor de mercado do Patrimônio Líquido do banco?

3. Calcule o GAP de *duration* de um banco que possui ativos de R$ 1 milhão aplicados em obrigações do tesouro com prazo de 30 anos com cupom de 10% ao ano pagos semestralmente (taxa nominal) e negociados ao par. Possui passivos de $ 900 mil financiados por notas do tesouro com prazo de dois anos com cupom semestral de 7,25% ao ano (taxa nominal) negociados ao par. Calcule o impacto sobre o Patrimônio Líquido do banco caso os juros caiam 0,2%.

Gabarito

1. 16,195%

2. a) 4,037 anos; b) 1,397 ano; c) 1,926 ano;

d) 0,55 ano; e) 0,89; f) – $ 1,73 milhão

3. 8,23 anos; $ 14,96 mil.

416 | ANÁLISE DE RISCOS • *Fabiano Guasti Lima*

Tabela 1 Distribuição normal padrão acumulada (valores positivos)

Z	0,00	0,01	0,02	0,03	0,04	0,05	0,06	0,07	0,08	0,09
0,0	0,5000	0,5040	0,5080	0,5120	0,5160	0,5199	0,5239	0,5279	0,5319	0,5359
0,1	0,5398	0,5438	0,5478	0,5517	0,5557	0,5596	0,5636	0,5675	0,5714	0,5753
0,2	0,5793	0,5832	0,5871	0,5910	0,5948	0,5987	0,6026	0,6064	0,6103	0,6141
0,3	0,6179	0,6217	0,6255	0,6293	0,6331	0,6368	0,6406	0,6443	0,6480	0,6517
0,4	0,6554	0,6591	0,6628	0,6664	0,6700	0,6736	0,6772	0,6808	0,6844	0,6879
0,5	0,6915	0,6950	0,6985	0,7019	0,7054	0,7088	0,7123	0,7157	0,7190	0,7224
0,6	0,7257	0,7291	0,7324	0,7357	0,7389	0,7422	0,7454	0,7486	0,7517	0,7549
0,7	0,7580	0,7611	0,7642	0,7673	0,7704	0,7734	0,7764	0,7794	0,7823	0,7852
0,8	0,7881	0,7910	0,7939	0,7967	0,7995	0,8023	0,8051	0,8078	0,8106	0,8133
0,9	0,8159	0,8186	0,8212	0,8238	0,8264	0,8289	0,8315	0,8340	0,8365	0,8389
1,0	0,8413	0,8438	0,8461	0,8485	0,8508	0,8531	0,8554	0,8577	0,8599	0,8621
1,1	0,8643	0,8665	0,8686	0,8708	0,8729	0,8749	0,8770	0,8790	0,8810	0,8830
1,2	0,8849	0,8869	0,8888	0,8907	0,8925	0,8944	0,8962	0,8980	0,8997	0,9015
1,3	0,9032	0,9049	0,9066	0,9082	0,9099	0,9115	0,9131	0,9147	0,9162	0,9177
1,4	0,9192	0,9207	0,9222	0,9236	0,9251	0,9265	0,9279	0,9292	0,9306	0,9319
1,5	0,9332	0,9345	0,9357	0,9370	0,9382	0,9394	0,9406	0,9418	0,9429	0,9441
1,6	0,9452	0,9463	0,9474	0,9484	0,9495	0,9505	0,9515	0,9525	0,9535	0,9545
1,7	0,9554	0,9564	0,9573	0,9582	0,9591	0,9599	0,9608	0,9616	0,9625	0,9633
1,8	0,9641	0,9649	0,9656	0,9664	0,9671	0,9678	0,9686	0,9693	0,9699	0,9706
1,9	0,9713	0,9719	0,9726	0,9732	0,9738	0,9744	0,9750	0,9756	0,9761	0,9767
2,0	0,9772	0,9778	0,9783	0,9788	0,9793	0,9798	0,9803	0,9808	0,9812	0,9817
2,1	0,9821	0,9826	0,9830	0,9834	0,9838	0,9842	0,9846	0,9850	0,9854	0,9857
2,2	0,9861	0,9864	0,9868	0,9871	0,9875	0,9878	0,9881	0,9884	0,9887	0,9890
2,3	0,9893	0,9896	0,9898	0,9901	0,9904	0,9906	0,9909	0,9911	0,9913	0,9916
2,4	0,9918	0,9920	0,9922	0,9925	0,9927	0,9929	0,9931	0,9932	0,9934	0,9936
2,5	0,9938	0,9940	0,9941	0,9943	0,9945	0,9946	0,9948	0,9949	0,9951	0,9952
2,6	0,9953	0,9955	0,9956	0,9957	0,9959	0,9960	0,9961	0,9962	0,9963	0,9964
2,7	0,9965	0,9966	0,9967	0,9968	0,9969	0,9970	0,9971	0,9972	0,9973	0,9974
2,8	0,9974	0,9975	0,9976	0,9977	0,9977	0,9978	0,9979	0,9979	0,9980	0,9981
2,9	0,9981	0,9982	0,9982	0,9983	0,9984	0,9984	0,9985	0,9985	0,9986	0,9986
3,0	0,9987	0,9987	0,9987	0,9988	0,9988	0,9989	0,9989	0,9989	0,9990	0,9990
3,1	0,9990	0,9991	0,9991	0,9991	0,9992	0,9992	0,9992	0,9992	0,9993	0,9993
3,2	0,9993	0,9993	0,9994	0,9994	0,9994	0,9994	0,9994	0,9995	0,9995	0,9995
3,3	0,9995	0,9995	0,9995	0,9996	0,9996	0,9996	0,9996	0,9996	0,9996	0,9997
3,4	0,9997	0,9997	0,9997	0,9997	0,9997	0,9997	0,9997	0,9997	0,9997	0,9998
3,5	0,9998	0,9998	0,9998	0,9998	0,9998	0,9998	0,9998	0,9998	0,9998	0,9998
3,6	0,9998	0,9998	0,9999	0,9999	0,9999	0,9999	0,9999	0,9999	0,9999	0,9999
3,7	0,9999	0,9999	0,9999	0,9999	0,9999	0,9999	0,9999	0,9999	0,9999	0,9999

Tabela 2 Distribuição normal padrão acumulada (valores negativos)

Z	0,00	0,01	0,02	0,03	0,04	0,05	0,06	0,07	0,08	0,09
– 0,0	0,5000	0,4960	0,4920	0,4880	0,4840	0,4801	0,4761	0,4721	0,4681	0,4641
– 0,1	0,4602	0,4562	0,4522	0,4483	0,4443	0,4404	0,4364	0,4325	0,4286	0,4247
– 0,2	0,4207	0,4168	0,4129	0,4090	0,4052	0,4013	0,3974	0,3936	0,3897	0,3859
– 0,3	0,3821	0,3783	0,3745	0,3707	0,3669	0,3632	0,3594	0,3557	0,3520	0,3483
– 0,4	0,3446	0,3409	0,3372	0,3336	0,3300	0,3264	0,3228	0,3192	0,3156	0,3121
– 0,5	0,3085	0,3050	0,3015	0,2981	0,2946	0,2912	0,2877	0,2843	0,2810	0,2776
– 0,6	0,2743	0,2709	0,2676	0,2643	0,2611	0,2578	0,2546	0,2514	0,2483	0,2451
– 0,7	0,2420	0,2389	0,2358	0,2327	0,2296	0,2266	0,2236	0,2206	0,2177	0,2148
– 0,8	0,2119	0,2090	0,2061	0,2033	0,2005	0,1977	0,1949	0,1922	0,1894	0,1867
– 0,9	0,1841	0,1814	0,1788	0,1762	0,1736	0,1711	0,1685	0,1660	0,1635	0,1611
– 1,0	0,1587	0,1562	0,1539	0,1515	0,1492	0,1469	0,1446	0,1423	0,1401	0,1379
– 1,1	0,1357	0,1335	0,1314	0,1292	0,1271	0,1251	0,1230	0,1210	0,1190	0,1170
– 1,2	0,1151	0,1131	0,1112	0,1093	0,1075	0,1056	0,1038	0,1020	0,1003	0,0985
– 1,3	0,0968	0,0951	0,0934	0,0918	0,0901	0,0885	0,0869	0,0853	0,0838	0,0823
– 1,4	0,0808	0,0793	0,0778	0,0764	0,0749	0,0735	0,0721	0,0708	0,0694	0,0681
– 1,5	0,0668	0,0655	0,0643	0,0630	0,0618	0,0606	0,0594	0,0582	0,0571	0,0559
– 1,6	0,0548	0,0537	0,0526	0,0516	0,0505	0,0495	0,0485	0,0475	0,0465	0,0455
– 1,7	0,0446	0,0436	0,0427	0,0418	0,0409	0,0401	0,0392	0,0384	0,0375	0,0367
– 1,8	0,0359	0,0351	0,0344	0,0336	0,0329	0,0322	0,0314	0,0307	0,0301	0,0294
– 1,9	0,0287	0,0281	0,0274	0,0268	0,0262	0,0256	0,0250	0,0244	0,0239	0,0233
– 2,0	0,0228	0,0222	0,0217	0,0212	0,0207	0,0202	0,0197	0,0192	0,0188	0,0183
– 2,1	0,0179	0,0174	0,0170	0,0166	0,0162	0,0158	0,0154	0,0150	0,0146	0,0143
– 2,2	0,0139	0,0136	0,0132	0,0129	0,0125	0,0122	0,0119	0,0116	0,0113	0,0110
– 2,3	0,0107	0,0104	0,0102	0,0099	0,0096	0,0094	0,0091	0,0089	0,0087	0,0084
– 2,4	0,0082	0,0080	0,0078	0,0075	0,0073	0,0071	0,0069	0,0068	0,0066	0,0064
– 2,5	0,0062	0,0060	0,0059	0,0057	0,0055	0,0054	0,0052	0,0051	0,0049	0,0048
– 2,6	0,0047	0,0045	0,0044	0,0043	0,0041	0,0040	0,0039	0,0038	0,0037	0,0036
– 2,7	0,0035	0,0034	0,0033	0,0032	0,0031	0,0030	0,0029	0,0028	0,0027	0,0026
– 2,8	0,0026	0,0025	0,0024	0,0023	0,0023	0,0022	0,0021	0,0021	0,0020	0,0019
– 2,9	0,0019	0,0018	0,0018	0,0017	0,0016	0,0016	0,0015	0,0015	0,0014	0,0014
– 3,0	0,0013	0,0013	0,0013	0,0012	0,0012	0,0011	0,0011	0,0011	0,0010	0,0010
– 3,1	0,0010	0,0009	0,0009	0,0009	0,0008	0,0008	0,0008	0,0008	0,0007	0,0007
– 3,2	0,0007	0,0007	0,0006	0,0006	0,0006	0,0006	0,0006	0,0005	0,0005	0,0005
– 3,3	0,0005	0,0005	0,0005	0,0004	0,0004	0,0004	0,0004	0,0004	0,0004	0,0003
– 3,4	0,0003	0,0003	0,0003	0,0003	0,0003	0,0003	0,0003	0,0003	0,0003	0,0002
– 3,5	0,0002	0,0002	0,0002	0,0002	0,0002	0,0002	0,0002	0,0002	0,0002	0,0002
– 3,6	0,0002	0,0002	0,0001	0,0001	0,0001	0,0001	0,0001	0,0001	0,0001	0,0001
– 3,7	0,0001	0,0001	0,0001	0,0001	0,0001	0,0001	0,0001	0,0001	0,0001	0,0001

Tabela 3 Distribuição Qui-quadrado

Graus de liberdade	99%	97,50%	95%	90%	10%	5%	2,50%	1%	0,50%
1	0,0002	0,0010	0,0039	0,0158	2,7055	3,8415	5,0239	6,6349	7,8794
2	0,0201	0,0506	0,1026	0,2107	4,6052	5,9915	7,3778	9,2103	10,5966
3	0,1148	0,2158	0,3518	0,5844	6,2514	7,8147	9,3484	11,3449	12,8382
4	0,2971	0,4844	0,7107	1,0636	7,7794	9,4877	11,1433	13,2767	14,8603
5	0,5543	0,8312	1,1455	1,6103	9,2364	11,0705	12,8325	15,0863	16,7496
6	0,8721	1,2373	1,6354	2,2041	10,6446	12,5916	14,4494	16,8119	18,5476
7	1,2390	1,6899	2,1673	2,8331	12,0170	14,0671	16,0128	18,4753	20,2777
8	1,6465	2,1797	2,7326	3,4895	13,3616	15,5073	17,5345	20,0902	21,9550
9	2,0879	2,7004	3,3251	4,1682	14,6837	16,9190	19,0228	21,6660	23,5894
10	2,5582	3,2470	3,9403	4,8652	15,9872	18,3070	20,4832	23,2093	25,1882
11	3,0535	3,8157	4,5748	5,5778	17,2750	19,6751	21,9200	24,7250	26,7568
12	3,5706	4,4038	5,2260	6,3038	18,5493	21,0261	23,3367	26,2170	28,2995
13	4,1069	5,0088	5,8919	7,0415	19,8119	22,3620	24,7356	27,6882	29,8195
14	4,6604	5,6287	6,5706	7,7895	21,0641	23,6848	26,1189	29,1412	31,3193
15	5,2293	6,2621	7,2609	8,5468	22,3071	24,9958	27,4884	30,5779	32,8013
16	5,8122	6,9077	7,9616	9,3122	23,5418	26,2962	28,8454	31,9999	34,2672
17	6,4078	7,5642	8,6718	10,0852	24,7690	27,5871	30,1910	33,4087	35,7185
18	7,0149	8,2307	9,3905	10,8649	25,9894	28,8693	31,5264	34,8053	37,1565
19	7,6327	8,9065	10,1170	11,6509	27,2036	30,1435	32,8523	36,1909	38,5823
20	8,2604	9,5908	10,8508	12,4426	28,4120	31,4104	34,1696	37,5662	39,9968
21	8,8972	10,2829	11,5913	13,2396	29,6151	32,6706	35,4789	38,9322	41,4011
22	9,5425	10,9823	12,3380	14,0415	30,8133	33,9244	36,7807	40,2894	42,7957
23	10,1957	11,6886	13,0905	14,8480	32,0069	35,1725	38,0756	41,6384	44,1813
24	10,8564	12,4012	13,8484	15,6587	33,1962	36,4150	39,3641	42,9798	45,5585
25	11,5240	13,1197	14,6114	16,4734	34,3816	37,6525	40,6465	44,3141	46,9279
26	12,1981	13,8439	15,3792	17,2919	35,5632	38,8851	41,9232	45,6417	48,2899
27	12,8785	14,5734	16,1514	18,1139	36,7412	40,1133	43,1945	46,9629	49,6449
28	13,5647	15,3079	16,9279	18,9392	37,9159	41,3371	44,4608	48,2782	50,9934
29	14,2565	16,0471	17,7084	19,7677	39,0875	42,5570	45,7223	49,5879	52,3356
30	14,9535	16,7908	18,4927	20,5992	40,2560	43,7730	46,9792	50,8922	53,6720
31	15,6555	17,5387	19,2806	21,4336	41,4217	44,9853	48,2319	52,1914	55,0027
32	16,3622	18,2908	20,0719	22,2706	42,5847	46,1943	49,4804	53,4858	56,3281
33	17,0735	19,0467	20,8665	23,1102	43,7452	47,3999	50,7251	54,7755	57,6484
34	17,7891	19,8063	21,6643	23,9523	44,9032	48,6024	51,9660	56,0609	58,9639
35	18,5089	20,5694	22,4650	24,7967	46,0588	49,8018	53,2033	57,3421	60,2748

BIBLIOGRAFIA

ALEXANDER, Carol. *Value at risk models*. New Jersey: Wiley, 2008.

ASSAF NETO, Alexandre. *Mercado financeiro*. 11. ed. São Paulo: Atlas, 2012.

ASSAF NETO, Alexandre; LIMA, Fabiano Guasti. *Investimentos no mercado financeiro usando a calculadora HP 12C*. 3. ed. São Paulo: Atlas, 2013.

ASSAF NETO, Alexandre; LIMA, Fabiano Guasti. *Curso de administração financeira*. 3. ed. São Paulo: Atlas, 2014.

BERNSTEIN, Peter L. *Desafio aos deuses*. 2. ed. Rio de Janeiro: Campus, 1997.

BOLLERSLEV, Tim. Generalized autoregressive conditional heteroscedasticity. *Journal of Econometrics*, v. 31, p. 307-327, 1986.

BRASIL, Haroldo Guimarães. *Avaliação moderna de investimentos*. Rio de Janeiro: Qualitymark, 2002.

CASSETARI, Ailton. Sobre o cálculo do "value at risk" usando distribuições hiperbólicas: uma abordagem alternativa. *RAUSP*, v. 36, nº 2, p. 103-116, abr./jun. 2001.

CASTELLANO, Murilo. *Gestão de riscos por meio de derivativos*. São Paulo: Atlas, 2009.

CHRISTOFFERSEN, Peter; DIEBOLD, Francis. How relevant is volatility forecasting for financial risk management. *Review of Economics and Statistics*, v. 82, p. 12-22, 2000.

CROUHY, Michel; GALAI, Dan; MARK, Robert. *Fundamentos da gestão de risco*. São Paulo: Qualitymark, 2007.

DE FARO, Clovis. *Administração bancária*: uma visão aplicada. Rio de Janeiro: FGV, 2014.

DUARTE JR., Antônio Marcos; PINHEIRO, Fernando Antônio Perrone; JORDÃO, Manoel Rodrigues; BASTOS, Norton Torres. Gerenciamento de riscos corporativos: classificação, definições e exemplos. *Resenha BM&F*, nº 134, p. 25-32, 1999.

ELTON, Edwin J.; GRUBER, Martin J.; BROWN, Stephen; GOETZMANN, William N. *Moderna teoria de carteiras e análise de investimentos*. São Paulo: Atlas, 2004.

ENGLE, Robert F. Autoregressive conditional heteroskedasticity with estimates of the variance of UK inflation. *Econometrica*, v. 50, p. 987-1007, 1982.

HULL, John. *Risk management and financial institutions*. 3. ed. New Jersey: Wiley, 2012.

JORION, Philippe. *Financial risk manager handbook*. 5. ed. New Jersey: Wiley, 2009.

JORION, Philippe. *Value at risk*: a nova fonte de referência para a gestão de risco financeiro. 2. ed. São Paulo: BM&FBovespa, 2010.

KIMURA, Herbert; SUEN, Alberto Sanyuan; PEREIRA, Luiz Carlos Jacob; BASSO, Leonardo Fernando Cruz. *Value at risk*: como entender e calcular o risco pelo VaR. Inside Books, 2008.

KIMURA, Herbert; CLIMENTI, Luiz Alberto Orsi. *Derivativos financeiros e seus riscos*. São Paulo: Atlas, 2008.

MACAULAY, Frederick R. *Some theoretical problems suggested by the movements of interest rates, bonds, yields and stock prices in the United States since 1856*. New York: National Bureau of Economics Research, 1938.

MARKOWITZ, Harry. Portfolio selection. *The Journal of Finance*, v. 7, nº 1, p. 77-91, Mar. 1952.

MARSHALL, Christopher. *Medindo e gerenciando riscos operacionais em instituições financeiras*. Rio de Janeiro: Qualitymark, 2002.

MOODY'S. *Global chemical industry rating methodology*, 2013.

MORETTIN, Pedro Alberto; TOLOI, Clélia Maria C. *Análise de séries temporais*. São Paulo: Edgard Blücher, 2004.

MORETTIN, Pedro Alberto. *Econometria financeira*: um curso em séries temporais financeiras. São Paulo: Blücher, 2008.

RESTI, Andrea; SIRONI, Andrea. *Gestão de risco na atividade bancária e geração de valor para o acionista*: modelos de medição de risco e políticas de alocação de capital. Rio de Janeiro: Qualitymark, 2010.

RISKMETRICS. *Technical documents*. 4. ed. J. P. Morgan/Reuters, 1996.

SAUNDERS, Anthony. *Administração de Instituições Financeiras*. São Paulo: Atlas, 2000.

SECURATO, José Roberto. *Decisões financeiras em condições de risco*. 2. ed. São Paulo: Saint Paul, 2007.

SHARPE, William F. Mutual fund performance. *Journal of Business*, v. 39, nº 1, part 2, p. 119-138, Jan. 1966.

SORTINO, Frank A.; VAN DER MEER, Robert. The dutch triangle. *Journal of Portfolio Management*, v. 18, p. 27-31, Summer 1991.

TSAY, Ruey S. *Analysis of financial time series*. Wiley series in probability and statistics. 2. ed. New Jersey: Wiley, 2005.

ÍNDICE ALFABÉTICO

A

Acordos de Basileia, 10
  I, 10, 11
  II, 12
  III, 12
  no Brasil, 12, 13, 14
Ágio, 232
Agregação no tempo, 63, 64
Alavancagem e cobertura, 330
Alocação de capital, 11
Amostras, 17
Análise de riscos, 3
  técnicas de análise de, 3
    evolução das, 3, 4
ARCH, modelo, 364
Árvores de decisões, 263
  probabilidades independentes, 263
Ativo Ponderado pelo Risco (APR), 11
Ativo-objeto, 175
Ativos de renda fixa, 229, 230, 231
  medidas de sensibilidade dos, 231
  GARCH, modelo, 365

B

Backtesting, 198
Balanço patrimonial, 315
Bolsa de valores, 2

C

Capital econômico, 11, 12
Capital regulatório, 11
CAPM (*Capital Asset Pricing Model*), 110
Carteira, 79
  com mais de dois ativos, 91, 92
  de mínimo risco, 82
  ótima, 86, 87
CDI (Certificado de Depósito
  Interbancário), 74
Central de Risco de Crédito (CRC), 309
Coeficiente alfa, 109, 110
Coeficiente beta, 109, 110
Coeficiente de Determinação da
  regressão, 111
Coeficiente de variação, 67, 68
Colchão de proteção, 12
Comitê de Basileia, 10
Convexidade, 237
Correlação (CORREL), 20
Correlação, 79
Covariância, 20, 79
CreditMetrics, modelo, 335
Crédito
  perdas de, 311
  ratings de, 315

da Moody's, 322, 323
VaR de, 312
Crises e desastres financeiros, 8, 9, 10
Cupom (C), 232
Current yield, 232

D

Data de exercício, 175
DEaR (*Daily Earnings at Risk*), 142
Demonstração de Origens e Aplicações
  de Recursos (DOAR), 317
Demonstração de Resultado do Exercício
  (DRE), 316
Demonstração dos Fluxos de Caixa
  (DFC), 317
Derivativo, 174
Deságio, 232
Desconto máximo, 300
Desvio-padrão, 16, 19, 47, 48
Diagrama de Tornado, 284
Dickey-Fuller Aumentado (ADF),
  teste, 371
Dispersão, 18
Distribuição amostral da estatística, 17
Distribuição binomial, 21
Distribuição de perdas, 358, 359
Distribuição de Poisson, 21, 22
Distribuição de probabilidade, 16
  contínua, 22
    triangular, 25, 26
    qui-quadrado, 26, 27
    normal, 22, 23
  uniforme, 23, 24, 25
  discreta, 20
Dividend yield, 38
Documento Técnico da *RiskMetrics*, 53
Downside risk, 72, 73, 74, 75, 76, 77
Duration
  de um único ativo, 231
  de uma carteira, 239
  EWMA, modelo, 363

E

EViews, software, 367
EBITDA, 321, 329, 330
Exposição ao crédito (EC), 311
Efeito de hedge, 159
EWMA (*Exponentially Weighted Moving
  Average*), 52
Esperança Matemática, 17
Estatística, 15, 16, 17, 18, 19, 20
  média, 17

F

Fechamento de posição, 175
Fluxo de caixa em risco, 288, 289, 290
Fluxo de caixa operacional, 317, 318, 319
Fluxo de caixa retido/dívida, 332
Fluxos de caixa projetados, 251

G

Graus de liberdade, 26

H

Heterocedástico, 365
Hipérbole de Markowitz, 81

I

Índice de Basileia, 10, 11
IASC (International Accounting
  Standards Committee), 15
Índice de liquidez corrente, 317
Índice de endividamento geral, 319
Inadimplência, 311
Índice de Sharpe, 89
IAS (International Accounting
  Standards), 15
IASB (International Accounting
  Standards Board), 15
IFRS (International Financial Reporting
  Standards), 14, 15

L

Lançador, 175
Lei dos Grandes Números, 3
Letra do Tesouro Nacional (LTN), 243

M

Margem líquida, 320
Matriz de identificação do perfil do
  negócio, 328, 329
Máximo *drawdown*, 68, 69, 70, 71, 72
Média, 17
  aritmética, 49
  das médias amostrais, 17
  Ponderada, 16
Mercado de opções, 174, 175, 176, 177
Método Solver, 85, 86
  carteira ótima e, 91
Metodologia de rating para risco de
  crédito da Moody's, 325, 326
Metodologia do *RiskMetrics*, 363
Modelo de Black & Scholes, 177, 178, 179,
  180, 181, 182
Modelo de decaimento exponencial, 52

N

NPV, 252
Número de Euler, 42

O

Opção de compra (*call*), 175, 176
Opção de venda (*put*), 176

P

Pandemia da Covid-19, 10
Perda dada à ocorrência do *default*
  (*PD*), 311
Política financeira, 333
Ponto de equilíbrio, 260
Portfólio de investimentos, 79
Preço da opção, 175

Preço de exercício, 175
Preço *spot*, 175
Projetos de investimentos em condições
  de incerteza, 266

R

Rating de crédito, 309, 310
  da Moody's, 322, 323, 324, 325, 326
Rating de inadimplência, 149, 150
Rating de recuperação, 340
Renda fixa, 229
Rentabilidade, 329
Retorno Ajustado ao Risco (RAROC),
  195, 196, 197, 411, 412
Retorno contínuo, 41, 42
  em mais de um período, 45, 46, 47
  movimento do, 63
  versus retorno discreto, 66, 67
Retorno discreto, 35, 36
  ajustado
    aos dividendos, 38
    à inflação, 40
  em mais de um período, 37, 38
  versus retorno contínuo, 66, 67
Retorno sobre o Patrimônio Líquido, 320
Risco, 1, 2, 47
  análise de, 3
  combinados em cenários de
    ocorrência, 257
  compliance, 396
  da carteira, 92
  de bancos, 395, 396, 397, 398, 399
    emergentes, 396
    financeiros, 395
    não financeiros, 396
  de concentração, 396
  de crédito, 7, 309, 310, 395
    monitoramento, 335, 336
    pelo modelo *CreditMetrics*, 340
  de desaceleração econômica
    global, 396

de deterioração econômica e fiscal do
Brasil, 396
de liquidez, 7, 396, 398
de mercado, 6, 396
absoluto, 6
relativo, 6
de preços de commodities, 396
de reputação, 396
de um ativo, 164
de um projeto de investimentos, 251
de variação de taxas de juros, 395
desvio-padrão, 47, 48
do negócio, 396
downside risk, 72, 73, 74, 75, 76, 77
estratégico, 5
financeiro, 6, 395
legal, 8
máximo *drawdown*, 68, 69, 70, 71, 72
não estratégico, 6
não sistemático, 108, 109, 110, 111
operacional, 7, 8, 353, 354, 396
por unidade de retorno, 67, 68
pré-liquidação, 311
regulatório, 396
sistemático, 108, 109, 110, 111
socioambiental, 396
taxonomia do, 5
Risk free, 97, 98

S

Semidesvio, 77, 78, 79
Semivariância, 77, 78, 79
Sensibilidade conjunta de projetos de
investimentos, 275
Serasa Experian e Serviço de Proteção ao
Crédito (SPC), 309
Séries de uma opção, 175
Simulação de Monte Carlo, 252
Strike, 176, 177

T

Taxa de desconto dos fluxos de caixa, 251
Taxa interna de Retorno (IRR), 284
Taxonomia do risco, 5
Teoria das Probabilidades, 3
Teoria do Portfólio de Markowitz, 20,
81, 111
hipérbole de Markowitz, 81
Teste de estresse, 197, 198
Teste de Kupiec, 198, 199, 200, 201, 202,
203, 204
Titular, 175

V

Valor de Face (Pn), 232
Valor esperado, 17
Value at Risk (VaR), 6, 12, 135, 136
absoluto, 137
condicional (CVaR), 194, 195
de componente, 161, 162, 163, 164
de crédito, 312
de um dia, 142
de um mês, 144
estimando pelos modelos GARCH, 367
horizonte de tempo, 150
incremental (IVaR), 154, 155, 156,
157, 158
marginal, 158, 159, 160, 151
não paramétrico, 183, 184, 185, 186,
187, 188
operacional, 355
origens, 136
paramétrico
no contexto de uma Carteira, 151,
152, 153, 154
para opções, 174, 175, 176, 177, 178,
179, 180, 181, 182, 183
para um ativo individual, 145, 146,
147, 148
pelo modelo delta para opções, 180,
181, 182

pelo modelo delta-gama para opções, 182, 183
por simulação histórica, 184, 185, 186
relativo, 137
Variância (VAR), 18
Variável aleatória
contínua, 20
discreta, 16

Volatilidade, 48
clusters de, 50
histórica, 51
móvel, 51

Y

Yield to Maturity (YTM), 232
Yield, 232